인류의 대항해

BEYOND THE BLUE HORIZON

인류의 대항해

떗목과 카누로 바다를 정복한 최초의 항해자들

브라이언 페이건 지음 ＼ **최파일** 옮김

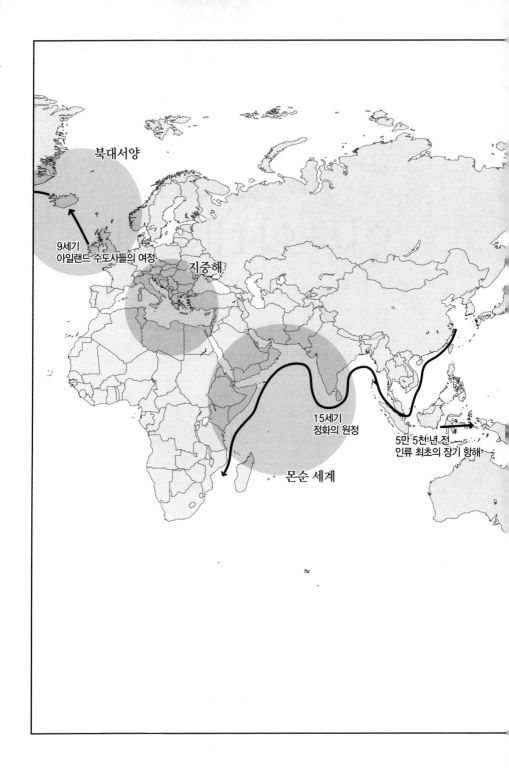

북대서양

9세기
아일랜드 수도사들의 여정

지중해

15세기
정화의 원정

몬순 세계

5만 5천년 전
인류 최초의 장기 항해

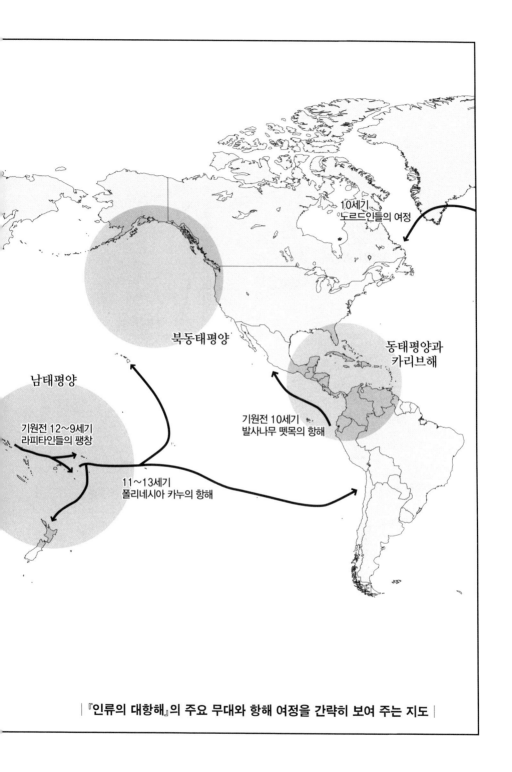

10세기
노르드인들의 여정

북동태평양

동태평양과
카리브해

남태평양

기원전 12~9세기
라피타인들의 팽창

기원전 10세기
발사나무 뗏목의 항해

11~13세기
폴리네시아 카누의 항해

『인류의 대항해』의 주요 무대와 항해 여정을 간략히 보여 주는 지도

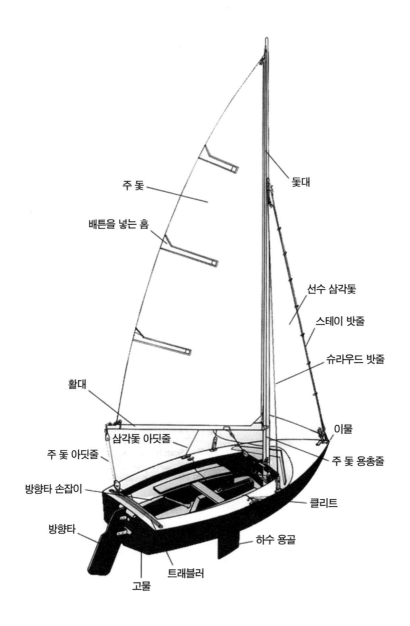

주 돛

배튼을 넣는 홈

돛대

선수 삼각돛

스테이 밧줄

슈라우드 밧줄

활대

이물

삼각돛 아딧줄

주 돛 아딧줄

주 돛 용총줄

방향타 손잡이

클리트

방향타

하수 용골

트래블러

고물

| 배 구조도 |

예리한 통찰과 우정에 대한 감사를 담아 피터와 피트에게

그들은 제퍼슨이 끝없이 펼쳐진 물의 전망이라고 부른 바다 풍경만을 좇는다. 어쩐지 그런 망망대해는 적어도 "윗가지와 회반죽 안에 갇힌" 사람들에게는 무언가 다른 것을 보여 주는 듯하다. 틀림없는 환상, 아마도 뱃사람들은 알고 있는 수평선 너머의 어렴풋한 환상을 열어 젖힌다.

— 허먼 멜빌, 『모비딕』

증기의 집요한 압력과 수로 지리 부처의 관할 아래 이제 바다와 항해, 바다 풍경에 대한 옛 관념은 바뀌어야 한다.

— 『센추리 매거진*The Century Magazine*』, 1899년 9월

70년 전, 여덟 살 때 나는 영국 해협에서 배를 타는 법을 배웠다. 우리는 새하얗게 빛나는 유리섬유 요트나 최첨단 소형 경주용 보트가 아니라 빛바랜 돛이 달린 무거운 고기잡이배로 항해했다. 바람이 잦아들면 우리는 서서 노를 저었는데 뱃전 벤치에 앉아서 노를 젓기엔 우리가 너무 작아서였다. 엔진도 전자 장비도 없었지만 우리는 이 근해를 손바닥처럼 잘 아는 선장과 함께 바다로 나갔다. 그는 바다 위에 솟아 있는 바위를 보고 밀물과 썰물을 판단했고 비바람에 거칠어진 뺨의 느낌으로 바람을 짐작했으며 그가 고기를 잡는 도싯* 바닷가 못지않게 그곳의 해저에 대해서도 잘 알았다. 나의 첫 항해 스승과 같은 남자들은 그들의 아버지와 할아버지가

---

* Dorset. 영국 남서부 지방.

해 왔던 것처럼 노와 돛만 가지고 바다에 의지해 살아왔다. 그와 함께 바다에 나가는 일은 빅토리아 시대에 쓰이던 보트를 타고 그 옛 시절로 되돌아가는 일이었다.

어린 시절 친구들과 나는 노 젓기와 범주술*의 기본기를 고생스레 터득했다. 그리 정교한 기술까지는 아니었지만 돛을 감아올리고 조정하고 노를 바르게 젓고 익숙한 지형지물에 따라 배를 몰 만큼은 배웠다. 그러나 무엇보다도 우리가 배운 것은 바다와 바다의 분위기에 대한 감각, 조심성과 존경심이 뒤섞인 채로 바다를 보는 방식이었고 그것은 항해의 일생 동안 나와 언제나 함께했다.

도싯 고기잡이배는 내 항해 인생의 한 가닥 실오라기였다. 또 다른 실오라기는 문학, 바로 아서 랜섬의 작품이었다. 기자에서 어린이 책 작가로 변신한 랜섬은 1930년대부터 1950년대까지 고전이 된 항해 이야기들을 써냈고 영국의 어린 세대들은 지금도 그의 작품을 탐독한다. 그는 자신의 작품에서 스왈로우와 아마존이라는 두 집안 어린아이들이 영국에 있는 레이크디스트릭트와 서포크의 갯벌과 얕은 물가, 그리고 북해에서 그럴듯한 항해 모험을 겪는 이야기를 들려준다. 자그마한 보트와 소형 순항선에서의 모험 이야기들은 너무나 그럴듯해서 나는 그 이야기들을 따라 하고 싶었고 그 소망을 실행했다고 말할 수 있어 기쁘다. 개조된 전통 고기잡이배, 딩기,** 임대한 요트, 그다음 내 소유의 보트들에서 십 대 풍 모

---

*돛을 이용해 바람으로 항행하는 기술.
**소형 보트의 일종.

험들이 이어졌다. 그리고 아주 고약한 경험도 얼마간 겪었다. 북해의 강풍 속에 바람을 맞으며 그대로 있는 것이나 지중해 한복판 일렁거리는 바다 위에서 바람이 잦아들어 이틀 동안 오도 가도 못하는 것은 도저히 유쾌한 경험이었다고는 할 수 없다.

　나는 수십 년 동안 온갖 모험과 말썽을 겪으면서도 언제나 안전하고 무사하게 여정을 마치려고 애썼다. 『인류의 대항해』는 그런 나의 항해 인생 속에서 탄생했다. 대부분의 경우에는 성공했지만 가차 없어 보이는 대양의 힘 앞에서 마침내 나도 죽을 때가 왔구나 생각한 적도 많았다. 내가 바다로 나갈 때마다 과거는 뒤편에서 도사리고 있었다. 에게 해 심장부에 위치한 델로스 신전, 하늘과 맞닿은 윤곽선을 그리며 솟아오른 덴마크 해안가의 봉분들, 캘리포니아 남부 채널 제도의 조개 무덤의 잿빛 토양. 역사의 스포트라이트에서 벗어난 채 묵묵히 제 할 일을 하다가 오래전 자취를 감춘 뱃사람들의 유령처럼, 그렇게 숨겨져 있는 것들은 내 안의 고고학적인 측면을 이끌어 낸다. 거친 바다를 내달리다 보면 어쩔 수 없이 궁금해진다. 우리의 선조들이 대체 어디서 용기를 이끌어 내어 마치 아무 일도 아닌 것처럼 그렇게 배짱 좋게 망망대해를 건너 탐험된 적 없는 해안으로 갔는지, 어쩌면 수평선 너머 아예 존재하지 않을지도 모를 육지를 향해 항해에 나섰는지 말이다. 단조로워 보이는 바다 풍경을 나침 항로에 의지해 가로질러 가면서 나는 현대 문명의 이기나 배 안에 장착된 믿음직한 엔진은커녕 나침반 하나 없이 노를 젓고 돛을 조정해 지금 내가 건너는 바다를 건너간 우리 선조들을 생각했다. 그러자 질문이 꼬리를 물기 시작했다. 해도나 나침반, 육분의, 위성 항법 장치가 없을 때 어떻게 대양을 건너는가? 악천후가 다가오고 있음을 알리는 눈에 띄지 않는 단서들이나 수평선 너머에 육지가 있다는 사실을 어떻게 알아차릴 수 있는가? 그다음 모든 질문 가운데 가장 중요한 질문이 떠올랐다. 우리의 선조들은 애초에 왜 바다로 나갔는가? 대체 어떤 힘이 그들로 하여금 뗏목이나 속을 파낸 통나무배, 널빤지를 댄 갑판 없는 배에서 노를 젓게 했고 궁극적으로는 돛이 달린 훨씬 더 정교한 선박을 타고 깊은 바다로 나아가게 했을까?

직업 활동상 나는 고고학자이다. 동료들과 나는 고대 인류 사회가 굉장히 긴 시간에 걸쳐 변화하고 발전한 방식을 연구한다. 유물의 보존 상태라는 냉엄한 현실은 우리가 석기나 도기 파편, 가옥의 토대 같은, 오래가지만 대개 무미건조한 단서들을 가지고 고대 문화를 재구성해야 함을 의미한다. 아주 드물게만 우리는 이런 인공 유물 너머에 있는 인간 존재의 무형의 문화—우리의 우주론, 제의적 신앙, 사회적 관계—를 엿볼 수 있다. 어쩌면 이것이 가장 어려운 일일 텐데, 고대인들이 자신들 주변의 육지와 바다 풍경을 어떻게 인식했는지, 그리고 그들이 그 풍경을 어떻게 해석했는지를 우리는 어떻게 알 수 있을까?

『인류의 대항해』는 난파선과 선박에 관한 이야기가 아니다. 물론 그것들이 이야기의 주요 구성 요소이기는 하다. 이것은 물 위와 뭍 위 양쪽의 사건에 대한 것이다. 선구적인 수중 고고학자 조지 베이스가 한때 내게 강력하게 상기시켰듯이, 얼마나 중요한 것이든 간에 난파선은 우리에게 바다 밑바닥에 남은 잔해보다는 육지의 사회에 대해서 더 많은 것을 알려 준다. 난파선을 발굴하는 일은 화려해 보일 수 있고 그것을 소재로 내셔널지오그래픽 프로그램이 만들어지기도 하지만 그러한 발견들이 제기하는 가장 중요한 질문들은 육지에 놓여 있다. 이 책은 고대 항해의 더 넓은 맥락, 즉 대양 항해를 개척한 인류 사회를 살펴본다. 그들은 왜 한 번도 탐험된 적 없는 연안 바다나 먼바다로 나갔는가? 이 사회들의 소수 구성원들은 무엇에 이끌려 새로운 땅을 찾아 나섰는가? 땅이 부족했거나 고향에서 분쟁이 벌어져서? 명성과 무역의 기회를 찾아서? 아니면 그저 가슴속 한구석에 자리한 가만히 있지 못하는 활동성과 호기심 때문에? 물론 우리가 전말을 모두 알지는 못할 테지만 수 세대에 걸친 고고학과 역사 연구, 특히 최근의 연구들은 우리에게 적어도 불완전한 이야기나마 들려줄 수 있다.

이것은 갈레온선과 크리스토퍼 콜럼버스(1451~1506년), 페르디난드 마젤란(1480~1521년), 제임스 쿡(1728~1779년) 같은 이름난 유럽 항해가들에 관한 이야기가 아니다. 우리의 이야기는 콜럼버스가 1492년 바하마에 상륙하거나 쿡 선장이 1769년 타히티에서 금성이 태양 앞을 통과하는 것을 관찰하고 폴리네시아의 매혹적인 아름다움을 소개해 유럽을 사로잡기 전에 끝난다. 이들의 이야기는 여러 사람들이 짚고 간 역사적 사건들이다. 우리가 다루는 대상은 역사의 배경을 형성한 사람들, 대부분의 경우 글을 몰랐던 이름 없는 사람들의 초창기 세계이다. 왕국이 흥망성쇠를 겪고 제국이 흥기했다가 기억 저편으로 사라질 수도 있지만, 조용한 해안선을 따라가는 연안 항해와 태평양 섬들 사이의 카누 여행, 몬순 해상*이나 북해 그리고 그 너머 더 먼 바다를 향한 무역과 모험은 세월에도 변치 않고 일상적으로 계속되었다. 이런 일들은 계절의 순행처럼 예측 가능하고 차분하게 일어났다. 이 항해를 담당한 보잘것없는 이들이 바로 세계의 대양 대부분의 비밀을 해독한 사람들이며, 그 작업은 멕시코 아스테카 왕국을 정복한 콘키스타도르들처럼 "신을 섬기고 부자가 되려는" 거대한 야망에서가 아니라 그저 촘촘하게 엮여 있고 때로는 영적으로 충만한 우주의 중심에서 생존의 일부로서 이루어졌다.

나는 일부 역사가들이 의도적인 항해의 역사 훨씬 이전에 있었다고 주장하는 초창기 항해들을 탐구하지도 않는다. 물론 몇몇 사람들이 수십만 년 전에 동남아시아의 넓은 해협들을 가로질러 플로레스 제도 같은 곳에 도착하거나 그리스 본토에서 크레타 섬으로 흘러들어 갔을 수도 있다. 이러한 주장들은 무척 흥미롭지만 여기서는 적절하지 않다. 우리는 추정상의 우연한 이동, 사람이 통나무에 의지해 물 위에 떠 있을 수 있다는 현실이 아니라 물을 건너는 의도적인 여행에 관심이 있다. 왜 사람들은 바다로 나가서 일상생활의 하나로 노를 젓고 돛으로 항해했을까?

많은 초창기 해양 사회들은 대양에 대한 강력한 초자연적 믿음을 견지했다. 이것은 역사의 확대경을 통해 보면 놀라운 해상 모험에 관한 이야기이지만 그러한 모험을 택한 사람들에게 항해란 흔

---

* 오늘날 계절풍과 동의어로 쓰이는 몬순(monsoon)은 본래 아랍어로 계절을 의미하는 마우심(mausim)에서 유래했다. 이 책에서 몬순은 계절풍 중에서도 아라비아 해 일대에 부는 바람을 가리킨다.

히 대양의 가장자리에서 살아가는 삶의 연장일 뿐이었다. 『인류의 대항해』는 인간의 창의력과 변화무쌍한 환경에 대한 종종 눈부신 적응력 그리고 인류 역사의 많은 부분을 추진해 온 억누를 수 없는 활동성을 기리는 책이다. 나 자신도 가만히 쉬지 못하고 활동을 추구하는 성정이 있고 그래서 이 이야기에는 나의 경험도 얼마간 엮여 있다. 역사는 반복된다고들 한다. 육지로부터 멀리 떨어져 있거나 좁은 물길에 있을 때, 또 좋은 날씨 속에서든 궂은 날씨 속에서든, 나는 나와 똑같은 바다에서 내 어깨 너머를 내다보는 옛 선장들의 존재를 감지했고 그들도 나와 똑같이 느꼈을 것이라는 생각이 들 때마다 안심이 되었다. 내가 이 책을 쓴 것은 그래서이다.

『인류의 대항해』는 깔끔한 연대기적 서술을 거부한다. 이것은 여러 서사가 담긴 책, 세계의 대양과 정신없을 만큼 인간 사회의 방대한 범위를 아우르는 책이다. 대부분의 역사책은 시간 순서를 따라 착착 진행된다. 거기에는 그럴 만한 이유가 있는데 그러한 시간 축이 이를테면 한 사람의 생애에 대한 서술, 외교상의 위기가 서서히 펼쳐지면서 전쟁으로 이어지는 과정, 또는 1천 년 전 중세 온난기 같은 내용을 서술하는 데 편리한 작업 틀을 제공하기 때문이다. 나는 언제나 그러한 책을 시간을 따라 흘러가는 이야기로 읽게 된다. 『이상한 나라의 앨리스』에서 왕이 세운 일반적 원칙에 입각해 말이다. "처음에서 시작해서 죽 이야기하다 마지막에 이른다. 그러면 이야기를 끝내라." 분명 대부분의 책에는 훌륭한 충고이지만 나로서는 『인류의 대항해』를 그런 방식으로 읽는 게 최상일지 의심스럽다. 이 책 속에 흩어진 서사의 여러 갈래 속에서 선택의 문은 여러분에게 열려 있다.

이런 이유로 나는 세계 곳곳의 초창기 항해 활동을 각각의 장에서 따로 설명하는 식으로 이야기를 구성했다. 1장 "모래톱과 갯벌을 발견하다"에서는 이야기의 배경을 설정하면서, 연안을 따라 항해하는 동안 습득한 기술은 먼바다에서 이용하는 기술과 다르다는 점을 분명히 보여 준다. 이 책은 옛 항해자들과 대양 사이의 긴밀한 관계를 중심으로 돌아간다. 여기서 나는 해안선에 바짝 붙어서 또는 먼바다에 나가서 소형 선박을 조종하는 데 필요한 심적 태도를 논의하기 위해 각종 소형 보트에서 겪은 나 자신의 경험에 의지한다.(내 개인적 경험이 가미되지 않은 장도 물론 있다. 나라고 모든 바다를 항해한 것은 아니니까!) 나는 이야기에 또 다른 가닥도 도입했다. 우리의 선조들이 제어할 수 없는 여러 힘에 시달리는 바다 풍경과 맺은 관계, 우리 선조들뿐만 아니라 힘센 괴물과 신들이 살던 바다와 맺은 복잡한 관계 말이다. 2장부터 4장까지는 역사상 가장 일찍이 이루어진 항해를 묘사하는데 5만여 년 전 동남아시아 본토에서 출발하여 태평양과 지구 상에서 가장 외진 섬들을 식민화한 놀라운 여정을 추적한다. 5장과 6장에서 우리는 지중해로 이동하는데 이곳에서는 빙하기 직후, 적어도 기원전 8000년에 이르면 에게 해에서 항해 활동이 시작되었다. 기원전 2000년에 이르면 뱃사람들은 페르시아 만과 오늘날의 파키스탄에 위치한 인더스 강 사이를 정기적으로 왕래했다. 인도양 항해는 동남아시아부터 아프리카 사이의 방대한 지역에 걸쳐 부는 몬순 계절풍의 예측 가능한 풍향 변화에 의존했는데, 이 현상은 7장부터 9장에 걸쳐 묘사된다. 최초의 진정한 지구적 해상 무역 네트워크가 몬순 계절풍의 품속에서 발달했다는 사실은 결코 우연이 아니다. 10장과 11장은 우리를 다시 유럽 북해의 너른 바다를 가로지르는 최초의 항해로 데려가며 거기서 나는 바다가 선조들의 영역으로 간주되었음을 논의한다. 노를 젓고 돛으로 바람을 가르는 수천 년에 걸친 연안 항해는 아이슬란드와 그린란드, 그리고 그 너머로 이어지는 노르드인*의 여정에서 절정에 달한다. 다음 세 장은 아메리카 대륙에서 있었던 또 다른 형태의 해독解讀 활동을 탐구한다. 12장과 13장에서 묘사된 알류샨 열도 및 아메리카 북서부 해안과 캘리포니아 해안은 연안 바다가 어떻게 아메리카 원주민 사회 조직의 일부가 되었는지 흥미로운 실례를 제공한다. 14장 "불타는 웅덩이와 가시국화조개"는 중앙아메리카 고대 마야 문명과 지하 세계 깊은 곳에 있는 바다 사이의 복잡한 관계를 살펴본다. 진정으로 '불타는 웅덩이'인 폭력적인 신화 세계와 인간 사이의 이 복잡한 결합은 메소아메리카의 항해 활동뿐만 아니라 마야 문명 전체의 기저에 깔려 있었다. 그와 비슷하게, 산 자의 세계와 영계 간의 밀접한 관계가 또한 남아메리카 발사 나무balsa 뗏목을 마야의 물가로 데려왔을지도 모른다. 마지막으로 에필로그는 이 책의 여러 주제를 한데 모은다. 우리의 이야기는 산업 사회, 즉 원양선과 전함의 엄청난 과학 기술이 중세 이래로

---

* 근대 이전 스칸디나비아와 아이슬란드 일대에서 활동한 게르만족 일파를 가리키는 역사 용어로 흔히 북방 민족이나 바이킹으로 불린다.

거의 변한 게 없는 돛과 노를 사용하는 소박한 뱃사람들과 나란히 번영했던 20세기 초에서 끝난다.

모두가 1장을 통과해 책에 뛰어들어야 한다. 뒤 장들에 등장하는 다양한 대양 해독 기술을 이해하는 데 1장의 설명이 결정적이기 때문이다. 1장 다음부터는 여러분 자유이다. 나는 두 가지 선택지를 제안하고 싶다.

첫째는 물론 당연한 방식이다. 여러분은 이상한 나라의 왕처럼 단선적 서사를 따라, 한 지역에서 다른 지역으로 옮겨가면서 읽을 수 있다. 한 지역으로 다른 지역으로의 전환을 매끄럽게 하기 위해 서두의 간략한 설명이 각 지역과 각 장을 개관하며 따라서 여러분은 장 사이의 먼 거리를 이동할 수 있다. 동일한 지역을 다루는 장들에서는 일반적인 의미에서 연대기적 진행을 따르지만 여러분이 다른 지역으로 이동할 때는 시간 순서가 무시되어서, 이를테면 동남아시아에서 지중해로 이동할 때는 처음으로 다시 돌아간다.

두 번째 선택지는 여러분에게 지역별로 묶인 장들의 우선순위를 제공한다. 이 접근 방식을 따르면, 다른 내용을 나중으로 잠시 제쳐 두고 이를테면 태평양이나 아메리카에만 집중할 수 있다. 만약 여러분이 에필로그를 읽고 끝낸다면 여러분이 관심을 가진 지역에 초점을 맞춘 해설과 이 책의 중심 메시지에 대한 전반적인 이해 둘 다를 얻을 수 있다. 이러한 접근법을 택한다면 여러분의 선택은 열려 있다. 그다음 여러분은 후주를 이용해 각 장을 둘러싸고 있는 방대한 문헌을 더 깊이 파고들어 갈 수 있다. 여기서는 이상한 나라의 어느 왕도 어깨 너머에서 여러분을 훔쳐보지 않는다. 가만히 있지 못하는 호기심, 바로 아이빈티르^{æfintyr}의 감각을 간직한 노르드인처럼 해상 탐험의 선택의 자유는 여러분의 것이다.

지명 표기는 가장 흔한 용례를 따른다. 고고학적, 역사적 유적지는 이 책을 쓸 때 내가 참고한 출전에 가장 흔하게 나오는 표기를 따른다. 일부 외진 곳의 지명들은 명료성을 고려해 지도에서 제외했다. 관심이 있는 독자는 전문적 문헌을 참고하기 바란다.

후주는 대체로 광범위한 참고 문헌 목록으로, 출전을 강조하여 원하는 독자는 전문적인 문헌에 접근할 수 있게 했다.

이 책은 기원전$^{B.C.E.}$/기원후$^{C.E.}$ 관례를 따랐다.* 국제적인 합의에 의한 "현재^{Present}"는 C.E. 1950년이다.** 기원전 1만 년 이전 연대는 "~년 전"으로 표기한다.

해도와 항해 방향 지시에서 흔히 쓰이는 노트(해리)는 1.85킬로미터이다. 여기서는 보트의 속력과 해류 및 조류의 속도를 나타날 때 쓰며, 1노트는 일반적인 항해 관례에 따라 시간당 1해리를

의미한다. 다른 거리 표시는 법정 마일이다.*** 적절한 곳에서는
미터 단위도 제공한다. 한때 해도와 해양 관련 일상 대화에서 광범
위하게 사용된 패덤^{fathom}은 1.83미터이다.

방사성 탄소 연대 측정에 의한 모든 연대는 지속적으로 개정
되는 검량 곡선^{calibration curve}의 최신 내용에 맞춰 조정되었다.

학술적 관례에 따라 아래의 용어들은 다음을 의미한다.

안데스 문명 안데스 산지와 해안선을 따라 있는 남아메리카
초기 문명이 번성한 지역.

메소아메리카 문명 고원 지대 문명과 저지대 문명이 존재한 중
앙아메리카 지역.

나는 뭍사람들을 위해 해양 용어를 최대한 자제하려고 했다.
중요한 해양 용어 몇몇은 본문 안에서 뜻을 밝혔고 짤막한 상자 글
을 삽입해 강조했다.

뱃사람이 아닌 이들은 일반적인 해상 관습에 따라 풍향은 바

---

* 종교적 의미가 들어 있는 Before Christ(주전)의 약어 표기 B.C.와 Anno Domini(주후)
의 약어 표기 A.D.를 대신해 사용하는 중립적인 용어이다. B.C.E는 Before Common
Era, C.E.는 Common Era의 약어이다. 이 책에서는 모두 '기원전'과 '기원후'(혹은 '서
기')로 표기했다.

** 방사성 탄소 연대 측정법으로 연대를 측정할 때 기준점으로 삼는 '현재'의 시점이 기
원후 1950년이라는 뜻이다. B.P는 Before Present의 약어로, 예를 들어 2000B.P.라고
하면 기원전 50년을 뜻한다.

*** 이 책에서는 모두 미터와 킬로미터로 고쳤다.

람이 불어오는 곳으로 쓰인다는 점을 주의해야 한다. 서풍은 서쪽에서 불어오는 바람이며 북동 무역풍은 북동쪽에서 불어오는 바람이다. 그러나 해류와 조류는 흘러가는 방향으로 묘사된다. 따라서 북향 해류와 북풍은 서로 반대 방향으로 이동한다.

| 1장 |

"모래톱과 갯벌을 발견하다"

눈을 들면 발밑에서 육지가 사라진다. 나는 아일랜드의 메이오 카운티에 위치한 케이드필즈*의 절벽 위에 앉아서 세찬 바람이 휘몰아치며 출렁이는 잿빛 대서양 너머 서쪽, 어둑어둑한 소나기구름이 휩쓸고 지나간 흐릿한 수평선을 응시했다. 내 아래 거대한 파도는 아찔한 절벽을 때리며 우레와 같은 소리와 함께 부서졌다. 북아메리카와 나 사이에는 걷잡을 수 없는 힘으로 요동치는 단조롭고너른 바다를 제외하고는 아무것도 없었다.

비바람이 얼굴을 때리는 가운데 나는 광막한 바다를 말없이응시하며 그곳에 한 시간 넘게 앉아 있었다. 흔히 그렇듯이, 세찬바다와 바람의 끝없는 움직임에 내 마음은 가라앉았고 옛 시간을

---

*아일랜드 북서부에 있는 세계에서 가장 큰 신석기 유적지.

배회했다. 나는 1300년 전의 아일랜드 수도사가 되었다. 격렬한 너울 한가운데서 일단의 동료만을 대동한 채 가죽을 짜깁기한 작은 배를 탄 수도사. 가죽 돛 쪼가리만이 짧은 돛대 위에서 펄럭였다. 육지는 보이지 않고 수평선 너머로 육지가 있을지도 알 수 없는 가운데 우리는 몰아치는 강풍에 심하게 요동치고 있었다. 몇 시간 동안이나 우리는 비에 흠뻑 젖은 두꺼운 망토를 뒤집어 쓴 채 보트에 웅크리고 있었다. 오직 키잡이만이 단숨에 배를 뒤집어 버릴 수 있는 파도가 끊임없이 밀려드는 것을 바라보며 조용히 테데움*을 외우는 가운데 조타 노 옆을 지켰다. 우리는 꿈을, 서쪽 대양 어딘가에 있다는 신화의 땅, 미지의 세계가 시작되는 땅을 찾아가고 있었다. 그런 땅이 정말로 존재하는가? 우리는 아무것도 모른 채, 저 멀리 축복받은 자들의 섬, 묵상의 평화 속에서 신과 가까이 살아갈 수 있는 섬에 관한 선원들의 허깨비 같은 이야기를 쫓아가고 있을 뿐이었다.

케이드필즈에서는 마치 알려진 세계 끄트머리에 서 있는 듯한 느낌이 든다. 오늘날 우리는 보스턴과 뉴욕, 그린란드와 뉴펀들랜드가 서쪽으로 5천 킬로미터 너머에 있다는 것을 안다. 이제 세계 지도와 해도, 구글 어스는 1천 년 전 불길한 기운이 감돌던 광막한 바다를 상세하게 보여 준다. 그 시대 유럽인들에게 유럽의 서쪽 해안은 세상의 끝이었다. 절벽을 따라 걸으며 나는 대체 무엇이 그들로 하여금 친숙한 물가를 떠나 망망대해로 나아가게 만들었을지

---

*가톨릭의 라틴 찬송가.

자문했다. 제정신이 아니었던 것일까 아니면 필사적이었던 것일까? 고향으로 되돌아오는 길을 찾을 것이라고 생각할 만큼 영리했던 것일까? 그들은 수평선 너머에 찾을 만한 것이 대체 무엇이 있다고 생각했을까? 그들이 바다 건너편에 대해 유일하게 알고 있는 것은 찾을 만한 무언가가 있다는 믿음뿐이었다.

아일랜드 수도사들이 수평선 너머로 배를 타고 나간 최초의 사람들은 물론 아니다. 대양에 대한 인간의 경험은 세계 여러 곳에서 그보다 훨씬 이전에 시작되었다. 적어도 5만 년 전에 이미 동남아시아 본토 사람들은 노를 젓거나 돛을 이용해 섬에서 섬으로 이동하여 뉴기니와 오스트레일리아까지 진출하고 있었다. 3만 년 전에 그들의 후손은 태평양 남서부 지역 비스마르크 해협에서 살아가고 있었다. 적어도 기원전 8000년에 이르면 사람들은 에게 해의 여러 섬들을 향해 너른 바다를 종횡무진하고 있었다. 중국의 함대는 바스쿠 다 가마가 희망봉을 돌기 족히 1세기 전에 이미 동아프리카 해안을 방문했다. 1492년 이전에 오늘날의 에콰도르에서 뗏목을 타고 온 사람들은 중앙아메리카의 마야 왕국 군주들과 물품을 교환했다. 시간이 흐르면서 여러 지역에서 육지는 바다의 일부가 되었고 육지 풍경과 바다 풍경은 하나가 되었다. 그러나 시간적, 공간적 배경이 어떻든 간에 근본적인 의문은 남아 있다. 무엇이 사람들을 수평선 너머로 이끌었는가? 혹은 반대로 익숙한 근해를 떠나도록 만드는 유인 동기가 되지 못한 것은 무엇이었을까? 다시 말해, 그들은 어떻게 그리고 어째서 바다를 해독했을까?

이 질문에 대한 대답은 글로 쓰인 기록부터 구전 전통과 옛 항해 안내서, 인류학적 조사에 이르기까지 여러 출처에서 찾을 수 있다. 고고학은 많은 단서를 제공하지만 안타깝게도 많은 기록들이 오래전에 사라졌다. 카누와 여타 선박은 예전에 썩어 없어졌지만 그것을 탄 사람들은 흔히 일시적인 거처를 남겼고 때로는 오랜 세월에 걸쳐 반복적으로 방문한 자연적인 암석 주거지도 남아 있다. 그래서 고고학자들은 모종삽과 치과용 송곳을 가지고 한때 수백, 심지어는 수천 킬로미터에 걸쳐 흩어진 채 해안 정착지를 형성한 소규모 고고학 유적지에서 발견되는 조개더미와 얇은 거주지 지층 속에서 숯 조각과 종자를 파내 왔다. 숯에서 탄소 연대와 초창기 항해 활동에 관한 연대의 순서를 알 수 있으며, 그 가운데 일부는 까마득한 4만 년 전 이상으로 거슬러 올라간다.

인류 역사에서 사람들이 대양의 비밀을 먼저 해독한 다음 미래를 향해 죽 전진하여 마침내 대양을 완전히 지배하게 된 적은 단 한 순간도 없었다. 수천 년에 걸쳐 우리는 흔히 심오한 제의적 함의와 더불어 바다와 극도로 다양한 관계를 발전시켜 왔다. 누군가가 스크루드라이버나 내연 기관을 발명하는 일과는 다르다. 사실 바다는 뱃사람들이 끊임없는 관찰과 점진적 침투, 문화적 기억을 통해 터득해 가면서 서서히 인간의 환경이 되었다. 바다에서 이동한다는 것은 어떤 의미에서 거기에 몸을 내맡기는 것, 적어도 바다의 리듬에 적응하고 바다의 가장 눈에 띄지 않는 신호들을 읽어 내는 것을 뜻했다. 오늘날 바다에 대한 이런 친밀한 이해는 컴퓨터와 위성 항법 앞에서 사라졌다. 대형 유조선이나 모터 요트는 A 지점에서 B 지점까지 전적으로 예측 가능하고 놀랄 만큼 정확하게 이동할 수 있다. 심지어 가장 자그마한 선박도 어디에 있든 몇 초 만에 몇 미터의 오차 안에서 자신의 위치가 어딘지 확인할 수 있다.

육분의로 천체의 각도를 측정하던 천문 항법 시절에 대한 이해할 만한 노스탤지어를 제쳐 두고라도, 우리는 바다와 우리 사이에 기술을 한 겹 끼워 넣음으로써 많은 것을 잃었다. 증기 기관과 디젤 기관, 위성 항법 장치가 등장하기 전에 바다 위나 그 주변에서 삶을 보낸 사람들은 돛단배를 타고 다니든 노를 저어 다니든 무언가가 달랐다. 그들이 삶의 대부분을 보낸 물의 공간─산호초에 둘러싸인 열대 섬이든 에게 해의 바람 거센 해협이든, 아니면 멀리 북태평양 알류샨 열도의 혹독한 바다든─은 그들의 성격을 규정했다. 우리는 별개의 집단이나 다름없는, 익명의 이 사람들에 대해 거의 알지 못한다. 그들이 종이에 자신들의 생각을 남기지도, 입을 통해 다른 사람에게 자신들의 경험을 전하지도 않았기 때문이다. 노르웨이 소설가 알렉산데르 실란은 선원을 보면 금방 알아차렸는데 선원들은 어김없이 무뚝뚝했기 때문이다. 그는 선원들에 대해 예리하게 지적했다. "바닷가에서 살아가는 사람들에게 바다가 어떤 것인지는 아무도 모르리라. 그들은 아무 말도 하지 않기 때문이다. 그들은 일평생 바다 쪽을 바라보며 산다. 바다는 그들의 동반자이자 조언자요 친구이자 적, 생계 수단이자 묘지이다."[1] 뱃사람과 바다는 서로 말이 별로 없는 관계이지만 집에서 몇 미터 떨어진 거리에서 부서지는 파도의 분위기에 따라서도 달라지는 조심스러운 관계라고 그는 덧붙였다.

바다는 때로 신뢰를, 때로 두려움과 불안감을 주지만 언제나 깊은 경외감과 그 변화무쌍한 바다의 변덕을 결코 제어할 수 없다는 깨달음을 불러일으켰다. 실란의 언급은 마오리족 카누 선장이나 알류샨 열도의 고기잡이들, 이집트 목조선 선장에게도 똑같이 적용된다. 그들은 바람과 물결뿐 아니라 해류와 조수의 흐름이 만들어 내는 수중 풍경에 대해서도 속속들이 알았다. 이러한 사람들에 대해 인류학자 크누트 콜스루드는 이렇게 썼다. "고대 이래로 [그들은] 바다의 삶, 다시 말해 물결로 이루어진 평평한 잿빛 표면이 아니라 그 아래, 얕은 여울과 심해, 점토, 모래, 자갈, 식생, 해류와 소용돌이, 바다 생물로 이루어진 풍경을 목도해 왔다."[2] 그들이 고생스레 배운 것은 아버지에서 아들로, 수십 세대에 걸쳐 중단 없이 전달되었고 결코 글로 남은 적은 없었다. 에베레스트 산 정상이나 육지에서 수백 킬로미터 떨어진 대서양 한복판에서도 컴퓨터를 통해 우리의 위치를 파악할 수 있는 세상에서 오늘날 이러한 고대의 기술들은 빠르게 역사의 망각 속으로 사라지고 있다. 우리의 과제는 다양한 고대 사회가 어떻게 대양에 관한 자신들의 이해를 발전시키고 그 수수께끼를 해독했는지 파악하는 것이다. 사람들은 해안을 강타하는 위험천만한 바람과 높은 파도를 잘 알면서도 왜 깊은 바다로 모험을 나섰을까?

인간이 살아가는 환경으로서 바다를 묘사하는 일은 만만찮은 임무였지만 바다에서의 개인적인 경험 덕분에 다소 수월했다. 나는 여덟 살 때부터 배를 타긴 했지만 그렇다고 많은 옛 뱃사람들처럼 물

사람과 별개의 사람은 아니다. 나는 연해와 심해 양쪽 모두에 통달하려고 노력하며 일생을 작은 배에서 보냈다. 내가 어렵사리 깨우친 기술들은 폴리네시아의 전통적인 항해가나 아랍의 다우선 선장, 북대서양의 노르드 상선 선원의 기술과 더불어 점차 사라져 가고 있다. 나는 항해나 연안 항해, 혹은 열대의 암초를 요리조리 피해 물길을 안내하는 일에 대한 글을 읽다가 나도 언젠가 그와 똑같은 난관을 겪고 똑같은 기분을 느꼈다는 것을 몇 번이고 깨닫곤 했다. 임박한 위험에 대한 본능적 직감, 잘못된 곳에 와 있다는 생각, 단조로운 바다에서 바람 한 점 불지 않을 때 느끼는 속수무책의 무력감 같은 것들이었다. 육지에서 수백 킬로미터 떨어진 채 대양의 파도 속에서 돛은 한없이 나부끼고 있었다. 물론 다른 배를 타고, 대개 각기 다른 해역을 항해하는 것이었지만 그때마다 나는 다른 뱃사람들과 마찬가지로 바다를 친밀한 동반자로 여겼다. 바다의 수수께끼를 해독하는 작업은 내가 직접 겪은 체험을 상기하자 쉬워졌다.

나의 초기 항해 스승들은 물에서의 삶에 너무도 익숙해서 바다는 그들의 존재의 일부였다. 나는 항해와 선박 조종술의 기본기를—그리고 이제야 깨달은 것이지만 바다를 동반자로 삼는 것도—영국 해협 바닷가를 따라 그물과 통발을 치며 평생을 보낸 도싯 어부한테서 배웠다. 그는 그곳의 바다를 속속들이 알았다. 가재가 잡히는 바위투성이 여울에 들어오는 밀물의 미묘한 소용돌이와, 춘추분 전후의 강풍을 예고하는 흐린 잿빛 하늘, 스피너*와 낚

---

* 물속에서 뱅뱅 도는 미끼.

싯줄로 고등어를 가장 잘 잡을 수 있는 지점을 꿰고 있었다. 그러나 그는 육지가 보이지 않는 바다까지는 좀처럼 나가지 않았다. 한 번은 "나는 얕은 바다 사람이야."라고 말하기도 했다. 그가 파악한 바다는 조수가 만들어 내는 울퉁불퉁한 해안선으로 이루어진 30여 킬로미터 정도였다. 연안 바다에서 좀처럼 벗어나는 법이 없는 다른 모든 지역의 대부분의 뱃사람들도 그와 마찬가지였다.

나는 또 다른 얕은 바다 사람과도 배를 탔는데 그는 집에서 대략 110여 킬로미터 너머로는 나가지 않았다. 그의 활동 반경은 모두 조수가 드나드는 강어귀와 모래톱이 복잡하게 얽혀 있는 곳이었다. 톰 아믈러거스는 평평한 바닥에 리보드*가 달린, 엔진 없는 구식 바지 요트**를 타고 잉글랜드 동해안 앞바다를 누비며 방대한 경험을 쌓은 나이 지긋한 뱃사람이었다. 그는 1차 세계대전이 일어나기도 전인 십 대 시절부터 엔진 대신 빠르게 흐르는 조수와 바람에 몸을 맡긴 채 모래톱과 강어귀를 넘나들었다. 톰은 나침반과 쌍안경, 30센티미터 간격으로 색칠해서 표시한 3.6미터 길이 장대를 가지고 있었는데 매우 얕은 물가를 다닐 때는 그 장대로 수심을 측정했다. 바람을 기다릴 때, 조수가 반대 방향이라 닻을 내린 채 기다릴 때 그의 인내심은 무한했다. 시간은 중요하지 않았다. 바람과 조수가 모든 것을 지배했다.

---

*leeboard. 맞바람을 거슬러 갈 때 선박에 깊이를 제공하기 위해 배의 양 측면에 자유롭게 올리고 내릴 수 있는 가동 판.
**바닥이 납작한 너벅선 형태이나 삿대로 젓는 대신 돛이 달림.

톰은 전자 장비가 없었다. 예로부터 전해 내려온 기술만 있을 뿐이었다. 눈금을 새긴 그의 믿음직한 장대는 그를 좁은 수로로, 어쩌면 배 양쪽으로 여유 공간이 각각 1.2미터 정도밖에 안 될 만큼 좁은 수로로 인도했다. 물이 빠질 때면 우리는 이따금 모래톱을 만나 거기에 배를 올리고 여유롭게 점심을 든 다음, 다시금 물이 들어와 배가 뜨면 바다로 나가곤 했다. 그는 모래톱과 모래톱, 갯벌과 갯벌 사이의 완벽한 피난처에 무사히 닻을 내리곤 했는데 간조 시에는 용골 아래 수심이 60센티미터에 불과할 때도 있었다. 더 깊은 곳에서는 또 다른 전통적인 장비에 의지했다. 옛 뱃사람들이 사용한 다양한 종류의 측심줄이었다. 나는 몇 시간이고 뱃전에 붙어서 1패덤(1.8미터) 간격으로 꼬리표가 있고 끝에는 무거운 납추가 달린 줄을 던졌다. 그런 다음 수면에 있는 꼬리표를 살펴보고 크게 외쳤다. "2패덤 깊이(two fathoms deep)"는 수심이 3.6미터가 넘는다는 소리였다. "정확히, 5(By the mark, five)"는 딱 5패덤, 즉 9미터라는 뜻이었다. 우리는 19세기 및 넬슨 제독 시대 해군의 전문 용어를 사용했고, 중세의 짐배처럼, 다시 말해 느낌으로 항해했다. 한번은 잉글랜드 남동부 해안으로 접근했는데 그곳은 물가에 거의 다 올 때까지 수심이 깊은 곳이다. 해군성에서 펴내는 공식 해도는 연안 근처에 뚜렷하게 표시된 5~10패덤 수심 선과 더불어 조가비(shell)를 나타내는 "sh"나 모래(sand)를 나타내는 "snd"처럼 알쏭달쏭한 비밀스러운 기호들을 보여 주었다. 톰은 찐득찐득한 기름 한 덩어리를 꺼내 납추의 밑바닥에 있는 작은 구멍에 메워 넣었다. 나는 줄을 던지고 수심을 크게 외친 다음 줄을 끌어올려 추 밑바닥

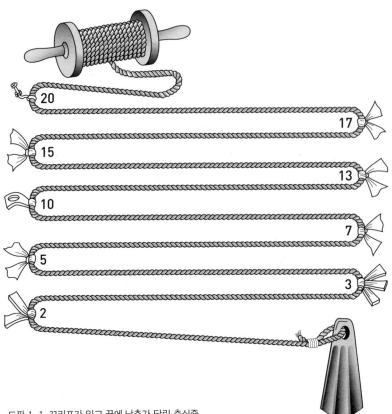

도판 1-1. 꼬리표가 있고 끝에 납추가 달린 측심줄.

기름에 들러붙은 잔여물을 살펴보았다. 톰 같은 전문가는 해저 퇴적물을 아주 잘 알아서 자신이 대략 어디쯤에 있는지 알 수 있었다. 이런 식으로, 우리는 가시거리가 1킬로미터도 채 안 되는 날에는 5~10패덤 측심줄과 추 밑바닥에서 얻은 표본을 길잡이 삼아 연안의 물길을 조심스레 더듬어 나갔다.

십 대 시절에 나는 성마른 퇴역 해군 장교와 함께, 개조한 무동력 고기잡이배를 탔는데 선장은 1차 세계대전 전 가로돛 해군 범선에서 항해술을 배운 마지막 세대였다. 우리의 갑판장은 선원들에게 엔진이 없는 모든 배는 오로지 돛과 사람의 힘에 의지해야 한다는 사실을 하루가 멀다 하고 상기시켰다. 그때 배 위에서 보낸 3주는 엄격한 항해술 훈련장에서 혹독한 체험을 겪은 시간이었지만 그때 얻은 교훈은 줄곧 내 곁을 떠나지 않았다. "바다에 나가면 너 혼자야." 그는 우리에게 말했다. "눈 똑바로 뜨고 끊임없이 배워라." 중요한 것은 마음의 자세, 즉 바다를 바라보는 방식이었다.

덴마크 교회 첨탑을 발견했을 때 나는 마침내 그가 의미한 바가 무엇이었는지 깨달았다. 나는 안개 낀 흐릿한 어느 날에 완전히 길을 잃었다. 과거에 빙하가 후퇴하면서 깎인 단조로운 지형이 몇 킬로미터에 걸쳐 끝도 없이 펼쳐졌다. 나는 어쩔 줄 몰라 영국 해군성의 『발트 해 항해 교범*Baltic Pilot*』, 까맣게 잊혀진 19세기 해군 조사원들이 펴낸 항해 경전을 펼쳤다.

조사원들은 외딴 해안선을 조사하는 임무를 맡아서 나침반과 측심줄만 챙겨 소형 범선을 타고 연안을 자유롭게 넘나들던 겁 없는 젊은 장교들이었다. 항해 교범을 넘기면서 나는 차가운 바람에 맞서 앞바다에서 노를 저어 가는 작은 보트를 떠올렸다. 내가 그런 것처럼 그 사관생도나 소위들은 자신들의 위치를 가르쳐 줄 눈에 띄는 지형지물을 찾아 기슭을 뚫어지게 응시하고 있었을 것이다. 이 젊은이들 대부분—그들은 아직 소년에 불과했다—은 십 대 초반 이후로 줄곧 바다에서 살았을 것이다. 그들은 온갖 종류의 날씨에서 돛과 노로 배를 조종하는 법을 알았고 부서지는 커다란 파도를 피해 안전한 상륙지를 찾는 법을 알았다. 그들은 바람 부는 곳에 며칠씩 머무르며 사람이 살지 않는 해변에서 폭풍우를 피했다. 이 젊은 조사원들은 지도 제작자이자 항해사였지만 무엇보다도 지형지물—눈에 잘 들어오는 곳, 독특한 색깔의 절벽, 두드러진 가옥이나 방어 시설, 심지어 수풀—로 바다 풍경을 정의했다. 그들의 임무는 간단한 질문을 중심으로 돌아갔다. 선원은 낯선 해안선을 따라 어떻게 무사히 길을 찾을 수 있을까? 원래 범선 시대에 편찬된 『해군성 항해 교범*Admiralty Pilots*』은 옛 조사원들의 실력을 길이길이 웅변하는 기념비이다. 소형 연안선과 범선을 위해 쓰인 구판들에서 저자들의 침착하고 냉정한 목소리는 세대를 거쳐 울려 퍼진다. "한사리*에 이 근처를 항해하는 뱃사람들은 극도로 조심하는 것이 좋다."거나 "남서풍 때 정박할 장소는 앞바다 수심 10패덤[18미터] 지점에서 얻을 수 있다."는 식이다.[3]

그들은 교회 탑으로 내 기대를 저버리지 않았다. 제도의 해안에는 특징적인 지형지물이 거의 없었고 낮은 융기선과 모래투성이 갈색 절벽뿐이었다. 『발트 해 항해 교범』 조사원은 이곳 해안이 단조롭다는 사실을 잘 알았지만 기슭을 유심히 살펴보면서 내가 무시한 무언가를 알아차렸다. 바로 산마루 위 작은 마을에 자리한 교회의 여러 탑들이었다. 탑들은 각양각색이었다—어떤 것은 뾰족한 첨탑이고 어떤 것은 네모진 탑이고 몇몇은 격자 모양이었다. 『발

---

*음력 보름과 그믐 무렵 밀물이 가장 높을 때.

트 해 항해 교범』은 각 교회의 높이와 구별되는 특징을 묘사했다. 그 시절에는 사진이 없었기 때문에 조사원들은 사진 대신 작은 스케치를 그렸다.(해군 장교들은 바로 이런 이유로 스케치하는 법을 배웠다.) 나는 책장을 넘겨 이물(선수) 앞쪽으로 점점 가까워지는 교회 탑과 일치하는 스케치를 마침내 찾아냈다. 마을들은 대략 몇 킬로미터 간격으로 떨어져 있었으므로 항해는 이제 두 개의 섬 사이 해협 너머에 위치한 목적지에 다다를 때까지 교회들을 따라가는 문제가 되었다. 여기서 다시금 조사원은 임무를 훌륭히 수행했다. 우리는 두 절벽 사이에 있는 틈새를 발견하고 19세기 중반에 이미 설치된 진입 표지를 확인한 후 항구로 무사히 들어왔다. 덴마크에서의 그날은 항해에 새롭게 눈을 뜬 날이었다. 빅토리아 시대의 조사원들 덕분에 나는 대양의 자그마한 일부를 파악하는 법을 배웠다.

어디서나 바다는 그 자신의 언어를 가지고 있다. 우리는 여울이 저마다 그 자신의 언어를 가지고 있다는 것을, 해안선이 저마다 덴마크 해안의 교회에 해당하는 것을 가지고 있다는 것을 금방 알게 된다. 열대 바다의 얕은 해안은 특히 그렇다.

화창하고 더운 어느 날, 바하마 남부의 엑서마스 지역에 있는 이름 없는 섬에 접근했던 기억이 떠오른다. 심하지는 않지만 바람이 우리 뒤쪽에서 불었고 투명한 바닷물은 너무도 맑아서 용골 3.6미터 아래 모래밭에 생긴 물결무늬를 볼 수 있을 정도였다. 밀물이 배를 천천히 밀어주는 가운데 우리는 최저 타효 속력*만으로 평온

---

* 키 조종에 필요한 최저 속력.

하게 미끄러져 갔다. 이따금 커다란 가오리가 이물 아래를 스쳐 지나가며 잠깐 동안 하얀 모래에 비스듬히 그림자를 남겼다. 그다음 바닷물 색깔이 급격히 바뀌었고 우리는 긴장했다. 나는 이물로 가서 해안 가까이로 이어지는, 더 깊고 검푸른 색깔을 띠는 좁은 물길을 찾기 시작했다. 약간 걱정스러운 10분이 흐른 후 배 바로 앞에서 검은 물의 띠를 찾아냈다. 나는 이물에 서서 스테이 밧줄*을 붙잡고 좁은 물길로 배의 침로를 지휘했다. 얕은 바닷물이 우현 바로 옆에서 점점 옅어지며 눈부신 터키석 빛을 띠어 가는 동안 나는 "작게 조종(Steer small)"**이라고 외쳤다. 우리는 살짝 왼쪽으로 움직였다. 물빛은 점점 짙어졌지만 아주 잠시뿐이었고 더 많은 터키석 빛깔 바닷물이 오른쪽 가까이에 있었다. 물길은 좁아졌고 바닷물의 색깔은 불길하게 점점 옅어졌다. 고물(선미) 쪽 몇십 미터 거리에 터키석 빛깔의 여울과 검은 바위가 수면 아래에서 기다리고 있었다. 우리는 속도를 더 늦추었다. 갑자기 좌우의 모래톱 뒤편으로 더 깊은 바닷물이 펼쳐졌고 물길이 더 이상 얕아질 조짐은 보이지 않았다. 나는 오른쪽으로, 해변에 매우 가까운 더 넓은 물웅덩이를 향해 손짓했다. 우리는 바람이 불어오는 쪽으로 뱃머리를 돌렸고 거의 움직이지 않은 채 닻을 내려 밑바닥에 단단히 박아 넣었다. "수심은?"이라고 묻자 "2.4미터."라는 대답이 돌아왔다. 용골 아래의 수심은 그리 깊지 않았지만 썰물 때에 그 정도면 충분했다.

---

* 돛대에서 배의 양 옆으로 치는 밧줄.
** 바람이나 파도에 항로가 벗어나지 않도록 키를 단단히 붙들라는 뜻의 해양 용어.

나는 안도의 한숨을 내쉬었다. 나는 바다 밑바닥의 색깔의 변화를 관찰함으로써, 즉 열대 섬 사이를 항해하는 선장에게 필수 불가결한 생존 기술 덕분에 무사히 정박할 수 있었다.

시간이 지나면서 나는 바다 밑바닥을 보는 눈을 길렀고 그 덕분에 한눈에 수심을 대략 30센티미터 오차 범위 안에서 짐작할 수 있었다. 나는 얕은 환초와 산호초로 둘러싸인 열대 바다가 색깔과 감출 수 없는 단서들, 즉 그 자신의 언어를 통해 수심을 알려 주고 깊은 물길로 무사히 통과할 수 있게 도와준다는 사실을 알게 되었다. 면밀히 주시하고 있다가 바닷물의 색깔이 전하는 메시지를 해독할 수 있도록 햇살이 비스듬히 비치고 바다 상태가 잔잔해지는 때를 놓치지 않는다면 말이다. 그것은 불가사의한 기술로 경험과 판단력이 가장 중요하다.

연안 바다의 언어는 우리가 가장 처음에 배우는 것이며 그것이 바로 물로 이동하는 모든 이들이 첫걸음을 뗀 방식이다. 우리는 한쪽에 해안을 끼고 지형지물에서 지형지물로 배를 몬다. 해안을 끼고 항해하기(coasting)라고 알려진 방식이다. 아니면 기준 가시선(line-of-sight) 항법, 즉 멀리 수평선 위로 눈에 보이는 지형지물을 향해 배를 모는 방식을 적용할 수도 있다. 표지판은 노란 절벽이 튀어나온 가파른 곳이나 앞바다에 아른거리는 섬 위에 솟은 봉우리일 수도 있지만 그것이 무엇이든 간에 나뿐만이 아니라 다른 이들의 눈에도 분명하게 보이는 표식이어야 한다. 캘리포니아 남부에 있는 산타바버라 해협은 나의 기지이다. 산악 지형인 산타크루즈 섬은 해안에서 40킬로미터가량 떨어져 있다. 육지의 본토에서 섬으로 가는 것은 간단하기 그지없다. 즉 섬의 최고점이나 최저점을 목표 삼아 배를 몰기만 하면 어느새 해수면 위로 섬의 해변과 작은 만이 눈에 들어온다. 11킬로미터가량 떨어진 거리에 이르면 반짝이는 하얀 모래사장이나 가파른 절벽의 깎인 자리가 희미하게 눈에 들어온다. 배는 아직 수심이 깊은 곳에 있지만 나는 정박지를 확인하고 그곳으로 배를 몬다. 이것은 전형적인 기준 가시선 항해이며 내가 수백 번 지나간 항로이다. 이 물길을 따라 나는 그곳 바다의 분위기와 거기에 대처하기 위한 전략들을 배웠다.

전문 항해가이자 전통 범선 연구자였던 앨런 빌리어스는 2차 세계대전 직후에 아랍 다우선을 타고 인도양에서 시간을 보냈다. 빌리어스는 홍해 뱃사람과 함께 화물선을 타고 그곳의 적막한 연안을 따라 항해했다. 그는 홍해 뱃사람을 두고 이렇게 말했다. "결코 방위를 측정하지 않았다. (…) 그는 항상 눈을 크게 뜨고 있었으며 자기 배를 잘 알았고 평생을 홍해에서 보냈다. (…) 그에게 홍해는 시민이 귀갓길에 이용하는 불 밝힌 거리만큼 친숙한 곳이었다."[4] 선장이 뭔가 색다른 일을 하고 있었다는 소리가 아니다. 선장에게 해안을 끼고 항해하는 일은 제2의 천성, 아버지의 무릎 위에서 배운 것과 같았다. 인간은 연안 항해와 기준 가시선 항해를 통해 바다 풍경을 거의 전부 해독했다.

불 밝힌 거리, 즉 연안 항해의 본질은 경험과 고도의 익숙함이지만 육지가 보이지 않는 곳에서 길을 찾고 수평선 너머로 항해하는 것은 어떨까? 다음 단계로 넘어가는 것, 즉 뭍이 보이는 곳에서 벗어나 수평선 너머로 배를 몰아 다음 육지로 가는 것은 신참 뱃사람에게 거대한 정신적 도약이다. 어떤 육지와 어떤 항구가 반대편에 놓여 있다는 것을 안다고 할지라도 말이다. 불안감은 어마어마할 것이다. 이러한 항해에 처음으로 나서는 것, 달에 착륙하는 우주 비행사처럼 말 그대로 아무도 가 본 적 없는 미지의 곳으로 발을 내딛는 것을 상상해 보라. 단조로운 망망대해를 항해하기로 결심하려면 강력한 경제적, 정치적 또는 사회적 동기와 자신의 능력에 대한 절대적 자신감, 혹은 아이슬란드에서 고독을 추구한 중세 아일랜드 수도사들과 같은 깊은 종교적 믿음, 어쩌면 가만히 있지 못하는 깊은 호기심 즉 고대 노르드인들이 아이빈티르라고 이름 붙인 감정이 필요하다. 대부분의 수로 안내인들에게 어쨌든 미리 알고 있는 물길을 더듬으며 나아가는 것은 까다로운 일이다. 뭍이 보이지 않는 먼바다로 나가는 이유, 미지의 영역을 탐험하는 이유는 물길을 찾는 일의 어려움만큼 중요하다. 대부분의 수로 안내인은 출항 전에 어떤 식으로든 그 어려움을 알고 있었다.

대중적 믿음과 반대로 먼바다로 항해하는 것은 육지 가까이에 붙어 항해하는 것보다 훨씬 쉽다. 노나 돛으로 가는 선박은 연안에서 무수한 숨겨진 위험에 직면한다. 조수가 세차게 흐르는 경우나, 뒷바람을 받으며 육지로 접근할 때 시계가 나쁘거나 기상 상태가 안 좋을 경우 특히 위험하다. 그러한 조건 아래에서, 육지는 선원들이 리 쇼어*라고 말하는 것이 된다. 바람이 불어가는 쪽에 육지가

---

* lee shore. 바람이 불어가는 쪽 해안.

있으므로 배가 육지로 밀려간다. 일단 해안에 이르면 인력이나 돛의 힘으로 절벽과 얕은 여울의 위협을 피해 안전한 곳으로 조심스레 접근하기가 어렵다는 것을 깨닫게 될 것이다. 바람이 들이치지 않는 정박지에 도달해 안전하게 닻을 내릴 수 없다면 자연의 힘 앞에 속수무책이 된다.

육지에서 떨어진 탁 트인 바다도 물론 위험이 있기는 하지만 얼마간 이점도 있다. 첫째는 바다 공간이다. 운신할 수 있는 공간, 돛을 접고 폭풍 속에서 가만히 엎드려 있을 수 있는 공간이 풍부하다. 육지에서 멀리 떨어진 대양은 대부분의 시간 동안 우세풍이 대개 일정한 방향에서 불어온다는 점에서 더 예측 가능하다. 대서양과 태평양의 무역풍은 전형적인 예이다. 인도양의 몬순 계절풍은 대략 6개월 동안 북동쪽에서 비교적 약하게 불어오다가 다음 6개월 동안 방향을 바꿔서 남서쪽에서 더 세게 불어닥친다. 심지어 뭍사람들도 이러한 예측 가능한 바람을 알고 있는데 특히 일 년 중 특정 시기에 풍향이 바뀌어 반대 방향으로 항해하기 쉬워지는 시기를 알고 있다. 고대 폴리네시아 항해가들이 우세한 북동 무역풍에 맞서 동쪽으로 항해하려고 할 때 그들은 1월부터 3월까지 몇 달을 기다리거나 바람이 서풍으로 바뀌고 무역풍이 약해지는 엘니뇨 해가 올 때를 기다렸다. 끈기 있게 기다리다가 풍향이 바뀌자마자 출항하는 것이 중요했다. 서쪽의 아이슬란드로 항해한 노르드인들은 대서양의 이 지역에서 흔히 5월에 몇 주 동안 동풍이 지속적으로 분다는 사실을 알았다. 그들은 나중에 우세한 서풍을 타고 귀환할 수 있다는 사실도 알게 되었다. 북동풍은 봄에 영국 해협과 비스케이 만에 흔해서 서쪽으로 항해하는 작은 선박들에게는 호기이지만, 여름에 아이슬란드로 가는 여정은 우세한 서풍에 맞서 몇 주가 걸릴 수도 있다.

그러나 우리는 예측 가능한 바람에도 불구하고 망망대해에서 길을 잃고 목적지를 찾지 못한 채 한없이 항해하게 될까 봐 두려워한다. 육지에서 멀리 떨어져 나오면 방향 감각을 잡아 줄 산봉우리나 절벽 없이 넓은 바다를 항해해야 한다. 내가 대양을 가로질러 배를 조종하게 되리라는 것을 처음 알았을 때는 캘리포니아 해안에서 떨어져 육지가 보이지 않는 먼바다로 이틀간 항해했을 때였다. 친숙한 지형지물은 고물 쪽에서 자취를 감추었다. 밤이 다가왔고 다시 새벽이 밝아 왔다. 아무것도 심지어 배 한 척도 보이지 않았다. 동이 틀 때 단조로운 회색 바다를 쳐다보자 이유 없는 두려움, 순간적인 공포가 밀려왔다. 여기가 어디지? 나는 구름 낀 아침 바다 한가운데에서 방향 감각을 상실했다. 물론 나침반을 확인하고 안심할 수 있겠지만 만약 나침반을 가져오지 않았다면? 만만찮은 큰 파도가 치고 있어서 나는 나침 함을 덮고 파도에 일정한 각도로 항해하려고 했다. 몇 시간이 지난 후 마음이 훨씬 편해졌다. 나는 곧 탁 트인 바다에도 항해를 위한 단서가 육지의 풍경만큼 많이 있다는 사실을 배우기 시작했다. 밤에는 머리 위로 찬란하게 빛나는 하늘과 반짝이는 별이 있고, 낮에는 태양이 있다. 예측 가능한 자연의 표지판은 풍성하다.

나와 달리 고대 항해가들은 먼바다로 배를 몰고 나가기 전에 노련한 안내인과 함께 오랫동안 견습 생활을 했다. 그들은 무수한 항해로부터, 또 육지의 신화와 민간전승을 배우듯 여러 세대에 걸쳐 쌓인 구전 지식을 빠짐없이 입으로 외움으로써 바다의 분위기와 뚜렷한 징조들을 배웠다. 나에게는 카누나 작은 고기잡이배를 타고 바다로 나간 사람들 사이에서 흔했던 주변 바다에 대한 친밀감이 거의 없다. 그들의 삶, 그들의 생존은 바다와의 동반자 관계에 달려 있었다. 그들은 바다와 정신적으로 가까웠고, 그것은 바다에 대한 우리의 좀 더 비인격적인 태도와는 매우 다른 것이었다. 나에게는 기구—나침반, 크로노미터,* 육분의—가 있었지만 그들이 기구 대신 의존하는 친밀성은 결여하고 있었다.

작은 요트로 바다를 건너는 것은 대부분의 인생을 육지에서 바다를 바라보며 보내는 이에게 잊지 못할 경험이다. 해변이나 눈에 띄는 곳 같은 친숙한 지형지물로부터 벗어나, 주위를 둘러싼 수평선이 유일한 우주가 된다. 나의 동반자는 낮에는 해, 밤에는 달과 별이다. 갑판 위에서 몇 시간 당직을 서고 갑판 아래로 내려가 몇 시간 동안 잠을 자는 변함없는 리듬의 하루하루가 이어진다. 유일한 변화는 바람과 날씨가 부여하는 것이다. 대서양의 북동 무역풍을 타고 항해하고 있다면 돛을 조종하거나 항로를 바꾸지 않고 며칠을 항해할 수 있다. 바다 한가운데에서 나는 우리 배가 정지해 있다는 느낌, 유럽이 점점 멀어지고 카리브 해 섬들이 가까이 다가오는 가운데 배 대신 바람과 파도가 뒤로 가고 있다는 느낌을 받았다. 비록 육분의와 초시계로 매일 자신의 위치를 측정한다 할지

---

*천문, 항해에 사용하는 경도 측정용 정밀 시계.

라도 육지로부터 수백, 심지어 수천 킬로미터 떨어져 있을 때 이런 느낌은 분명 위안이 된다. 이런 느낌은 나침반만 가지고 항해할 때 더욱 강렬하다. 나는 다른 뱃사람들에게 이 느낌에 대해 이야기하고 나서 이것이 흔한 감각임을 발견했다. 많은 전통 사회도 비슷한 관점을 가지고 있다.

오늘날 내가 느끼는 불안감은 바다와 바다의 무자비한 분위기에 대한 조심스러운 경험에서 생겨난 것이지 무지에서 생겨난 것이 아니다. 나는 고대 뱃사람들이 항해를 할 수 있었던 한 가지 이유가 여기에 있었다고 생각한다. 미지의 세계로 나서는 것은 전수받은 이미 익숙한 기술을 논리적으로 확장하는 것이었다. 그것은 분명 그리 대단한 일이 아니었지만, 그들이 거쳐 간 거리는 우리에게 어마어마하게 보이고 지금 우리의 장비들을 생각하면 그들의 항해는 벅찬 일이었으리라 느껴진다. 요컨대 정신적으로 우리는 바다로부터 훨씬 멀어진 채 살아가며 새로운 땅, 새로운 기회를 찾아 항해하는 것이 모든 이들의 일상에 깊이 새겨진 사회적 환경 속에서 살고 있지 않다. 고대 항해자들이 마음속 깊이 새겼던 것 중 하나는 인명 피해의 불가피성, 결코 귀환하지 못한 카누들, 현대의 유럽과 미국 어부들 사이에 여전히 남아 있는 침몰과 좌초에 대한 거친 숙명론이었다. 모든 대양을 해독하는 작업은 오랜 경험과 냉정한 현실주의, 조심스러운 항해 그리고 깊은 바다 풍경과 얼마나 친숙한가의 문제였다.

고대 항해자들은 그들을 인도하는 탁 트인 바다 풍경과 소리에 의

존했다. 천체의 운동, 육지를 향해 날아가는 새 떼, 보이지 않는 절
벽에 부딪혀 굴절되는 너울, 변화무쌍한 조수와 해류, 심지어 안개
낀 날씨에는 바위에 부서지는 파도 소리까지 그들은 이 모든 것에
의존했다. 그러한 도구를 이용한 사람들은 흔히 바다를 다른 식으
로 생각했다. 대부분의 연안 사람들에게 육지와 바다는 하나여서,
오스트레일리아의 어떤 원주민들은 파도 아래 명확하게 규정된 자
기 영토를 주장할 정도였다. 넓은 해협을 횡단하고 더 긴 항해를
하는 것은 흔히 강력한 제의와 연관되어 있고 오랜 견습 기간을 요
구하는 추가적인 항로 안내 기술을 필요로 했다. 그러나 바다를 아
는 사람은 육지에서 바다로 자유롭게 넘어갔다. 그들에게 육지와
바다는 하나였기 때문이다. 아주 이따금씩만 나는 비슷한 방식으
로 바다가 가깝게 느껴졌다. 육지가 보이지 않는 태평양 한가운데,
지는 여름 해로 짙은 붉은 색으로 물든 완전히 잔잔한 바다에서 바
람 한 점 없이 배가 꼼짝 않고 있을 때라든가 칠흑처럼 어두운 밤
브리티시컬럼비아의 외딴 피오르 해안에서 철썩거리는 폭포 소리
만이 함께할 때 바다의 거대한 힘은 조용했고 나는 잠시 동안 바다
의 일부가 된 것 같았다. 바다는 나의 동반자였다.

이러한 익숙함과 정신적 친밀성에도 불구하고 우리의 선조들
은 존경심을 품고 바다를 대했고 강력한 힘들로 바다를 채웠다. 전
설적인 카누 여행과 거대한 폭풍으로부터 기적적으로 생환한 이야
기는 신화와 구전 전통의 거대한 저장고로 둘러싸여 있었다. 천 년
전 폴리네시아인들의 그 모든 장기 항해의 위업에도 불구하고 깊
은 바다를 대면할 때면 언제나 무력감이 존재했다. 많은 고대 사회

에서 인간을 둘러싼 상징적 풍경은 깊은 바다와 수평선 너머로, 통제 불가능한 힘이 존재하는 초자연적 영역으로—선조들이 거주하는 죽음의 공간으로 확장되었다. 여기서 힘센 괴물들과 잔혹한 신들은 언제든 카누에서 사람들을 낚아채 바다 깊숙이 끌고 가려고 도사리고 있었다. 북서부 인디언 항해자들은 문어처럼 생긴 괴물인 코모그와 Komogwa 와 그것의 친구인 범고래 같은 신화적인 야수들을 두려워했다. 다른 여러 사회에서 바다는 3천 년 전 청동기 시대 유럽인들에게처럼 죽음의 영역이었다.

바다에 대한 두려움에 가까운, 그러나 분명 존경도 담긴 감정은 일찍이 기독교 교리로 이어졌다. 바다는 삶의 원천, 식량과 여타 혜택의 원천이었지만 동시에 폭풍우가 사람을 광기로 몰아넣을 수도 있는 무서운 곳이었다. 그것은 에덴동산에서 겪지 못한 "거대한 심연", 천지창조 이전의 무질서의 상징이었다. 요한 계시록의 저자는 이 세상 종말의 날에 새로운 천당과 새로운 땅을 그려 보이지만 "더 이상 바다는 없었다."라고 확고하게 진술했다.

보통의 여행자들은 외로움과 어두운 밤, 출렁거리는 너울을 두려워하며 공포와 전율 속에서 출항했다. 바다와 친숙한 뱃사람조차도 바다에 성 유물을 살짝 담그거나 성모 마리아에게 도움을 구했을 것이다. 잠재적 위험은 사방에 도사리고 있었다. 안개나 표시되지 않은 암초 같은 항해상의 위험과는 별도로, 역풍은 몇 주씩 항해를 지연시킬 수도 있었다. 아무런 경고도 없이 해적이 들이닥칠 수도 있었다. 뱃멀미는 보편적인 불평 거리여서 심지어 카탈루냐의 『해상 관행집 Customs of the Sea 』에서는 해상에서 맺은 협정은 효력이 없다고 규정할 정도였다. 어떤 승객들은 누구든 자신을 뭍으로만 데려다 준다면 1천 마르크의 은화도 주겠다고 기꺼이 약속할 것이기 때문이다.

유럽에서 바다에 대한 이전 시대의 불안은 더 호의적인 시각으로 점차 바뀌었다. 1703년에 해안에서 잊지 못할 대형 폭풍을 경험한 대니얼 디포는 폭풍우가 몰아칠 때 피난처가 된 안전한 만과 정박지에 대해 열렬하게 썼다. "[그전에는] 사람들이 우리의 해안에 대해 거의 또는 전혀 알지 못했으며 [더] 많은 위험이 존재했으나 지금은 해안에서 수심을 측정하고 모래톱과 갯벌을 발견하고 있다." "세계 곳곳의 무서운 지역들"이 이제는 무역을 끌어당겼다. 항해술은 "온갖 무시무시한 것과 끔찍한 것들을 (…) 명약관화하게 자연스럽고 친숙한 것으로 만들었다."[5] 18세기 과학은 우주 만물의 작동을 이해할 수 있다는 커져 가는 자신감을 등에 업고 바다에 대한 올바른 연구의 토대를 마련했다. 앞선 시대의 괴물과 바다뱀은 선원들의 이야기 속에 여전히 남아 있었지만 바다에 대한 한결 호의적인 관점이 생겨났다. 해변은 휴양지, "자연의 위력이 충돌하는 무대", 난파와 극적인 구조의 장소임과 동시에 자연과 우리 자신에 대해 명상하는 곳이 되었다.[6]

산업화, 도시의 폭발적 성장, 항공 시대의 도래, 범선 시대의 종식은 바다에 대한 우리의 전망을 심대하게 변화시켰다. 오늘날 바다는 우리의 삶 속에서 비인격적인 존재, 우리가 휴가를 가고, 나란히 살아가고, 커다란 유람선이나 페리를 타고 탐험하는 장소가 되었다. 영해 바깥에 있는 대양들은 모두에게 열려 있고 비록 수심은 여전히 거의 알려져 있지 않다 할지라도 대양의 경계는 정해져 있다. 이전 시기, 복잡하게 얽힌 문화적 태도는 바다에 대한 초자연적 믿음과 사람들이 바다를 해독하는 방식을 형성했다. 우리는 이러한 믿음과 가치들을 희미한 역사의 거울을 통해 되돌아볼 수 있을 뿐이다. 따라서 초기에 인류가 대양을 해독한 방식을 이해하는 작업도 부득이 항해자들과 그들의 배 그리고 그것을 낳은 사회에 관해 우리가 아는 것에 크게 의존할 수밖에 없다.

대양과 우리의 관계는 여러 단계를 거쳐 왔다. 수천 년 동안 우리는 돛과 노로 해안을 따라 움직이고 앞바다 수평선에 보이는 섬들로 신중하게 여행하면서 대양을 조심스럽게 탐사했다. 그러한 탐험은 강과 호수를 건너는 것이 일상생활의 자연스러운 일부인 물가에서의 삶을 연장한 것에 불과했다. 연안 탐험은 탁 트인 바다의 짧은 구간을 다니고 물길을 탐사하는, 항해의 기본적인 기술이 활용되는 장이었고 바다의 눈에 띄지 않는 표지판들은 특색 없는 풍경을 친숙한 안마당으로 탈바꿈시켰다. 그다음 카누 선장이 최초로 육지가 보이지 않는 곳으로 나아가는 결정적 순간이 찾아왔다. 기원전 3000년 이후에 남서태평양에서 라피타 카누들의 쉴 새 없는 여정이 그러한 항해의 전형이었다. 더 이후에 인도양에서는 뱃사람들이 몬순 계절풍을 이용해 홍해와 아라비아, 동아프리카에서 인도의 말라바르 해안과 그 너머로까지 항해했다. 이 항해들은 부단한 활동성과 사회적 압력, 상업적 기회 때문에 이루어졌지만 항해에 더 적합한 선박 이상을 필요로 하지는 않았다. 천체의 움직임을 잘 아는 사람들 사이에서는 별로 이용되지 않는 특별한 기술들은 아직 필요가 없었다. 15세기 이후 유럽의 이른바 대항해 시대는 그러한 상황에 초보적인 기술을 도입했다. 이어서 증기선이 발명되고 지난 70여 년 동안 컴퓨터 기술이 도입된 뒤에야 우리는 비로소 바다의 비밀을 완전히 해독한 세계에 진입했다. 하지만 심지어 지금도 유람선이나 모터 요트의 갑판에서 내려다보면 돛 아래서 바다 끌그물을 치는 고기잡이배나 초호礁湖를 미끄러져 가는 폴리네시아 쌍동선*을 볼 수 있다. 여전히 고대 뱃사람들의 기술은 산업 혁명의 기술과 나란히 살아 있다.

---

*선체 두 개를 나란히 연결한 빠른 범선.

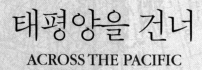

태평양을 건너
ACROSS THE PACIFIC

이 석 달 스무 날 동안 우리는 큰 만을 항해하여, 태평양을 가로질러 족히 4천 리그를 갔다. 태평양이란 이름은 제대로 붙인 것이다. 이 기간 동안 우리는 폭풍우를 만나지 않았고 새와 나무밖에 발견하지 못한 작은 무인도 두 곳을 제외하고 육지를 전혀 보지 못했다.

— 페르디난드 마젤란, 1520년[1]

우리는 호모 사피엔스, 즉 지혜로운 사람이다. 우리 조상들은 열대 아프리카에서 대략 20만 년 전에 진화해 왔다. 지금으로부터 7만 년 전쯤에 우리는 이동 중이었다. 아프리카를 나와 동남아시아, 유라시아, 유럽으로. 그리고 약 1만 5천 년 전에 이르러서는 아메리카로 이동했다. 이 거대한 디아스포라의 상당 부분은 거대한 빙상이 북반구 고위도 지역을 뒤덮고 해수면이 현재 해안선보다 90미터 가량 낮았던 마지막 빙하기의 빙결 기간 동안 일어났다. 광대한 대륙판이 동남아시아 본토부터 남쪽으로 뻗어 있었다. 오스트레일리아와 뉴기니는 하나였다. 비교적 좁고 수심이 깊은 해협만이 육지들을 갈라놓았다. 현생인류의 온갖 인지적 능력을 갖춘 창의적 인간이 그때까지 사람이 살지 않던, 수평선 바로 너머에 어른거리는 광활한 땅덩어리를 조만간 식민화하리라는 것은 불가피했다. 그들이 왜 그렇게 했는지는 추측의 문제이지만 우리는 이제 이 해역들에서 의도적인 항해가 5만 년 전에 시작되었다는 사실을 안다.

다음에 나올 세 장은 적어도 3만 년 전에 동남아시아 빙하기 수렵인의 후손들이 '어떻게' 그리고 우리가 파악할 수 있는 한 '왜', 뉴기니와 오스트레일리아, 태평양 남서부 비스마르크 해협 지역을 최초로 식민화했는가에 대한 이야기를 들려준다. 고고학자들에게 라피타인으로 알려진 새로운 농경 및 항해 집단이 놀라운 해양 사회를 발전시킨 기원전 3000년 무렵에 카누들은 거기에서 멈추었고 이 해양 사회는 섬에서 섬으로 멀리 폴리네시아의 문턱인 동쪽의 피지까지 이동했다. 우리는 그들이 멀리 떨어진 섬들 사이에서 연락을 유지하기 위해 사용한 사회 메커니즘의 일부를 묘사할 것이다. 쉴 줄 모르는 항해 활동은 여기서 몇백 년간 중단되었다가 그다음 우리로서는 알 수 없는 이유로 갑자기 다시 시작되었다. 서기 950년 무렵에는 장거리 항해가 갑작스럽게 재개되었다. 서쪽에서 온 라피타인의 후손들은 단 몇 세기 만에 동부 폴리네시아에 널리 흩어져 있는 섬들을 식민화했다. 그들 가운데 일부는 심지어 더 멀리, 남아메리카까지 항해했을지도 모른다. 페르디난드 마젤란과 제임스 쿡, 다른 유럽 항해가들이 폴리네시아 심장부를 찾아가기 수 세대 전에 말이다.

| 2장 |

순다와 사훌

5만 5천 년 전 1월 동남아시아 본토. 북서풍이 드넓은 해안 평야를 세차게 휩쓴다. 앞바다에서 불어온 강한 돌풍이 해안의 맹그로브 습지대를 때린다. 검은 잔물결이 연안에 인접한 잔잔한 유입구*에 퍼져 나간다. 바닷가에 붙어 자라는 덤불은 급작스레 푸른 바다로, 멀리 수평선에 보이는 낮은 해안선에 다다라 하얗게 부서지는 거대한 파도로 바뀐다. 맹그로브 숲 사이로 대나무 뗏목 한 척이 위아래로 부드럽게 흔들린다. 진흙 바닥에 꽂아 넣은 장대가 뗏목을 한곳에 고정시킨다. 세 남자와 한 여자가 섬유질로 된 고기잡이 그물을 얕은 여울에 친다. 이따금 돌풍이 머리칼을 헝클어트리고 고기잡이 발판을 휘청거리게 한다. 순간 강력한 돌풍이 몰아쳐 무거

---

* 해안이나 호안 또는 하안에서 물이 육지 쪽으로 흘러 들어가는 좁은 입구.

운 뗏목이 고정 장대에 부딪히고 장대는 진흙 강바닥에서 풀려나와 떠내려간다. 고기잡이들은 장대와 근처 맹그로브 덤불을 붙들려고 하지만 이미 늦었다. 그들의 뗏목은 통제를 벗어나 깊은 바다로 서서히 떠내려간다. 파도가 뗏목에 부서진다. 뱃사람들은 어찌할 도리 없이 앉아 있다. 마실 물이 담긴 조롱박을 가슴에 꼭 끌어안은 채로. 물가에서 그들의 동료들은 멀리 있는 육지를 말없이 바라본다. 몇 분 만에 뗏목은 하얀 파도 사이 작은 검은 점이 된다.

몇 달 후 덥고 평온한 어느 날, 인간이 기억하기 훨씬 전부터 자리 잡은 오랜 일상에 따라 고기잡이들은 대나무 뗏목을 타고 맹그로브 수풀 사이에 나와 있다. 울창한 수목이 그들 주위를 빽빽하게 둘러싸고 있다. 조금밖에 떨어져 있지 않지만 넓은 바다는 보이지 않는다. 별안간 한때 친숙했던 목소리가 한낮의 무기력을 깨트린다. 고기잡이들은 고개를 쑥 빼고 바다 쪽을 내다본 다음 장대를 밀어 넓은 바다 쪽으로 나아간다. 앞바다에서 대나무 뗏목이 다가오고 있다. 부드러운 순풍이 뗏목을 서서히 육지 쪽으로 실어 가는 가운데 뗏목의 선원들도 열심히 노를 젓고 있다. 표류자들 가운데 일부가 수평선 너머 육지로부터 돌아온 것이다. 그들은 자신들의 새로운 집, 사람이 살지 않는 숲이 우거진 땅에 대한 이야기를 들려준다. 그곳에는 이곳과 똑같은 나무와 식물, 물고기가 살고 있다. 밤이 오자, 뗏목을 타고 온 나이 지긋한 사람이 자신의 상상 속 물의 풍경, 조상들에 의해 창조된 왕국에 관한 상상을 다른 이들과 나눈다. 그는 옛 신화를 들려주고 바다를 두 땅 사이에 자리한 커다란 강처럼, 두 육지를 하나처럼, 친숙한 세계의 일부처럼 이야기

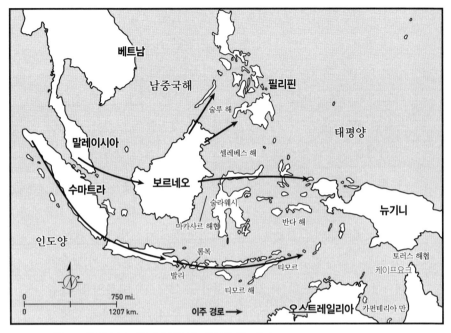

도판 2-1. 동남아시아 해역에서 이주 경로를 보여 주는 지도.

한다. 노를 저어 온 이들은 바람이 바뀌어 뗏목을 다시금 남쪽으로
실어다 줄 때 돌아가기로 한다.

우연한 사고인가 아니면 의도적인 탐험인가? 우리는 동남아
시아 앞바다로 나간 항해, 인류에 의한 최초의 장기 항해가 우연히
시작되었는지 아니면 누군가 깊은 바다로 나서기로 결심해서 시작
되었는지 영영 모를 것이다. 아직 아무도 식량 재배를 시작하지 않
았기 때문에 그들이 수렵 채집인이었다는 것은 분명하다. 그들의
조상은 수만 년 동안 사냥을 하고 식물을 채집했으며 본토의 낮은

저지대 해안을 따라 물고기를 잡았다. 그들은 오늘날보다 훨씬 낮은 후빙하기 해수면에 의해 형성된 완만한 물결 모양의 대륙붕을 자주 찾았다. 오늘날 지질학자들은 이곳을 순다 대륙붕^{Sunda Shelf}이라고 부르는데, 이제는 바다 밑에 잠긴 커다란 평원이지만 한때는 복잡한 하안 삼각주와 범람원, 맹그로브 습지를 떠받쳤다. 우리는 이 사실을 오늘날 해저에서 시추한 코어 표본*으로 알 수 있다.[1] 일부 수렵 집단은 내륙에 머무른 반면 다른 일부는 어패류가 풍부한 해안 맹그로브 습지와 유입구로 이루어진 바닷가를 결코 떠나지 않았다. 틀림없이 그들은 타고 다닐 만한 모종의 선박이 있었을 것이다. 강과 호수를 건너기 위해 그들은 속을 파낸 통나무와 단순한 대나무 뗏목에 의존할 수 있었을 것이다. 상대적으로 폭이 넓은 물을 건너는 일은 일상생활의 필수적인 부분이었다. 해안에 의지해 살며 맹그로브 습지에서 물고기를 잡는 사람들에게 바다와 육지는 하나로 이어진 환경을 형성했다. 이 육지-바다 풍경에 대한 복잡한 종교적 믿음 안에 바다와 물이 크게 자리 잡고 있었던 것은 거의 확실하며 이러한 종교적 믿음은 구전과 암송, 춤과 노래를 통해 세대에서 세대로 전해졌다.

오늘날 우리는 캄보디아와 베트남 해안 대부분의 지역에서 대양을 내다보지만 후빙하기에 이곳의 지리는 매우 달랐다. 훨씬 낮은 해수면 때문에 10만 년 전부터 6만 년 전까지 땅덩어리와 땅덩어리 사이 거리는 훨씬 짧았다. 1만 8천 년 전 후빙하기가 절정에

---

* 시추기에 의해 채취된 흙, 바위, 광물의 원통형 채취 표본.

달했을 때 아시아 대륙 본토는 오늘날 발리와 롬복 해협 사이에서 끝났다. 보르네오 섬과 술라웨시 섬 사이 마카사르 해협에 위치한 30킬로미터 정도의 바다만이 술라웨시 섬과 숲이 우거진 인근의 섬 무리를 본토에서 분리시켰다.[2] 오늘날 과학자들은 이 군도를 빅토리아 시대 생물학자 앨프리드 러셀 월리스의 이름을 따 월리시아라고 부른다. 월리시아에서 카누를 타고 100킬로미터 정도를 더 가면 오늘날에는 바다 밑으로 거의 사라진 또 다른 대륙붕인 저지대 해안이 나왔다. 과학자들이 사훌Sahul이라고 부르는 이 대륙붕은 당시 뉴기니와 오스트레일리아를 하나로 이었다.

5만 5천 년 전 무렵—이 연대는 여러 정보를 바탕으로 한 추정치이다—뗏목이나 어쩌면 카누 한 척이 우연한 사고로 망망대해를 건너 월리시아로 갔고 오늘날의 뉴기니와 그 너머로 항해가 시작되었다. 이 횡단은 내륙의 익숙한 큰 강을 다니는 것보다 훨씬 길었을 테지만 이때 이용된 뗏목들은 틀림없이 더 긴 거리를 떠 다녔을 것이다. 바다를 가로질러 나 있는 정신적 통로에 대해 가슴 깊이 신념과 자신감으로 무장한 이들에게 항해가 반드시 괴로운 경험은 아니었다. 항해가 우연한 사고였다고 하더라도 그 사고는 곧 의도적인 항해가 되었을 것이다. 사람들은 자신들의 환경을 정말 잘 알았고 탁 트인 바다에 대해 정신적으로 준비가 되어 있었기 때문이다.

이 초기 항해의 카누는 전혀 남아 있지 않고 우리는 그 카누를 저어 간 사람들에 대해서도 아는 것이 거의 없다. 입으로 전하는 말을 통해 세대를 거쳐 공유된 그들의 역사는 5만 년 이상의 시간이 흐르면서 오래전에 사라졌다. 고고학만이 단서를 제공하는데 주로 석기나 동물 뼈, 조개껍데기와 같은 무미건조한 유물로부터 얻은 것이다. 그러나 사람들이 왜 그러한 항해를 선뜻 나섰는지 이해하기 위해서는 해양 환경뿐 아니라 무형의 영역, 즉 그들이 바다와 맺은 관계의 속성을 파고들어야 한다. 연관성은 기껏해야 미약한 수준이지만 어쨌거나 현재 유일한 비교 대상은 암초 위와 좁은 유입구 때로는 더 멀리 앞바다에서 물고기를 잡으며 지금도 어느 정도 유사한 환경에서 번성하고 있는 북부 오스트레일리아의 해안 거주 집단이다.

대다수 사람들은 오스트레일리아 원주민이라고 하면 사막과 건조한 지형을 연상하지, 맹그로브 습지와 산호초를 떠올리지는 않는다. 그러나 일부 집단은 여전히 카펀테리아 만과 케이프요크 반도의 해안을 따라 살아가고 있다. 이곳은 오스트레일리아에서 토러스 해협 너머 북쪽으로 150킬로미터 정도 떨어져 있는 뉴기니와 가장 가까운 지방이다.[3] 그들의 조상은 적어도 3천 년 동안 이런 방식으로 살아왔다. 어쩌면 그보다 더 오래되었을 수도 있다. 오스트레일리아 원주민과 바다와의 복잡다단하고 강렬한 정신적 관계는 내가 수천 년 동안 이 지역 해안에 거주한 사람들 사이에 널리 퍼져 있었으리라고 추측하는 바다에 대한 믿음들을 엿볼 수 있는 매력적인 기회를 제공한다.

서부 만의 욜른구족은 성난 분위기와 평온한 분위기 사이를 오가는 바다가 사람처럼 살아 있으며 우리의 목숨을 앗아가지 않도록 공경해야 하는 장소라고 믿는다. 그들은 바다의 리듬, 조수와 해류, 그 표면을 출렁이게 하는 바람과 파도를 이해한다. 욜른구족은 바다가 복수를 하고 죽일 수도 있다는 사실을 이해한다. 먼 내륙에 살고 있는 수렵인들처럼 그들은 위협을 신성한 힘으로 전환하면서 자신들의 풍광과 환경의 힘에 어렵사리 적응해 나갔다. 그들의 제의는 바다 괴물의 기운과 초자연적인 중요성을 환기한다. 오스트레일리아 원주민들은 자신들끼리 서로 협력하듯이 바다와 협력한다. 하루하루를 바다와 함께 살아가기 때문이다. 바다의 힘은 저마다의 몸과 영혼의 일부이다. 성스러운 존재들의 바다 여정과 그들의 가르침은 이야기와 노래, 제의를 통해 대대로 전해졌다. 오스트레일리아 원주민 고기잡이들이 깊은 바다로 나가거나 상상의 여행을 떠날 때면 이 고대의 가치들은 여전히 살아 있다.

북부 해안의 원주민들은 육지에 거주하고 있지만 그들의 창조신은 짠 바닷물에서 왔다. 그들의 신화에 따르면, 카펀테리아 만의 어느 곳에서 한 뱀상어의 꼬리지느러미가 휩쓸고 지나가자 협만과 유입구가 생겨났다. 뱀상어는 돌고래 한 마리를 죽였고 돌고래는 죽어서 바위가 되었다. 이런 식으로 그들의 고향 땅의 자연 지형이 생겨났고 영적인 힘을 지니게 되었다. 서부 만의 또 다른 부족인 야뉴와족은 "우리는 바다에서 유래한 부족"이라고 말하는데 그들의 정신적, 문화적 유산이 바다에서 왔다는 뜻이다. 그러한 유산 덕분에 야뉴와족은 바다를 섬기고 옛 조상들이 바다 풍경 곳곳에 새긴 흔적과 길을 따라야 한다.

오스트레일리아 원주민들 그리고 실로 모든 연안 수렵인과 고기잡이들처럼 5만 년 전의 아시아 대륙 본토 사람들도 주변 땅뿐 아니라 수평선까지 뻗어 있는 바다에 대해서 속속들이 알고 있었다. 그들은 틀림없이 물고기와 새의 이동, 구름의 형태, 심지어 물속의 발광 현상(이것은 물이 환하게 빛나는 현상인데 생체 발광, 즉 물속에서 살아가는 유기체가 발산하는 빛 때문에 일어난다.)에도 친숙했으리라. 오늘날 그들의 후손은 오리온자리와 플레이아데스 같은 별자리를 이용해 계절풍의 풍향 변화를 미리 내다보고 특정 물고기가 물가 가까이에 와서 먹이를 먹는 시기를 추적한다. 예를 들어 플레이아데스는 연중 가장 추울 때 보이는데 그때 대단히 귀한 듀공이 따뜻한 물을 찾아 해안으로 온다. 또한 남동풍이 잦아드는 9월 무렵에 토러스 해협 비둘기가 야생 자두를 먹기 위해 북서쪽에서 날아온다는 사실을 모두가 알고 있다. 그들의 지식은 사소해 보이는 사항까지 미치는데 이를테면 그곳의 해류와 조수가 바닷가에 어떻게 물길을 만들어 내는지도 알아서 고기잡이들은 맹그로브로 만든 뗏목을 타고 그렇게 생겨난 물길을 가로질러 곳곳의 고기잡이 장소로 간다.

각 부족 집단은 친족 소유의 해양 영토를 갖고 있는데 이 영토는 바닷물과 암초, 근처의 섬들, 어장까지 포괄한다. 이 영토는 눈길이 닿는 앞바다와 신화 속 무지개뱀이 사는 바다 밑바닥까지 미칠 수도 있다. 바다에 대한 권리는 수평선 너머, 심지어 그레이트배리어리프*의 먼 가장자리까지 미칠 수도 있다. 이 권리는 육지의

---

* '대보초'라고 하며, 오스트레일리아 북동부 퀸즐랜드 해안과 병행하는 큰 산호초이다.

토지 점유권과 유사하게 조상들로부터 물려받은 것으로서 대대로 전해지며 해안을 따라 일상의 삶을 형성한다. 바다의 영토는 상상의 영역까지 이어진다. 육지 부족들 사이에 꿈^{Dreaming}이 있는 것처럼 여기에도 바다의 영역과 물길을 아우르는 바다 꿈^{Sea Dreaming}이라는 것이 있다. 하루하루의 실제 세계와 정신적 영역은 오스트레일리아 해안 원주민의 삶 속에, 창의적이고 적응력이 매우 뛰어나며 육지나 바다 건너 멀리 떨어진 곳에 사는 사람들과 연계를 유지하는 데 익숙한 사람들 속에 하나로 얽혀 있다. 해안을 따라 어디에서나 사람들은 우리가 기억의 바다 풍경이라고 부를 만한 것, 살아 있는 바다, 인간 행위자와 하나인 바다 한가운데서 산다.

5만 년 전의 대륙 본토 사람들은 그와 유사한 기억의 바다 풍경을 가지고 있었을까? 그들이 다른 수렵인이나 어로 생활인과 같았다면 틀림없이 가지고 있었을 것이다. 적어도 연안 바다에 대한 밀접한 지식은 삶과 죽음을 가를 수도 있기 때문이다. 갑자기 강한 스콜*이 불어와 예고 없이 카누를 집어삼키는 광경을 상상해 보라. 선원들은 정신없이 물을 퍼내고 바다 위로 노출된 작은 암반을 향해 열심히 노를 젓는다. 그곳에서라면 사람을 잡아먹는 상어가 다가올 수 없는 얕은 여울과 임시적인 피난처를 구할 수 있음을 그들은 안다. 그들은 자그마한 모래 해변으로 카누를 올린 다음 배에서 뛰어내려 물을 퍼내고 통나무 카누를 말린다. 밤이 되자 카누를 옆으로 뒤집어 임시 거처로 이용한다. 다음 날 아침 바람이 잦아들고

---

* 열대지방에서 흔히 발생하는 뇌우를 동반한 돌풍.

그들은 본토를 향해 노를 젓는다.

맹그로브 숲과 모래톱이 사라지면 연안 바다는 망망대해와 하나로 어우러진다. 오스트레일리아 원주민들의 사례로 짐작해 볼 때, 해안 부족 집단 각각의 조업 영토는 수심이 더 깊은 바다, 앞바다의 암초나 작은 섬 그리고 그 너머까지 뻗어 있었을 것이다. 비록 잔잔한 날 이따금 심해어를 잡으러 나갈 때를 제외하고는 아무도 거기까지 나가지는 않았을지라도 말이다. 하구와 맹그로브 습지의 잔잔한 물을 다스리는 정령의 힘이 틀림없이 앞바다에도 똑같은 힘을 발휘했을 것이다. 이 더 넓은 바다 풍경은 결코 특색이 없지 않았고 물리적으로나 정신적으로 텅 빈 공간이 아니었으며 반드시 적대적인 장소도 아니었다. 순다 제도 앞바다는 오늘날과 마찬가지로 일반적으로 맑고 따뜻했고, 종종 거울 표면처럼 잔잔했으며, 낮에는 부드러운 해풍으로 밤에는 육지에서 불어오는 부드러운 바람으로 잔물결이 일었다. 더 먼 바다에서는 우세한 무역풍과 몬순 계절풍이 바다를 거칠게 출렁이게 했지만 목숨을 위협할 만한 폭풍은 드물었다. 바다 풍경은 생기로 넘쳤고 끊임없이 변화하고 있었다. 보통은 온화한 이 바다는 때로 초자연적 위험으로 가득한 무시무시한 장소로 바뀔 수도 있었기에 앞바다에서 노를 젓던 오스트레일리아인들은 카누에 신성한 식물을 실어 갈 정도였다. 다행스럽게도 적절한 제의로 탁 트인 앞바다의 수수께끼를 해독하는 정신적이고 초자연적인 길을 만들어 내면서 사악한 힘들을 달랠 수 있었다. 정령의 안내를 받는다면 앞바다에서 표류하는 것이 반드시 재난의 전조이지는 않았으리라. 우리의 표류자들은 비록 인간은 아직까지 그곳에 가 본 적이 없다 할지라도 조상들이 설정해 놓은 바다 풍경을 가로질러 정신적 여행을 떠났다.

비자발적인 항해자들이 반드시 물리적 진공으로 항해하고 있었던 것도 아니다. 그들은 놓칠 수 없는 표식들로 수평선 저 너머에 육지가 있다는 사실을 분명히 알았을 것이다. 번개가 쳐서 자연적으로 발생한 산불에서 나온 거대한 검은 연기 기둥, 본토를 향해 날아가는 육지의 새 떼, 고지대에 생성되는 특징적인 모양의 구름 등이 모두 표식이었다. 때로는 먼 곳의 해안선이 앞바다에 아른거릴 수도 있다. 뜨거운 여름 아지랑이 속에서 희미하게 보이는 이 신기루는 후빙하기뿐만 아니라 오늘날의 선원들에게도 적이다. 화창한 겨울날에 숲이 울창한 섬은 짙푸른 바다와 하늘을 배경으로 검게 도드라져 보였을 것이다. 심지어 인간이 먼바다로 항해하기 전에도 대륙 본토 사람들의 세계가 반드시 바닷가 맹그로브 습지에서 끝나지는 않았다. 순다의 해안을 따라서 사람들은 여름과 겨울이 다른 풍향 패턴을 보인다는 것을 알았다. 여름에는 몬순 계절풍의 일환으로 남풍이, 겨울에는 무역풍의 일환으로 북동풍이 불었다. 뗏목을 타고 월리시아로 실려 간 사람은 누구나 적당히 시간이 지나면 풍향이 바뀌어 원한다면 고향으로 귀환할 수 있다는 사실을 알았다. 바다 풍경은 육지 풍경만큼 파악과 예측이 가능했고 목적지를 눈으로 볼 수 있다면 더욱 그랬다.

순다와 사홀은 항해에 안성맞춤인 환경이었다. 해류와 바람은 해마다 비교적 예측 가능했다. 줄줄이 분포한 높고 낮은 섬들은 기준 가시선 항법에 알맞은 지형지물을 제공했다. 안전한 정박지 및 모래 해변과 더불어 맹그로브 숲으로 둘러싸인 유입구도 풍부했다. 생물인류학자 조지프 버드셀은 섬들의 분포에 바탕을 둔, 명백한 두 가지 항해 경로를 찾아냈다. 첫째 경로는 북쪽에서 시작하여 상호 가시거리 안에 있는 섬에서 섬으로 이동하는 것이다. 사실 시야에서 줄곧 육지를 놓치지 않은 채 아시아 대륙 본토에서 뉴기니섬 동쪽 앞바다 비스마르크 제도 끝까지 항해하는 것은 예나 지금이나 가능하다. 버드셀의 남쪽 경로는 오스트레일리아 북서 해안에 더 가깝게 지나간다. 그는 8단계에서 17단계에 이르는 다양한 가능 하위 경로도 설명한다. 해수면 높이가 가장 낮았을 때는 어떤 단계도 100킬로미터를 넘어가지 않았다. 섬들은 사람들이 하나씩 방문하고 식민화하면서 점점 더 길어지는 끈이 되었다. 해수면이 현재 수위보다 대략 70미터 낮은 지점까지 상승했을 때에도 비록 낮은 섬들은 바닷물에 잠겼을 테지만 높은 섬들 사이의 거리는 그렇게 멀지 않았을 것이다. 버드셀은 "모든 경로나 대부분의 경로에 걸쳐 소규모 무리의 이동이 드문드문하게나마 꾸준히 이어졌을 가능성이 높다."고 쓴다.[4]

버드셀의 두 가지 경로는 오늘날에도 전적으로 이용 가능하다. 일련의 섬들을 따라 항해하는 것은 지형지물에서 지형지물로, 탁 트인 바다를 건너는 차이를 제외한다면 해안선을 따라 만에서 만으로 이동하는 것과 매우 비슷하다. 뉴질랜드 고고학자이자 숙련된 소형 보트 선원이기도 한 제프리 어윈은 버드셀의 북쪽 경로를 이루는 상호 가시적인 섬들 간의 거리를 계산한 바 있다.[5] 그는 지금보다 50미터 낮은 해수면 높이와 앞쪽에 놓인 육지—낮은 섬들은 근접 거리를 제외하고 보이지 않기 때문에 꼭 낮은 섬일 필요는 없다—의 가시반경을 이용했다. 그는 아시아 본토에서 술라웨시까지 첫 단계의 항해 거리는 뉴기니까지 마지막 단계의 항해 거리와 동일하다고 주장한다.

눈에 보이는 섬에서 섬으로 배를 몰아가는 방법은 항해자들이 동남아시아 본토에서 대양으로 진출한 한 가지 수단이었지만 항해는 그보다 훨씬 복잡했다. 눈에 보이는 먼발치 섬에 대한 지식은 육지에서 시작하는데 육지에서는 이웃하는 섬들의 존재를 파악하는 것이 단순히 친숙함의 문제일 만큼 대개 조건이 좋았을 것이다. 그러나 바다에서는 상황이 다르다. 이상적인 조건에서 카누에 탄 사람은 대기가 빛을 굴절시키는 것을 감안해 지구의 곡면이 허용하는 한 최대한 멀리 볼 수 있다. 그러나 구름과 엷은 안개, 거품 등과 같은 여러 자연 현상이 시계가 좋은 날조차도 수평선을 흐릿하게 만들어 바다에서 육지를 발견하는 일은 훨씬 어려워진다.

뉴기니와 오스트레일리아를 바라보는 동남아시아와 남중국해 사이의 섬과 바닷길들 그리고 남서태평양 인근의 섬들은 북반구와 남반구의 열대 사이클론 벨트 사이에 위치한다. 세계 전역의 해상 조건을 서술한 결정판이라 할 수 있는 영국『해군성 항해 교범』에 따르면 이 해역은 전반적으로 기상 상태가 양호하고 비교적 센 바람이 장기간 불지 않는 곳이다. 여름 몇 달 동안은 몬순 계절풍 덕분에 뉴기니 섬과 남서태평양의 비스마르크 해협 인근, 사훌 해안선 해역에 북서풍이 불고 북서 해류가 흐른다. 따라서 돛이나 노를 이용해 남쪽으로 쉽게 항해할 수 있었다. 보르네오 섬과 뉴기니 섬 북쪽을 관통하는 적도 북쪽에서는 같은 시기에 북동 무역풍이 불어서 앞바다에 위치한 육지로의 항해가 역시 용이했다. 그다음 겨울이 오면 남동 무역풍과 북쪽으로 흐르는 해류 덕분에 항해자들은 원한다면 왔던 곳으로 되돌아갈 수 있었다. 이 계절적 기후 패턴으로 단순한 선박에 탄 사람들은 방대한 지역에 걸쳐 해안선과 섬들을 비교적 안전하게 탐험하고 식민화할 수 있었다. 그리고 시간이 흐르면서 수천 제곱킬로미터에 걸쳐 흩어져 있는 섬 사회들은 동일한 계절적 패턴을 이용하여 자유롭게 교류하고 교역할 수 있었다.

어원은 이 해역을 항해 회랑이라고 부르는데 이 해역은 양호한 기상 여건을 자랑하며 무엇보다도 예측 가능하고 비교적 완만한 풍향 변화 덕분에 사람들이 수평선에 보이는 섬들로 항해에 나섰다가 계절이 바뀌면 역풍에 맞설 필요 없이 귀환할 수 있었다.[6] 순다 너머의 바다는 섬사람들에게 근처의 수풀이나 편리한 고기잡이 개울만큼 친숙한 문화적 풍경의 일부가 되었다. 하나의 풍경 안에 해양과 육지가 함께 어우러져 있는 이런 관념은 순다와 사훌 앞바다나 알류샨 열도 주변의 사나운 북태평양, 지중해 등 그 어느 곳이 되었든 간에 대양을 파악하는 데에 핵심적이다.

순다-사훌 항해 회랑의 온갖 자연적 이점에도 불구하고 여전히 선박 문제가 남아 있다. 뗏목을 타고 우연히 표류하는 것과 여러 세대에 걸친 지속적인 항해는 완전히 다른 문제이다. 특히 장기 항해에서는 커다란 너울과 풍랑을 만날 가능성이 크다. 한 번에 몇 시간씩 심지어 며칠씩 먼바다로 항해하는 것은 임시변통으로 대나무를 엮어 만든 뗏목보다 훨씬 견고하고 항해에 적합한 선박을 필요로 한다.

뗏목은 가장 단순하다. 최초의 뗏목은 아마도 얕은 물과 맹그로브 습지에서 낚시를 할 때, 필요한 경우 쉽게 장대로 밀거나 한 곳에 고정시킬 수 있는 떠 있는 디딤판 이상은 아니었을 것이다. 14장에 묘사된 훨씬 정교한 안데스 뗏목처럼 어떤 것들은 양 끝에 튀어나온 중심 통나무가 있어서 좁은 물길을 통과할 때, 해류나 조수를 거슬러 갈 때, 혹은 잔잔한 물에서 항해할 때는 삿대질해서 나가기가 더 용이했다. 섬유질 끈은 뗏목에 안성맞춤인데 풍랑에 시달리며 나무들이 서로 마찰을 일으킬 때 끈이 뗏목의 나무 속으로 파고들지 않기 때문이다. 노르웨이 인류학자이자 탐험가인 토르 헤위에르달이 1947년에 자신의 발사 뗏목 콘티키호*Kon-Tiki*를 타고 페루에서 폴리네시아까지 성공적으로 항해할 수 있었던 한 가지 이유는 뗏목의 섬유질 밧줄이 부드러운 통나무를 파고들지 않았기 때문이다. 더 깊은 바다에서는 마찬가지로 새로운 추진 방법이 필요했을 것이다. 수평선 너머에 보이는 육지에 닿으려면 선원들이 뗏목을 조종하는 것뿐만 아니라 노도 저어야 했다. 삿대는 곧 납작한 날이 달린 노로 변했을 것이며 무풍 상태에서 여러 사람이 노를 저으면 뗏목은 천천히 이동했을 것이다. 이는 다시금 발명의 문제라기보다는 필요의 문제이다. 뜨거운 불 위에서 팔팔 끓는 냄비를 저어 본 사람이라면 누구든 나무로 된 노 모양의 막대기가 가장 좋다는 것을 알듯이 말이다. 노는 바람 없는 날이나 기상 상태가 양호한 날에는 통했지만 거친 바다는 차원이 달랐다. 평평하고 투박한 뗏목은 물에 잘 뜨는 성질의 나무로 만들어졌다고는 하나, 노를 저어서는 그리 세지 않은 역풍에도 사실상 한 발자국도 나갈 수 없었다.

이런 여러 단점에도 불구하고 뗏목은 틀림없이 널리 사용되고 쉽게 제작되었을 텐데 대나무는 북쪽 경로를 따라 순다에서 남쪽과 동쪽 그리고 더 서쪽 경로를 따라 자바에서까지 자생하기 때문이다. 대나무 뗏목은 오스트레일리아 북부 카펀테리아 만에서 여전히 사용된다. 비록 뗏목이 탁 트인 바다를 건너는 일반적인 수단이었다고 하더라도—그리고 뗏목이 새로운 사회를 건설하기에 충분한 인구를 실어 갈 수 있는 이점이 있었다고 하더라도—수천 년에 걸친 바다 횡단을 통해 선박의 유형에 심대한 변화가 생기지 않았다고 한다면 순진한 생각일 것이다. 세 가지 유형의 다른 선박이 등장했는데 바로 갈대 보트와 나무껍질 보트, 그리고 통나무 카누이다.[7] 갈대를 이용하면 가벼운 배를 만들 수 있고 뭍으로 쉽게 끌어올릴 수 있지만 이삼일이 지나면 물을 먹어 쓸모가 없어진다. 예를 들어 초기 캘리포니아 인디언들이 앞바다의 섬으로 항해할 때 이용한 골풀 카누는 나흘 정도밖에 못 쓰기 때문에 시간이 지나면 해변에서 말려 주어야 한다. 오늘날까지 연안 멸치잡이에 이런 종류의 선박을 사용하는 페루 해안의 어부들처럼 골풀 카누의 주인들은 짧은 항해 후에도 카누를 햇볕에 최대한 자주 내어 말린다. 베트남의 어부들은 심지어 거친 바다에서도 지금도 이물(선수)과 고물(선미)이 높은 갈대 보트를 사용하지만 요즘에는 고속도로용 아스팔트로 방수 처리를 한다. 나무껍질을 꿰매서 만든 카누는 순다의 강과 호수에서 이용되었을 가능성이 있지만 오늘날 그 흔적을 찾을 수는 없다. 그래도 오스트레일리아 일부 지역에는 알려져 있는데 어쩌면 한때 널리 사용되었지만 대량의 짐을 나를 만큼 크지 않았던 선박이 남긴 유산일지도 모른다.

통나무 카누는 가장 단순한 형태로는 양 끝 부분이 막힌 속이 빈 나무 몸통에 불과하다. 우리에게 익숙한 나무 여물통이 다른 용도로 쓰이게 된 셈이다. 아주 초창기부터 통나무배는 강과 호수를 건넜고 그런 용도를 위해 특별히 더 개선할 부분이 없었다. 나로서는 통나무배를 겁낸다는 사실을 고백할 수밖에 없는데 다 이유가 있다. 아프리카에서 나는 제자리에서 심하게 빙글빙글 돌고 물이 잔뜩 들어찬 데다 가장자리가 수면에서 간신히 몇 센티미터 떠 있는 통나무배로 악어가 우글거리는 강을 건넌 적이 여러 차례 있다. 천만다행으로 우리는 딱 한 번만 물에 빠졌고 그것도 얕은 물에서였는데 일행 중 누군가가 실수로 카누 가장자리를 밟아서였다. 통나무배는 곧은 나무 몸통의 속을 파내 쉽게 만들 수 있지만 어쩔 수 없이 길쭉하고 폭이 좁다. 따라서 잘 만들어진 통나무 카누일지라도 잠재적으로 안정성이 떨어질 수밖에 없는데 잔잔한 바다와 전문가의 조종 아래서도 예외가 아니다. 뱃전이 낮기 때문에 조그만 물결에도 물이 금방 넘쳐 들어온다. 크고 곧은 나무와 그 속을 파낼 도끼와 까뀌가 없는 상황에서 통나무배는 분명히 비교적 작았을 것이며 가벼운 짐이나 한두 명의 사람만 실어 나를 수 있었을

도판 2-2. 아웃리거 카누의 모습.

것이다. 물론 잔잔한 바다라는 가정하에서 말이다. 가장 간단한 형
태의 통나무배는 뗏목과 비교가 안 되었다. 잔잔한 바다에서 노를
저으면 뗏목보다 빨리 가기야 했지만 말이다. 수송 능력이 떨어질
뿐만 아니라 가장 유능한 전문가의 손길 아래서도 너른 바다에서
살아남을 수 있는 강도와 안정성이 부족했을 것이다.(많은 오스트레
일리아 원주민들이 거친 바다에서 통나무배를 다루는 데 굉장히 뛰어나다.)

  큰 너울과 풍랑은 혁신의 중요한 기폭제가 되었을 것이다. 가
장 시급한 문제는 안정성, 다시 말해 선원인 내 친구가 말한 대로
'기울기'의 문제였다. 해법은 쌍동 선체나 하나짜리 아웃리거*였는
데 어느 쪽이든 카누의 폭을 넓혀 주어 배에 안정성을 더했다. 한

마디로 일종의 받침대였다. 이 두 가지 구성 요소는 돛대와 돛의 사용도 가능케 했는데 이 해역에서는 예측 가능한 바람 덕분에 분명히 범주**도 곧장 시작되었을 것이다.

어떤 대양 횡단이든 심지어 몇 킬로미터에 불과한 항해도 최대한 빨리, 투박한 뗏목으로 건널 때보다 더 빨리 건너는 것이 분명히 바람직하다. 삿대는 노에 자리를 내주었고 어느 시점이 되자 노는 돛에 자리를 내주었다. 돛을 펼쳐서 동일한 임무를 수행할 수 있다면 굳이 사람이 일할 필요가 없지 않은가? 다양한 크기의 주돛과 선수 삼각돛으로 구성된 오늘날의 종범 장치로 범주하는 것은 상당한 학습 과정을 필요로 하지만 순풍을 타고 범주를 개시하는 것은 퍽 쉽다. 가죽 망토를 걸친 사람이라면 누구든 펄럭이는 옷 안쪽으로 부는 세찬 바람이 사람도 쓰러트릴 수 있다는 사실을 알아차릴 것이다. 어쩌면 최초의 돛은 뗏목 위에 설치되고 그다음 카누로 옮겨 갔을지도 모른다. 고물에 놓인 긴 노는 바람이 뒤에서 불 때 카누나 뗏목의 방향타가 되었다. 이 단순한 시작으로부터 목재 돛대(주 돛대와 활대)나 돛을 조종하며 필요하면 빠르게 올리거나 내릴 수 있는 섬유질 밧줄 같은 정교한 고안 장치는 심지어 적당히 경험 있는 뱃사람에게조차 당연한 해법이었을 것이다. 속도는 범주의 가장 큰 잠재적 이점이었다. 쌍동선이거나 아웃리거를 단 카누는 돛을 능숙하게 조종하면 그리 세지 않은 건들바람에도 놀랄

---

* 선체 밖으로 선체와 평행하게 대는 균형 장치.
** 帆走. 돛을 이용한 항해.

만큼 빠른 속도로 달릴 수 있었다. 이는 더 긴 기간 동안 대양을 항해하는 것을 실현 가능하게 만들었을 것이다. 순다 항해 회랑에서 일부 항해 구간은 최장 100킬로미터에 달했으므로 일단 항해가 흔해지자 파도를 다룰 수 있는 선박은 필수가 되었다.[8]

카누 두 척이 부드러운 몬순 계절풍을 받으며 잔잔한 바다를 힘들이지 않고 미끄러져 간다. 한 카누의 고물에는 가장 나이 많은 원로가 긴 노로 배의 방향을 조종한다. 그의 눈은 잠시도 가만히 있지 않고 뭉게뭉게 커지는 구름과 임박한 스콜을 찾아 수평선을 살핀다. 그는 저 멀리 아지랑이 사이로 불쑥 솟아오른 낮은 봉우리를 향해 배를 몬다. 다른 카누도 계속 가까운 위치를 유지한다. 조타노 옆에 있는 원로만이 그들을 안전하게 뭍으로 실어 갈 제의와 노래를 알고 있다.

　고고학적 설명이 매우 불완전하기는 하나 해상 팽창은 놀랄 만큼 급속했던 것 같다.[9] 방사성 탄소 연대에 따르면 사람들은 적어도 4만 2천 년 전쯤에 이르면 월리시아의 티모르 섬 앞바다에서 고기를 잡고 있었다. 월리시아의 남쪽과 남동쪽으로 깊은 티모르 주상해분*을 건너는 또 다른 100킬로미터의 항해 구간은 오늘날에는 그 일부가 바다 밑에 잠긴 거대한 땅덩어리, 즉 뉴기니와 오스트레일리아, 오늘날의 얕은 아라푸라 해를 아우르는 사훌에 도착하는 것으로 끝났다. 뉴기니에는 사람이 일찍 정착했다. 5만 년 전

---

* 심해저의 깊은 함몰 지형으로서 해구보다는 더 넓고 얕으며 측면 경사가 덜 가파르다.

에 그곳의 고원 지대에는 사람이 살고 있었다. 그 가운데 일부는 1만 년 정도 이후에 뉴기니 섬의 동쪽 끝에 있는 휴온 반도에 돌도끼를 남겼다. 조잡한 도구는 나무를 베고 숲을 개간하는 데 도움이 되었을 것이고 어쩌면 숲 가장자리에 야생 토란이나 마 같은 식용 작물을 재배하는 것을 촉진했을 수도 있다. 사훌 대부분은 완만하게 굴곡진 황량하고 반^半건조한 저지대로 제곱킬로미터당 매우 적은 인구만을 부양할 수 있는 곳이었다. 인류 정착지는 곧 더 윤택한 풍경을 찾아서 내륙으로 뻗어 갔다. 우리는 인류가 약 4만 5천 년 전에 이르러 오스트레일리아 깊숙이 정착했다는 사실을 알고 있으므로 항해는 적어도 그만큼 일찍 이루어졌다.

오후의 그림자가 길어지면서 카누는 육지에 접근한다. 산들산들한 몬순 계절풍은 언제나처럼 한결같고 곧이어 바람이 강해지자 아웃리거들이 해안을 달린다. 각 카누의 이물에는 젊은이들이 서서 바닷물의 색깔이 변하는지 예의 주시한다. 옅은 파란 물빛과 앞에 도사리고 있는 산호와 모래톱이 만들어 내는 어두운 파란 얼룩을 살피는 것이다. 망을 보는 사람들이 거의 동시에 오른쪽을 가리킨다. 키잡이들은 조타 노를 들어 올려 즉시 항로를 변경한다. 그사이 나이 지긋한 이는 상륙에 적합한 장소를 찾는다. 그는 비바람이 들이치지 않는 모래 해변을 확인한 다음, 연기나 집, 인간이 거주한 다른 흔적은 없는지 살핀다. 모두가 여차하면 무기를 집어들 태세이다. 하얗게 부서지는 흰 파도로부터 50여 미터 거리, 선원들은 한마디 말에 돛을 내린다. 그들은 노를 부여잡고 조심스레 뭍으로 향한다. 얼마 후 카누가 해변에 닿는다. 선원들이 뛰어내려 카누를 파도에서 멀찍이 끌어당긴다. 해변은 인적이 전혀 없다. 아무도 보이지 않는다.

미지의 뭍에 상륙하는 것은 언제나 잠재적으로 위험천만한 모험이었다. 적대적인 주민들이 울창한 숲 속에 도사리고 있을지, 상륙자들이 공격을 받을지 아무도 알지 못했다. 온갖 위험에도 불구하고 항해는 계속되었다. 몇천 년 만에 항해자들은 훨씬 더 먼 바다로 나갔다. 뉴기니의 휴온 반도는 비스마르크 해협과 오세아니아 근해 섬들을 마주 보는데 뉴브리튼 섬까지는 50킬로미터 거리밖에 떨어져 있지 않다. 지금으로부터 적어도 3만 5천 년 전에 이르면 사람들은 그보다 약간 더 동쪽에 있는 뉴아일랜드 섬에서 참치와 상어를 잡고 있었다. 일단 커다란 비스마르크 제도를 지나면 섬들 간 거리는 멀어지지만 그것도 항해자들을 막지는 못했다. 뉴아일랜드 섬부터 솔로몬 제도 북부의 부카 섬까지는 직항으로 175킬로미터에 이른다. 비록 도중에 작고 낮은 섬들이 간간이 있기는 하지만 이 섬들은 어느 거리에서도 보이지 않았을 것이므로 직항이었을 가능성이 크다. 그로부터 5천 년 후 부카 섬의 킬루 암석 보호구*에 거주하던 이들은 깊은 바다에서 잡은 물고기를 먹고 살았다. 부카 섬부터는 줄줄이 이어진 섬들 간의 거리가 짧기 때문에 솔로몬 제도의 나머지 섬들을 식민화하는 것은 쉬운 일이었다. 어떤 섬들은 여전히 오랫동안 인간의 발길을 피했는데 더 멀리 떨어진 마누스 섬의 경우 뉴아일랜드 섬으로부터 230킬로미터 정도, 뉴

---

*얕은 동굴 혹은 이와 유사한 장소로, 선사 시대 사람들의 주거 유적지이다.

기니 외곽으로부터 220킬로미터 정도 떨어져 있다. 마누스 섬은 떠나온 육지가 보이지 않게 되고도 한참을 지나야 눈에 들어오는데 빙하기 항해자들이 그곳에 상륙하지 않은 것은 그래서였을 수도 있다.

항해자들은 어떤 경로를 택하든 간에 육지의 가시 범위에서 좀처럼 벗어나지 않았다. 그들의 항해는 섬에서 섬으로 건너가며 바다에서 며칠 동안 지내는 방식의 제한된 대양 항해였다. 티모르 섬에서 오스트레일리아까지 뗏목을 타고 표류하는 것조차 강한 순풍을 받으면 일주일 이상 걸리지 않았을 것이다. 항해자들은 전반적으로 순조로운 기상 여건과 계절에 따른 풍향 및 해류의 역전으로 구분되는 자연적인 항해 회랑을 따라 항해했다. 그러한 항해는 선원들에게 일정한 자급 능력을 요구했을 것이다. 그들은 여러 날을 버틸 만한 마실 물과 이동 기간 동안 떨어지지 않을 만큼 충분한 식량을 실어 가야 했다. 깊은 바다에서는 물고기, 특히 수면 위 뗏목이 만드는 그늘로 몰리는 물고기를 잡을 수 있었을 것이다. 나는 이러한 사실을 대서양을 건너면서 알게 되었다. 떠다니는 나무 조각이나 부유 해초만 보면 곧장 그곳으로 달려갔는데 그림자 아래 수면 가까이 잠복한 물고기를 어김없이 발견할 수 있었다. 순다와 사훌 앞바다에서도 마찬가지였을 것이다.

아주 초기의 이 항해자들은 먼바다로 나설 때 극도로 보수적이었을 것이다. 그들은 바다가 위험하고 적대적인 곳임을 잘 알고 있었다. 경험—바람과 해류 그리고 짐을 실은 카누나 뗏목이 섬에서 다음 섬으로 노나 돛으로 건너갈 수 있을 만큼 바다가 오랫동안 잠잠한 시기 등에 대해 힘겹게 터득한 지식—이 가장 중요했다. 빈틈없는 선장은 다가오는 폭풍우, 스콜, 풍향의 변화, 연안 가까이에서 빠르게 흐르는 해류 등을 알리는 징후를 놓치지 않았다. 그는 이물과 고물 양편에서 멀리 바다 너머로 보이는 지형지물들을 알게 되었을 것이고 지형지물들은 안전한 정박지로 가는 길을 인도했다. 이러한 구전 지식은 구전 전통과 제의에 의해 대대로 전달되었다.

우리는 달빛이 비치는 조용한 바다에서의 밤을 상상할 수 있다. 원로가 파도를 살피고 다리로 파도를 느끼며 이물에 비스듬히 생기는 희미한 패턴과 얼마간 떨어진 보이지 않는 육지에 부딪혀 되돌아오는 큰 너울을 감지하는 가운데 카누는 바람과 함께 말없이 움직인다. 말 없는 몸짓과 함께 카누는 경로를 바꾼다. 나중에 연장자는 이전의 항해와 신화적 존재에 대한 이야기를 들려준다. 오래전에 이곳 바다를 최초로 항해한 사람들에 대한 이야기이다. 이곳 바다에서는, 아니 다른 어느 바다도 마찬가지이지만, 어느 뱃사람도 지적인 진공 상태에서 항해에 나서지 않았다. 일단 계획적인 항해가 시작되면 그는 언제나 그보다 앞서 바다로 나간 사람들의 도움을 누릴 수 있었다. 대체로 모든 여정은 귀환을 염두에 두었으며 경계 바깥으로 나간다 해도 적어도 지금까지 왔던 경로로 다시 되돌아올 가능성이 높다는 것을 전제로 시도되었기 때문이다.

따라서 카누에 탈 수 있을 만큼 소수의 정착자들을 한 섬에서 다음 섬으로 실어 나르며 항해는 계속되었다. 반드시 호기심에 기인해서가 아니라 어로와 연안 생활의 자연스러운 동학은 결코 정체되는 법이 없었기 때문이다. 사람들은 언제나 이동하고 있었다. 가족들은 쪼개지고 친척들은 서로 다투었다. 어로 구역이나 식량 부족을 둘러싼 분쟁은 생존을 위협했다. 그리고 육지에서처럼 다른 곳으로 떠나는 선택은 언제나 열려 있었다. 이런 경우에 항해자들은 육지에서 눈에 보이는 멀리 떨어진 섬으로 배를 타고 가기만 하면 되었다. 그러다 궁극적으로 대략 2만 5천 년 이후로 항해는 중단되었다. 부분적으로는 비스마르크 제도와 이웃 섬들의 고질적인 말라리아 때문일 수도 있고 또 어쩌면 섬들이 솔로몬 제도와 뉴칼레도니아에서 끝나는 것처럼 보였기 때문일 수도 있다. 새로운 항해 세대가 태평양 더 깊은 바다로 항해에 나서기까지는 다시 수천 년이 흘러야 했다.

| 3장 |

"바다에 흩어진 나비 날개들"

2만 년 전 비스마르크 제도. 젊은이가 반짝이는 박편을 손 안에서 이리저리 돌려본다. 윤기 나는 표면이 햇빛에 반짝인다. 박편을 만지작거리자 반사된 한 줄기 빛이 근처 나무줄기에 어른거린다. 그가 조각을 뒤집어 보다가 옆에 있는 친구한테 비추자 친구는 손을 들어 눈을 가린다. 둘이서 날카로운 날을 야자나무 잎사귀에 시험해 보자 줄기가 쉽게 잘린다. 둘 다 이런 돌은 처음 본다. 그들이 결코 가본 적 없는 바다 건너 먼 곳에서 온 돌이다. 그날 아침, 한 줌의 박편이 나무껍질 섬유에 곱게 싸여 인근 섬에서 카누에 실려 왔다. 그들은 자신들이 만든 조개껍질 날 손도끼와 그것을 교환했던 것이다.

오세아니아 근해*는 뉴기니의 동쪽 바닷가에서부터 멀리 남쪽과 동쪽 깊숙이 태평양까지 뻗어 있다.[1] 숲이 우거진 섬들은 예측 가능한 바람과 해류로 항해 회랑을 형성하는데 이 회랑은 북쪽과 남쪽에 위치한 열대 사이클론 벨트로부터 항해자들을 보호한다. 카누를 타면 여름에 뉴아일랜드 섬이나 뉴브리튼 섬에서 솔로몬 제도를 따라 멀리 산크리스토발 섬이나 산타아나 섬까지 간 다음 풍향이 바뀌는 겨울에 되돌아올 수 있었다. 2만 5천 년 전이 되자, 후빙하기의 항해자들은 멀리 남쪽과 동쪽의 솔로몬 제도까지 정착했다. 그들은 사냥꾼이자 고기잡이였고, 섬을 근거지 삼아 작은 야영지와 동굴에서 살았다. 외부에서 유입된 인공 유물이 없는 것으로 보아 각각의 섬 사회는 자신들의 새로운 고향에 서서히 적응해 가면서 외부와 교류 없이 고립되어 살았던 것 같다.[2] 그러나 이러한 고립은 착각일 수도 있는데 대략 2만 년 전에 다른 사회와의 접촉을 분명히 보여 주는 흔적이 있기 때문이다. 작은 흑요석 박편이 비스마르크 제도의 거주지에서 발견되었는데 그것은 도구 제작용 돌이 뉴브리튼 섬의 모피르Mopir와 탈라세아Talasea에서 비스마르크 제도로 운반되었기 때문이다. 탈라세아는 비스마르크 제도로부터 직선거리로 적어도 350킬로미터 떨어져 있으므로 섬사람들이 유용한 상품을 얻기 위해 장거리 여행을 감수하고 있었다는 것은 분명하다.(우리는 흑요석 원산지마다 구분되는 특징적인 미량 원소를 분광 사진으로 확인할 수 있기 때문에 이러한 사실을 알 수 있다.)

섬들 간 방문이 증대되면서 탐험도 활기를 띠었다. 대략 1만

---

* 오세아니아 근해는 뉴기니를 기점으로 서쪽 솔로몬 제도까지의 가까운 바다를, 오세아니아 원해는 그 경계 너머 더 먼 바다를 말한다. 도판 3-1 참고.

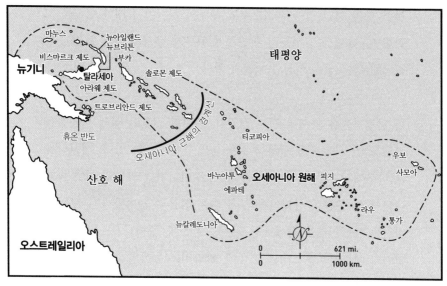

도판 3-1. 라피타 세계의 지도.

3천 년 전, 사훌 북쪽 해안이나 뉴아일랜드 섬의 북단에서 온 카누 한 척이 탁 트인 태평양을 200~230킬로미터 항해하여 가시 범위 바깥의 마누스 섬에 도달했다. 60~90킬로미터의 구간은 육지가 보이지 않는 항해였다. 고고학자 매튜 스프릭스가 쓴 대로 "그 첫 항해는 배 위에서의 긴장된 몇 시간 혹은 며칠이었을 것이며 우리는 이 선원들을 이끈 플라이스토세* 콜럼버스의 이름을 영영 알 수 없을 것이다."[3] 적어도 1만 3천 년 전으로 거슬러 올라가는 마

---

*160만 년~1만 년 전의 신생대 제4기의 첫 시기이다. 인류가 발생하여 진화한 시기이기도 하다.

누스 섬의 인간 거주 흔적으로만 알 수 있는 이 장대한 항해를 고려할 때, 태평양 남서부의 후빙하기 인류가 장거리 대양 항해를 할 줄 알았다는 것은 의심의 여지가 없다.

이 탐험가들은 농사를 짓지 않았다. 게다가 그들은 섬의 먹잇감을 하도 많이 사냥해서 일부러 사냥감을 들여올 정도였다. 섬사람들은 나무에서 사는 유대류인 회색늘보주머니쥐를 카누에 실어 뉴기니에서 이 동물이 알려지지 않은 다른 섬들로 들여왔다. 늘보주머니쥐는 뉴아일랜드 섬에 1만 5천 년 전쯤에, 주머니오소리는 애드미럴티 제도에 1만 2천 년 전쯤에, 왈라비는 뉴아일랜드 섬에 7500년 전쯤에 도착했다. 상대적으로 자원이 빈약한 섬에 식량 공급원을 증대해 보려는 이런 무모한 시도는 인류 역사에서 독보적이다. 지구 상에서 최초로, 사람들은 식량 공급원이 있는 곳으로 가는 대신 공급원을 이동했다. 나중에 섬에서는 농경이 시작되었다. 뉴기니와 비스마르크 제도는 여러 열대작물이 유래한 곳으로, 그중에는 나중에 주요 식량이 되는 토란과 사탕수수, 일종의 바나나 등이 있었다. 과일 나무도 중요했는데 과수의 수확량을 증대하기 위해 나무를 인위적으로 재배하기도 했다. 개량종 식물이 등장하면서 카누 선장들은 토란과 마 같은 식량을 장기 항해를 위해 저장할 수 있게 되었다. 뉴브리튼 섬에서 물에 잠긴 채 발견된 그러한 개량종 잔해의 연대는 적어도 기원전 2250년으로까지 거슬러 올라간다. 그러나 그 모든 항해에도 불구하고 태평양 남서부의 인구는 여전히 미미했다. 적은 인구는 말라리아 풍토병 때문이었을 수도 있는데 최소 두 종의 말라리아 기생 원충이 수천 년 전 최초의 정착자들을 따라 순다에서 사홀로 건너갔기 때문이다. 말라리아모기 서식지보다 더 높은 곳에 위치한 뉴기니 고지대에서만 조밀한 농경 인구가 번성했다.

섬 생활은 뉴브리튼 섬의 위타리 화산이 대규모로 폭발하여 섬 대부분을 화산재로 뒤덮어 버린 대략 기원전 1600년경에 극적으로 변화했다. 위타리 대재난은 인도네시아 앞바다 순다 해협에 위치한 크라카타우 섬의 1883년의 유명한 화산 폭발을 크게 능가했고 틀림없이 많은 섬 주민들이 죽었을 것이다. 대재난 직전이나 직후에 훨씬 크고 더 튼튼한 카누를 탄 이방인들이 서쪽으로부터 비스마르크 제도에 도착했다.

아웃리거들, 모서리가 뾰쪽한 직물 돛을 달아 바람보다 더 빨리 달리는 것처럼 보이는 커다란 카누들이 예고 없이 나타난다. 짐을 잔뜩 실은 카누들은 날쌔게 달려와 수렵인들의 야영지에서 개울을 사이에 두고 얼마간 떨어진 해변에 닿는다. 남자에 이어서 여자와 아이들이 조심스레 배에서 내린다. 남자들은 손에 무기를 들고 있다. 섬사람들은 숲 가장자리에 서서 새로 도착한 사람들이 파도를 피해 카누를 끌어올리는 모습을 말없이 바라본다. 새로 온 사람들은 한 무더기나 되는 토란 뿌리와 마, 도끼, 까뀌와 큰 솥을 내린다. 원로 두 명이 조심스레 카누에 다가가 의례적인 인사말을 되뇌며 우정의 몸짓을 내보인다. 그들은 낯선 이들이 알아들을 수 없는 다른 언어로 말한다는 사실을 발견하고 당황하지만 미소를 띠고 고개를 끄덕거리며 긴장을 누그러뜨린다. 다음 여러 날 동안 항해자들은 토란과 각종 작물을 심을 밭을 만들기 위해 숲을 밀어내고 영구적인 집을 짓는데 그들이 지은 집은 수렵인들의 임시적인 거처보다 훨씬 더 견고하다. 그들은 거주하려고 온 것이 분명하다. 이국적인 조가비를 사냥으로 잡은 고기와 얼마간 교환한 것을 제외하면 수렵인과 농경인 사이의 접촉은 기껏해야 간헐적이다. 몇 주 만에 수렵인들은 먹을 것을 찾아 카누에 올라타 노를 저어 다른 곳으로 간다. 그동안 더 많은 아웃리거들이 서쪽에서 도착하여 첫 번째 상륙지와 약간 떨어진 곳에 또 다른 마을을 세운다. 그러나 얼마 후에 새로 도착한 사람들 가운데 일부가 또다시 가만히 있지 못하고 수평선의 다음 섬을 향해 배를 타고 나간다. 그 사람들은 뭍에서만큼 물 위에서도 아주 편안하다.

　우리 고고학자들은 새로 온 이 사람들을 라피타인이라고 부른다. 캘리포니아대학교 버클리캠퍼스의 인류학자 에드워드 W. 기퍼드가 1952년에 솔로몬 제도에서 남동쪽에 위치한 뉴칼레도니아에서 고고학 탐사 작업에 착수하면서, 자신이 이끄는 탐사 팀이 발굴 작업을 개시한 서해안의 한 유적지에 라피타라는 이름을 붙였기 때문이다. 그곳에서 그는 방사성 탄소 연대 측정으로 대략 기원전 800년 것으로 추정되는 특징적인 무늬가 찍힌 토기를 발굴했는데 그것은 30년 전에 훨씬 동쪽에 위치한 통가에서 발견된 이국적인 사금파리와 거의 동일했다.[4] 기퍼드는 그의 "라피타 토기"가 당시까지 추정한 것보다 수 세기 전에 이루어진 태평양 서부 대양 항해의 표식임을 깨달았다. 유사한 토기가 곧 태평양 남서부 전역에서 출토되었다. 토기 가운데 일부는 특정한 양식으로 그려진 정교한 사람 얼굴 그림을 비롯해 복잡한 무늬가 새겨져 있었다. 이는 어쩌면 라피타인들이 어마어마한 거리를 이동하던 시기의 문화적 정체성을 상징적으로 묘사한 것일 수도 있다. 이제 우리는 비스마르크 제도부터 솔로몬 제도까지, 또 그 너머 오세아니아 원해, 즉 폴리네시아 제도의 피지, 통가, 사모아까지 곳곳에 흩어져 있는 탄소 연대 측정 라피타 유적지를 200군데 이상 알고 있다.

무수한 연대 측정과 이 특징적인 토기 덕분에 우리는 이제 오세아니아 근해를 가로질러 항해자들의 급속한 이주 양상—역사상 가장 놀라운 해양 탐험 중 하나—을 추적할 수 있다.[5] 라피타인들이 정확히 어디서 기원했는지는 여전히 수수께끼이다. 어쩌면 그들은 무늬가 새겨지지는 않았지만 유사한 형태의 점토 토기가 발견된 동(東)인도네시아의 몰루카 제도 북부에서 유래했을지도 모른다. 새로운 이주자들은 타이완이나 그 일대에서 기원한 것으로 추정된다. 그들은 지구를 반 바퀴 이상 돌아 인도양의 마다가스카르부터 태평양 깊숙이 라파누이(이스터 섬)까지 널리 퍼진 방대한 어족인 오스트로네시아어족 가운데 하나이다. 기원전 1500년까지 그들은 오세아니아 근해 전역에 정착했다. 다음 2~3세기 동안 카누들은 움직이지 않았고 새로운 이주자들은 토착민들과 통혼했다.

기원전 1200년경 장거리 항해의 새로운 장이 열렸다. 처음으로 카누는 오세아니아 원해와 그곳의 무인도들로 진출했다. 대략 3만 년 동안 솔로몬 제도 남동쪽 끝에서 버티고 있던, 눈에 보이지 않는, 어쩌면 심리적인 장벽을 넘어선 것이다. 그들은 처음에 산크리스토발 섬에서 남동쪽으로 380킬로미터 거리에 있는 산타크루즈 제도로 항해했다. 솔로몬 제도 남단에서 산타크루즈까지의 여정은 계절풍을 이용하고 두 제도 모두에 걸쳐 지나가는 별들의 동서 천정 경로를 따라가기만 하면 되었다. 위도 항해라는 이 수법은 카누들이 점점 더 동쪽으로 이동하는 가운데 대양 항해의 토대가 되었다. 대략 기원전 1200년과 1100년 사이에 다른 라피타인 집단이 차례로 바누아투 제도와 뉴칼레도니아로 진입했다.

그러나 또 다른 집단은 우세한 무역풍과 해류를 거슬러 산타크루즈나 바누아투에서 동쪽으로 항해했다. 기원전 800년 무렵에 그들은 중간에 쉬거나 들를 만한 섬이 전혀 없고 지금껏 탐험된 적 없는 바다를 850킬로미터 항해하여 마침내 피지 제도에 도달했다. 동쪽으로의 항해는 계속되어서 피지를 지나 라우 제도의 무수한 섬들을 이리저리 통과하여 오늘날 서부 폴리네시아로 알려진 사모아와 통가까지 이어졌다. 의심의 여지없이 라피타 식민지 개척자들은 훗날 하와이와 라파누이 및 수 세기 후에 지구 상에서 가장 외진 태평양 섬들에 정착하게 될 폴리네시아 항해자들의 선조였다.

우리는 여전히 라피타인이나 그들의 항해에 대해서 아는 것이 거의 없다. 조가비로 장식된 사금파리가 남긴 이동 경로를 제외하고는 말이다. 우리는 그들의 광대한 섬 세계를 규정하는 의례적인 물물 교환, 일촉즉발의 관계들—우정과 적대감—을 짐작만 할 수 있을 뿐이다. 그들은 농경인이었고 따라서 섬에서 섬으로 이리저리 나아가는 동안 묘목만 가져간 것이 아니라 닭과 개, 돼지처럼 남서태평양에 도착한 최초의 가축들도 데려갔다. 그들은 문자 그대로 자신들의 풍경을 함께 실어 갔다. 새로운 식량은 물고기와 야

도판 3-2. 피지인의 카누와 1826~1829년 항해 당시의 프랑스인 탐험가 쥘 뒤몽 뒤르빌의 아스트롤라베호. 쥘 뒤몽 뒤르빌, 1826~1829년에 그려진 초계함 아스트롤라베호의 항해(M. Jules Dumont d'Urville, Voyage de la Corvette L'Astrolabe Execute Pendant Les Années 1826-1827-1828-1829).(파리: J. 타르튀, 1833년.)

생 식물, 얼마간의 제한된 수렵에 크게 의존했던 섬의 경제 생활에 유연성을 증대했다. 라피타 작물들은 저장이 가능해서 사람들이 계절의 변화를 헤쳐 나가는 데 도움이 되었다. 무엇보다도 카누 선장들은 훨씬 오랫동안 바다 위에서 머물 수 있게 되었다. 이제 장거리 항해를 제한하는 압박 요인은 식수 적재 능력이었다. 그 결과, 장거리 교역 그리고 지금까지 식민화되지 않은 섬들에 대한 탐험과 정착이 상당히 확대되었을 것이다. 또한 이러한 팽창은 선원들이 며칠씩 육지를 보지 않고도 항해하는 것을 가능케 한 선박과 항해 지식상의 중요한 혁신과 일치했을 것이다.

이 뛰어난 항해자들한테는 아주 드물게만 역사의 초점이 맞추어진다. 기원전 1150년경에 라피타인들의 카누가 바누아투 제도의 에파테 섬 남서부 해안에 있는 얕고 넓은 만灣인 테오우마에 상륙했다.[6] 이곳에서는 깨끗한 물이 근처 지류에서 흘렀고 따라서 새로운 이주자들은 이 일대에 마을을 건립했다. 그들은 산호로 뒤덮인 해변과 인근에 솟아 있는 화산재 암초에 난 동굴에 공동묘지도 세웠다. 2004~2006년에 걸친 세 차례의 고고학 현장 답사 활동으로 이 공동묘지에서 거의 50기에 이르는 무덤을 발굴해 냈고 이제 우리는 조상과의 관계를 크게 강조한 어느 라피타 사회와 직접 대면하게 되었다. 놀랍게도 추모자들이 두개골을 떼어 낸 유골에는 모두 머리가 없다. 아마도 매장은 망자가 숭배 받는 조상으로 승격되는 의식이었고, 산 자들은 망자를 매장한 뒤 한동안 그 시신에 일종의 처리를 했을 것이다. 매장 풍습은 크게 달랐다. 예를 들어, 한 커다란 무덤에서 성인 남자 한 명의 시신이 다른 네 명의 시신과 함께 묻혀 있었는데 두개골 세 개와 네 번째 사람의 턱뼈가 그의 가슴 위에 놓여 있었다. 공동묘지에서 출토된 망자의 유골과 치아에 함유된 동위 원소를 측정한 자료는 공동묘지에 묻힌 사람들 대다수가 조개류 위주의 해양 생물 식단에 주로 의존했음을 알려 준다. 그러나 커다란 무덤에 함께 묻힌 성인 남자 네 명은 해양보다는 육지에 가까운 식단을 섭취했음이 분명히 드러났다. 이 네 사람은 다른 곳, 다시 말해 그들은 에파테 섬의 식수 공급원인 샘물과는 동위 원소상으로 뚜렷하게 구분되는, 해수면 근처 연안 강우에서 식수를 얻는 곳에서 이 섬으로 이주했을 가능성이 아주 크다.

이 사람들이 어디서 왔는지는 여전히 수수께끼이며 정확히 어디라고 점찍기는 어렵다. 광대한 태평양 서부 지역은 어디나 연안 환경이 유사하기 때문이다. 네 사람 가운데 세 명은 마치 그 방향이 망자들에게 중요한 의미를 띠고 있기라도 한 듯 모두 머리를 남쪽으로 하고 누워 있다. 어쩌면 그들은 최초의 정착자들, 좀 더 육지 생물 위주의 식단을 제공하는 땅에서 온 사람들일지도 모른다. 아니면 경제적, 정치적 목적에서 혹은 결혼을 주선하고자 이 섬에서 저 섬으로 항해하던 사람들을 대표하는지도 모른다.

　한 가지 유망한 단서는 공동묘지에서 발견된 흑요석 박편이다. 앞서 언급한 대로 비스마르크 제도에서 나온 흑요석은 솔로몬 제도 남서부의 라피타 사회와 바누아투, 뉴칼레도니아, 심지어 피지까지 전파되었다. 어쩌면 이 물물 교환이 창출한 사회적 네트워크가 태평양의 여러 섬들을 연결하고 망망대해를 아우르며 멀리 200킬로미터 떨어진 곳까지 뻗어 있었을지도 모른다. 상대적으로 소수의 사람들만이 항해자였다. 테오우마 공동묘지가 어떤 표식이라고 한다면 라피타인의 항해는 사회적 현상임과 동시에 식민화와 교역 행위이기도 했다. 나중의 섬들 간 항해에 나타나는 강력한 사회적, 제의적 기반은 그들로부터 유래했을지도 모른다.

까마득한 과거로부터 내려온 항해 경험의 유산과 카누 기술에서의 주요 진보, 육지의 가시거리에서 벗어난 채 항해할 수 있는 수단, 며칠씩 바다에 머무를 수 있는 능력이 없었다면 라피타인의 항해는 불가능했을 것이다. 당일치기 이상의 항해라면 어떤 항해에서든 카누는 근처에 편리한 피난처가 없는 가운데 험악한 날씨와 강한 바람에 대처할 수 있어야 했다. 바람을 받아 잘 나아가야 하고 종종 우세한 맞바람 앞에서도 항해할 수 있어야 하며, 비교적 대규모 인원을 수용할 수 있을 뿐 아니라 충분한 양의 식량과 물도 실을 수 있어야 했다. 2장에서 본 것처럼 파도를 헤치며 나아가는 카누는 선체가 하나일 때보다는 플랫폼 형태가 될 때 더 안정적이다. 사람들은 순다 앞바다를 오가게 되자마자 분명 두 가지 손쉬운 해법이 떠올랐을 것이다. 아웃리거와 쌍동선 말이다. 둘 중 쌍동선 카누가 적재 용량과 범주 능력 양쪽에서 원양 항해에 더 실용적인 선박이다. 안타깝게도 마지막 쌍동선 카누가 적어도 한 세기 전에 사라져 버려 우리로서는 18세기와 19세기 화가들이 남긴 그림, 특히 정교한 타히티 전투용 카누를 묘사한 그림을 제외하고는 이 선박에 대해 아는 것이 거의 없다. 우리는 현대의 실험을 통해 쌍동선 카누가 불어오는 바람과 상당히 근접한 각도에서, 어쩌면 60도 각도에서까지 달릴 수 있었다는 사실을 안다. 그렇다면 쌍동선 카누는 비록 느린 속도로나마 우세한 맞바람에 맞선 범주가 전적으로 가능했을 것이다. 따라서 사람들은 언제든 뱃머리를 돌려 귀환할 수 있다는 보장이 있었다.

옛날 카누 장비들은 역사적 유추를 제외하고는 복원하기가 거의 불가능하며 그나마도 돛과 삭구가 장기간에 걸쳐 거의 변하지 않았다는 전제하에서만 가능하다. 이러한 전제가 맞는다면 대부분의 라피타 카누는 두 개의 재목으로 지탱되는 일종의 사형범을 달고 바다로 나갔을 것이다. 이 사형범은 역사 시대에 널리 사용된

도판 3-3. 사형범斜桁帆의 모양.
경사진 형태의 돛이라는 뜻이다.

"집게처럼 생긴" 디자인을 비롯해 형태가 다양했다.[7] 선원들은 사형범을 "이물에서 고물까지" 치는 돛이라고 부르는데 맞바람을 향할 때는 펄럭거리고 산들바람이 옆에서 불어오면 팽팽해진다. 노르드인이나 크리스토퍼 콜럼버스, 초창기 다우선 선원 등이 사용한 전통적인 사각돛과는 달리 사형범은 카누가 바람에 더 근접한 각도로 달릴 수 있게 해 준다. 이는 태평양 카누 항해자에게 아주 중요한 사항이다.

태평양의 모든 카누처럼 라피타 배도 속을 파낸 통나무를 바탕으로, 거기에 옆널을 한두 장 덧붙이거나 더 짧은 널을 여러 장 이어 붙여 거친 바다에 맞서 건현—흘수선부터 갑판까지의 높이—을 높였을 것이다. 카누는 길고 폭이 좁았고 뱃전 높이가 0.75미터 이상이어서 대부분의 바다에서 충분히 안전했다. 또 물이 가득 들어차도 여전히 떠 있었다. 선체는 좁고 길어서 상당한 속력을 낼

항행 각도

선원들이 말하는 항행 각도란 범선의 항로를 풍향과 관련해 지시하는 방식이다. 그러나 과학적으로 설계된 어떤 범선도 바람에 정면으로 달릴 수는 없으므로 "기동 불가능 지대"라고 부르는 것이 존재하는데, 바람이 불어오는 방향에서 좌우로 대략 30도에서 50도까지를 포함하는 이 지대에 들어가면 범선은 움직일 수 없다.

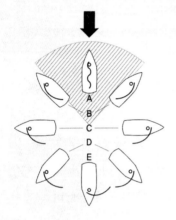

A-기동 불가능 지대, B-클로스홀드, C-빔리치,
D-브로드리치, E-러닝.

클로스홀드*

클로스홀드close-hauled일 때 범선이라면 크기에 상관없이 바람이 불어오는 각도에 최대한 가까이 붙어서 가다가 바람의 눈, 다시 말해 기동 불가능 지대를 통과함으로써 "돛의 방향"을 반대로 바꾼다. 따라서 맞바람을 맞으며 가는 모든 항적은 지그재그 형태이고 이는 클로스홀드로 항해할 때 다른 어느 항행 각도보다 목적지에 도달하는 데 시간이 오래 걸린다는 뜻이다.

---

*바람에 최대한 '가까이(close)' 붙어서 '간신히 움직인다(hauled)'는 뜻의 두 단어가 결합된 항해 용어.

수천 년 동안 카누와 여타 돛을 단 배들은 바람을 타고 항해했지만 풍향 각도에 90도 이내로 근접해 전진하는 범주술은 결코 터득하지 못했다. 그들의 조잡한 사각돛은 미풍에 가까운 각도로 붙어 배를 움직일 수 있을 만큼 팽팽하게 활짝 펼쳐질 수 없었다. 사람들은 순풍을 기다리거나 노를 저어 갈 수 있을 만큼 바람이 불지 않는 상태를 기다렸다. 뱃사람들이 바람이 불어오는 방향 쪽으로 더 효율적으로 움직일 수 있는 삭구를 언제 처음으로 개발했는지는 알 수 없지만 적어도 2천 년 전에 쓰인 긴 돛대에 달린 큰 삼각돛(7장의 묘사를 참고하라.)은 그러한 항해를 위한 최초의 '이물에서 고물까지' 치는 세로돛 장치 중 하나인 것 같다.

항해 용어로 흔히 비팅 투 윈드워드(beating to windward, 바람을 뚫고 나아가다)나 세일링 투 윈드워드(sailing to windward, 바람이 불어오는 쪽으로는 나아가다)라고 부르는 클로스홀드 상태일 때 돛은 활짝 펼쳐져 있다. 돛이 바람에 약하게 펄럭이기 시작할 때 키잡이는 기동 불가능 지대로 들어가지 않으면서 최대한 바람에 가까이 붙어서 배를 몬다. 현대의 경주용 보트나 경하배수량* 스타일의 원양 경주 요트는 바람에 30도 각도까지 근접해 항해할 수 있지만 이 장에서 묘사된 종류의 배들은 바람이 불어오는 방향으로 거의 나아가지 못했다. 나아간다 하더라도 대체로 각도가 60도나 그 이상이었고 전진 속력은 느렸으며 배는 바람으로부터 처져서 밀려났는데 이런 상태를 항해 용어로는 새깅 투 리워드(saging to leeward, 바람이 불어가는 쪽으로 처지다)라고 한다.

리칭

리치reach는 보트가 풍향 각도에 대략 직각으로 움직일 때를 말한다. 빔리치beam reach는 바람과 갑판 보beam의 각도가 수평인 상태, 즉 배가 풍향에 직각인 항로이고 클로스리치close reach는 바람이 갑판 보 앞쪽에서 불어오는 항로이

---

*배 자체의 중량만으로 부력을 받아 떠 있는 상태. 다른 짐을 싣지 않은 상태에서 배의 중량을 경하 중량이라 하고, 배가 밀어낸 물의 양을 배수량이라 한다.

다. 브로드리치broad reach는 바람이 고물에 근접하면서 배와 풍향 사이의 각도가 90도보다 클 때이다. 리칭은 보통 현대 요트가 가장 빨리 달릴 수 있는 각도이며 폴리네시아 카누를 비롯하여 여러 전통 선박의 경우에도 마찬가지이다.

러닝

러닝 다운윈드(running downwind, 바람 불어가는 방향으로 달리기)는 뒤에서 불어오는 바람을 받아 항해하는 것으로, 카라벨이나 노르드 전함 같은 사각돛 범선에 가장 효율적인 항로이다.

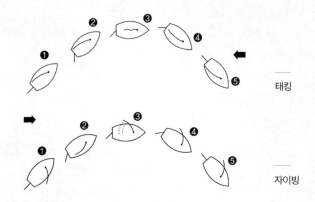

태킹

자이빙

태킹과 자이빙

바람에 맞서서 움직이는 것은 바람의 눈을 통과해 돛의 방향을 바꾸면서 침로를 변경하는 것을 요구하는 데 이를 태킹tacking이라고 한다. 키잡이는 돛을 반대 방향으로 전환하고자 배의 가속을 이용하면서 기동 불가능 지대를 통과해 배를 몬다. 만약 배가 기동 불가능 지대 안에서 꼼짝 못하게 되면 인 아이언스 (in irons, 족쇄에 걸리다)라고 한다.

자이빙jibing은 태킹의 반대인데, 바람을 등지고 항해할 때 배가 바람을 받으면서 침로를 바꾸는 것으로, 강한 바람 속에서 돛과 돛대가 상당한 힘을 받을 수 있는 기동이다. 그러나 강한 바람 속에서 뜻하지 않은 자이빙은 돛대가 부러지는 결과를 낳을 수도 있다.

수 있었는데 이는 쾌속 항해에나 폭풍이 들이닥치기 전 안전한 피난처에 닿는 데에 결정적인 요소였다. 전통 카누의 정확한 속력을 수치로 제시할 수는 없지만 쿡 선장의 육중한 배들보다는 확실히 빨라서 그 배들 주변을 선회할 수 있었다. 무엇보다도 갑작스러운 스콜을 만났을 때 복수 선체의 카누는 제2의 선체가 있어서 과도한 기욺을 방지하고 추가적인 안정성을 제공했기에 과거에 틀림없이 무수한 이들의 목숨을 구했을 것이다.

오세아니아 근해에서 라피타 카누를 타고 항해하는 것은 어떠했을까? 역사 시대의 커다란 카누들은 사실상 자취를 감추었으므로 섬들 간 항해를 직접 목격하거나 체험한 기록을 구하기는 힘들다. 다행스럽게도 거의 한 세기 전에 트로브리안드 섬 주민들과 생활한 폴란드 인류학자 브로니슬라프 말리노프스키는 트로브리안드 주민들의 항해 능력에 홀딱 반했다. 그는 카누를 타고 산악 지형 섬으로 가는 대규모 원정에 함께했는데 멀리 떨어진 목적지 섬들의 산꼭대기가 뭉게구름으로 둘러싸인 채 수평선에 아른거렸다. 말리노프스키는 이렇게 썼다. "날씬한 선체 위에 앉아 있는 기분은 위태위태하면서도 신 나는 경험이다. 뗏목이 떠오르고 갑판이 급하게 기울어지고, 물이 끊임없이 뱃전 너머에서 넘실거리는 가운데 카누가 날쌔게 움직인다. (…) 파도를 넘어 실려 가는 느낌은 거의 신기할 정도이다." 그는 카누 목수들이 작업하는 모습도 지켜보았다. 목수들은 선체에 정교한 장식을 아낌없이 새겨 넣었는데 이는 배의 건조를 둘러싼 복잡한 의식이자 항해의 위험으로부터 선원들

도판 3-4. 쿨라 여정을 떠나는 도부인의 카누. 브로니슬라프 말리노프스키 사진, 런던정치경제대학 도서관.

을 보호하는 역할을 했다. "쉭 하는 소리와 함께 물이 아래에서 밀려 나가면 노란 잎사귀로 짠 돛은 눈이 시리게 파란 바다와 하늘을 배경으로 반짝반짝 빛난다—그러면 아닌 게 아니라 새로운 항해의 로맨스가 눈앞에 활짝 펼쳐지는 것 같다." 항해 중인 카누 무역 선단이 나타났을 때 "그들의 삼각돛이 나비 날개처럼 바다 위에 흩어져 있는 가운데 아름다운 고둥 나팔 소리가 일제히 울려 퍼지던 순간의 느낌은 결코 잊을 수 없다."[8] 말리노프스키는 대대로 전해지던 신화와 전설로 뒤덮인 해양 세계에 발을 들였고, 그곳 바다의 신화와 전설은 생생한 인물과 사실적 이야기로 가득했다.

악한 신령을 달래기 위한 이 구전 전통과 제의들은 이곳 바다를 항해할 때 맞닥뜨리는 진짜 위험을 감추는 것이었고, 현지의 지식은 오로지 오랜 경험으로부터 나왔다. 날카로운 산호초는 수면 가까이에 도사린 채 재빠른 색깔 변화로만 모습을 드러냈다. 얕은 바다를 항해할 때면 많은 카누에서 뱃머리에 사람이 가 있던 것은 그때문이다. 좁은 수역을 항해할 때, 특히 맞바람에 항해할 때는 다른 어려움도 있었다. 트로브리안드 카누는 바람에 넓은 각도로만 항해할 수 있었고, 이는 미풍 앞에서 종종 왔던 길을 그대로 되짚어 갔음을 의미한다. 강풍도 다른 위험을 초래했다. 거친 바다에서는 커다란 배에도 쉽게 물이 들어찼기 때문이다. 그러면 배는 부력을 잃고 쉽게 바람이 불어가는 쪽으로 밀려가는데 이는 바위투성이 바닷가에서 위험한 일이었다. 무풍 상태*는 특히 위험했고 조류와 물살이 이따금 5노트(시속 9.3킬로미터) 정도로 빠르고 거세게 흐르는 좁은 유입구와 만에서는 더욱 위험했다.

거의 모든 항해는 친숙한 지형지물과 동일한 도착 지점을 이용해 이미 많은 이들이 거쳐 간 항로를 따랐다. 이는 항해상의 고려 때문이기도 했지만 이웃하는 섬들 사이에 분쟁과 경쟁 관계로 가득 찬 세계에서는 건너편에 도착했을 때 어떤 대접을 받을지 자신할 수 없었기 때문이다. 생생한 전설들이 수평선 끄트머리나 그 너머의 섬들을 둘러싸고 있었다. 카이탈루기라는 한 섬에는 벌거벗고 몸집이 큰 여자들이 살고 있는데 그들은 남자를 보자마자 유

---

*calm. 보퍼트 풍력 계급에서 0에 해당하며 초속 0~0.02미터의 바람을 의미한다.

린하여 죽게 만든다고 전해졌다.

사방이 실제와 가상의 위험으로 둘러싸여 있었기에 그들은 기준 가시선 항로를 좀처럼 벗어나지 않았다. 스콜 강우가 지형지물을 가리면 선장은 보통은 몇 킬로미터 거리 안에 있는 가장 가까운 섬이나 모래톱으로 갈 수 있도록 자신의 위치를 신중하게 살폈다. 앞선 시대에 해안선을 따라 항해했을 때처럼 그들은 몇 달 동안 풍향이 바뀌지 않고 부는 우세풍을 이용했다. 그들은 11~12월과 3~4월에 풍향이 바뀌는 기간 동안 항해하는 것을 선호했고 강력한 북서 폭풍우가 몰아치는 여름 계절풍 시기는 좋아하지 않았다. 사람들은 강력한 몬순 계절풍에 맞서 주문을 외우곤 했다. 말리노프스키는 "나는 이 미미한 인간 목소리의 지속적인 노력에, 단조롭고 압도적인 바람의 힘에 견주어 아주 미약하나 깊은 믿음이 담긴 이 목소리에 깊은 감명을 받았다."라고 썼다.[9]

돌발적인 스콜, 찢어진 돛, 강한 바람 앞에서 달아나야 할 필요성—그러한 모든 사건들이 우레 같은 파도 소리, 산들바람에 판다누스 나무가 바스락거리는 소리와 합쳐져 카누 항해자들이 대대로 느껴 온 공포와 불안을 불러일으켰다. 트로브리안드 사람들은 크위타kwita라는, 마을 전체를 뒤덮을 만큼 몸집이 엄청나게 큰 거대 문어의 전설을 들려주었다. 크위타가 사는 곳은 동쪽, 바다와 섬들의 영역이었다. 크위타에게 붙잡힌 카누는 가엾다. 문어의 촉수가 연약한 배를 움켜잡고 며칠씩 놓아주지 않으면 굶주림과 갈증에 죽어 가던 선원들은 마침내 소년 한 명을 희생 제물 삼아 뱃전 너머로 문어에게 던졌다. 바다는 눈에 보이지 않는 물루크와우시

mulukwausi, 다시 말해 난파의 불길한 전조인 날아다니는 마녀들의 영역이었다. "카누는 빠르게 나아간다. 바람이 높아진다. 커다란 파도가 밀려온다. 바람이 윙윙거린다. 두두두두. (…) 나는 바람을 가라앉히기 위해 주문을 외운다. (…) 바람은 잦아들지 않는다. 조금도. 오히려 거세진다. (…) 물루크와우시가 비명을 지른다, 우-우, 우-우, 우-우, 우. 그들의 목소리가 바람결에 들린다. 바람과 함께 그들은 비명을 지르며 달려온다."[10]

이 모든 신화는 바다 풍경을 다채롭게 꾸미며 거기에 의미를 부여했다. 그것은 살아 있고 친숙한 것이 되었다. 개개의 바위는 독특한 개성을 얻었다. 전설은 생생히 살아 있는 해안선이 수평선에 급속도로 다가가게 만들었다. 신화 속의 이름들, 생생한 이야기들은 노인들에게서 젊은이들로 전달되었다. 한 전설 속 영웅이 도망치는 카누를 향해 바윗덩이를 던졌다. 그것이 지금의 지형지물이 되었다. 두 개의 바위는 돌로 변한 연인을 의미했다. 바다 풍경은 과거와 현재를 연결하며 계속 이어지는 하나의 이야기를, 멀고 가까운 바다의 위험과 특징을 설명하는 이야기를 형성했다. 트로브리안드 사람들과 다른 태평양 항해자들에게 과거는 사건들이 담긴 방대한 창고, 지금 살아 있는 후손들과 마찬가지 방식으로 옛 사람들이 고기를 잡고 항해를 하고 살아가고 죽은 장소였다. 과거와 현재의 차이점은 바다를 가로질러 이동했던 이 까마득한 신화적 조상들이 소유한 마술적 속성에 있었다. 라피타 카누를 타고 항해한 사람들도 틀림없이 유사한 이야기를 가지고 있었을 것이다. 그들도 트로브리안드 사람들처럼, 바다를 가로질러 나 있는 제의적인 통로 없이는 안전하게 항해할 수 없다고 믿었을 테니까.

라피타인들의 태초의 항해는 탐험의 여정 그 이상이었다. 그것은 의도적인 식민화의 여정이었다. 이전에 무인도였던 땅에 위치한 가장 초기의 유적지들은 임시로 거쳐 가는 야영지라기보다 식민지로 건립된 명백한 영구 정착지였기 때문이다. 새로운 이주자들은 그곳에 한 세대 이상을 머물렀고 그다음 다시 새로운 섬을 찾아 바다로 나갔다. 신속한 라피타 식민화가 몇 세대에 걸쳐 지속되었다.

라피타인들은 미지의 태평양을 향해 왜 끝없이 앞으로 나아갔을까? 이론이 무성하다. 카누의 운송 능력이 제한적이라는 순전히 그 이유만으로 최초 식민지 건립 인구의 규모는 틀림없이 작았을 것이다. 그러나 식민지의 지속적인 팽창은 높은 출생률이나 낮은 유아사망률, 어쩌면 말라리아 감염이 줄어들면서 기대 수명이 증가한 결과 급속히 인구가 성장했음을 가리킨다. 정확한 이유는 모른다. 그러나 가까이에 이웃이 없는 외딴섬을 안전하게 식민화한 사람들이 어째서 남쪽과 동쪽으로 계속 나아가려는 충동을 느꼈을까? 많은 사람들이 인구 압력이 원인이라고 주장한다. 하지만 새롭게 식민화된 섬들 중 많은 섬들이 에파테 섬처럼 넓고 사람이 살지 않았다. 따라서 인구 밀도가 위기 수준까지 증가하려면 수백 년이 걸렸을 것이다. 흑요석 파편의 광범위한 출토 덕분에 우리는 이제 선조 라피타인들이 뼛속까지 교역인이었다는 사실을 안다. 라피타인이 비스마르크 제도와 그 밖의 더 가까운 섬들을 탐험한 것은 어쩌면 새로운 교역 기회, 특히 흑요석 노두*와 다른 값나가는 상품을 찾으려는 움직임이었을 수도 있다. 그러나 카누가 태평양 더 멀리로 나아갈수록 교역 기회는 줄어들었다.

그렇다면 사회 조직과 같은 더 무형의 동기가 남아 있다. 언어학자들에 따르면 '친족 관계'나 '사회적 지위' 등에 해당하는 원原 오세아니아 어휘는 라피타 사회가 출생과 상속을 크게 강조했음을 드러낸다. 손위의 형제자매는 동생보다 더 귀히 여겨졌다. 맏이는 집터와 텃밭, 재산을 물려받았다. 그것 말고도 소중한 제의적 특권과 각종 특권적 지식도 물려받았다. 캘리포니아대학교 버클리캠퍼스의 고고학자 패트릭 커치는 형과 아우 간의 경쟁 관계가 폴리네시아 신화의 단골 주제라는 사실을 지적하는데 어쩌면 훨씬 이전의 민담에서도 영속적인 주제였을 것이라고 말한다. 커치는 "그러한 사회에서 아우들은 흔히, 자신의 '집'과 가계를 수립하고 자식들에게도 양질의 자원을 물려줄 수 있는 새로운 땅을 찾는 전략을 택한다."라고 쓴다.[11] 건립자들—최초의 식민지 개척자들과 발견자들—은 라피타 사회에서 높은 위신과 중요한 위상을 누렸을 테고 따라서 그러한 것들이 미지의 땅을 향한 대담한 항해에 강력한 유인 동기를 제공했을지도 모른다.

그렇다면 라피타 카누들은 육지가 보이지 않을 때 대체 어떻게 항해했을까? 그보다 더 궁금한 것은, 라피타인은 수평선 너머 미지의 섬들을 대체 어떻게 발견했을까이다. 망망대해의 태평양을 항해하는 기술은 여러 세기에 걸쳐 오세아니아 근해에서 연안 항

---

* 지층이나 광상, 광맥이 지표면에 노출된 부분.

해와 기준 가시선 항로로부터 발전해 나왔다. 일단 선박과 나가고자 하는 동기만 가지고 있으면, 항해자들이 먼바다로 나가는 것은 쉬운 문제였다. 항해자들은 필요하면 언제든 되돌아올 수 있다는 자신감이 있었다. 그들은 또한 멀리 육지가 있다는 조짐, 즉 불규칙한 물결의 패턴과 같은 것들이 보일 때까지 해와 달, 별로 항로를 유지할 수 있었다. 카누 개척자들이 사회에서 매우 존경받는 일원이었던 것도 그리 놀랄 일이 못 된다.

식민지 개척자들은 조상을 공경했다. 조상들의 이름은 항해의 전설처럼 대대로 전해졌다. 조상들의 위업은 허구적인 것이든 아니든 여기저기에 고립된 사회들을 잇는 구전 전통의 사회적 접착제였다. 대양의 민족들이 한 섬에서 다른 섬으로 이동했을 때 그들은 신적 존재들, 문화의 영웅들, 그리고 인간 존재에 대한 풍성한 지식의 광맥을 함께 가져갔다.

입에서 입으로 전달된 역사와 제의적 신앙은 하나의 사회적 유대였지만 개인들과 다른 섬에 살고 있는 더 큰 친족 집단 사이의 관계도 그날그날의 실생활의 측면에서 똑같이 중요했다. 어느 마을도 완전히 자급자족은 아니었다. 생계상의 필요와는 별도로 섬 사람들은 섬 사회 바깥의 사람들과 결혼했는데 이것은 종종 다른 섬으로 가서 사는 것을 뜻했다. 시간이 흐르면서 견실한 친족 관계는 사회적 연계만이 아니라 수 세기를 견디어 온 복잡한 교역 네트워크도 지속시켰다. 도구 제작용 세립질 흑요석은 카누에 실려 섬에서 섬으로 이동했다. 경작용으로 쓰이는 돌도끼와 까뀌를 만드는 데 이용되는 암석도 마찬가지였다. 조개 까뀌를 만드는 데 쓰이는 큰 종류를 비롯한 각종 조가비, 빨간 깃털 등 온갖 종류의 물건이 실려 갔고 그 가운데 많은 것들이 사회적 지위에서 중요한 가치를 띠었다. 이것은 극소수의 교환 품목만 언급한 것이다. 기본적으로 서로 평등한 집단 사이에서 이루어진 이 모든 활동들은 다른 섬과의 간헐적인 접촉조차도 개인들과 집단들 사이에 한 세대에서 다음 세대로 지속되는 중요한 사회적, 경제적 네트워크를 창출했음을 의미했다. 세월이 흘러감에 따라 그들의 연계는 멀리 수평선 너머 수백 킬로미터에 걸쳐 뻗은 직간접적인 관계로 발달했다.

물건들은 그것들을 원산지로부터 멀리 실어 간 항해 이면의 복잡한 관계와 사회적 동학에 대해 우리에게 아무것도 알려 주지 않는다. 역사 시대의 오세아니아 근해 사회들이 어떤 안내가 되어 준다고 한다면 파벌 관계, 끊임없이 변하는 동맹, 갑작스러운 습격이 섬 생활의 일부였다는 점이다. 상당히 멀리 떨어진 거리에 살고 있기에 평생 한두 번 대면할까 말까 한 개인들 간의 소중한 관계와 마찬가지로 말이다. 그러한 접촉은 심오한 종교적 의미를 띠는 값진 물건의 교환으로 종종 강화되었고 훨씬 폭넓은 교역 관계를 위한 일종의 보호막을 형성했다. 그러한 접촉과 관계가 라피타 사회에 존재했다는 것은 의문의 여지가 없어 보인다. 외딴섬에서의 생존은 예나 지금이나 한 마을의 경계를 훨씬 넘어서는 관계들에 의존하기 때문이다. 오늘날 존재하는 정교한 연계망의 근원은 멀리 과거로 거슬러 가며 비록 다른 형태, 아마도 더 단순한 형태일지라도 어쩌면 라피타 시대까지 거슬러 갈지도 모른다. 그 가운데 가장 유명하고 오랜 세월 이어져 온 연계망은 트로브리안드 제도의 유명한 쿨라 고리^{Kula ring}이다. 그러한 네트워크는 또한 탁 트인 바다를 끊임없이 왕래하면서 섬들 사이에 놓인 바다의 비밀을 해독하는 오랜 과정에 크게 기여했다.

1914년 말리노프스키가 처음 연구한 쿨라 고리는 뉴기니 동쪽과 북쪽에 둥그렇게 자리 잡은 넓은 환도^{環島} 공동체들과 개인들을 연결하는 일종의 교환 관계이다.[12] "고리^{ring}"라는 명칭이 잘 어울리는데, 쿨라의 교환 관계가 두 종류의 의례용 물품—바이구아^{vaygu'a}—이 시계 방향과 반시계 방향으로 끝없이 돌아가는 순환이기 때문이다. 소울라바^{soulava}로 알려진 빨간조개껍데기(국화조개과) 목걸이는 시계 방향으로 돈다. 므왈리^{mwali}라는 하얀조개껍데기(청자고둥과) 팔찌는 반대 방향으로 이동한다. 말리노프스키는 "길고 가는 붉은 목걸이와 많이 닳은 크고 하얀 장식품, 조잡해 보이고 만지면 미끌미끌한" 쿨라 공예품을 구경한 일을 묘사한다. 주인은 존경심을 담아 그것들의 이름을 하나씩 부르며 "누가 언제 그것들을 걸치고 또 누구누구의 손을 거쳐 갔는지 그 역사를 이야기해 준다." 그러한 물품이 마을을 찾아오는 것은 자부심과 위신이 걸린 문제였다.[13] 두 종류의 물품이 반대 방향으로 이동하다가 한곳에서 만날 때면 일단의 정교한 전통 규칙과 관습, 그리고 때로는 제의가 쿨라 교환 관계를 둘러싼다. 모든 섬과 마을에는 교환 행위에 참여하는 소수의 남자들이 있다. 그들은 조가비 팔찌나 목걸이를 받아 잠시 가지고 있다가 다음 거래 상대에게 넘겨주고 그 대가로 반대 방향

도판 3-5. 트로브리안드 섬의 쿨라 모임. 80척 이상의 카누가 0.8킬로미터에 걸쳐 해변에 끌어 올려져 있다. 2천 명 이상의 사람들이 이곳에 모였다. 브로니슬라프 말리노프스키 사진, 런던정 치경제대학 도서관.

에서 오는 물품을 받는다. 누구도 쿨라 공예품을 오랫동안 간직하지 않는다. 두 남자 사이의 쿨라 동반자 관계는 아무리 멀리 떨어져 있다 할지라도 영구적이고 일생을 간다. 그리고 공예품의 이동은 한시도 중단되지 않는다.

쿨라는 그것 자체로는 주변 바다를 해독하는 열쇠가 아니다. 하지만 쿨라의 초창기 형태였을 제도들은 건너기 쉽지 않은 바다로 분리되고 멀리 떨어진 섬 사회들 간의 관계를 공고히 하는 데 어마어마하게 중요했다. 쿨라의 중심에는 세심하게 계획된 항해가 있었고 그 항해는 각종 종교적 의미로 물든 친숙하거나 생소한 바다를 건너는 일이었다. 어떤 의미에서 쿨라는 망망대해를 섬이나 마을처럼 친숙한 풍경으로 만들며, 바다를 이해하는 과정의 재연이었고 이는 오늘날에도 마찬가지이다. 쿨라 고리는 세대 간의 깊은 연속성과 가깝고 먼 개인들 간의 지속적인 연계를 보장하는 사회적 유대를 창조하고 유지했다.

의례적 교환이라는 이 질서 정연한 제도는 각종 부차적 행위, 특히 도끼와 까뀌 돌 같은 필수품을 물물 교환하는 일상적인 교역 활동의 보호막이다. 쿨라 고리에서 즉흥적인 것은 거의 없는데 교환은 꼼꼼하게 정해 둔 날짜에 따라 주기적으로 이루어지기 때문이다. 참가자들은 정기 모임에서 신중하게 모집된다. 때로 참가 자격은 가족 안에서 대대로 전해지기도 한다. 쿨라 동반자 관계는 서로 다른 집단들의 일원을 장거리에 걸쳐 아주 대규모로 묶는 상호 의무와 특권을 수반하는데, 이는 고립된 땅덩어리 간의 접촉을 유지하는 고도의 적응 방식이다. 참가자들은 다양한 방식으로 서로 협력한다. 그들은 위험과 불안이 난무하는 공간, 어쩌면 주술이 만연한 곳에서 주인과 동맹의 역할을 함으로써 근친으로 이루어진 인정 집단 바깥에서 멀리 떨어져 사는 동반자를 돕는다. 그는 방문객에게 안전과 음식, 만남의 장소를 제공한다. 쿨라는 모든 참가자들에게 가깝고 먼 친구들을 만들어 주며, 더 멀리 떨어진 더 위험한 땅에서 우호적인 자기편을 제공한다.

쿨라는 서로 수백 킬로미터 떨어져 살아가는 사람들을 아우르며, 직간접적 끈으로 묶인 관계들이 모여 촘촘하게 엮인 하나의 피륙과 같다. 관념, 문화적 영향, 예술적 모티프, 노래, 동맹 관계로 이루어진 방대한 부족 간 네트워크가 수 세대에 걸쳐 쿨라 경로를 따라 이동한다. 수백 제곱킬로미터에 걸쳐 흩어져 있는 수천 명의 사람들이 쿨라 관계를 향유한다.

풍성한 신화 체계가 쿨라를 둘러싸며, 먼 항해를 떠난 신화 속 조상들에 관한 태곳적 이야기를 들려준다. 조상들의 마법적 지식은 장애물을 뛰어넘고 적들을 무찌르며 위험을 피할 수 있게 해 준다. 이 까마득한 옛날 사람들의 마법은 해양에 대한 구전 지식과 항해 정보와 더불어 무수한 세대를 거쳐 현재의 쿨라 참가자들에게 내려왔다. 그러한 항해는 다른 섬들로의 주기적인 원정을 동반하며 까마득한 과거로 거슬러 간다. 의문의 여지없이, 항해에서 얻은 그러한 지식은 생소한 바다를 지나 카누를 안전하게 실어 가는 데 중요한 역할을 했다.

라피타 카누는 오세아니아 원해 깊숙이 점점이 자리한 섬들을 놀라운 속도로 식민화했다. 이유는 알 수 없지만 항해자들은 사모아에서 발길을 멈추었다. 사모아 동쪽에서 땅덩어리는 더 작고 더 고립되어 있었다. 그러나 서기 500년 이후 어느 땐가 항해가 재개되었다. 서기 1000년이 되자 사람들은 고대 라피타 조상들의 전문적 항해 능력에 의지해, 오세아니아 원해 한복판의 쿡 제도와 소시에테 제도로 항해하고 있었다. 서부 폴리네시아에서 섬들 간 접촉의 전통은 거대한 통가타푸 섬을 중심으로 한 해양 제국 형태로 확장되었다.[14] 신성한 최고 족장 투이 통가*가 세심하게 통제되는 체제

도판 3-6. 통가 카누(캔버스에 유채). 존 웨버(John Webber, 1750~1793년)의 작품으로 추정된다. 피바디 에식스 미술관Peabody Essex Museaum, 세일럼, 메사추세츠/브리지먼 아트 라이브러리.

를 관장했는데, 이는 통가 제도를 넘어 멀리 서쪽의 피지와 동쪽의 사모아까지, 망망대해를 가로질러 인위적으로 조성된 연계에 바탕을 둔 통치 체제였다. 친숙한 항로를 따라가는 장거리 여정은 수백 킬로미터에 걸쳐 유대를 다지는 전략적 결혼과 결합하여 이 "제국"의 핵심을 이루었다. 돗자리와 깃털, 백단, 나무껍질 옷감, 카누, 토기와 같은 최고급 상품들이 통가타푸 섬, 즉 고도로 계층화되고 매우 고정적인 사회의 정점인 그곳으로 흘러들어 갔다. 통가의 왕권은 육지와 바다의 구분이 따로 없을 만큼 주변 바다에 대한 막힘없

는 지식에 의존했다. 라피타 조상들로부터 물려받은 그러한 경계
흐리기는 어디서나 마찬가지로 이곳에서도 대양의 비밀을 해독하
는 열쇠 가운데 하나였다.

---

*Tu'i Tonga. 폴리네시아어로 투이(Tu'i)는 왕이라는 뜻이다.

| 4장 |

섬들의 패턴

폴리네시아, 소시에테 제도 후아히네 섬으로 접근 중. 나는 오랜만에 뭍에 오르기 전날 동틀 무렵에 깼다. 한밤중 당직 후 숙면에서 깨어나 비몽사몽간에 눈을 깜빡거렸다. 보트는 지난 며칠과 마찬가지로 천천히 까닥거리는 목마처럼 부드럽게 상하로 흔들렸다. 모든 것이 내가 몇 시간 전에 당직을 마치고 돌아왔을 때와 그대로였다. 갑판 위에서는 전적으로 예측 가능한 북동 무역풍이 동틀 녘 희미한 새벽빛 속에서 나의 맨가슴을 부드럽게, 관능적으로 어루만졌다. 나는 이물(선수)로 갔다. 알락돌고래 두 마리가 물속으로 뛰어들며 선수파*와 함께 헤엄을 쳤다. 부드럽고 끝없는 무역풍 구름은 해가 수평선 위로 불쑥 솟아오르자 밝은 황금색으로 물든 채

---

* 배가 나가면서 뱃머리 주변에 생기는 물결.

하늘을 가로질렀다. 아직도 300킬로미터를 더 가야 했다.

그날 낮과 밤은 돛이나 밧줄 한 번 조정하지 않고 조용히 지나갔다. 우리는 사방으로 곧게 뻗은 수평선으로 둘러싸인 채 깊고 푸른 바다를 거침없이 항해하고 있었다. 나는 안절부절못하며 육분의를 만지작거렸다. 위성 항법 장치가 등장하기 훨씬 이전 시절이었기 때문이다. 마지막으로 태양을 관측했을 때로부터 계산하면 우리의 위치는 뭍을 발견하기까지 50킬로미터가량 떨어져 있었지만 나는 우리가 목적지를 못 보고 지나치지 않을까 걱정했다. 그러다 눈앞의 수평선 부근에서 점점 커지는 검은 비구름을 걱정스레 바라보며 옛날 카누들은 무역풍의 흐름을 가로막는 육지를 찾을 때 이런 단서를 어떻게 이용했는지를 떠올렸다. 폭풍우 구름이 상승하여 이내 증발한 다음 다시금 모여들었지만 이번에는 한곳에서 뭉쳤다. 우리가 육지로 다가가자 곧 어두운 섬의 정상부가 멀리 소나기 사이로 불쑥 모습을 드러냈다.

며칠 동안 우리는 사람의 기미를 볼 수 없는 바다를 항해했고 우리의 작은 배는 하얗게 부서지는 파도와 연푸른 바닷물로 이루어진 단조로운 바다 풍경 가운데서 꼼짝도 않는 것처럼 보였다. 하루하루의 일상은 변함이 없었다—일출, 하늘 높이 솟은 태양과 정오의 관측, 이따금 쏟아지는 스콜, 눈부시게 아름다운 형형색색의 일몰, 깊은 밤 찬란한 별들. 천여 년 전 지구 상의 가장 외딴 섬들을 식민화한 그 옛날 폴리네시아인들처럼 우리는 끝없이 펼쳐진 태평양을 오늘도 내일도 항해했다. 나는 망망대해에 작은 점 하나가 된 것 같은 느낌이나 고립감에 시달리지 않았다. 그보다는 바다와 가

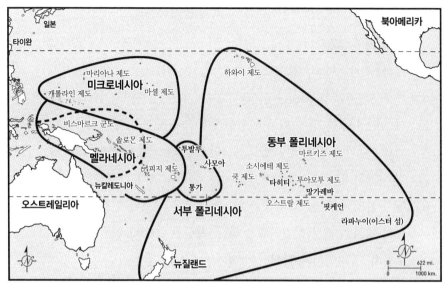

도판 4-1. 4장에 언급되는 지명을 보여 주는 지도.

까워진 느낌, 친밀감, 바다의 분위기에 친숙해짐을 느꼈다. 이것은
여태까지 경험한 적 없는 감정이었다. 며칠 동안이나마 나는 오세
아니아 원해로 용감하게 모험을 떠난 최초의 항해자들의 마음속에
스쳐 지나갔을 감정을 어느 정도 공유했다.

수천 제곱킬로미터의 망망대해에 아무렇게나 흩어져 있는 섬들
의 패턴과 그 섬들 대부분이 우세한 무역풍의 맞바람을 받는 위치
에 있다는 점을 생각한다면, 사모아 섬 너머 동부 폴리네시아의 광
대한 바다를 최초로 해독한 사람들이 맞닥뜨렸을 도전을 머릿속에
쉽게 그릴 수 있을 것이다. 이 바닷길 여정은 호모 사피엔스 최후

의 위대한 팽창, 대략 10만 년 전 사하라 사막 이남에서 시작된 복잡한 디아스포라의 마지막 장이었다.(우리의 최초의 현대적 조상이 언제 아프리카를 떠났는지는 여전히 논쟁거리다.) 완전한 현생 인류는 지금으로부터 6만 년 전이나 어쩌면 그보다 앞서 동남아시아에 정착했다. 4만 5천 년 전에 이르자 현생 인류는 유럽과 중앙아시아의 네안데르탈인을 대체했다. 그들은 1만 5천 년 전쯤에 북아메리카로 건너갔다. 앞서 본 대로 그즈음에는 소수의 고기잡이들과 항해자들이 뉴기니와 남서태평양 지역, 즉 솔로몬 제도와 비스마르크 제도에 이미 오래전에 정착해 있었다. 기원전 1500년 이후에 그들의 후계자, 농경인이자 뛰어난 항해자인 라피타인이 기준 가시선 항법에 의존해 섬에서 섬으로 항해했고 마침내는 먼바다로 나가 산타크루즈 제도까지 진출한 다음 기원전 800년까지 궁극적으로 통가와 사모아 섬에 도달했다. 거기서 항해자들은 여러 세기 동안 탐험을 중단했다.

거대한 디아스포라의 마지막 맥박은 북아메리카보다 더 넓은 해역인 동부 폴리네시아의 500여 개의 섬에 도달했다—하와이부터 라파누이까지, 그리고 멀리 남쪽과 서쪽으로 뉴질랜드와 채텀 제도까지. 일부 카누들은 심지어 남아메리카에 도달했을 수도 있다.

이 여정을 추적하는 작업에 일군의 학자들이 쿡 선장 이래로 줄곧 참여해 왔다.[1] 오세아니아 원해의 식민화 과정을 파악하기 위해 각양각색의 창의적인 접근법이 시도되었는데 그 가운데는 컴퓨터 시뮬레이션과 항해 실험도 있다. 컴퓨터 시뮬레이션은 물론 데이터가 허용하는 한에서만 유효한 이론적 가설이지만 일방통행

가설에 강한 반론을 제기한다. 컴퓨터 시뮬레이션은 또한 동쪽으로 나아가면서 항해와 여정이 점점 어려워졌음을 부각한다. 미지의 해역으로 진입하면 조타수들은 가능한 한 간접 경로 방식과 별을 이용해 일종의 위도 항해 방식으로 바다를 건넜을 것이다. 라피타 탐험에서처럼 각 카누는 우세한 동풍에 맞서, 무역풍이 잦아드는 시기를 활용해 동쪽으로 진출했다. 이 고대의 보수적 전략 덕분에 그들은 언제나 무사히 귀환할 수 있다는 사실을 명심하면서 수평선 너머에서 새로운 땅을 발견할 수 있었다.[2]

우리는 이 항해의 역사에 대해 앞으로도 거의 알 수 없을 것이다. 당시 많은 탐험들이 틀림없이 육지를 발견하지 못했을 것이다. 물과 식량이 점점 줄어드는 가운데 조타수들이 뱃전 너머로 조용히 이야기를 주고받으면서 카누 두 척이 서로 바짝 붙어서 나아가는 모습이 그려진다. 그들은 고개를 들어 바람이 바뀌고 있음을 경고하는 신호인 무역풍 구름을 바라본다. 심사숙고 끝에 그들은 무사히 귀환하고자 친숙한 별자리를 이용하여 바람을 받으며 뱃머리를 돌린다. 카누가 결코 돌아오지 못하는 경우도 많았다. 그들은 맹렬한 스콜이나 장기간 무풍 상태, 아사의 희생양이었다. 만약 그들이 육지를 찾아내고 그곳이 정착에 적당한 곳임을 발견했다면 카누는 우선 고향으로 귀환해야 했을 것이다. 그들은 생존 가능한 섬 사회를 세우려면 반복적인 방문이 필요하다는 것을 잘 알았을 것이다.

초기의 탐험은 남자들만 했을지도 모르지만 계획적인 식민화는 새로 발견된 땅으로 여자와 아이들, 작물, 동물도 데려왔을 것이

태평양에서 대양과 대기의 왈츠

태평양 먼바다에서 초창기 인류 정착은 부분적으로, 장기적인 대규모 기상학적 현상들을 중심으로 전개되었지만 지금까지도 이 현상들에 대해서는 거의 파악된 바가 없다. 궁극적으로 이 현상들 가운데 대부분은 두 명의 파트너가 추는 정교하고 느린 '왈츠'에 좌우된다. 바로 대기와 대양이다.

북태평양 고기압과 알류샨 저기압 북태평양 고기압과 알류샨 저기압 간의 복잡한 상호작용이 북태평양의 기후를 지배한다. 북태평양 고기압은 하와이 북동부를 중심으로 활동하는 거대하고 반영구적인 아열대 고기압으로, 세계의 여러 고기압 가운데 하나이다. 알류샨 저기압은 알류샨 열도 근처에 위치한다. 여름 동안 북태평양 고기압이 북상하면서 세력이 커지고 동 무역풍을 강화한다. 이 시기에 멀리 북쪽에 있는 알류샨 저기압은 세력이 약해지고 크기도 줄어든다. 겨울 동안에는 반대가 되어서 훨씬 강력한 저기압이 지속적인 서풍을 동반하며 북아메리카 서해안과 알래스카에 비를 뿌린다.

해들리 셀 북태평양 고기압은 해들리 셀이라는 대규모 공기 순환과 연계되어 있다. 해들리 셀 안에서, 공기는 적도 근처에서 데워져 대기권으로 상승하여 밖으로 퍼진다. 데워진 공기는 북위 약 30도에서 차갑게 식어서 하강하는데 이 과정은 북태평양 고기압과 연관이 있다. 차가워진 공기는 계속해서 지표면을 따라 이동해 적도로 되돌아온다.

북태평양 권역으로부터 불어오는 지상풍은 북반구에서 순환하는 공기를 오른쪽으로 쏠리게 하는 코리올리 힘* 때문에 오른쪽으로 편향된다. 북태평양 고기압의 남쪽에서 북동에서 남서로 부는 지상풍은 무역풍이다. 여름에 고기

---

* 1828년 프랑스 물리학자 코리올리가 발견한 현상. 자전 중인 지구에서 물체가 운동할 때 북반구와 남반구에서 각각 진행 방향의 오른쪽과 왼쪽으로 전향력이 작용해 휘어지게 된다. 태풍이 북반구에서는 오른쪽으로 휘고 남반구에서는 왼쪽으로 휘는 것이 대표적인 예이다.

압이 북쪽으로 이동해 힘이 세지면 무역풍도 강해진다. 겨울에는 고기압이 약해지면서 우세한 서풍이 남쪽으로 이동한다.

열대 수렴대 선원들에 의해 종종 적도 무풍대라고 불리는 열대 수렴대는 북반구와 남반구에서 생성되는 바람이 서로 만나는 적도 지역에 위치한다. 여기서 해들리 셀 가장자리가 상승하면서 따뜻하고 습한 공기를 옮기게 되고 종종 큰비를 불러온다. 열대 수렴대는 계절과 엘니뇨 상황에 따라 지구를 돌면서 북쪽과 남쪽으로 이동하는 뇌우와 구름떼가 특징적이다.

엘니뇨/라니냐 모두들 계절의 순환 다음으로 지구의 기후를 결정짓는 데 가장 강력한 단일 요인이라는 예측 불가능한 기후 요동, 엘니뇨에 대해서 들어 봤을 것이다. 정상적인 상태에서 무역풍은 열대 태평양을 가로질러 서쪽으로 분다. 그러면 흔히 서태평양에 따뜻한 바닷물이 쌓인다. 남아메리카 서해안 앞바다에서는 차가운 바닷물이 솟아나 풍요로운 연안 어장을 생성한다. 엘니뇨 기간이 되면 무역풍이 약해지고 서태평양에 쌓인 따뜻한 바닷물이 동쪽으로 이동해 찬물의 용출을 감소시키고 해수면 온도를 높여서 동쪽에는 폭우를 야기하고 서쪽에는 가뭄을 불러온다. 겨울에 라니냐 현상이 나타나면 무역풍이 강해지고 따뜻한 바닷물이 다시 서태평양에 쌓인다. 이 엘니뇨 남방 진동El Niño-Southern Oscillation이 정확히 무엇 때문에 발생하는지는 알려져 있지 않지만 불규칙적 시소 작용을 하는 대기와 대양 온도 간의 복잡한 상호작용과 관련이 있으며 그 변동은 미리 예측하기가 어렵다. 엘니뇨는 2년에서 7년에 한 번씩 발생하는 것 같다. 엘니뇨 남방 진동 현상의 빈도는 이른바 태평양 십 년 진동Pacific Decadal Oscillation과 관련이 있어 보인다. 태평양 십 년 진동 역시 대양과 대기의 조건이 결합해 엘니뇨가 장기간 지배적인 시기와 라니냐가 우세한 시기를 번갈아 생성하는 것으로 추정되는 순환 현상인데, 엘니뇨 남방 진동과 마찬가지로 여전히 거의 파악되지 않았다. 태평양 십 년 진동에 따르면 우리는 현재 1998년에 시작된 더 잦은 라니냐와 더 드문 강한 엘니뇨 국면에 속해 있다.

다. 어쩌면 나중의 여정은 유능한 장인들과 더불어 너무 많은 사람이 죽을 경우 공동체가 생존 가능한 성비를 유지하기 위해 미혼 여자들도 실어 왔을 것이다. 그러한 여정은 길고 위험했으므로 일단 새로운 섬 사회가 번성하자 항해의 템포가 느려진 것은 그리 놀랄 일도 아니다. 구전 전통은 나중의 항해들이 신앙이나 사회 관계의 문제였음을 시사한다. 예를 들어 폴리네시아 전역의 카누는 소시에테 제도의 라이아테아 섬에 위치한 타푸타푸아테아 사원으로 모두 순례를 떠났다. 그곳은 동부 폴리네시아의 종교적 중심지였는데 여기서 사제들과 항해자들은 신에게 희생 제물을 바치고 항해 지식과 족보 관련 지식을 교환했다. 대담한 타히티 족장들은 족보가 좋은 집안과 결혼하거나 오래전 고향을 떠난 친족을 방문하기 위해 배를 타고 때로 하와이까지 가곤 했다. 그러나 본거지에서 새로운 우선 사안이 부상하고, 서로 대립하는 동맹 관계의 변화무쌍한 현실과 전쟁을 중심으로 사회가 돌아가자 결국 항해는 중단되었다.

항해는 언제 이루어졌고 또 식민화는 얼마나 오래 걸렸는가? 연대를 설정하는 일은 시카고대학교의 화학자 윌러드 리비와 그의 연구 팀이 1940년대 후반에 방사성 탄소 연대 측정법을 개발할 때까지는 대체로 추측의 문제였다. 이제 최초로 폴리네시아 섬들에서 인류 정착의 연대를 측정할 방법이 생긴 것이다—혹은 그렇게 보였다. 1993년이 되자 측정된 147개의 연대가 복잡한 모자이크와도 같은 최초의 인류 정착 시간표를 제공하게 되었는데 여기에는 서기 900~950년 범위에서 진행된 소시에테 제도와 주변 섬들의 식민화도 포함되어 있었다. 이 연대는 가속기 질량 분광 분석법^{AMS}이 방사성 탄소 연대 측정법을 극적으로 개선하기 직전에 산출된 것이다.[3] 이제 유적 발굴자들은 솥에 붙어 있는 낟알처럼 작은 표본에서도 연대를 측정할 수 있다.

연대 측정 게임의 규칙은 가속기 질량 분광 분석법이 등장한 이래로 완전히 바뀌었다. 1993년보다 10배 증가한 새로운 연대들은 훨씬 정확하며 연대를 둘러싼 맥락도 더 세심하게 조사된다. 이제 연구자들은 연대들을 개별적으로 보는 대신 통계 집단으로 취급할 수 있다. 최초 정착에 대한 최근의 한 연구는 동부 폴리네시아의 최소 45군데 섬에서 나온 무려 1,434개의 연대 표본을 이용했다. 이 표본들은 인간 활동과의 연관성 혹은 태평양쥐처럼 인간하고만 같이 살아가는 공생 생물과의 연관성, 그리고 정확성의 측면에서 조심스럽게 평가된 것들이다. 우리는 이제 놀랍도록 정확하며 수천 제곱킬로미터의 태평양을 아우르는 더 짧은 기간의 연대표도 얻을 수 있다. 1,434개의 연대는 대양 항해의 극적인 폭발을 보여 준다.[4]

기원전 800년 무렵에 그곳에 도착한 후 대략 1800년 동안 폴리네시아인의 라피타 선조들은 사모아와 통가 제도 주변에 머물렀다. 그다음 갑자기 서기 1000~1300년경 사이에 폴리네시아 항해자들은 비교적 짧은 기간 안에 동태평양의 다른 섬들을 거의 모두 발견해 식민화했다.

식민화 연대는 자명하다. 카누의 물결이 서기 1025년과 1121년 사이에 소시에테 제도에, 1200년과 1400년 사이에 마르키즈 제도에 도착했다. 다른 항해자들은 1230년과 1280년 사이에 뉴질랜드에, 1200년과 1263년 사이에 라파누이에, 1219년과 1269년 사이에 하와이에 도달했다. 일부 폴리네시아 뱃사람들은 심지어 남아메리카에 갔다가 귀환했을 수도 있다. 신속한 식민화는 소시에테 제도와 마르키즈 제도, 뉴질랜드와 같이 광범위하게 분산된 곳에서 낚싯바늘과 까뀌 같은 연장들이 굉장히 유사한 사실을 설명할 수도 있다. 단 3세기 만의 항해는 호모 사피엔스의 10만 년에 이르는 전 세계에 걸친 여정의 마지막 장을 썼다. 유럽의 항해자들이 몇 세기 후에 도착할 때쯤에 이르면 농경, 외부에서 들여온 동물들, 마구잡이식 수렵으로 인해 폴리네시아 섬들의 환경은 알아볼 수 없을 정도로 변해 있었다.

항로 안내인은 빠르게 움직이는 카누의 흔들림에 맞서 두 발을 벌려 어려움 없이 균형을 잡고 희미해지는 별들을 올려다본다. 조타수를 빼고는 그가 유일하게 깨어 있는 사람이다. 바다 위에서 며칠이 흐른 후 선원들은 지쳤고 육지를 고대하고 있다. 그는 바람의 냄새를 맡아보고 머리 위를 선회하는 새를 쳐다보고 너울을 유심히 바라본다. 어둠이 점차 가시면서 별빛도 사라지고 산전수전을 다 겪은 항해자는 뱃전에 기댄 채 눈을 감고 가볍게 흔들리는 자신의 고환으로 물결의 움직임을 느낀다. 몇 분이 지나자 그는 몸을 쭉 펴고 다시금 물을 바라본 다음 조금 더 순풍을 타는 방향으로 항로를 가리킨다. 몇 시간이 지나고 섬의 절벽과 부딪힌 후 먼 앞바다로 밀려나오는 역파*가 더 강해진다. 해가 지자 안내인은 삭구 높이 올라가 바람이 불어가는 쪽에 좀 더 가깝게 가리킨다. 낮은 절벽이 수평선 위에 또렷하게 모습을 드러낸다. 미지의 섬으로 접근하려면 새벽까지 기다려야 한다는 사실을 아는 조타수는 아무런 말도 없이 바람에 가깝게 항로를 조정한다.

폴리네시아인들은 인적미답의 대양에서 어떻게 길을 찾았을까? 대답은 땅에서처럼 바다에서도 올려다볼 수 있는 하늘에 있다. 폴리네시아 항해가들은 어렸을 때부터 노련한 항로 안내인 밑에서 도제살이를 하며 지식을 얻었다. 미크로네시아의 캐롤라인 제도 출신으로 항해의 대가였던 고故 마우 피아일루그는 할아버지가 참가한 항해 이야기를 들으며 다섯 살 때 도제살이를 시작했다. 피아일루그는 자라는 동안 할아버지와 함께 섬과 섬 사이를 오가는 항해에 참가했고 별과 너울의 패턴, 새에 대해 배웠다. 십 대일 때 피아일루그는 실용적 지식뿐만이 아니라 복잡한 마술과 종교적 지식을 전수해 준 삼촌과 함께 공부했다. 열다섯 살 때 그는 팔루palu, 즉 항해가로 받아들여졌고 밤하늘의 별의 궤도를 외우며 몇 달 동안 밤낮으로 집중적인 구술 훈련을 받았다. 그러고 나서야 그는 항로 안내인으로 먼바다로 나가는 것을 허락받았다.

영국인 의사이자 뛰어난 소형 보트 선원으로 바다를 택해 의학을 그만둔 데이비드 헨리 루이스만 아니었다면 마우 피아일루그는 평화로운 고립 상태로 일생을 보냈을지도 모른다. 루이스는 1960년대에 배를 타고 캐롤라인 제도를 지나가며 오래전에 망실된

---

*바람의 반대 방향으로 진행하는 불규칙파.

것으로 여겨진 전통적인 항해 관습을 배웠다. 그런 다음 그는 어느 미크로네시아 항로 안내인의 도움을 받아 옛사람들과 똑같이 별자리를 보고 자신의 쌍동선을 조종해 타히티에서 뉴질랜드까지 갔다. 그 후로 루이스는 캐롤라인 제도와 통가 출신의 멜라네시아인과 미크로네시아인 항해가들 밑에서 견습 생활을 하며 항해술을 배웠다.[5] 한편 1960년대 후반에 미국 인류학자 벤 피니는 고대 폴리네시아 카누를 복제한 배를 가지고 장기 실험에 착수했다.[6] 하와이인 허브 카와이누이 케인이 설계한 호쿨레아호*Hokule'a*는 길이가 19미터이고 게 집게발처럼 생긴 돛이 두 장 달린 쌍동선이었다. 피니와 마우 피아일루그 그리고 주로 하와이 사람으로 구성된 선원들은 1976년에 호쿨레아호를 타고 하와이부터 타히티까지 갔다가 되돌아왔다. 이 항해에 뒤이어 그들은 오로지 태평양 토착의 항로 안내술만으로 2년에 걸쳐 태평양 일대를 주유했다. 호쿨레아호의 성공적인 실험과 다른 여러 모형 선박들의 항해 덕분에 고대 폴리네시아인의 항해 기술이 후세를 위해 보존되었다.

항해가들은 미크로네시아에서 가장 큰 난관에 맞닥뜨렸다. 그곳은 낮은 환초와 얕은 산호초가 점점이 박힌 아무것도 없는 바다 사막이나 다름없었다. 그러나 피아일루그 같은 미크로네시아 항해가들은 아무렇지도 않게 자그마한 섬들을 몇 번이고 찾아냈다. 그들에게 이런 일은 너무도 당연했는데, 캐롤라인 제도의 10분의 2가 육지이고 나머지는 광활한 바다이기 때문이다. 육지를 보지 못한 채 탁 트인 바다를 240킬로미터 건너는 항해는 일상이었고 그런 항해가 아무런 기구의 도움도 받지 않은 채 이루어졌다. 바다에

도판 4-2. 하와이 바다에 떠 있는 쌍동선 호쿨레아호.

나와 있을 때 항해가들은 그가 가고 있는 방향과 지금까지 온 거리를 판단해야 했다. 루이스는 캐롤라인 제도의 카누들이 바람이 불어오는 쪽에 위치한 섬의 위도에 도달하지만 섬보다 약간 더 바람이 불어오는 쪽에 도달한다는 사실을 알아차렸다. 섬이 동쪽에 있기 때문이다. 그 전략은 노르드인 등이 이용한 위도 항법과 다소 유사한 것인데(11장을 보라), 위도 항법은 목적지 섬의 천정을 통과하는 별의 위도를 따라 항해한 다음 바람을 받으며 경도를 따라 달려 육지를 찾아내는 방식이다. 캐롤라인 제도의 항로 안내인들은 어떤 천정 별이 각각의 섬들 바로 위로 지나가는지를 알고 있었다. 따라서 미지의 바다를 탐험할 때 그들은 뱃머리를 돌려 천정 별을 이용해 집으로 돌아갈 수 있다는 사실을 항상 명심한 채로, 바람이 불어오는 쪽으로 항해했다. 그들은 또한 북극성, 남십자성의 다섯 가지 위치 및 13개의 별자리를 바탕으로 한 일종의 항성 나침반을 사용했다. 항성 방위는 32개의 나침반 방위 표시를 규정했다. 항해가들은 각각의 항성 방위에 자리한 다양한 섬들을 방문했다. 바뀌는 별자리는 방향을 유지하기 위해 다양한 별자리가 뜨고 지는 위치를 이용하는 항해자들에게 친숙한 태피스트리였다.

이것은 방향에 관한 의문을 해결해 준다. 그렇다면 이동해 온 거리는 어떻게 알 수 있었을까? 다시금 그들은 오랜 경험에 바탕을 둔 보수적인 전략을 이용했다. 각 항해는 어느 쪽으로든 세 번째에 위치한 섬의 항성 방위를 이용한 항로를 따라 전개된다. 섬은 보통 눈에 들어오지 않지만, 항해자는 항성 방위를 통해 마치 섬이 이물에서 고물 쪽으로 지나가는 것을 보는 것처럼 지금까지 이동한 거리를 판단할 수 있다. 카누가 아니라 섬이 움직인다는 사실에 주목하라. 이는 항해에 대한 미크로네시아인들의 기본적인 사고방식이다. 인류학자 토머스 글래드윈은 이렇게 표현했다. "카누는 친숙한 작은 세계이다. (…) 카누 양쪽으로는 물이 흘러간다. 거친 물보라와 물거품이 한줄기로 합쳐져 항적을 이루다 어둠 속으로 사라진다. 머리 위로는 별들이 제자리에 박힌 채 변함없이 떠 있다. 별들은 하늘의 궤도에서 방향을 바꾸고 사라지기도 하지만 어김없이 다시금 같은 자리에 모습을 드러낸다. 카누를 타고 며칠을 가더라도 별들은 수평선에서 수평선으로 밤마다 궤적을 그리는 것을 제외하고는 위치를 바꾸거나 사라지지 않는다."[7]

이것은 에타크^{etak}, 카누가 정지해 있다는 관념이 허상이라는 것을 잘 아는 항로 안내인들이 이용하는 거리 표시 체계이다. 그들은 마음속 이미지, 즉 그들이 가는 경로에 대하여 기준 섬의 상대적 위치를 가지고 생각한다. 따라서 수평선 위에 놓인 별의 위치가 이동 중인 섬이 어디에 있는지 보여 준다는 마음속 이미지는 항법 장치로서는 전적으로 말이 된다. 이런 식으로 항해가는 자기 주변에 움직이는 사물의 숫자를 최소화한다. 그는 머릿속으로 카누와 별은 한곳에 고정되어 있는 반면 섬은 움직이는 것처럼 사고한다. 바다에 대한 그러한 인식 속에서 그는 카누가 목적지 섬으로부터 동일한 방위에 위치하듯이 기준 섬이 카누로부터 동일한 방위에 위치할 때 자신이 목적지에 도달했다는 것을 알 수 있다.

에타크는 시대를 초월한 항해술이다. "목적지"에 도달하는 것이 중요할 뿐 거기까지 가는 데 얼마나 오래 걸리느냐는 우선적 관심사가 아닌 항해자들에게 망망대해를 가로지르는 장거리 구간 항해가 계속되는 것은 중요한 고려 사안이 아니다.

부갱빌과 쿡, 다른 유럽 탐험가들이 18세기 중반에 폴리네시아에 도착했을 때 위대한 항해의 시대는 오래전에 끝났다. 그러나 위대한 항로 안내인들의 위업은 공통의 신념과 가치의 일부로서 대대로 전해지며 폴리네시아 구전 전통에 여전히 남아 있다. 육지의 고기잡이 마우이와 카누 건조의 명수 라타 같은 위대한 문화적 영웅들은 폴리네시아 대부분 지역의 역사적 이야기 속에 등장하며 어쩌면 라피타 시대로까지 거슬러 갈지도 모른다.[8] 마우이는 덫으로 태양을 잡고, 섬을 낚아 올리고, 불을 손에 넣었다. 그는 자연의 힘을 통제하기 위한 인간의 투쟁을 상징한다. 어쩌면 그 자신이 항해가일 수도 있는 카누 건조자 라타는 적어도 3천 년은 되었을 전통 속에 모습을 드러낸다. 구전 전통은 히로와 같은 위대한 항해가들의 이름을 보전한다. 그는 소시에테 제도에서 태어났고 어른이 되어서 항해와 도둑질, 여색에 빠졌다. 그는 널빤지를 덧댄 커다란 카누를 타고 마르키즈, 하와이, 오스트랄, 라파누이 섬까지 갔다고 한다. 누구든지 간에 항해자들은 민간전승의 항해 지식 이상을 가지고 갔다. "통로"와 "산호초" 같은 일반적인 지명은 그들과 더불어 폴리네시아 전역을 여행했다. 그들은 자연 항구 입구에 자리한 작은 섬들을 성소로 지정했는데 새로운 땅을 방문하는 카누들은 그곳에서 기다리며 뭍으로 올라가도 안전한지를 살필 수 있었다. 모자이크처럼 남아 있는 구전 기억은 몇몇 이름들과 공동의 문화적 전통을 알려 주지만 가장 중요한 질문에는 대답하지 않는다. 왜 소수의 사람들이 갑자기 새로운 땅을 찾아서 수평선 너머로 항해하기로 마음먹은 것일까?

무엇이 그러한 계획적 항해를 자극했을까? 그것은 조상들의 영역을 찾아가는 종교적 깨달음의 여정이었을까? 아니면 그저 가장 인간적인 특성인 호기심과 가만있지 못하는 습성을 반영하는 사례일 뿐일까? 우리는 모른다. 동기가 무엇이든 간에 해가 뜨는 동쪽의 미지의 해역으로 항해하는 것은 우세한 북동 무역풍을 고려할 때 위험천만한 모험이었다. 조금이라도 이동하려면 무역풍이 잦아들 때 출항해야 했지만 그런 시기는 엘니뇨가 무역풍을 약화시킬 때가 아니라면 보통 1월과 3월 사이에 연중 단 몇 주에 불과했다. 동쪽으로의 항해가 기후학적 자료상에서 엘니뇨 현상이 잦았던 서기 1000년대 초반에 이루어진 것은 우연이 아닐 것이다. 예기치 못한 무역풍 휴지기를 감안하더라도 미지의 영역으로 출발하려는 사회적 이유는 틀림없이 강력했을 것이다. 우리로서는 그저 짐작만 할 뿐이다.

라피타인 조상들처럼 초창기 폴리네시아 사회들은 출생 순서와 상속, 친족 관계를 크게 강조했다. 멀리 태평양 서쪽 지역의 경우와 마찬가지로 이곳에서도 손위 형제자매는 손아래 동생보다 귀히 여겨졌다. 구전 전통은 형제간의 다툼과 분쟁에 관한 이야기로 넘쳐 난다. 일부는 자신만의 특권적 가계를 일으키고 자식들에게 땅을 물려줄 수 있는 새로운 본거지를 찾아 배를 타고 멀리 떠났다. 그러한 모험은 희생이 컸지만 커다란 명성을 얻을 수 있었으며 오랜 세월에 걸쳐 획득되는 최고의 항해 능력을 요구했다. 따라서 수평선 너머로의 성공적인 여정은 훗날 대대로 전해지는 신비로운 후광을 얻었는데 그러한 항해의 지도자들이 반드시 특출한 항로 안내인이라서가 아니라 그들이 새로운 땅에 확고히 자리 잡은 가계의 시조였기 때문이다.

장거리 항해는 특권적 행위였다. 대부분의 폴리네시아인들은 초호*에서 고기를 잡고 텃밭을 일구며 고향에 머물렀다. 경작 가능

---

*환초로 둘러싸인 얕은 바다.

한 토지는 심지어 더 넓은 섬에서도 사회적 삶의 근간이었다. 농경과 연관된 사회 구조는 상속과 토지에 대한 접근 가능성을 중심으로 돌아갔다. 출생 순서가 가장 중요했다. 따라서 오세아니아 원해의 식민화를 추진한 원동력은 땅과 상속권에 대한 추구일지도 모른다. 위신과 권력도 해양에서의 전문적 능력, 대양의 비밀을 해독하는 지식으로부터 나왔다. 대양을 건넌 사람들에게 폴리네시아 바다는 장벽이 아니라 섬과 섬을 잇는 바닷길 고속도로의 네트워크였다.

이러한 바닷길과 함께 경제적, 사회적, 기타 유대 관계도 생겨났다. 그 가운데 어떤 것들은 수 세대에 걸쳐 지속된 반면 어떤 것들은 일시적이었다. 최초의 정착이 이루어지고 곧이어 상호 연락의 복잡한 네트워크가 섬과 섬, 정착지와 정착지, 개인과 개인을 이었다. 이 네트워크는 항해자들에 의해 수 세대에 걸쳐 유지된 경제적, 의례적, 사회적 유대 관계였다. 쿨라의 경우에서처럼 다른 섬과의 접촉은 교역과 교환을 낳았고 때로는 혼인 관계도 뒤따랐다. 접촉의 대부분은 가까운 이웃, 즉 문화적 유대를 비롯하여 여러 유대 관계와 공통의 역사를 공유하는 사람들 사이에서 이루어졌다. 이는 예를 들어 통가인들은 정기적으로 사모아와 피지로 항해했다는 뜻이다.

에타크는 작고 고립된 미크로네시아 환초 세계에서 여전히 융성하고 있다. 다른 곳에서는 항해 전통이 사실상 모조리 사라졌다가 20세기에 되살아났다. 항해 전통은 제임스 쿡이 금성이 태양 앞을 통과하는 현상을 관측하기 위해 타히티 마타베이 만에 상륙한

카누의 명성

카누는 단순히 유용한 물건 그 이상이었다. 물론 소박한 통나무배와 작은 고기잡이 카누도 있었지만, 장기 항해와 의례를 위한 항해에 쓰인 선박에는 제의적 의미가 스며 있었고 여러 차례 위험한 여행에서 쌓인 자신만의 역사가 있었다. 여러 사회에서 대형 카누를 둘러싼 노래와 이야기가 있었고, 많은 카누가 조각과 조가비로 장식되거나 깊은 상징적 의미를 띤 문양이 그려져 있었다. 쿨라 카누는 항해용 선박으로 대개 이름이 있었고 저마다 복잡다단한 역사가 있었다. 쿨라 카누는 공동체가 함께 소유했지만 각각은 선장 역할을 하는 족장이나 공동체의 저명인사가 지휘했다. 존경받는 전문가들도 존재했다―조각가, 카누 건조인, 의례 전문가들이 있었다. 속을 파내 선체를 만들 나무를 고르는 것부터 마지막으로 뱃밥을 채우고 그림을 그리는 과정까지 건조의 모든 단계마다 적절한 의례가 따랐다. 카누가 빠르고 항해를 잘 견디도록 하는 주술과 각종 주문도 있었다. 카누의 평균 수명은 대략 15년이었으므로 새로운 선박은 끊임없이 건조되었다. 따라서 카누를 만들어 바다로 나가는 사람들은 사회에서 강력한 지도력을 얻게 되었다.

카누 선장은 흔히 비범한 지위의 남자였다. 북아메리카 북서부 태평양 연안 지대의 카누 장인은 그러한 출중한 지위를 누렸다. 널을 댄 카누를 건조해 소유한 남부 캘리포니아의 추마시 인디언들도 마찬가지였다. 영향력 있는 항로 안내인인 카누 형제단은 독보적인 권력과 위신을 누렸는데 카누 선장들은 곰 가죽 망토를 두를 정도였다. 그들의 권력은 인근 섬들과 본토 사이에 거래되는 조가비 목걸이와 추마시족의 주식 작물인 도토리 무역을 좌우할 수 있는 능력으로부터 나왔다.

대양 선박이 이용된 거의 모든 고대 사회는 그러한 배를 건조하고 지휘하고 그 배를 타고 나가 물길을 안내하는 사람들을 매우 존경했다. 그들은 진정으로 다른 이들과 구별되는 사람이었고 종종 상당한 제의적 권력을 행사하고 바다를 지배함으로써 부를 얻었다. 그러한 위신이 북유럽과 지중해, 에리트라이 해처럼 다양한 바다의 카누 선장에게까지 널리 뻗어 있었다고 믿을 만한 이유는 충분하다.

1769년에도 여전히 건재했다. 마타베이 만에서 쿡은 항해가이자 사제인 투파이아라는 사람과 다른 항로 안내인들을 만났고 인근 섬들에 대한 그들의 지식에 깜짝 놀랐다. 그는 이렇게 썼다. "이웃 섬들에 대해 그들은 이름을 아주 많이 알고 있고, 그들 가운데 총명한 사람들은 어느 달에 어느 천체가 수평선 위에서 관찰되는지도 가르쳐 줄 것이다."[9] 본인도 탁월한 항해가였던 쿡은 투파이아가 타히티 주변 섬들의 위치와 이름을 백 개 이상 알고 있다는 사실을 알게 되었다. 그는 투파이아의 구두 설명을 바탕으로 74개 섬의 방위를 해도에 기재했다. 투파이아가 설명한 섬들은 서쪽의 피지와 사모아, 통가부터 동쪽의 마르키즈 제도와 오스트랄 제도 그리고 투아모투 제도의 섬들 일부까지 태평양을 넓게 가로질러 있었다. 투파이아가 그 섬들을 모두 가 보지는 않았을 수도 있지만 (런던의 택시 운전사가 말하는 것과 똑같은 의미에서) 그곳들에 대한 지식을 가지고 있었다. 그가 가진 정보의 상당 부분은 아마도 구전 전통의 형태였을 것이고 그 가운데 일부는 틀림없이 그때보다 훨씬 앞선 정기적인 장거리 항해 시대로까지 거슬러 갔을 것이다. 나중에 투파이아는 타히티부터 소시에테 제도를 거쳐 오스트랄 제도의

도판 4-3. 오타헤이티의 돛 단 카누. 〈남양의 풍광Views in the South Seas〉(1792년) 중 일부이다. 그림을 그린 존 웨버는 쿡 선장과 함께 항해했다.

라이아테아 섬까지 800킬로미터 정도 쿡의 배를 안내했다. 각 목적지마다 그는 언제나 "각 섬에 위치한 천체를 가리키며 동시에 그 섬이 타히티보다 큰지 작은지, 마찬가지로 타히티보다 높은지 낮은지 그리고 그곳에 사람이 사는지 살지 않는지를 덧붙였다."[10] 투파이아에 따르면 카누가 재보급을 하지 않고 바다에서 최대한 버틸 수 있는 기간은 대략 20일이었다.

또 다른 탐험가 에스파냐인 도밍고 데 보네체아는 푸호로라는 투아모투 항해가를 태우고 1775년 리마까지 갔다.[11] 도중에 푸호로는 투아모투 제도의 섬들 대다수를 비롯해 타히티 동쪽에 있는

15개 섬과 서쪽 소시에테 제도와 쿡 제도의 섬 27개의 목록을 불러주었다. 그는 또한 각 섬의 지형과 암초, 주산물, 항해에 소요되는 날짜, 그곳 거주민들이 우호적인지 적대적인지에 대해서도 자세히 설명했고 항성 궤도와 함께 사용되는 풍향 나침반의 16방위도 묘사했다.

주변 수역의 모습이 항해가의 마음속에 일단 새겨지자 장기 항해가 사실상 중단되었음에도 불구하고 정기적인 항해의 일상이 가히 영구적이라 할 만큼 확립되었다. 몇 주씩 이어지던 위험한 여행은 더 짧은 여행으로 바뀌었고 짧은 여행은 일상생활이라는 태피스트리의 일부가 되었다. 남자들은 이웃 섬에서 아내를 구했고 사원을 방문했으며 식량을 교환했다. 섬 인구가 늘어나자 각각의 지역 사회들은 중요한 의식에 사용되는 붉은 깃털, 까뀌 날로 쓰이는 조개껍데기, 도끼용 돌과 같은 품목으로 명성을 얻게 되었다. 우리는 현무암 까뀌와 (흑요석으로 만든 것과 유사한) 도끼날의 원산지 연구를 통해 여러 섬 집단들 간에 반복적인 접촉이 있었음을 알고 있다. 만가이아 섬의 암석 동굴 거주지에서 발견된 현무암은 거의 1600킬로미터나 떨어진 미국령 사모아에서 왔다. 마르키즈 제도에서 나온 까뀌 돌은 카누에 실려 소시에테 제도의 모오레아 섬까지 갔다. 이는 고고학 유적지에서 출토된 유물로부터 알 수 있는 그러한 접촉의 실례 두 가지만을 언급한 것이다. 무역 네트워크는 부침을 거듭하며 번성하다 결국 더 이상 작동하지 않았다. 수 세대 동안 쿡 제도 남부 주민들은 장식물 제작과 조개껍데기 낚싯바늘처럼 일상적인 물건을 만드는 데 이국적인 진주조개와 다른 재료들에 의존했다. 다른 섬들과의 정기적인 접촉이 중단된 후 마을 사람들은 더 질이 떨어지는 현지 재료를 대신 사용했다.

태평양 섬들에 인류가 도래하면서 즉각적이고 근본적인 환경 변화가 초래되었다. 농경으로 인한 삼림 파괴, 광범위한 지표면 침식, 집중적 사냥으로 인한 바닷새와 육지 새 다수 종의 급속한 멸종, 그리고 일부는 몸길이가 2.5미터에 달하는 바누아투 제도 에파테 섬의 자이언트거북과 같은 토착 동물의 급속한 멸종이 일어났다. 오세아니아 원해의 많은 섬들은 새와 물고기, 조개류가 풍부했고 말라리아도 발병하지 않는 살기 좋은 기후를 자랑했지만 농경인이 도착하기 전까지는 식용 식물이 부족했다. 사람들이 개간에 착수해 작물을 심었을 때 생산성은 토양과 강우에 따라 크게 달랐다. 인구 밀도의 증가에도 불구하고 매우 기발하고 고도로 생산적인 농경 시스템이 어업과 결합하여 여러 곳에서 대규모 잉여 식량을 생산했다. 소시에테 제도의 더 습한 지형은 밀집된 농경 인구를 부양했고, 하와이의 오래된 토란 논은 수천 명의 사람을 먹여 살렸으며 오늘날까지도 쓰인다.*

불가피하게도 정치적, 제의적 권력은 가장 좋은 땅을 가진 사람들에게 넘어갔다. 서기 1600년이 되자 몇몇 폴리네시아 사회는 족장과 항해가, 사제로 구성된 소수의 엘리트가 지배하는 정교한 족장 사회로 발전했다. 이런 현상은 습지 기반 농경이 가능한 다습

---

* 토란은 물이 찬 논에서도 자랄 뿐만 아니라 밭에서 재배할 때보다 더 잘 자란다.

한 지역에서 특히 두드러졌다. 당연한 일이지만, 더 큰 위신에 대한 족장과 사제들의 점점 커져 가는 요구는 생존 수준과 잉여 상태를 가르는 아슬아슬한 선을 위협했다. 경쟁 관계는 전쟁으로 이어졌다. 소시에테 제도에서 족장 사회들은 비옥한 농경지와 정치적, 제의적 권력을 향한 경쟁의 악순환 속에서 불안정한 동맹 관계와 전쟁으로 위태로운 줄타기를 하다가 외부와 접촉이 끊긴 고립 상태로 빠져들었다.[12] 섬 주민들은 수평선 너머에 섬들이, 더 넓은 세계가 있다는 사실을 알았다. 하지만 마치 드넓게 펼쳐진 대양은 더이상 아무런 의미가 없다는 듯이, 그들의 문화적 지평은 바다 풍경보다는 육지 풍경에 더 국한되어 있었다.

소시에테 제도 주민들은 다른 외딴섬들과 적어도 끊어질 듯 말 듯한 접촉이나마 유지했지만 하와이 사람들은 몇 세기 동안의 간헐적인 항해마저 끊긴 후 고립 속에서 번영했다.[13] 조개껍데기 낚싯바늘과 까뀌의 형태처럼, 이 지역에서만 알려진 비의적 지식과 언어적 유사성으로 판단하건대 하와이에 최초로 정착한 사람들은 마르키즈 제도에서 왔던 것 같다. 하와이의 구전 전통은 최초 정착에 뒤이은 "항해 시대"를 이야기하는데 그때 모이케하나 파아오 같은 위대한 항해가들이 신화상의 고향 "카히키Kahiki"—어쩌면 타히티—로 배를 타고 갔다가 돌아왔다고 한다. 대항해는 서기 1300년 이후 중단되었다. 로노라는 신의 상징적 귀환을 제외한다면 하와이는 외부 세계로부터 완전히 고립되었다. 인간의 형상을 한 이 신은 매년 땅을 되살리기 위해 카히키에서 배를 타고 온다고 전해졌다. 제임스 쿡 선장이 1778년 카우아이 앞바다에서 닻을 내렸을 때 현지 주민들은 그의 배가 떠다니는 섬인 줄 알았다. 섬사람들은 그가 타히티에서 왔다는 것을 알게 되었고 따라서 그가 수 세대 전에 거기에 갔다가 되돌아올 것을 약속한 로노라고 생각했다. 쿡은 곧장 위대한 선조가 되었다. 이때쯤 적어도 25만 명의 주민이 강력한 족장들의 지배 아래서 하와이 제도에 살고 있었다.

　고립은 엄청난 거리를 횡단한 폴리네시아 항해가들에게 전혀 장애물이 아니었다. 그들은 4천 킬로미터 이상을 횡단해 하와이뿐만 아니라 뉴질랜드와 라파누이까지 갔고 어쩌면 그보다 더 멀리 갔을지도 모른다. 쿡 제도와 소시에테 제도, 오스트랄 제도에서 온 13세기 폴리네시아 항해가들은 뻐꾸기를 따라서 아오테아로아(뉴질랜드)로 갔다고 전해지는데 그곳은 그들이 식민화한 태평양의 땅덩어리 가운데 가장 크고 가장 마지막으로 도착한 곳이었다. 9월이 되면 긴꼬리뻐꾸기는 실제로 폴리네시아에서 남쪽의 뉴질랜드로 날아가기 때문에 무척 기분 좋은 전설이다. 낯설고 숲이 울창한 그 지역에서 지속적인 정착을 이어가기 위해서는 분명히 항해가 몇 차례 더 이루어졌을 것이다. 그 후로 항해는 다른 곳들과 마찬가지로 중단되었다. 이제 고립된 마오리 사회는 서로 경쟁하는 호전적인 왕국들이 점점이 박힌 형태로 발전했지만 매듭지은 막대기의 도움을 받아 암송되는 그들의 구전 전통은 스무 세대 이상에 걸친 위업을 열거한다. 실제 역사였던 것은 종국에는 신화적인 역사와 하나로 합쳐졌지만 다른 폴리네시아인들처럼 그들도 해양 선조들을 마음 깊이 의식하고 있고 선조들이 수 세기 전에 횡단한 대양과 강한 유대감을 느낀다.[14]

도판 4-4. 라파누이(이스터 섬)의 모아이.

　피지와 통가에서 서남쪽으로 1000킬로미터 정도 떨어진 아오
테아로아는 폴리네시아인 기준에서 볼 때 어마어마하게 큰 목적지
로서, 라파누이처럼 동쪽의 자그마한 섬들과는 매우 달랐다.[15] 대
략 서기 1200~1269년에 이르자 몇몇 카누들이 라파누이로 항해하
고 있었다. 인간과 더불어 카누에 실려 도착한 쥐떼의 습격으로 삼
림 파괴에 직면했으나 독창적인 농법을 이용해 지속 가능성을 달
성한 가운데 인구는 고립 상태 속에서도 꾸준히 늘어났다. 공동체
의 노동력을 이용하여 거대한 조상 석상(모아이)을 조각하고 사원의
기단을 건립하는 일은 사회적 결속을 유지하는 중요한 수단이었다.

훗날 이러한 사회적 결속은 유럽인들이 도래하면서 무너졌다.

아오테아로아와 라파누이는 폴리네시아 탐험의 마지막 변경지대였을까? 아니면 그들의 카누는 동쪽으로 3,500킬로미터를 더 가서 아메리카까지 갔을까? 그 거리는 대략 소시에테 제도에서 하와이까지의 거리에 버금간다. 이론상으로는 대양의 자그마한 점들을 찾아낸 카누 항해가들은 동쪽의 거대한 대륙으로 항해를 하고도 남았다. 고고학자 제프리 어윈에 따르면 남아메리카로 가는 가장 가능성이 큰 경로는 폴리네시아 동남부에서 출발해 남태평양 동부에서 지속되는 고기압대 남쪽을 통과한 후 북쪽으로 흐르는 해류를 타고 남풍을 받아 남아메리카 해안선이 나타날 때까지 가는 것이다.[16] 오늘날 많은 요트가 그렇게 하듯이, 하와이에서 북쪽으로 가서 북태평양 고기압대를 벗어나 동쪽으로 뱃머리를 돌려 간 카누에도 유사한 조건이 적용되었을 것이다. 두 경로 모두 귀환할 때는 우세한 무역풍을 타고 돌아올 수 있었다. 그러나 그들이 실제로 그렇게 했을까? 아직 아무도 아메리카 해안에서 폴리네시아 유물을 발견하지 못했다. 발견했다는 주장은 여러 차례 제기되었지만 말이다. 아메리카산 고구마와 조롱박이 폴리네시아에 도달한 것은 사실이며 그중 조롱박은 거의 천 년 전에 도착했다. 동남아시아와 멜라네시아가 원산지인 코코넛은 유럽인이 도착하기 전에 이미 파나마 서해안에 자리 잡고 있었다. 이 식물들 가운데 무엇이든 서쪽이나 동쪽으로 몇 개월을 둥둥 떠내려가 싹을 틔웠을 가능성은 극히 미미하므로 카누가 이것들을 새로운 땅으로 실어 갔을 수 있다. 잠재적으로 가장 명백한 증거는 뜻밖의 출처에서 나왔다. 바로 닭 뼈다. 통가와 사모아에서 발견된 닭 뼈의 미토콘드리아 DNA는 칠레 중남부 엘아레날 1호^{El Arenal-I}라는 이름이 붙은 해안 정착 유적지에서 출토된 닭 뼈 잔해의 미토콘드리아 DNA와 일치한다. 칠레의 증거는 1321~1407년 시기 것인데 콜럼버스가 바하마에 상륙하고 대항해 시대가 열리기 거의 한 세기 전의 것이다.[17] 그렇다면 어쩌면 폴리네시아 카누들이 오세아니아 원해를 식민화한 후 닭을 데리고 곧 남아메리카에 도착했을지도 모른다. 또 돌아오는 길에 고구마나 조롱박 같은 식물을 챙겨서 폴리네시아로 가져왔을지 모른다.

그러한 항해가 있었다면—유전학적 조사는 흠잡을 데가 없어 보인다—폴리네시아인과 아메리카인 사이의 접촉은 본질적으로 어떠했을까? 지나가는 접촉이었을까 아니면 더 지속적인 접촉이었을까? 수평선 너머에서 온 사람들 가운데 누구든 칠레나 다른 땅에 머물면서 현지 주민과 결혼했을까? 앞으로도 영영 알 수 없을 수도 있지만 어쨌거나 인간이 태평양의 수수께끼를 풀어 나간 이야기 속에서 그러한 항해가 불가능했다고 시사하는 것은 없다. 육지와 바다를 하나로 보는 한, 사람들은 기어코 먼바다로 나가 가장 험난한 바다 풍경의 비밀을 해독하리란 점을 잊어서는 안 된다.

포세이돈의 바다

POSEIDON'S WATERS

돌풍이 강하게 몰아치자 돛은 팽팽해지고,

배가 하얀 파도 위를 미끄러지며

물살을 헤치고 목적지를 향해 나아가자,

검푸른 물결은 뱃머리에서

거품을 일으키며 포효하네.

—호메로스, 『오디세이아』[1]

인간이 노나 돛을 이용해 태평양 남서부로 진출하고 수천 년이 흐른 후 지중해는 항해의 또 다른 요람이었다. 훨씬 이른 시기에, 어쩌면 10만 년 전에 인간이 바다를 건너 크레타 섬으로 갔을 가능성도 제기될 수 있다. 그러나 그러한—아마도 우연한—표류는 적어도 1만 년 전에 본토에서 에게 해의 여러 섬들로 떠나기 시작한 의도적인 항해와는 완전히 다른 문제이다. 여기서 우리의 관심사는 삼단 노선이나 고전기 그리스 전함, 뛰어난 해상 활동으로 잘 알려진 페니키아인이나 로마인이 아니다. 물론 그들 역시 이 장에서 간단하게 언급되어야 한다. 그러나 여기서 우리는 지중해 항해술에서 가장 눈에 띄지 않는 외진 구석, 통나무 카누와 여타 소박한 배들이 노를 저어 섬에서 섬으로, 에게 해 한복판의 키클라데스 제도로 침투한 여러 세기를 살펴보고자 한다. 섬에는 비옥한 토양이 부족했고 물고기도 풍부하지 않았기 때문에 그러한 항해에 나설 만한 뚜렷한 유인 동기는 거의 없었다. 처음에 카누는 흑요석, 즉 면도날처럼 날카로운 석기를 만들 수 있는 세립질 화산암과 도끼와 까뀌, 맷돌을 만드는 데 쓰이는 이국의 암석을 가지러 왔다. 기원전 3000년이 되자 에게 해는 도구 제작 전문가들에게만 알려진 비밀스러운 세계에서 작은 섬마다 정착한 사회들이 토지를 기반으로 살아가며 생존을 위해 서로에게 의존하는 세계로 탈바꿈했다. 마을 간 무역 네트워크는 이내 크레타 섬에서 온 미노스 문명의 무역 상인들에 의해 더 넓은 해양 세계가 되었다. 미노스 상인들은 멀리 동지중해 연안과 나일 강까지 진출했다. 터키 남부 앞바다에서 발굴된 유명한 울루부룬 난파선 유적은 야심만만한 제왕들과 경쟁하는 문명들의 집중 조명에서 멀리 떨어진 채, 수천 년 동안 번창한 연안 무역의 증거를 보여 준다. 우리는 기원전 500년 이후 지중해 역사의 보조가 빨라짐에 따라 페니키아인의 영고성쇠를 잠시 추적할 것이다. 이 뛰어난 뱃사람들이자 무역 상인들은 주석을 찾아 최초로 남쪽으로부터 북유럽 바다를 탐험한 이들이었다. 그러나 그보다 여러 세기를 앞서 이집트 배들은 이미 홍해를 왕래하면서 인도양의 광대한 몬순 계절풍 세계의 가장자리에 자리한, 멀리 남쪽의 신비로운 땅 푼트*까지 교역을 하고 있었다.

---

*아프리카 동부 및 오늘날 홍해의 남동부인 소말리아와 에리트레아 일대를 이르는 옛 이집트인들의 지명.

5장

끊임없는 움직임의 세계

선원들이 줄지어 각자 노 앞에 앉았다.

땅에 박아 넣은 돌에 매인 밧줄을 푸니 (…)

채찍을 찰싹 내리치자 풀려난 네 필의 말이

주로를 달리고자 재빨리 말발굽을 높이 쳐들며

뛰어올라 평지를 내달리듯

배도 고물이 높이 들렸다가 노호하는 파도 속에 잠기며

흔들림 없이 지치지 않고 헤쳐 나가니 검은 물살이 쪼개진다.

너울을 헤치고 전속력으로 달려가니

날개 달린 것 중 날쌔기가 으뜸인

뱅뱅 도는 매조차 따라갈 수 없다.[1]

호메로스의 불멸의 언어는 파이아케스족의 배가 "짙은 포도주 빛

바다"를 전속력으로 헤치고 나가는 모습을 그린다. 그의 서사시는 무시무시하고 사나운 세계, 제멋대로에다 종종 광포한 바다, 해신 포세이돈의 전제적인 지배를 받는 세계를 그린다. 포세이돈은 오래전에 떠났지만 거의 3천 년이 지난 지금도 에게 해는 여전히 그 모습 그대로이다. 섬들이 여기저기 박혀 있는 짙푸른 바다는 며칠씩 몰아치기도 하는 여름 강풍에 시달린다.

강력한 여름 멜테미^{meltemi}, 즉 북쪽에서 불어오는 에테시아 바람*이 삭구 사이를 스쳐 지나가는 소리가 들리자 나는 호메로스의 파이아케스 배를 떠올렸다. 곧이어 배가 심하게 요동치는 가운데 우현으로 펼친 주 돛은 활대를 고정시키기 위해 이물(선수)에서 고물(선미)까지 단단히 고정되었다. 거친 바다는 생기 넘치는 햇살 속에 반짝거렸고 수평선과 그리스 본토는 새파란 하늘을 배경으로 또렷하게 드러났다. 그리스 본토, 아티카의 동남단에 자리한 수니온 곶 앞바다에서 20킬로미터 정도 떨어진 깎아지른 듯한 섬 케아의 검은 봉우리가 수평선 위로 우뚝 솟아 있었다. 해 질 녘에 우리는 육지로 가까이 다가갔다. 깜짝 놀랄 만큼 갑자기 멜테미가 뚝 그치면서 우리는 꼼짝없이 무풍 상태에 빠져 버렸다. 곧 고약한 에게 해가 멈춰선 우리 배를 공격해 오기 시작했다. 이물과 고물에서 또 양 측면에서 말이다. 주 돛과 선수 삼각돛이 격렬하게 퍼덕거렸다. 다행히도 우리에게는 우리를 항구로 데려다 줄 믿음직한 디젤 엔진이 있었다. 그러나 나는 똑같은 바다가 사방에서 공격해 오는 가운데 믿을 것은 노밖에 없던 호메로스의 선원들을 생각했다. 앞으로 가기보다는 위아래로 더 많이 움직이는 배 위의 불편을 참으며, 밤

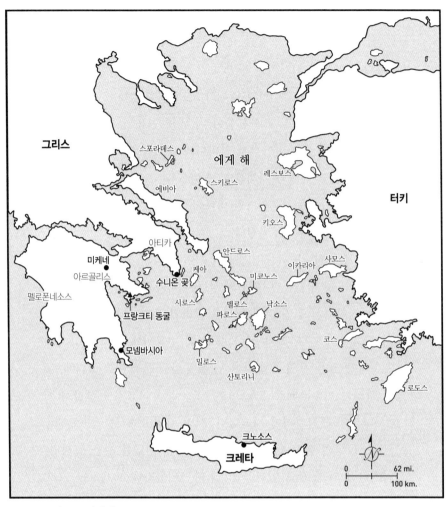

그리스

에게 해

스포라데스

스키로스

레스보스

에비아

터키

키오스

아티카

안드로스

미케네

케아

이카리아

사모스

아르골리스

수니온 곶

미코노스

펠로폰네소스

시로스

델로스

낙소스

프랑크티 동굴

파로스

모넴바시아

코스

밀로스

산토리니

로도스

크노소스

크레타

0   62 mi.
0   100 km.

도판 5-1. 에게 해.

---

*4월에서 10월 사이에 부는 동지중해의 계절풍.

이 찾아오고 바다가 잔잔해지길 끈기 있게 기다리는 선원들을.

에게 해는 빽빽한 섬들로 북적이는 바다, 강한 바람과 짧고 가파른 파도 때문에 건너기가 만만치 않은 바다이다. 어떤 의미에서는 훨씬 큰 지중해 세계 안의 내해라고도 할 수 있다. 본토 해안이 삼면을 둘러싸고 있고 크레타 섬이 네 번째 면을 형성한다. 큰 섬은 딱 네 개이다―그리스 본토 앞바다의 에비아 섬, 크레타 섬, 로도스 섬, 그리고 터키와 가까운 레스보스 섬. 어느 기준에서 보더라도 만만찮고 종종 위험천만한 바다이지만 바로 이곳에서 인류의 초창기 항해 활동이 이루어졌다.

케아 섬까지 가는 길은 줄줄이 이어진 섬의 사슬을 따라가는 나의 항해의 첫 구간이다. 이곳의 섬들은 대략 8천 년 전 농경인들이 섬에 정착하기 훨씬 전에 일찍이 빙하기 후기부터 단순한 카누들이 탐험한 곳이다. 케아 섬은 에게 해 한복판에 자리한 고대의 성소이자 중요한 무역 요충지인 델로스 섬을 둘러싸고 있기에 그렇게 불리는 키클라데스(그리스어로 쿠클로이 Kukloi라고 하며 "고리"를 뜻한다.) 제도의 가장자리에 자리한다. 시인 칼리마쿠스는 "아스테리아[델로스], 향의 섬이여, 그대 주변과 둘레로 섬들은 원을 그리며, 코러스처럼 자리 잡고 있다."라고 썼다.[2] 키클라데스 제도는 그리스와 터키 본토로부터 얼마간 떨어져 있다. 다른 에게 해 섬들은 본토에 더 가까이 붙어 있거나 에비아 섬 북쪽과 동쪽에 위치한 스포라데스 제도처럼 바다 쪽으로 일렬로 늘어서 있다. 에게 해 고고학자 시프리언 브루드뱅크가 적절하게 표현한 대로 키클라데스 제도는 역사적으로 말해 "모든 곳의 가장자리임과 동시에 전체의 중

심, 즉 굉장히 양가적인 위치"였다.[3]

    수천 년 동안 키클라데스 제도는 잦은 거센 바람과 거친 바다에 의해 더 넓은 차원의 역사적 힘으로부터 단절된 독자적인 영역이었다. 그럼에도 불구하고 에게 해의 선원들은 지중해 세계 다른 지역의 선원들과 마찬가지로 본토에서 섬으로, 또 섬에서 섬으로, 이제는 거의 추적이 불가능한 정교한 직소퍼즐 같은 물길을 따라 이동했다. 고고학을 통해서만 우리는 당시의 물길을 이해할 수 있다. 과학자들은 인공 유물과 원자재, 원산지를 연구함으로써 변화하는 무역 패턴과 여타 인간 활동에 대한 연대기적 정보를 얻을 수 있다.

    키클라데스 제도는 결국 훨씬 더 복잡한 동지중해 세계의 일부가 되었다. 에게 해 섬들은 브루드뱅크가 표현한 대로 "모든 곳에서 다른 모든 곳으로" 갈 수 있는 잠재적 징검돌이 되었다.[4] 키클라데스 제도는 동남아시아 및 남서태평양 섬들의 열대 환경과 매우 다르다. 방대하게 펼쳐진 태평양, 말하자면 바다의 사막이 남서태평양 바다를 하나로 묶었고 그곳에서 항해자들은 일반적으로 직선 항로를 따라 섬에서 섬으로 건너갔다. 태평양에서는 섬 간 이동의 긴 회랑이 발달한 반면 에게 해에서는 섬들을 둘러싼 육지로부터 접근하는 구간이 많았다.

내가 값비싼 비용을 치르며 깨달은 대로 에게 해의 바람은 며칠간 멈추지 않고 세차게 불기도 한다. 우리는 심술궂은 멜테미가 삭구 사이를 세차게 윙윙거리는 동안 항구에 들어가 있거나 닻을 내리고 기다렸다. 작은 배로 에게 해를 항해하기 가장 좋은 때는 예나 지금이나 5월과 9월 사이의 더 잔잔한 기간이다. 바다에서 며칠을 보내게 되는 더 긴 여정에는 특히 이때가 낫다. 그러나 멜테미는 항해 철 내내 언제든 몰아쳐 어떤 형태의 항해든 며칠간 꼼짝없이 중단시킬 수도 있고 바람이 가장 강한 7월과 8월에는 특히 위험하다. 심지어 순풍을 받아 가는 길도 빠르기는 해도 위험할 수 있다. 특히 뱃전이 낮은 배들은 가파른 물결 속에서 금방 물이 들어찰 수 있다. 대체로 1월에 바람이 잠잠한 기간이 짧게 나타나지만 그 기간은 짧은 항해에만 유용하다. 먼바다에서 빠져나와 뭍으로 가까이 오면 현지 조건은 지역마다 매우 다르다. 노련한 선원은 현지 조건을 잘 활용한다. 연안의 골짜기를 통과해 부는 산들바람 말이다. 부드럽게 솔솔 부는 이 해륙풍은 찬 공기가 쌓이는 밤에 흔히 앞바다에 생성되어 연안을 따라 배를 가볍게 실어 나른다. 나는 한밤중에 펠로폰네소스 동부 연안을 따라 곳에서 곳으로 남쪽을 향해 어려움 없이 항해했던 기억이 생생하다. 새벽에 바닷바람이 잦아들자 둥근 보름달, 잔잔한 바다, 돛을 부풀리기에 딱 적당한 따뜻한 육지의 산들바람 덕분에 우리는 모넴바시아의 우뚝 솟은 절벽과 그곳의 위풍당당한 중세 요새의 성벽 아래를 지나갈 수 있었다.[5]

여행자가 때로 긴 기다림이 불가피하다는 사실을 알고 그것을 받아들일 용의가 있다면 어느 방향으로든 조심스러운 짧은 여행은 가능했을 것이다. 고대 세계의 다른 어느 곳과 마찬가지로 여기에서도 사람들은 대대로 전수되는 항해와 기후 관련 전문 지식을 높이 쳤을 것이다. 그러나 그것들만큼이나 중요한 것이 바로 튼튼한 배였다.

고대 아테네 삼단 노선을 그대로 복원한 배가 전속력으로 노를 저어 가는 모습은 결코 잊지 못할 광경이다. 힘, 속력, 지구력. 돌진하는 전함은 에게 해가 언제나 인간의 힘이 지배해 온 바다였음을 깨닫게 해 준다. 삼단 노선이 보는 이의 혼을 쏙 빼놓는 바람에 사람들은 그 배가 훨씬 더 소박한 선박에서 기원했음을 망각하는 경향이 있다. 안타깝게도 유물 보존이라는 냉엄한 현실 앞에서 초창기 에게 해 선박에 대한 우리의 지식은 다른 해역과 마찬가지로 불완전하다. 우리가 다룰 수 있는 유일한 정보는 투박한 내수면 통나무 배부터 바위에 새겨진 여러 개의 노가 달려 있거나 짧은 노로 저어 가는 배의 이미지까지 2차원과 3차원으로 된 재현물뿐이다.[6] 연구가 이 시점에 이르면 우리는 에게 해의 초창기 선박에 두 가지 기본 형태가 있었다고 제법 확신할 수 있다. 둘 다 카누처럼 생긴 선박으로 암석 조각이나 점토 도기에 묘사되어 있다. 가장 작고 아마도 가장 초창기 형태로 추정되는 것은 통나무 속을 파낸 모양으로, 적은 수의 사람들이 노를 저어 움직였던 것 같다. 그다음 더 큰 배들이 등장한다. 더 날렵하고, 속력을 더 내기 위해 선체가 각져 있으며 말뚝처럼 솟은 고물 꼭대기에 물고기 장식이 조각되어 있는 모습은 대형 보트와 비슷한 디자인이다. 참으로 안타깝게도 이 배 가운데 어느 것도 남아 있지 않지만 단지에 묘사된 그림을 통해서 알 수 있다. 이 배들은 길이가 15~20미터로 추정되고 여러 명의 선원이 저으면 앞바다를 빠르게 건널 수 있을 만큼 규모가 상당했던 것 같다. 분명히 이 더 빠른 배들은 적잖은 전문적 조선술을 요구했다. 이 배들이 언제 등장했는지는 여전히 수수께끼이지만 기원전 3000년 이전이었던 것 같다.

계속되는 무풍 상태로 종잡을 수 없는 에게 해는 무엇보다도 노잡이들의 세계였고 이후 수천 년간 대부분의 시기에 전함과 거대한 상선을 추진한 것은 인력이었다. 본토에서 섬으로 가는 최초의 횡단이 작은 통나무배, 육지로 둘러싸인 안전한 협만 등에서 흔히 이용되는 배로 이루어졌음은 거의 확실하다. 바람이 다시 일기 전에 안전한 피난처에 도달할 수 있었다고 가정한다면, 당시 사람들은 안전한 항해가 가능한 잔잔한 낮과 달빛 비치는 밤에 25~30킬로미터가량 앞바다에서 노를 저어 갔을 것이다.

정확히 언제 범선 항해가 시작되었는지는 알 수 없다. 그러나 어떤 형태의 삭구든 간에 심지어 사각돛과 짧은 돛대도 통나무배보다 더 안정적이고 폭이 넓은 선체를 요구하며, 이런 형태의 배가 기원전 3000년대 전에 출현했음을 보여 주는 묘사는 없다. 고대 지중해에는 아웃리거가 알려지지 않았으므로 어떤 형태의 범선이든 조선술에서 중대 변화가 일어난 후에, 특히 단단한 프레임 위에 세워 만든 널을 댄 선체가 발달한 후에야 등장했을 것이다. 그러한 디자인은 선폭과 뱃전의 높이를 증가시킴과 동시에 적어도 부분적인 갑판의 설치도 가능케 했을 것이다. 어쨌거나 처음에 작은 돛이 가져다 준 효과는 기껏해야 가벼운 바람과 잔잔한 바다에서 달리는 통나무배의 속력을 높여 준 것이었으리라.

통나무배 같은 소형 선박은 이런 바다에서 이점이 있었다. 그런 배들은 정박할 때 얕고 작은 만이나 해변으로 충분하기 때문에 인공적인 항구가 필요하지 않았다. 그러나 단점도 있었다. 특히 건현이 부족하고 갑판이 없는 것은 짧고 가파른 파도로 유명한 에게 해에서는 심각한 결함이었다. 선측에 몇 장의 널을 대거나 접합한 통나무배는 긴 너울의 대양에서와 달리 파고가 가파른 바다에서는 문제가 될 수 있었다. 우리가 현대식 요트를 타고 케아 앞바다에서 경험한 것과 같은 물결 속에서 쉽사리 휘거나 뒤틀릴 수 있기 때문이다. 맞바람과 맞파도는 돌처럼 단단한 장벽 같이 느껴졌을 것이다. 심지어 지그재그 침로도 어려움을 야기해 어느 항해든 느리고 힘겨운 모험이 되었을 것이다. 통나무배는 무거운 화물을 실을 수도 없었는데 적재 능력은 고사하고 6미터 길이의 배에 몇 명의 선원만 타도 공간이 거의 없었기 때문이다. 그들이 싣고 간 화물은 틀림없이 구슬처럼 작은 사치품을 담은 용기나 도구 제작용 돌을 꽁꽁 싸맨 짐짝에 한정되었을 것이다. 분명히 이틀이나 사흘을 넘어가는 여정에 충분한 식량과 식수나 대형 동물을 실어 나를 수는 없었을 것이다.

초창기의 에게 해 선박은 심지어 갓 데려온 기운 넘치는 선원들과 최적의 기상 여건 아래서도 장거리를 이동할 수 없었을 것이다. 잔잔한 바다에서 4~6노트(시속 7~11킬로미터) 범위의 최대 속력이 가능했을지도 모르지만 실제 속력은 그보다 훨씬 느렸을 것이다. 6미터 길이의 옛 갈대 보트를 똑같이 만든 다음 아티카에서 밀로스 섬까지 대여섯 명의 선원들이 노를 저어 간 실험에서 평균 항해 거리는 하루 15~20킬로미터였다. 그것도 멜테미가 잦아들었을 때였다.[7] (초창기에게 해 항해자들이 갈대 보트를 이용했는지는 물론 순전히 추측의 문제이다.) 분명히 후대에 출현한 훨씬 빠른 대형 보트는 최대 속력이 대략 시속 10킬로미터였을 것이고 하루에 40~50킬로미터를 갔을 것이다. 이것들은 모두 다양한 출처로부터 나온 데이터에 근거하여 산출한 추정치이지만 카누가 하루 동안 가는 거리가 육로 수송으로 기록된 거리와 똑같았다는 사실은 주목할 만하다.

초창기 항해가들에게는 다행스럽게도, 키클라데스 제도는 하루 횡단 거리 10킬로미터 범위 이내로 작은 섬들이 줄줄이 이어진 사슬을 이루고 있다. 20킬로미터 거리의 편도 여행을 하면 더 큰 섬 무리에도 닿을 수 있다. 훗날 화산 폭발로 유명해진 테라 섬(산토리니) 같은 몇몇 섬들은 더 긴 거리로 차단되어 있다. 섬마다 항해상의 차이점도 크다. 낙소스 섬 같은 곳은 거의 육지로 둘러싸인 바다에서 항해가 이루어졌다. 다른 여러 섬들의 배치는 육지보다는 바다와 더 상관이 있었고 그 역시 항해상의 문제를 추가로 야기했다. 거칠게 일반화하면, 키클라데스 제도 한쪽 끝에서 다른 쪽까지 일주일이면 노를 저어 갈 수 있다. 그러나 강한 바람으로 항해가 며칠씩 지연될 것을 감안해야 하므로 실제 필요한 시간은 두 배가 되거나 심지어 더 길어진다. 키클라데스 제도에서 이동 시간은 남서태평양에서처럼(4장을 보라.) 섬들 간 거리보다 더 중요한 요소였다. 후대의 기준으로 볼 때, 이 섬 간 거리는 작은 카누를 타고 노를 저어 이동하는 사람들에게 어마어마했다. 이것을 프랑스 역사가 페르낭 브로델이 르네상스 시대의 배가 지중해 전체를 횡단하는 데 60일에서 80일 걸렸다고 계산한 것과 비교해 보라.

　브루드뱅크와 다른 학자들은 일일 여행 거리 20킬로미터가 중간에 쉬지 않고 갈 수 있는 일반적인 최대 항해 거리였다고 주장한다. 또 동물은 며칠이 지나면 다루기 힘들어진다. 이러한 제약들과는 별개로 에게 해의 기상 조건은 매우 종잡을 수 없기 때문에 대략 50킬로미터가 넘어가는 여정은 하루 하고 한나절이 넘게 걸렸고 그보다 더 큰, 어쩌면 감수하기 힘든 위험을 수반했다. 그러나 흥미롭게도 육지에서 에게 해의 모든 섬까지 거리는 이 범위 안에 들어온다.

고대인들은 에게 해의 비밀을 어떻게 풀었을까? 다시금 우리는 탐험과 개척, 식민화라는 극도로 복잡한 과정을 추적할 만한 고고학적 증거의 부족에 시달린다. 대체 왜 누군가가 섬에 영구적으로 정착하기를 원했단 말인가? 키클라데스 제도에서 농경 사회를 유지하는 일은 다른 섬 사회들과의 지속적인 상호 교류가 없었다면 결코 가능하지 않았다. 키클라데스 섬들은 농경지로는 기껏해야 한계지였는데 경작하기 적당한 평탄한 땅이 거의 없었기 때문이다. 섬 농부들은 언덕배기 계단식 밭에 의존해야 했고 이런 식의 농경은 비교적 늦게 등장한 것 같다. 낙소스처럼 더 큰 섬들은 해안 평야와 내륙 골짜기 덕분에 케아처럼 깎아지른 섬보다는 경작 가능한 땅이 더 많았다. 한편 케아 섬과 낙소스 섬만 한 크기인 밀로스 섬은 기복이 덜하고 농경지가 더 많았다. 담수는 또 다른 문제였다. 키클라데스 제도는 에게 해 지역에서 가장 건조한 지역에 속하기 때문이다. 이 문제는 남쪽으로 가면 더 심각해진다. 지하수는 귀하다. 간간히 작은 샘물이 솟아올라 국지적인 오아시스에 물을 댔는데 이런 현상은 특히 낙소스에서 찾아볼 수 있었다. 모든 섬은 연중 강수량이 매년 급격하게 오르내리는 세계에서 가뭄의 위협 아래 살아갔다. 우리는 빙하기 후기나 그 직후의 기후 조건이 어떠했는지 모르지만 언제나 비교적 건조했을 가능성이 높다. 예를 들어 밀로스 섬에서 오늘날 농부들은 적어도 10년에 한 번, 흔히 그보다 더 자주 가뭄이 찾아오리라 예상한다.

농경지로서의 온갖 단점에도 불구하고 키클라데스 제도는 다른 장점이 있었다.[8] 그곳에는 석기 시대 수렵인에게 값을 매길 수 없는 상품이 있었다. 그것은 모든 도구 제작용 석재 가운데 최고인 흑요석으로, 본토에는 희귀했다. 자연 상태의 노두와 인공 유물에 함유된 미량 원소의 원산지를 추적하는 첨단 기술 덕분에 우리는 그리스 본토 정착지에서 출토된 흑요석들이 밀로스 섬의 두 지역에서 왔다는 사실을 알 수 있다. 밀로스 섬은 야생 식물이나 곡물을 먹고 사는 사람들에게 귀중한 또 다른 상품을 제공했는데 바로 맷돌을 만들 때 쓰는 화산암이었다.(훗날에는 다른 귀중한 상품들이 키클라데스 제도에서 나왔다. 대리석은 낙소스 섬과 파로스 섬에서 본토로 운반되었다. 또 소량의 금과 더불어 구리와 납, 은도 여러 섬에서 나왔다.) 키클라데스 제도 최초의 탐험은 거의 확실하게 순전히 자원 개발의 성격을 띠었으며 도구 제작용 석재를 중심으로 이루어졌다.

개발의 이야기는 키클라데스 제도가 오늘날과 매우 달랐던 빙하기 후기에 시작된다. 해수면 높이가 오늘날보다 91미터까지 낮

왔던 당시에 키클라데스 제도는 6천 제곱미터를 약간 넘는 거대한 하나의 섬이었는데 그 섬은 당연하게도 지질학자들에게 키클라디아Cycladia라는 이름으로 알려져 있다. 케아 섬은 본토의 일부였다. 밀로스와 다른 섬들은 키클라디아 앞바다의 또 다른 커다란 땅덩어리를 구성했다. 키클라디아의 대부분은 지대가 낮아서 빙하기가 끝난 직후 급속히 침수되어 오늘날 섬들의 모습과 비슷하나 약간 더 큰 섬들로 남았다.

키클라디아는 거대한 곳이었다. 키프로스 섬의 3분의 2만 했다.[9] 우리는 그곳에 난쟁이코끼리와 어쩌면 사슴을 비롯해 소형 포유동물이 살았다는 사실을 안다. 그러나 인간이 거주하거나 단기간 수렵을 위해 방문했다는 흔적은 없다. 해수면이 상승하면서 동물들의 서식 영역이 줄어들고 동물들이 고립되어 마침내 멸종하기 전까지는 사람들이 그곳에 가지 않았을 공산이 크다. 본토의 수렵 집단은 앞바다의 섬에서 무엇을 얻을 수 있을지를, 특히 도구 제작용 석재를 얻을 수 있다는 것을 알고 있었다. 빙하기에 해수면이 훨씬 낮았을 때는 작은 카누나 뗏목으로 키클라디아 서쪽의 일련의 섬들을 따라 노를 저어 가 흑요석이 풍부한 밀로스 섬으로 쉽게 갈 수 있었을 것이다. 그때는 탁 트인 바다를 건너는 구간이 짧았다. 이처럼 다소 간접적인 방식의 섬 간 건너뛰기보다 가능성이 덜한 대안 경로는 그리스 본토 연안 앞에 위치한 당시에는 더 큰 섬들 사이를 횡단하는 경로로, 현재의 펠로폰네소스 반도 아르골리스에서 밀로스 섬까지는 20~35킬로미터 사이의 구간들이 존재했다.

빙하기가 끝나고 기후가 따뜻해지면서 수렵 집단으로 구성된 희박한 인구는 아마도 육지를 근거지 삼아 그리스 본토에서 살았지만 그들에게 강력한 해양 지향 성향이 있었다고 믿을 만한 근거가 있다. 그런 집단은 가까이서 살아가는 사람들과 멀리 떨어져 사는 사람들 둘 다와 연결되는 넓은 네트워크 없이는 생존이 가능했을 것 같지 않다. 일부 전문가들은 이들이 장기간을 바다 가까이에서 지내거나 인근의 섬에서 다음 섬으로 이동하면서 연중 많은 기간 동안 섬에서 섬으로 이동했다고 생각한다. 예를 들어, 우리는 수렵 집단이 대략 1만 8천 년 전부터 이 지역에서 농경이 시작된 기원전 6000년에 이르기까지 아르골리스 남동부의 프랑크티 동굴을 방문했다는 사실을 안다. 대략 기원전 7000년 이후에 프랑크티 동굴에 다랑어 가시가 다수 출현하지만 그 수치는 변동이 크며, 밀로스산墨 흑요석 파편도 나타난다. 프랑크티 사람들이 깊은 바다에서 물고기를 잡았거나 과감하게 밀로스 섬에 갔는지는 영영 알 수 없겠지만 이때가 되자 키클라데스 제도에서 나온 흑요석이 널리 쓰인 것은 분명하다.[10]

수렵인들이 바다에 있었다는 다른 증거도 있다. 멀리 북쪽에서, 프랑크티 사람들과 습성이 흡사한 사람들이 일찍이 기원전 8000년대에 북北스포라데스 제도 동쪽 끄트머리에 위치한 작은 섬 기우라에 있는 키클롭스 동굴을 방문했다. 다수의 생선 뼈와 약간의 흑요석 파편이 이 동굴 일대에서 출토되었다. 이 발견에서, 177미터 높이의 봉우리가 솟은 기우라 섬이 상당히 먼 거리에서도 눈에 들어오는 두드러진 지형지물이라는 사실은 우연이 아닐 것이다. 본토에서 기우라까지 섬에서 섬으로 건너갈 때 통과하는 구간은 노를 젓는 사람들이 날씨가 좋은 날을 신중하게 고르기만 한다면, 밀로스로 갈 때와 마찬가지로 단순한 선박으로 건너기가 불가능하지 않았을 것이다. 우리는 흑요석 산지에 대한 공유된 지식과 고기잡이, 사람 등으로 이루어진 이 네트워크가 끊어질 듯 말 듯 이어지면서 대륙 본토와 섬, 대양을 아우르는 생활 방식의 일부로서 지속적으로 움직이고 있었다는 사실을 기억해야 한다. 그러한 지식 덕분에 사람들은 대략 기원전 6000년에 농경이 자리 잡기 오래전에 한 섬에서 다음 섬으로 상당한 거리를 가로질러 이동할 수 있었다.

도구 제작용 석재를 찾아 바위투성이의 메마른 섬을 방문하는 것은 그렇다 치자. 그러나 그곳에 작물과 가축을 데리고 영구적으로 정착하는 것은 훨씬 더 야심찬 사업이다. 영구적인 정착은 에게 해에서 항해의 동학을 변화시켰다. 섬들끼리 접촉은 어떤 개별 공동체도 홀로는 생존할 수 없는 바다로 둘러싸인 세계에서 이제 굉장한 중요성을 띠게 되었다.[11] 에게 해 섬들의 유적지에서 얻어 낸 방사성 탄소 연대를 그러모아 보면 낙소스 섬에는 농경인이 일찍이 기원전 4000년대에 정착했음을 알 수 있다. 기원전 4000년과 3000년 사이에 농경 사회는 상대적으로 본토에 가까운 안드로스 섬과 파로스 섬처럼 멀리 떨어진 곳에서, 어쩌면 키클라데스 제도 중심부의 미코노스 섬에서도 번창했을 가능성이 있다. 우리가 아는 한 초창기 정착민들은 경작 가능한 자그마한 땅뙈기가 띄엄띄엄 있고 흔히 수원水原은 드문 작은 섬들은 피했다. 흑요석이 풍부한 밀로스 섬의 경우, 고기를 잡고 세립질 광석을 구하러 사람들이 찾아왔으나 영구적인 거주가 언제 시작되었는지는 여전히 모르는 상태이다. 키클라데스 제도 전역에 걸쳐 최초의 정착민들은 비록 본토에서 멀리 떨어져 있다 해도 대규모나 중간 급 크기의 섬을 선호했다. 이러한 사실은 그때쯤이면 더 커졌을 배들의 내항성에 대해 많은 것을 시사한다. 다른 것은 제쳐 두더라도 그러한 배들은 양과 염소를 길게는 이틀에 걸쳐 실어 날라야 했을 것이다.

그렇다면 사람들은 어째서 에게 해 먼 곳의 섬들을 식민화했을까? 한 가지 이론은 다른 이유에서는 가까이하기 쉽지 않지만 흑요석을 찾거나 다랑어를 잡기 위해 정기적으로 항해한 것이 세월이 흐르면서 영구적인 정착으로 이어졌다는 것이다. 본토에서의 고고학적 발견은 흑요석 가설을 뒷받침하지 않는데, 지금까지 발견된 초창기 흑요석은 단편에 불과하고 아무래도 본토로 우연히 가져온 것처럼 보이기 때문이다. 그보다 훨씬 뒤에, 기원전 3000년보다 몇 세기 전에야 훨씬 많은 양의 흑요석이 의도적으로 계획된 다양한 방식을 통해 화물로 본토에 도착했으며 그러한 화물 가운데에는 조심스럽게 깎아 낸 화산 유리 조각도 포함되어 있었다. 본토로 들어온 화물량이 증가한 것이 식민화 덕분인지 아니면 단순히 개발과 방문 속도가 빨라져서였는지는 논쟁거리이다. 고기잡이도 특별히 식민화의 강력한 이유는 아니었던 것 같다. 해양 생물이 그리 풍부하지 않은 이 지역에서 물고기는 보충적 식단 그 이상은 아니었다. 다랑어 떼는 신속하고 종잡을 수 없이 이동하며 가을이 되면 보통 남쪽으로 향한다. 그처럼 의지하기 힘든 식량 자원을 찾는 힘겨운 여정은 다랑어 떼의 출현을 예측하는 어려움을 감안할 때 수고나 위험을 감수할 가치가 없었다.

키클라데스 제도에서 영구적으로 살아가는 것은 결코 쉬운 일이 아니었다. 영구 정착은 조심스럽게 선별된 미세 환경 속에서 작물을 다양화하는 데 달려 있었기 때문이다. 보리, 밀, 콩류가 주요 작물인 한편 염소와 양은 척박한 섬 사면에서 잘 자랐다. 올리브와 포도는 나중에 널리 거래되는 상품으로서 주력 작물이 되었지만 분명히 아직은 아니었다. 에게 해 농사의 불확실성은 발굽 동물을 비롯한 각종 식량을 저장하는 문제가 매우 중요했음을 의미했는데 이런 저장 과정에는 틀림없이 이웃한 공동체들, 심지어 섬들 간의 분담이 필요했을 것이다. 본토의 농부들과 달리 섬사람들은 안심하고 먹을 수 있는 야생 식물 식량이나 다마사슴* 같은 대비책에 기댈 수 없었다. 하루하루의 현실은 대부분의 섬 사회가 작았으며 일반적으로 척박한 섬 지형에 널리 흩어져 있었음을 의미했다. 인구는 매우 적어서 키클라데스 제도에서 인간은 희소 자원일 정도였다. 자급자족이 가능하고 상호 혼인으로 맺어진 300명에서 500명의 인구를 보유한 섬은 거의 없었다. 기원전 3000년대에 인류 역사 최초의 도시 정주지 가운데 하나인 우루크 같은 초창기 메소포타미아 도시 한 곳에 키클라데스 제도 전체보다 더 많은 인구가 살았다.¹² 결국 섬들 사이에 고도의 상호 의존성이 나타날 수밖에 없었다. 식량과 여타 상품의 교환과 이동성이 유일한 장기 생존 전략

---

* 등에 흰 점이 있는 유럽산 작은 사슴.

이었기 때문이다.

　지속적인 이동은 섬 생활의 모든 측면—결혼과 친족 관계, 씨 뿌리기와 추수, 식량 저장, 도구 제작용 석재와 맷돌 같은 여타 평범한 상품의 필요, 가뭄으로 촉발되는 이동, 극단적 강우, 다른 장·단기적 기후 현상, 다랑어 떼의 우연한 이동, 그리고 의례적 삶과 의식의 준수에 따르는 온갖 복잡한 요구들—에 영향을 미쳤다. 여기서 항해는 종종 사납게 요동치는 바다 너머 상당히 멀리 떨어진 사람들을 연결하는 변화무쌍한 상호작용의 격자 안에서 이루어졌다. 이 가만히 있지 못하는 활동성과 지속적인 이동은 농경보다도 훨씬 오래전에, 어쩌면 일찍이 빙하기 후기에 시작되었다. 이러한 이동은 누구도 혼자서는 버틸 수 없기 때문에 시작되었다. 사람들은 섬이 본토의 친숙한 배경에서 쉽게 닿을 수 있는 범위 안에, 수평선 위로 뚜렷이 보이기 때문에 앞바다로 향했다. 여기서 대양의 비밀을 해독하는 작업은 어떤 커다란 수수께끼가 바다 풍경 안에 잠복해 있기 때문이 아니라 지속적인 이동에 익숙한 사람들이 바다와 그곳의 섬들을 자신들의 일상적 풍경의 자연스러운 일부로 간주했기 때문에 이루어졌다.

키클라데스 제도는 크고 작은 섬들이 불규칙적으로 흩어져 있는 모습이어서 섬들 사이에 고대의 물길을 그려 보려는 시도는 일체 헛수고이다. 실질적으로 지역 전체가 항해의 요람이다. 섬과 본토의 일반적 배치와 더불어 예측 가능한 풍향과 좋은 상호 가시성은 실험과 항해에 도움이 되었다. 더 나아가 농경지와 물고기 떼의 이동, 도구 제작용 석재 같은 강력한 유인 요소가 접근 가능한 섬에서 다음 섬으로, 마침내는 탐험이 녹록치 않은 섬들만 남을 때까지 항해자들을 점점 더 먼 바다로 이끌었을 것이다. 이러한 상황에서 항해 거리가 점점 길어지고 그러한 항해가 섬 사이의 짧은 횡단만큼 흔해지면서, 탁 트인 바다와 거리에 대한 인식 역시 갈수록 확장되었다고 할 수 있을 것이다.

브루드뱅크는 키클라데스 제도로 진입하는 두 가지 단거리 경로를 제시한다.[13] 하나는 아티카(또는 사실상 본토의 일부라 할 수 있는 길쭉한 에비아 섬)에서 시작해 키클라데스 섬들로 하루 동안 건너가는 것이다. 에비아 섬, 아티카, 안드로스 섬, 케아 섬은 바다를 네모꼴로 반쯤 둘러싸는데 그중 한 지점이 흑요석이 풍부한 밀로스 섬으로 떠나는 출발점이 되었을 것이다. 해수면이 높아지면서 이 섬들 연안에 살던 사람들은 바람과 해류를 속속들이 알게 되었을 테고 특히 케아 섬은 서쪽으로 흐르는 강한 해류에 갇힌 카누의 임시 정박지 역할을 했을 터이다. 아티카에서 키클라데스 제도로 노를 저어 가는 것은 배 뒤편에서 우세한 북풍을 받으며 마크로니소스 섬이나 케아 섬까지 곧장 횡단하는 것을 뜻했으리라. 에비아에서 앞바다로 향하는 카누는 안드로스 섬까지 건너갔을 것이다. 그다음 항해자들은 북北키클라데스 제도 중앙의 넓고 사나운 해협을 통과해 섬 간 두 가지 경로 가운데 하나로 진입했을 것이다. 첫째는 키클라데스 제도 서쪽을 따라 내려가 밀로스 섬에 도달하는 경로이다. 반면 북쪽 경로는 안드로스 섬과 티노스 섬 연안을 따라 내려간 다음 미코노스 섬과 델로스 섬, 시로스 섬으로 향하는 경로이다.

키클라데스 제도로 들어가는 다른 진입 경로는 동東에게 해의 이카리아 섬과 아스티팔라이아 섬에서 출발해 잔잔한 바다에서 하루 종일 노를 저어 가기에는 매우 긴 거리인 50킬로미터의 더 긴 구간을 횡단해야 한다. 길쭉한 반도들이 있고, 작은 만이 풍부해 해안선이 복잡한 터키 앞바다의 에게 해 남동부 지역은 육지로 둘러싸여 안전한 에비아 경로보다 더 장관인 출발점이다. 섬들로 이루어진 차단막이 본토를 보호한다. 그 너머로 짧은 구간을 횡단하면 사모스나 코스 같은 큰 섬에 도달하며 로도스 섬까지 갈 수도 있다. 흩어져 있는 더 작은 섬들은 키클라데스 제도를 내다보며 에게 해 안쪽으로 멀리 이어지는데 본토 해안에서 먼바다로 노를 저어 갈수록 더 힘겨운 여정이 펼쳐진다. 터키 서부 해안의 섬과 본토 사이에서 아티카와 그 앞바다 섬들과 같은 종류의 연속성을 발견할 수 있다. 서로서로 잘 보이도록 줄줄이 늘어선 크고 물이 풍부한 섬들은 크기도 작은 데다 더 건조한 섬들보다 더 먼 바다에 자리 잡고 있다.

에게 해 남동부에서 시작하는 횡단은 하루 이상 걸리는 더 긴 구간을 포함하며 비록 유리한 바람과 해류의 도움을 얻는다 해도 사납기로 악명 높은 이카리아 해를 건너야 했다. 이카리아 섬은 사모스 섬 바로 서쪽에 위치하며, 사모스 섬은 척박한 산악 지형과 우곡雨谷 때문에 무심한 『해군성 항해 교범』마저도 "환상적"이라고 묘사할 만큼 장관을 연출한다. 이곳은 조심스러운 뱃사람들을 위한 곳이 아니다. 나도 사모스 섬 앞바다의 거센 멜테미 돌풍에 커다란 보트가 거의 뒤집어질 뻔했다. 우리는 더 잠잠한 기상 상태를 고대하며 황급히 항구로 돌아갔다. 앞바다 멀리에 있는 섬 중에 눈에 더 잘 들어오는 것은 바위투성이 아모르고스 섬의 측면과 낙소스 섬이다. 낙소스 섬은 키클라데스 제도에서 가장 높은 1003미터 봉우리의 자스 산을 품고 있어 먼바다에서도 눈에 들어온다. 여기서부터 정착민들은 미코노스 섬과 더 낮은 섬들로 쉽게 갈 수 있었다. 이 물길은 작은 카누에는 대단히 위험한 구간이었지만 그곳 섬들에서 발견된 농경 유적지의 존재는 그러한 횡단이 이루어졌음을 의심의 여지없이 입증한다.

브루드뱅크가 지적한 대로 뒤따르는 위험보다 힘든 항해에서 얻을 수 있는 기회에 더 높은 문화적 가치가 부여되면서 그러한 항해에 나서는 것에 적지 않은 위신이 부여되었을 것이다. 바다에서 사용된 카누가 어떤 종류였든 간에 이 항해들은 어느 기준에서 보더라도 대단했다. 브루드뱅크는 남서태평양에서 돛을 단 카누가 아우른 거리와 에게 해 항해자들이 아우른 더 짧은 거리를 비례 척도로 비교한다. 그는 에게 해 항해의 비교적 긴 구간들은 태평양 항해에서 100~200킬로미터 구간의 난이도와 맞먹었으리라고 산정한다.

식민화 과정은 오래 걸리고 복잡했는데 일단 낙소스와 다른 큰 섬들이 경작되기 시작하면서 특히 속도가 느려졌다. 한계지에 더 가까운 몇몇 섬들은 최초의 농경 공동체가 키클라데스 제도로 침투한 지 2000년에서 2500년이 지난 후에야 정착되었다. 매우 제한된 데이터로 알 수 있는 한, 최초의 농경 마을은 흔히 좋은 수원이 가까이에 있고 주요 만을 내려다보는 절벽 위에 자리했다. 이런 위치는 좋은 경작지가 부족한 사람들에게 중요한 보조 식량 공급원인 고기잡이의 기회도 극대화했을 것이다. 이와 같은 정착 패턴은 섬사람들이 경작 가능한 땅 가까이에 한두 가족의 소규모 농장 형태로 정착하고 에리모니시 섬처럼 더 작고 척박한 섬들을 식민화하기 시작한 기원전 3500년 후에 극적으로 변화한다. 이러한 변화가 왜 일어났는지는 알 수 없지만 에게 해 전역에 더 건조해진 기후 조건과 관련이 있을 수도 있다. 그와 동시에 에게 해 전역에서 해상 활동이 증가해 흑요석과 도기, 작은 조각상 같은 제의용 물품의 무역이 가속화되었다. 브루드뱅크가 유려하게 표현한 대로 "키클라데스 제도는 본토의 전문가들만이 침투하는 말없고 비밀스러운 세계에서 온갖 목소리로 가득 찬 공간으로 변화했다."[14] 에게 해 세계는—그리고 비밀이 풀린 그곳의 바다는—인간의 풍경이 되었다.

기록된 역사와 호메로스의 시대가 도래하기 오래전에 그리스인들은 바닷길을 가리키는 구어 표현에 대응하는 단어를 만들어 냈다. 페리플루스periplus, 즉 해안과 섬 주변을 도는 여정이란 뜻이다. 구전 전통으로 시작된 페리플루스는 사실상 일종의 기억술로서, 아버지에게서 아들로 전해지며 당사자의 직접 경험으로 증대된다. 수천 년 후에 일부는 글로 남겨졌는데 가장 유명한 것은 서기 1세기에 쓰인 인도양 연안 안내서인 『에리트라이 해 항해기The Periplus of Erythraean Sea』이다.(7장과 8장을 보라.) 그 무렵에 이르러 항해 안내서 장르는 친숙한 것이 되었지만 우리는 아주 이따금씩만 초창기 바닷길을 엿볼 수 있다. 호메로스의 몇몇 대목, 특히 『오디세이아』에서 몇 대목은 분명히 뱃사람들의 항해 지식에서 나온 것이다. 파이아케스족이 오디세우스를 이타카에 내려 주기 위해 지나간 바닷길의 묘사를 보라.

> 그곳에는 포르키스라는 바다 노인의 안식처가 하나 있는데
> 양쪽으로는 곶이 튀어나와 있어
> 바다 쪽으로는 막혀 있고 작은 만 쪽으로는 야트막한 사면을 이루어
> 바깥에서 사나운 바람이 일으킨 너울을 막아 주었다.
> 그래서 포구 안에서는 배들이 정박할 수 있는 물가까지 들어오면
> 밧줄을 매지 않아도 그대로 서 있을 수 있다.[15]

에게 해 항해는 여기저기 흩어진 섬에서 섬으로 건너가는 식으로 많은 경우 기준 가시선 항해를 통해 이루어졌다. 항해자들은 눈에 금방 들어오는 곶과 멀리서도 보이는 산봉우리, 독특한 색깔의 절벽이나 심지어 동굴과 커다란 "가지를 뻗은 올리브 나무" 같은 지형지물에 대한 지식도 직접 경험으로 얻었을 것이다. 전설적 영웅들의 무덤 같은 인간이 만든 눈에 띄는 지형지물도 때때로 항해의 지표로 기능했다. 아킬레우스와 파트로클로스의 유골 위에 쌓은 거대한 둔덕은 다르다넬스 해협의 위쪽 곶에 위치하여 먼바다에서도 보이는 지형지물이었다. 그러나 그 흔적은 오늘날 남아

있지 않다.

멀리 떨어진 지형지물의 효험은 시계視界에 달려 있었다. 때때로 높은 봉우리들은 육지 근처의 강한 바람으로 이는 여름 아지랑이나 물거품 위로 우뚝 솟아올랐다. 길고 건조한 여름의 흙먼지는 아지랑이처럼 시계를 제한하기도 했다. 반면 대기 굴절은 원래라면 보이지 않을 섬들을 수평선 위로 드러내기도 했지만 그러한 기상 조건은 드물었으므로 보통 생생히 기억에 남았다. 에게 해 항해자들은 대체로 편안하게 다녔는데 적어도 이론상으로는 육지의 가시거리 밖으로 벗어나지 않고 여행할 수 있었기 때문이다. 그렇다고 해서 키클라데스 제도에서 크레타 섬의 높은 산들을 언제나 볼 수 있거나, 스키로스 섬에서 에비아 섬의 해안선을 늘 볼 수 있는 것은 아니었다. 밤에는 그리고 때로는 낮에도 시계가 나쁠 때는 북극성을 기준으로 삼으면서 태양과 별로 방위를 알아야 했다. 오디세우스가 칼립소의 성스러운 섬을 떠나 바다로 나갔을 때 그는

배를 몰았다,
잠시도 눈을 감지 않은 채, 플레이아데스와
늦게 지는 소몰이자리와 짐수레라고도 부르는
큰곰자리를 줄곧 쳐다보며.[16]

그는 육지에 도달할 때까지 17일 동안 별들을 좌현에 두었다. 비록 목적지는 여전히 수평선 너머에 있다고 할지라도 능숙한 에게 해 항해자라면 누구나 자기 주변의 바다와 섬의 모습을 머릿속

에 그릴 수 있었다. 이러한 지식 덕분에 그는 자신감을 가지고 항해에 나설 수 있었고 폴리네시아인들처럼 다른 단서를 이용해 육지를 찾아냈다. 보이지 않는 절벽에 부딪혀 되돌아오는 심하게 불규칙적인 너울과 육지를 향해 날아가는 새 등등이 그런 단서였다. 바람이 불어가는 쪽에 있는 해류와 완류*도 고려할 수 있었는데, 이것은 육지를 떠나면서 눈에 띄는 지형지물을 기준으로 후방 관찰을 해 놓음으로써 적어도 잠정적으로 판단할 수 있었다. 훗날 항해자들이 아티카의 최남단 수니온 곳에 웅장한 포세이돈 신전을 세운 것은 우연이 아니다. 한번은 흐린 날에 북쪽에서 불어오는 아주 가벼운 산들바람을 타고 아테네로 향했을 때 나는 배가 육지에 가까워졌다고 짐작했지만 옅은 안개 때문에 아무것도 볼 수 없었다. 그러다가 딱딱한 소금이 말라붙은 포세이돈 신전의 기둥들이 오후의 태양 속에서 불쑥 모습을 드러냈다. 우리는 신전을 향해 배를 몰았고 이내 절벽이 눈에 들어왔다. 나는 수없이 많은 고대의 키잡이들이 이른 아침의 햇살이나 달빛 속에서 환하게 빛나는 하얀 기둥들을 멀리서 발견하고 기쁘게 목적지로 다가가는 모습을 상상했다.

에게 해를 해독하는 작업은 기본적인 지형을 파악하고 탁 트인 바다를 건너는 공포를 극복하는 측면에서 볼 때 쉬운 일이었다. 장기간에 걸친 경험과 집중적인 해독 작업은 주변 바다와 다양한 섬들, 그곳의 정박지와 해변, 멜테미가 바다를 휘저어 하얀 물보라가 일 때 찾아갈 수 있는 얕은 기슭 등을 표시한 마음속 해도를 얻

---

* 바람에 의해 생기는 완만한 해류.

도판 5-2. 그리스 수니온 곶에 자리한 포세이돈 신전. 고전기 이래로 뱃사람들의 지표였다.

는 일이었다. 어디서나 마찬가지로, 초창기 항해자들은 에게 해와 수평선 멀찍이 자리한 섬들을 일상생활의 풍경의 일부로 생각하는 법을 배웠다. 그들이 바다 풍경을 자신들의 일상생활 속에 끼워 넣는 것은 시간문제일 뿐이었다. 일단 바다 풍경이 삶의 일부가 되자 그들은 오로지 바다 건너의 다른 지역 사회들과 상호 교류함으로써만 눈앞의 섬들에서 살아갈 수 있었다. 처음에 바다를 해독하는 작업과 상호 교류는 국지적이었다. 그러나 기원전 3500년 이후에 새롭고 더 큰 배가 출현하면서 사람들은 더 빠른 속력으로 더 먼 거리를 다닐 수 있게 되었을 테고 어쩌면 돛을 달았을 수도 있다. 그와 동시에, 섬들의 제한된 경계 바깥의 해상 세력이 에게 해 섬

사람들과 그들의 이웃들을 침범하기 시작했다. 이제 그들은 다음 장에서 묘사되는 더 넓은 해양 세계로 가차 없이 빨려 들어갔다.

| 6장 |

목재와 메쿠 돌

그들은 전나무 돛대를 세워 선체 중앙의 구멍에
집어넣고 앞밧줄로 돛대를 단단히 묶더니
잘 꼰 소가죽 끈으로 흰 돛을 높이 달아 올렸다 (…)
이물 주위에서 검푸른 물결이 요란한 소리를 냈고
배는 너울을 헤치며 목적지를 향해 달려갔다.[1]

호메로스의 또 다른 목가적인 항해 장면이다. 호메로스의 선원들
은 순풍 아니면 무시무시한 폭풍을 만났고 어중간한 경우는 별로
없었다. 뭍에 가까이 있든지 아니면 육지가 보이지 않는 곳이든지
지중해에서의 항해란 그런 것이다. 심지어 엔진에 시동을 걸어 갈
수 있는 고요한 날에도 나는 호메로스의 선원들처럼 안전한 협만
에서 며칠씩 머물며 역풍이 잠잠해지거나 부드러운 순풍이 불기를

기다렸다. 언젠가 내가 강풍이 잦아들기를 기다리며 사흘을 보낸 에스파냐 남부의 한 이름 없는 만입灣入처럼 이곳에는 그런 협만이 수십 개 있다. 상륙이 불가능한 깎아지른 절벽 아래 좁은 만에는 우리밖에 없었다. 우리 위로는 폐허가 된 석조 망루가 바다를 내다보고 있었다. 고독한 체류인일망정 우리가 그곳에 처음 정박한 이들은 분명 아니었다. 범선 시절에 편찬된 영국 해군성의 『지중해 항해 교범Mediterranean Pilot』은 신중한 어조로 내게 "정박지는 망루를 동북동에 두고 수심 4패덤(7.3미터) 지점에서 구할 수 있다."라고 알려 주었다.[2] 그리고 정말로 그랬다. 지중해 바다는 무한한 인내심과 수직으로 솟는 달갑잖은 파도에 대한 관용을 요구한다.

유럽의 대서양 해안이나 태평양과 달리 지중해는 사실상 거대한 호수, 혹은 페르낭 브로델이 한때 언급한 대로 "바다들의 바다"이자, 저마다 특징적인 다양한 해양 환경들이 항해와 식민화, 무역을 조성한 독자적인 세계이다. 브로델은 지중해를 저마다 알려진 해안들이 딸린 일련의 작은 바다들이라고 불렀다.[3] 그러나 우리에게는 여전히 근본적인 질문이 남아 있다. 연안을 강타하는 위험한 바람과 높은 파도를 잘 알고 있으면서도 왜 사람들은 이곳의 깊은 바다로 나갔을까? 그들은 거의 언제나 호기심 때문이 아니라 교역 기회를 따라 바다로 나갔다. 어느 공동체도 전적으로 자급자족할 수는 없는 중동 세계의 마을 간 소박한 교환에서 그 모든 것이 시작되었는지도 모른다. 기원전 8000년이 되자 여러 사람의 손을 거치는 물물 교환으로 수백 킬로미터에 걸쳐 농부들이 서로 연결되었고 수십 곳의 마을이 이를 통해 도구 제작용으로 쓰이는 화산암인 흑요석을 공급받았다. 많은 양의 흑요석이 터키의 반 호수에서 나왔는데 산지에서 나와 멀리 떨어질수록 거래량이 줄어들었다. 흑요석은 이국적인 조개껍데기처럼 눈에 띄는 상품이긴 하지만 교역의 대부분은 식량이나 여타 물건들 같은 더 무미건조한 품목들이 차지했을 것이다. 인구가 증가하면서 바다는 더 이상 더 많은 농경지를 찾아내려는 움직임과 교환 행위에 장애물이 되지 못했다. 예를 들어 농부들은 기원전 10세기 후반부터 9세기 중반 무렵에 너른 바다를 건너 키프로스 섬으로 건너갔는데, 단 잠잠한 날씨에 시계가 좋을 때 시리아의 라타키아 지역이나 터키 남부에서 출발하는 직선 경로를 택했다. 그들의 목적지에 있는 산들은 먼바다에서도 분명하게 보였을 것이다. 우리는 그들이 어떤 배를 타고 키프로스 섬까지 갔는지 짐작할 수 없지만 아마도 커다란 통나무 배, 어쩌면 5장에서 묘사된 에게 해에서 쓰인 것과 다소 유사한 배였을 것이다. 같은 배가 흔히 척박한 산악 지형인 본토 해안 가까이로 곡물과 가죽, 목재 같은 무거운 화물을 싣고 항해했을 것이다.

기원전 2600년 레바논, 비블로스. 향기로운 삼나무 목재가 작은 항구의 석재 부두 위에 쌓여 있다. 나일 강에서 온 바닥이 평평한 화물선은 갑판이 부두의 석재 상단과 거의 같은 높이에 위치한 채 부두와 나란히 떠 있다. 땀투성이 선원들과 목재 일꾼들은 부두 쪽으로 목재를 쉴 새 없이 굴린 다음, 지렛대로 조심스레 움직여 경사로를 따라 내려 보낸 후 섬유와 가죽으로 꼰 밧줄로 단단히 묶어 선창에 집어넣는다. 위쪽에서는 선장이 무게가 고르게 분산되도록 각각의 통나무를 조심스레 배치하면서 작업을 지시한다. 새하얀 짧은 치마를 입은 이집트 고위 관리가 멀찌감치 떨어져 선적 작업을 주시하는 가운데 그 옆의 서기는 통나무의 길이를 하나하나 세심하게 기록 중이다. 선장이 큰 소리로 외친다. 배에 짐이 다 실렸다. 선원들은 경사로를 해체해 배에 실은 다음 장대로 짐이 가득한 배를 항구에서 밀어낸다. 몇몇 노잡이들이 최저 타효 속력이 날 만큼 노를 젓자 선장은 호송 선단의 다른 배들을 기다리기 위해 연안 가까이에 닻을 내린다. 그동안 또 다른 빈 배가 부두에 닿고 선적이 재개된다.

기원전 2600년경에 이집트를 지배한 스네프루 파라오의 위업을 칭송하면서 한 서기는 "삼나무 통나무를 실은 배 40척을 끌고 옴"이라고 썼다.[4] 나일 강 유역은 질 좋은 목재가 부족했기에 파라오들은 배를 건조하고 신전을 꾸미고 관을 짜기 위해 본국 너머로 눈길을 돌려야 했다. 우리는 육로로 수송되었을 수도 있는 이국의 산품으로부터 스네프루의 전임자들이 수 세기 동안 레반트* 지역과 접촉해 왔다는 사실을 알고 있지만 이집트인들이 이제 나일 강을 벗어나 너른 바다로 진출하기 시작했다는 사실을 알 수 있는 것은 오로지 이 무명의 서기의 증언 덕분이다. 나귀는 비교적 가벼운 짐만 나를 수 있다. 게다가 노상 강도떼의 습격 위험은 말할 것도 없고 나귀에 사료와 물을 먹여야 하는 물류상의 문제는 육로 무역에 불리하게 작용했다. 그래서 파라오들은 특히 목재 같은 부피가

---

*오늘날 레바논과 시리아 지역.

큰 화물 수송을 위해 바다로 눈길을 돌렸다.

스네프루의 함대가 첫 사업이었는지는 알 수 없지만, 동지중해 연안에 들어선 국가들 사이의 경제적, 정치적 경쟁이 심화되던 시기에 삼나무 무역은 비블로스(오늘날 베이루트 인근)를 국제 무역의 주요 요충지로 탈바꿈시켰다. 이집트인들은 원양 항해 상선이면 목적지에 상관없이 무조건 "비블로스 배"라고 부를 지경이었다. 키프로스 섬의 풍부한 광상에서 채굴된 구리도 곧 비블로스로 실려 가는 귀중한 상품 더미에 합류했다. 레바논 삼나무 무역은 교역에서 국왕의 독점이 끝나는 기원전 2200년경까지 수 세기 동안 번창했다. 무역의 쇠퇴를 두고 당대의 한 현인은 이렇게 한탄했다. "아무도 북쪽의 비블로스로 배를 타고 가지 않는다. 우리의 사제들은 삼나무로 짠 관에 묻혔고 귀족들은 삼나무에서 나오는 기름으로 방부 처리되었는데 이제 우리의 미라에 쓸 그 나무들이 없으니 어찌 해야 할까?"[5]

나일 강은 기다란 이집트 왕국을 종단하는 자연의 고속도로였다. 신전과 피라미드를 짓는 거대한 석재를 비롯해 사실상 모든 화물이 수로로 이동했다. 대규모 나일 강 선박들은 이물(선수)과 고물(선미)이 완만하게 위로 솟아 숟가락 모양으로 경사를 이루었고 용골은 없었다. 아마도 비블로스행 초창기 항해에는 뱃머리부터 배꼬리까지 고정 밧줄이 이어져 선체를 지지하고, 밧줄 가닥을 휘감은 둥근 돛대로 선체 중앙부가 단단하게 고정된 하천용 선박이 이용되었을 것이다. 이런 식으로 배의 양 끄트머리는 노나 돛으로 물살을 헤치며 나아갈 때 지지를 받을 수 있었는데 먼바다로 나서는 내수內水 항행선에는 중요한 고려 사항이었다.

레바논으로의 여정에는 여름 항해 철에 주로 이루어지는 연안 항해가 많았다. 배들은 때로 순풍이 불어오거나 바다가 잠잠해지기를 며칠씩 기다리면서 언제나 임시 피난처를 찾아 지형지물에서 지형지물로 이동했을 것이다. 배를 타고 처음으로 바다로 나간 이집트 하천 안내인들은 뛰어난 뱃사람들이었다. 그럴 수밖에 없었던 것이 그들은 수심을 재는 장대와 측심줄이 일상적으로 이용되는 얕은 여울과 흙탕물 사이를 누비고 다녔기 때문이다. 더 탁 트인 바다를 해독하는 작업에는 간단하고 잘 연마된 기술이 동원되었으리라. 모두가 측심 막대나 육지 측량사들이 쓰는 것과 유사한 매듭이 지고 추가 달린 줄을 가지고 나갔을 것이며 기원전 1000년대 벽화에서 묘사된 대로 단정하게 감아 놓은 줄을 조심스레 풀어 수심을 쟀다.

따라서 항로 안내인들은 얕은 여울이 먼바다까지 얼마나 뻗어 있는지를 경험으로 알기에, 배가 육지로부터 얼마나 떨어져 있는지 또 자신들의 위치가 어디인지를 측심을 통해 짐작했을 것이다. 그들은 수심을 재고 해석하는 데 전문가였고 변덕스러운 현지 해류에 익숙했으며 다양한 곳에서 불어오는 바람의 느낌을 잘 알았다. 지형지물에 대한 그들의 지식 대부분은 틀림없이 연안의 어부들로부터 그리고 종종 단조로운 연안선을 따라 수차례 반복된 항해로부터 얻었을 것이다. 단조로운 해안에서 포착한 지형지물의 미묘한 특색과 해안의 특징적인 윤곽은 그들을 목적지로 이끌었으리라.

도판 6-1. 6장에 언급되는 지명과 위치.

이집트 뱃사람들은 경험을 쌓고 다른 문화권에서 온 뱃사람들을 만나면서 자신들의 선체를 변형했다. 기원전 1000년대가 되자 홍해의 이집트 상선은 이물과 고물이 높고 한 쌍의 조타 노를 달았으며 뱃전마다 10~20명의 노잡이가 있었다. 스테이 밧줄과 슈라우드 밧줄*로 지지되는 활대에 사각돛을 달아 배가 순풍을 활용하는 것이 가능해졌다. 기원전 2000년 전에 이집트 배들이 얼마나 멀리까지 갔을지는 추측에 의지해야 하지만 크레타 섬에 도달했을 가능성이 높다. 크레타 선박들이 이집트 선박을 상당히 닮았고 이집

---

* 돛대에서 배의 앞뒤로 치는 밧줄.

트 유물들이 크레타 왕궁에서 발굴되었기 때문이다.

사각돛을 단 무거운 상선에 탄 지중해 뱃사람에게 순풍은 무엇보다도 중요했고 돛이 헐렁하거나 부풀어 오를 때는 더더욱 그랬다. 배 뒤쪽에서 폭풍이 칠 때는 돛을 내리고 노잡이에 의존했다. 바람이 불지 않을 때와 역풍이 불 때는 기다리거나 노를 저었다. 연안을 따라가든 먼바다로 나가든 지중해를 항해하는 사람이라면 모두 육지와 바다에서 계절의 변화를 알리는 우세풍의 패턴을 알았다. 북쪽에서 불어오는 동지중해의 에테시아 바람은 에게 해의 강력한 북서풍 멜테미처럼 여름 항해 철 동안 불었다. 그러한 바람이 고물 쪽에서 불어올 때면 육중한 배라도 크레타 섬이나 로도스 섬에서 나일 강으로 대략 650킬로미터의 거리를 쉽게 항해할 수 있었다.

거대한 나일 강은 멀리서도 그 위용을 자랑하며 항해를 용이하게 해 주었다. 그리스의 떠돌이 여행가 헤로도토스는 바다에서 이집트로 다가가는 경험을 실제로 하고서 이런 기록을 남겼다. "이집트 지리의 물리적 특성은 이러하다. 바다를 통해 그 나라에 접근할 때, 육지까지 여전히 하루가 걸리는 거리에서조차 측심줄을 물에 넣어도 11패덤[20미터] 깊이에서 진흙을 퍼 올리게 된다. 이렇게 먼바다까지도 토사가 많음을 알 수 있다."[6] 헤로도토스 시대에 "하루가 걸리는 거리"가 정확히 얼마인지는 알려진 바 없지만 괜찮은 순풍과 함께라면 길게는 100킬로미터까지도 갈 수 있었을 것이다. 현대의 해도는 이집트 먼바다의 수심이 대략 100패덤(183미터)이라고 가르쳐 주니 어쩌면 어느 이름 모를 필사자가 수심을 잘못 베껴 적었는지도 모를 일이다. 그러나 헤로도토스의 선장이 수심을 재기 위해 측심줄을 썼을 뿐 아니라 나일 강 바닥에서 누런 황토를 건져 올릴 만한 밀랍 같은 물질도 이용했다는 사실은 흥미롭다. 측심을 통해 그는 육지로 접근할 때 무엇이 기다리고 있을지 미리 경고를 받을 수 있었다.

여름의 우세한 북풍과 함께 지중해 연안을 따라가는 선박은 시기를 맞추어 터키 해안을 따라 서쪽으로 갈 수 있었고 어쩌면 구리를 가지러 키프로스 섬에 들렀다가 크레타 섬이나 다른 에게 해 섬으로 갈 수도 있었을 것이다. 늦여름이 되면 선장은 에테시아 바람을 타고 북아프리카와 나일 강까지 들러서 전형적인 무역 순회 노선을 완료했으리라. 이집트에서 레반트 연안을 따라 북쪽으로 돌아가고 다음 항해 철이 다가오면 이 일주가 처음부터 다시 시작되었다. 이런 식의 일주가 이집트인들이 크레타 섬을 방문하고 미노스인들이 나일 강 유역을 정기적으로 방문한 방식이었을 것이라고 추정된다.

크레타라는 땅이 있다 (…)
하얀 거품이 이는 포도주 빛 바다로 둘러싸인—
아름다운 나라, 비옥하고, 셀 수 없을 만큼
많은 사람들로 북적이고 —아흔 개의 도시를 뽐내며
여러 언어가 나란히 어깨를 맞대는 곳.[7]

크레타의 모든 "도시"(사실은 궁전) 가운데 가장 큰 것은 섬 북쪽에 있는 크노소스였다. 크레타의 전설적인 통치자인 미노스 왕은 "바다의 주인", 즉 에게 해에서 해적들을 싹 쓸어버린 사람이었다고 한다. 그리스 작가 투키디데스에 따르면 미노스는 최초의 해상 제국을 건립했고, 기원전 1000년대에 선체가 검은 그곳의 배들이 에게 해 전역을—그리스 본토와 터키의 여러 항구들, 레반트 연안, 지중해를 건너 나일 강 유역까지—누볐다고 한다. 미노스 배를 그린 그림은 프레스코 벽화와 인장에 풍부한데, 대략 15미터 길이의 이 위풍당당한 배는 사각돛과 양쪽에 15명씩 앉은 노잡이들로 추진되었다. 그러나 이 모든 대형 상선과 전함 옆에는 여전히 수천 척의 더 소박한 배들이 있었으며, 해마다 항구를 왕래하고 고기를 잡았다.

미노스 난파선 잔해는 단 하나만 알려져 있는데 크레타 섬 북동쪽 구석 프세이라의 청동기 시대 정착지 인근 해역에서 발견된 것이다. 배는 뒤집힌 모양인데 화물들이 거꾸로 뒤집어져 바닥에 가라앉았기 때문이다.[8] 선박과 화물 가운데 남아 있는 것은 한때 올리브기름과 포도주를 담았던 나둥그러진 암포라* 무더기가 전부이다. 도기 전문가들에 따르면 이 점토 단지는 기원전 1800~1675년 사이의 것으로, 미노스의 군주들이 해상 관계를 확장하고 궁전을 건립하고 있던 시기에 해당한다. 난파선 잔해를 발굴한 그리스 고고학자 엘피다 하드지다키는 배가 10~15미터 길이였을 것이라

---

* 전형적인 항아리 형태의 그리스 도기.

도판 6-2. 장선에 타고 있는 무역상들을 보여 주는 미노스 궁전의 프리즈. 그리스 산토리니 섬, 아크로티리Akrotiri.

고 추정한다. 만약 이 배가 1991년 바로 그 프세이라 읍에서 발굴된 인장에 묘사된 배와 얼마간이라도 비슷한 형태라면, 이물과 고물이 높고 하나짜리 돛대에 걸린 사각돛으로 추진되었을 것이다. 프세이라 배는 아마도 크레타 해안을 따라 왕래하는 현지 연안선으로서, 선장이 개인적 접촉이 있는 읍에서 읍으로 이동하며 교역을 했을 것이다.

　　미노스인들은 인류 해양 역사의 초기 몇천 년의 경험을 기반으로 했으나 연안 무역의 범위를 확장해 장기간의 항해들도 아우르게 되었다. 그들의 고향(크레타 섬)은 에게 해의 최남단에 있는 디딤돌로서, 그리스 본토와 멀지 않았고 키클라데스 제도 중심부까지는 하루가 약간 더 걸렸으며 로도스 섬과 기타 섬들을 하나씩 건너뛰어 쉽사리 터키 연안까지 닿을 수 있었다. 해안선을 따라가는 이 항로들은 미노스 문명 시대 훨씬 이전부터 친숙한 해역이었지만, 북아프리카 연안까지 직항로로 간 다음 동쪽으로 해안선을 따라가 나일 강 어귀까지 도달한 최초의 뱃사람들은 아마도 크레타나 이집트 선장들이었을 것이다. 크레타와 이집트 사이에는 비정기적이긴 하나 광범위한 접촉이 존재했으며 이집트에 남아 있는 기록은 케프티우^{Keftiu}라고 알려진 바다 건너 멀리 떨어진 땅에 대해 이야기한다. 또 테베* 신전 벽에서 파라오에게 선물을 가져오는 미노스 무역상에 대한 묘사도 볼 수 있다.

이집트 아바리스 시는 나일 삼각주 북서부에 자리했다. 대략 기원전 1783~1550년 사이에 여름 무역 철 동안 이 분주한 항구 도시에는 300척 이상의 배가 입항해 물품을 적재했다고 한다. 당시 하^下이집트의 힉소스 통치자들은 동쪽에서 온 침입자들로서, 기원전 1640년경에 삼각주 지역을 무력으로 정복하고 기원전 1530년경에 파라오 아모세 1세에 의해 축출될 때까지 한 세기 동안 이집트의 상당 부분을 지배했다. 국제 무역을 육성한 힉소스 통치자들은 코즈모폴리턴 경향이 강해서 그들의 도시에서는 미노스인들의 영향력이 증대했다. 힉소스 시대에 세워진 신전은 크노소스의 미

---

* 오늘날 룩소르 일대에 위치한 고대 이집트 도시의 그리스식 지명.

노스 궁전 벽의 것과 동일한 미노스 양식 프리즈로 장식된 방들을 자랑한다.[9]

미노스 문명 시대가 되자 수백 명의 떠돌이 선장들이 동지중해를 제 손바닥 보듯 훤히 꿰고 있었다. 대부분 비교적 작은 선박들이 담당했던 교역 물량은 어마어마했고 몇몇 화물의 가치는 고대의 기준으로 볼 때 막대했다. 이제 어느 국가도 연안 무역을 독점하지 않았다. 심지어 한때 파라오의 특전이었던 레바논 삼나무 교역도 마찬가지였다. 이곳에서 펼쳐진 것은 여러 땅에서 온 뱃사람들의 코즈모폴리턴 하위문화였다. 그들 가운데 많은 이들이 크고 작은 만을 들락거리고 해적을 물리치고 조용한 해변에서 배를 수리하면서 평생을 물 위에서 보냈다. 나는 해적을 맞닥뜨린 적은 없지만 그리스 본토 앞바다에서 작은 요트를 타고 가파른 절벽과 외딴 해변에 가까이 붙어 가며 똑같은 종류의 연안 항해를 한 적이 있다. 산에서 불어오는 돌풍에 이따금 기우뚱거리기도 하고 해도에 표시된 지형지물에 확인 표시도 하면서 우리는 『지중해 항해 교범』을 안내서 삼아 매일같이 조용히 연안을 미끄러져 갔다. 우리에게 일어난 사건이라고는 바위 근처에서 문어를 잡고 있는 작은 고기잡이배와 이따금 마주친 것이 전부였다. 해가 서쪽에 잠기면 우리는 외딴 만에 닻을 내렸고 언덕배기 양떼의 종소리만 들릴 뿐이었다.

기원전 1316년경, 짐을 잔뜩 실은 화물선이 강한 북풍 속에서 휘청거린다. 세찬 돌풍에 사각돛이 찢어질 듯 펄럭인다. 키잡이가 육중한 조타 노와 씨름하는 동안 선장은 오늘날 터키 남부에 자리한 울루부룬 근처에 불쑥 솟아오른 절벽을 바라본다. 맹렬한 돌풍과 가파른 물결이 짐을 가득 실은 선박을 울루부룬 해안에 무지막지한 힘으로 내동댕이친다. 선원들은 소용돌이치며 부서지는 파도 속으로 뛰어들지만 금방 물결에 휩싸여 날카로운 바위에 내동댕이쳐진다. 배는 산산이 부서져 바다 밑바닥으로 감긴다. 목재 몇 조각만이 수면에 떠다닌다.

3300년 후에 해면을 채취하던 한 터키 잠수부가 울루부룬 앞바다 해저에서 납작한 구리 주괴 한 무더기를 발견하게 되는데 운송을 위해 당나귀 등에 얹기 편하도록 주괴마다 양 끝에 독특한 손잡이가 달려 있었다. 고고학자 케말 풀라크는 11년간 매 탐사 철을 이끌며 그때까지 누구의 손길도 닿지 않은 채 수심 40~60미터 깊이에 잠겨 있던 난파선 잔해를 발굴했다. 꼼꼼한 조사 작업은 이 난파선과 그 시기 다른 여러 배들이 왕래한 교역로에 관해 막대한 정보를 제공했다.[10]

무겁게 건조된 상선의 길이는 15~18미터 사이였고 선체에 적어도 5센티미터 두께의 널을 댔다. 또 파도와 물보라로부터 선원과 갑판 화물을 보호하기 위해 뱃전을 따라 윗가지를 촘촘하게 엮어 울타리를 둘렀다. 이 느리고 육중한 선박은 대형 사각돛에도 불구하고 움직이기가 분명 어려웠을 것이다. 4~5노트(시속 7~9킬로미터)로 움직이려면 배 바로 뒤쪽에서 불어오는 강한 바람이 필요했을 것이다. 이 해역에서 흔히 볼 수 있는 것처럼 파고가 가파르며 파도 높이가 중간 급인* 바다조차도 배가 꼼짝도 하지 못한 채 파도 한가운데 머물러 있도록 만들었을 것이다. 그러니 당연하게도 울루부룬 난파선은 24개의 돌닻을 싣고 있었고 이물에 실은 가장 무거운 것은 총 3.3톤이나 나갔다. 선원들의 안전은 강한 바람에 그러한 추를 뱃전 너머로 잽싸게 던질 수 있는 능력에 달려 있었다. 여러 세기 동안 이와 같은 선박 수백 척이 항구에서 항구로, 만에서 만으로, 물을 얻을 수 있는 장소나 화물을 팔 수 있는 외진 마을로 항해하면서 동지중해 해역을 왕래했다.

울루부룬 난파선은 강력한 국가들이 수지맞는 동지중해 무역을 놓고 경쟁하고 있던 시기에 바다를 누볐다. 북쪽은 뛰어난 무역상이자 전사인 히타이트인이 지배했고 히타이트 왕들은 레반트의 번영하는 수출입항에 눈독을 들였다. 남쪽에는 오늘날의 시리아와 이스라엘에 영토적 야심을 품은 파라오들이 다스리는 최전성기의 눈부신 이집트 문명이 자리했다. 서쪽에는 올리브기름과 목재, 포도주가 풍성한 크레타의 궁전들이 있었다. 더 서쪽의 그리스 본토는 미케네의 군주들이 다스렸으며 그들의 배는 멀리 구리가 풍부한 키프로스 섬까지 갔다. 레바논 연안은 무역의 접점이었다. 비블로스와 티레, 우가리트 같은 항구 도시는 멀리 동쪽의 사막과 도시에서 온 당나귀 대상隊商들이 한데 모이는 곳이었다.

강력한 이웃들에 의해 사방이 둘러싸인 레바논 농부와 목축업자, 상인들은 떠들썩한 코즈모폴리턴풍 항구들, 즉 여러 나라에서 온 당나귀 몰이꾼과 선장, 상인들의 다양한 언어가 뒤섞인 시장을

---

*0부터 9단계로 나뉜 국제 해상 상태 기준에서 4단계로, 파도 높이가 1.25~2.5미터이다.

주도했다. 우세한 해류와 바람을 활용한 느린 범선들의 끝없는 순환 속에서, 낡은 상선들은 오래전부터 있었던 연안 항로를 따라 실려 온 이문이 많이 남는 화물을 차지하려고 경쟁했다.

짧은 돛대와 사각돛 활대를 가로대에 묶은 울루부룬 난파선은 가나안 항구의 북적거리는 부두에서 딱히 눈에 띄지는 않았으리라. 그러나 그것의 삯짐은 특이하고 범상치 않았으며, 당시 복잡한 교역 관계를 연구하는 고고학자들에게 뜻밖의 횡재였다. 선창에는 350개 이상의 직사각형 모양으로 된 납작한 구리 주괴가 8개에서 11개씩 차곡차곡 쌓여 있었다. 십수 개의 주석 주괴도 나왔는데 주석은 고대 세계에서 가장 보기 드문 금속 가운데 하나로 날이 단단한 청동 무기를 주조하는 데 없어서는 안 되는 것이었다. 울루부룬 난파선이 실어 간 주석과 구리는 300점이 족히 넘는 청동 투구와 갑옷을 만들기에 충분한 양이다. 거기다 6천 점이 넘는 무기를 만들 만한 금속이 실려 있었으니 상당한 규모의 군대를 꾸릴 수 있었을 것이다. 광물의 원산지를 파악하는 작업은 이제 고도로 정교한 과학 기술의 도움을 받는다. 납 동위 원소 분석을 통해 울루부룬 구리가 키프로스 섬 인근의 광상에서 나왔다는 사실이 밝혀졌다. 주석은 아마도 터키 중부나 아프가니스탄에서 채굴되어 대상에 실려 레반트로 운송된 다음 다시 배에 실린 것 같다. 터키의 타우루스 산맥과 그리스 아티카의 라우리움 산은 낚시용 추에 쓰이는 납을 제공했다.

울루부룬 금속 대부분은 난파선의 동쪽 부분에서 나왔다. 저장용 단지 아홉 점도 마찬가지인데 그 가운데 하나는 뒤집어져서 갓 만들어진 키프로스 도기 무더기를 바다 밑바닥에 쏟아 놓았다. 안에 물건이 잔뜩 담긴 가나안 암포라는 동지중해 연안에서 왔다. 화물 가운데 일부는 멀리 서쪽의 궁전으로 보내질 예정이었다는 듯, 크레타나 그리스 본토에서 온 미노스 후기 혹은 미케네 후기 양식의 단지 안에 들어 있었다. 스카라베*나 이집트 상형 문자가 새겨진 석판은 나일 무역과의 교류를 암시한다. 화물에는 짧은 흑단(아프리카산 검은 나무) 통나무도 여러 개 있었는데 십 대 나이의 파라오 투탕카멘의 묘에 부장된 침대와 의자, 스툴**에 사용된 것과 똑같은 목재이다. 온전한 코끼리 상아와 파편, 하마의 이빨로 만든 숫양 뿔 모양의 정교한 나팔도 실려 있었다. 쐐기 문자 기록이 우리에게 알려 주듯이 공물로 흔히 이용되는 "메쿠 돌mekku-stones"이라고 불리는 유리 덩어리도 있었다. 이런 유리구슬 수천 개와 더불어 술잔과 유명한 이집트 왕비 네페르티티의 이름이 새겨진 황금 풍뎅이를 비롯한 금붙이도 나왔다. 심지어 발트 해에서 나온 호박 구슬도 약간 있었다. 한 무더기의 파이앙스(유리) 관 인장은 메소포타미아 북부와 이란에서부터 레바논까지 널리 사용된 유형으로, 어쩌면 우가리트 인근 작업장에서 만들어졌을 수도 있다. 배에 실린 지중해산 연체동물 두 종은 훗날 로마 시대까지 위엄 있는 의복을 염색할 때 쓰인, 대단히 귀하게 여겨지는 자줏빛 안료를 제공했을 것이다. 난파선의 선원들은 아마도 동방에서 왔을 것이다. 연

---

* 이집트인들이 신성시한 곤충인 풍뎅이 모양의 장식품.
** 팔걸이와 등받이가 없는 낮은 의자.

기로 변색된 그들의 기름 램프들이 하나같이 시리아 풍이기 때문이다.

울루부룬 난파선은 적어도 아홉 곳에서 온 화물이 실린 국제적인 배였다. 화물로 판단하건대 그들은 우세풍의 이점을 살려 친숙한 해역을 통과하면서 아마도 동쪽에서 서쪽으로 향하는 길이었을 것이다. 불운한 배는 가나안의 한 항구를 떠나 바다를 건너 키프로스에 가서 구리 주괴를 실은 다음 터키 해안으로 접근하여 해안을 끼고 에게 해와 그리스 본토로 향하던 길이었다. 아무래도 선장이 날씨를 오판해 해안에 너무 가깝게 배를 몰았던 모양이다. 아마도 배가 울루부룬 지점을 돌고 있을 때 철에 맞지 않는 바람이 배를 바람 불어가는 쪽 해안으로 밀어붙였고, 짐을 잔뜩 실은 배로서 이것은 치명적인 실수였을 것이다. 만약 배가 그리스 포구에 무사히 닿았다면 이탈리아 남부나 사르데냐처럼 그리스 너머 지점까지 갔을지도 모른다. 여정의 최종 단계는 배를 바다 건너 북아프리카 연안으로 데려가 동쪽으로 기수를 돌려 나일 강으로 이끌었을 것이다. 어쩌면 이전 순회에서 선장은 이국적인 이집트 상품을 실었는지도 모른다.

놀라운 화물을 실은 울루부룬 난파선은 별로 눈에 띄지 않는 무역 활동의 작은 일부였다. 하지만 이는 깊은 만이나 곶 뒤에 잠복한 해적 때문에 종종 위험하기도 했다. 갖가지 위험에도 불구하고 무역 활동은 조금도 위축되지 않고 지속되었고 그칠 줄 모르는 수요가 그것을 창출했다. 성장하는 국가들은 황금 장신구나 준보석 같은 사치품뿐만 아니라 온갖 종류의 상품을 한없이 요구했다.

이집트인들은 크레타와 레바논산 목재를 탐냈다. 올리브기름, 포도주, 금속은 중요한 화물이었다. 아몬드나 올리브처럼 평범한 품목도 마찬가지였다. 때때로 배는 어마어마하게 값나가는 짐을 싣기도 했다―외교적 선물이나 정치적 결혼을 위한 지참금 말이다. 당연한 이유로, 그런 짐들은 눈에 띄지 않게 이동했다. 상ㅏ이집트에서 나온 아마르나 서판, 즉 기원전 1300년경의 외교 활동을 보여주는 둘도 없이 소중한 이 기록은 그런 화물을 하나 언급한다. "구리 500[단위]을 같이 동봉해 보내오. 내 형제의 인사 선물로 내가 그대에게 보내는 것이오."라고 알라시야(키프로스)의 국왕은 이집트 파라오에게 쓴다.[11] 그런 화물들이 분명히 바닷길로 많이 운송되었을 것이다―그런 것들은 너무 무거워서 육로로는 보낼 수 없었다. 연안 무역의 액수는 막대했지만 언제나 육지의 이해관계로 뒷받침되는 개별 선주들과 소소한 무역상들의 손에 분산되어 있었다. 보험이 없었기 때문에 위험 부담은 엄청났다. 그러나 막대한 이익을 남길 수 있었고 그렇게 많은 배들이 바다로 나간 것도 그 때문이었다.

이 고대의 연안 무역은 여유롭게 돌아가는 영구 운동 기관, 즉 몇 차례의 긴 정박을 동반한 순환 경로를 따라 움직이는 짐배들의 발레에 비유할 수 있을 것이다. 선박 자체는 화려하지 않은 짐말의 역할이었고 최대한 오랫동안 열심히 써먹는 수단이었다. 예를 들어, 울루부룬 난파선보다 더 후대의 것으로 기원전 4세기에 키프로스 섬 북부 앞바다에서 난파한 키레니아 난파선은 여러 차례 수리된 흔적이 있다.[12] 발굴자들은 남아 있는 널에서 발견된 수리의 흔적으로부터 배의 윤곽과 그 복잡한 역사를 고생 끝에 복원해 냈다. 그들은 선주가 적어도 두 차례 배를 뭍으로 끌어올려 썩은 널을 교체하고 이물에 널을 한 겹 더 추가했으며 용골의 쪼개진 부분을 덧댔다는 사실을 알아냈다. 나중에는 벌레가 먹는 현상과 더 이상의 누수를 막기 위해 결국 선체 전체에 납을 씌웠다. 마지막 항해 당시 키레니아 난파선은 약 23톤의 화물을 싣고 있었다. 여기에는 키프로스산으로 추정되는 잘 보존된 아몬드 1만 개와 올리브기름이나 포도주가 담긴 400개에 가까운 암포라도 포함되어 있었다. 또 터키 해안 보드룸 남쪽, 니시로스 섬의 화산암을 깎아 만든 맷돌도 있었는데 여러 곳에서 인기 있는 상품이었다. 선체 아래서 발견된 철제 화살촉은 갑작스러운 공격을 증언하는데 어쩌면 이 배를 30미터 해저로 침몰시킨 장본인은 해적일지도 모른다.

> 날랜 검은 배에 선구들을 모두 단단히 묶고 나서
> 그들은 포도주가 넘치도록 가득 든 동이를 대령해
> 영생불멸의 신들에게 올리는 술을 따랐다 (…)
> 배는 새벽까지 밤새도록 바다를 헤치며 나갔다.[13]

신에게 올리는 술, 포세이돈에게 바치는 제물. 미노스인과 호메로스의 시대가 지나고 오랜 후에도 불멸의 존재들은 선원들의 뇌리에서 결코 사라지지 않았다. 모든 뱃사람은 평온한 바다와 폭풍우를 불러오고 안전한 상륙지를 제공하는 신들의 마음을 달랬다. 그러다가 기원전 1200년 무렵에 이러한 관계가 경외의 관계에

도판 6-3. 바다민족과 싸우는 람세스 3세.

서 실용적인 친숙함으로 심대한 변화를 겪었던 것 같다. 지중해 전
체가 이제 방대하게 팽창한 장거리 무역과 식민화, 그리고 새로운
현상을 위한 무대가 되었다. 바로 대해 해전이었다.

　기원전 1200년 무렵 널리 퍼진 경제적, 정치적 불안이 동지중
해에 들이닥쳤다. 미노스 문명과 미케네 문명은 끝내 사라지고 말
았다. 해적들이 득세하면서 바다는 무법천지가 되었다. 정체를 알
수 없는 바다민족Sea Peoples이 역사의 무대에 등장할 차례였다. 바
다를 돌아다니며 습격을 일삼고 여러 언어를 사용하는 이 연합체
의 문화적 기원은 여전히 수수께끼이다. 대혼란을 퍼트리는 그들
은 사회의 주변부에서 살아가는 사람들로, 하루하루의 생계를 간
신히 이으며 가뭄과 기근에 취약한 직업적 뱃사람, 상인, 전사들이
었다. 흉작으로 굶주림이 만연하자 절박한 이들은 히타이트 제국
에 등을 돌렸고 결국 제국을 무너뜨렸다. 다수의 집 없는 사람들

이 연안 지방에 출몰했다. 그다음 그들은 육로와 해로로 나일 강 유역에 들이닥쳤다. 기원전 1187년 이집트인들은 나일 강을 따라 정착하려는 육지 기반 침입자들과 연합한 수백 척의 배와 맞서 싸웠다. 파라오 람세스 3세와 그의 궁수들은 전투를 승리로 이끌었다. 2천 명이 넘는 침입자들이 죽었다. 오늘날 룩소르 인근, 나일 강 서안 메디넷하부에 위치한 람세스 3세의 장제전葬祭殿 북쪽 벽에 조각된 흥미로운 부조 장식은 군軍 서기들이 죽은 적의 숫자를 파라오에게 어떻게 보고했는지를 보여 준다. 그들은 잘린 오른팔 175개를 파라오 앞에 쌓아 올린다. 람세스는 숫자가 맞는지를 따지고 서기들이 적의 잘린 음경을 모아 정중히 대령하자 두 숫자가 일치한다.

정치적 안정은 연안 무역이 다시 활기를 띠기 시작한 기원전 1000년경까지 나아지지 않았다. 레반트 연안의 비블로스와 티레, 시돈의 진취적인 페니키아 상인들은 기회를 놓치지 않았다. 그들은 빈틈없는 사업가였고 수지맞는 자줏빛 염료 무역으로 부를 누렸다. 지리가 도움이 되었다. 페니키아인들은 두 장거리 교역로의 중심에서 활동했는데 교역로 중 하나는 육로를 거쳐 메소포타미아와 페르시아 만까지 이어졌고, 다른 하나는 유향과 몰약을 구할 수 있는 이집트와 홍해를 따라 뻗어 있었다. 이제 그들은 해상 무역에 집중 투자했다. 기원전 1000년과 800년 사이에 페니키아인들은 멀리 서쪽 경계인 시칠리아와 사르데냐까지 뻗어 있는 고대 동지중해의 무역로를 사실상 장악했다. 그들은 또한 새로운 이윤을 찾아서 멀리 남쪽과 서쪽까지—북아프리카까지 진출해 카르타고와 우티카에 전초지를 수립한 후 서지중해의 넓은 바다를 탐험했다. 기원전 700년에 이르러 카르타고는 주요 무역 중심지가 되었다.

광활한 서지중해는 내가 가장 좋아하는 항해 수역은 아니다. 나는 지브롤터부터 몰타까지 그 바다를 한겨울에 횡단한 적이 있다. 그때 승선했던 2차 세계대전 전차 상륙정 이물의 용접된 갑판은 사나운 바다에서 물결치듯 출렁거렸다. 우리는 빙하가 움직이듯 느리게 전진했다. 배의 요동은 끔찍했다. 뼛속까지 얼어붙을 만큼 추웠다. 그로부터 수년이 흐르고 나는 여름에 나의 배를 직접 몰고 발레아레스 제도부터 코르시카까지 가게 되었다. 우리는 배 바로 옆에서 부는 북서풍을 타고 잔잔한 바다 위를 하루 동안 미끄러져 갔다. 그 후 바람이 우리 앞에서 불어왔고 점차 거세졌다. 가파른 파도에 속도가 느려진 배는 느릿느릿 움직였고 우리는 흠뻑 젖었다. 맞바람은 종잡을 수 없는 고요 상태로 바뀌었다—무의미한 표류, 퍼덕거리는 돛, 한바탕 휙 부는 한 줄기 바람을 한없이 쫓아다니기가 반복되었다. 마침내 북서풍이 다시 돌아왔을 때 비로소 우리는 육지에 닿을 수 있었다. 대부분의 시간 동안 부드러운 산들바람이 부는 기분 좋은 항해 장소이고 따라서 배를 몰기에도 편한 곳이라고 생각하기 쉽지만, 과거의 유령은 이곳이 짐을 잔뜩 실은 배에 난폭한 세계가 될 수 있음을 금방 일깨워 준다.

항해 기간 중 아름답고 평온한 어느 여름날에 우리는 코르시카 남동단 라베지에서 비바람을 막아 주는 둥근 바위들 틈에 닻을 내렸다. 정박지는 사르데냐의 산맥을 배경으로 보니파시오 해협을 굽어보는 곳이었다. 우리는 일광욕을 하고 포도주를 마셨지만 보니파시오 해협이 항상 방문객을 그렇게 반가이 맞아 주는 곳만은 아니다. 1855년 프랑스의 60문짜리 프리깃함 세밀란테호 *Sémillante* 는 301명의 선원과 크림 전쟁에 파견된 392명의 병사들을 태우고 툴롱을 떠났다. 2월 15일 세밀란테호는 사나운 강풍 속에서 해협에 진입했다. 짙은 안개가 배를 감쌌다. 갑작스러운 한밤중의 돌풍이 배를 일레라베지의 바위들에 처박았다. 승선한 전원이 목숨을 잃었다. 600구의 시신이 물가로 떠밀려 왔는데 거의 모두가 알아보기 힘들 정도로 갈가리 찢긴 상태였다. 그들은 지금 라베지 공동묘지 두 곳에 누워 있다. 세밀란테호의 비극은 역사 속으로 사라졌지만 인근 야생 보호 지역의 뜸부기들은 밤새도록 고통에 시달리는 영혼처럼 울어 댔다. 우리 중 아무도 흉흉한 그날 밤 푹 잠들지 못했다.

고대의 모든 뱃사람들처럼 페니키아인들도 여름 항해 철에 바다로 나갔는데 겨울철의 끔찍한 미스트랄*을 피했다는 뜻이다. 그들은 북서풍을 직면했고 따라서 북아프리카 해안을 끼고 서쪽으로 가는 것은 위험한 계획이었다. 그래서 그들은 북쪽의 먼바다로 간다음 시계 반대 방향으로 틀어서 에스파냐 동해안과 지브롤터 해협을 향해 남서쪽으로 갔다. 귀환할 때는 안전하게 북아프리카 연안을 따라 항해했다. 일단 지브롤터를 지나면 북쪽으로 기수를 돌

---

* 겨울철에 프랑스 중부의 론 강을 따라 지중해 북서안으로 부는 한랭 건조한 북풍. 최고 풍속이 30~40미터에 이를 때도 있다.

려 가디르(오늘날의 카디스)로 가서 가장 귀중한 금속인 주석을 구했다. 주석 원광은 에스파냐가 아니라 멀리 북쪽에 있는 신비로운 섬들에서 왔는데 아마도 주석이 풍부한 잉글랜드 남서부 콘월에서 왔던 게 아닌가 싶다. 지중해 서쪽 수역에 정통하게 된 후 그들은 자신들이 조심스레 얻어낸 독점 상품을 보호하기 위해 이에 대해 함구했다.

그러나 페니키아인들은 곧 그리스 도시 국가에서 온 못 말리는 방랑자들과의 경쟁에 직면하게 되었다. 기원전 600년 후에 그리스인들의 뱃짐이 지중해 전역과 멀리 흑해까지 퍼져 나가면서 대략 250군데에 식민지가 건설되었고 그 가운데 몇몇 곳은 오늘날에도 여전히 중요한 도시로 남아 있다. 일부 식민 개척자들은 뱃사람과 상인이었으나 대다수는 기근과 토지 부족으로 고향에서 떠밀려난 가난한 한계지 농부였다. 이탈리아와 시칠리아 사이에 위치한 메시나 해협 건너편 이탈리아 레기움 시가 그런 경우인데 기아를 피해 고향을 떠난 칼키스의 도시민들이 세운 곳이다. 그러나 그리스 식민 개척자들은 결코 미지의 목적지에 가지는 않았다. 그들 이전에 뱃사람들과 상인들이 이미 그 장소들에 다녀갔는데 지중해는 이제 해독된 바다였기 때문이다.

아마도 가장 눈길을 끄는 식민화는 터키 서해안의 작은 도시의 시민인 포카이아인의 활동이었으리라. 그리스인이나 페니키아인과 달리 그들은 상선이 아니라 펜티콘터―오십 노선―로 알려진 날쌘 갤리선 전함 선단을 타고 이동했다. 서지중해의 페니키아인과 카르타고인은 이따금씩 맞닥뜨리는 상선들에 맞서 자신들의 독점을 보호할 수 있었지만 잘 조직된 함대는 차원이 달랐다. 포카이아인들은 지브롤터 해협을 향해 서쪽으로 항해한 다음 그 너머 에스파냐 해안으로 올라갔고 남쪽으로는 모로코 해안을 따라 항해했다. 기원전 600년 무렵에 그들은 론 강 어귀에 마살리아(오늘날의 마르세유)라는 식민지를 건립했는데 이곳은 북쪽의 켈트 부족들을 상대로 포도주 및 여타 사치품에서 이문이 많이 남는 무역을 할 기회를 제공했다. 포카이아인으로서는 운이 좋게도 페니키아인들은 동쪽에서 벌어진 전쟁들에 정신이 팔려 있었다. 그러나 결국에는 둘 사이에 격렬한 해전이 벌어졌다. 승자는 카르타고인이었고 기원전 480년이 되자 그들은 그리스의 식민지들이 지배권을 유지하고 있는 북동부 에스파냐와 남부 프랑스, 서부 시칠리아를 제외하고 서지중해 전역에 자신들의 세력권을 재수립했다.

바닷길의 해독, 무역, 식민화, 그리고 전쟁까지 사태의 추이는 역사의 카펫처럼 펼쳐졌다. 기원전 500년이 되자 이전 시대의 개방형 해적선은 세심하게 설계된 전함에 자리를 내주었다. 주요 해상 세력인 그리스 도시 코린토스는 이물에 튀어나온 충각이 달린 전문화된 전함을 주도했다. 병사들이 서서 싸울 수 있는 전투 갑판이 등장했고 노잡이들은 배 밑바닥에서 노를 젓게 되어 갑판으로 보호되었다. 전함은 더 빨라지고 더 낮아지고 더 날렵해졌다. 배들은 이제 이단으로 배치된 노를 자랑했고 결국에는 고전기 세계에서 가장 우수한 전함인 그 유명한 삼단 노선으로 진화했다.

지중해는 이제 상업 읍성과 도시의 세계가 되었다. 교역로는 깊은 바다를 가로질러 어지러이 교차했다. 연안 항해는 흑해와 레반트의 가장 가장자리 지역부터 나일 강까지, 포 강 이남과 아드리아 해, 지브롤터 해협을 거쳐 카디스까지, 이제 친숙해진 해안을 따라 화물을 운송했다. 아테네의 항구 피레우스는 도시 안팎으로 곡물과 다른 여러 상품을 실어 나르는 교역로들로 이루어진 광대한 그물의 중심에 위치했다. 곡물, 올리브기름, 포도주는 공급을 위험에 빠트릴 수 있는 흉년이나 전쟁 소식에 따라 가격이 오르내리는 고대 세계의 기본 상품이었다.

4세기의 피레우스는 입구가 좁은 널찍한 항구였다. 도착한 배는 모두 통행료와 항만 사용료를 냈다. 항만 남쪽에는 전함용 삼단노선 작업장이 있었다. 항만 동부는 상업 포구로 석재 부두와 돌기둥이 다섯 줄로 늘어선 거대한 주랑이 있었는데 그 가운데 가장 긴 주랑은 가장 중요한 상품인 곡물 거래를 위한 시장 역할을 했다. 아테네는 30만 명의 시민을 먹이기 위해 연간 대략 800척 분량의 곡물을 수입했다. 이 고대 최대의 시장에서 고대 세계 교역 네트워크의 다양성을 짐작해 볼 수 있다. 역사가 라이오넬 캐슨의 말을 인용하자면 "무역상들이 온갖 곳에서 가져온 잡다한 집기를 펼쳐 놓고 관리들과 옥신각신하거나 중개상들과 거래를 하는 바로 이곳에서 지중해 해안의 모든 언어로 이루어진 바벨탑이 솟아올랐다. 여기서 사람들은 카르타고에서 온 카펫이나 베개를, 리비아에서 온 향신료와 가죽, 상아를, 이집트에서 온 밧줄용 아마와 파피루스 종이를, 시리아에서 온 질 좋은 포도주와 향, 대추야자를, 밀레투스에서 온 가구를, 소아시아에서 온 무화과와 견과를(같은 곳에서 온 노예도), 시칠리아와 이탈리아에서 온 돼지와 쇠고기, 치즈를 구입할 수 있었다."[14]

이 엄청난 사업 규모에도 불구하고 이곳은 여전히 대체로, 배를 빌린 개별 선장들과, 해적들이 출몰하는 다섯 달의 항해 철 동안 최고 30퍼센트까지 올라가는 이자율에 따라 고위험 투자자들로부터 돈을 빌리는 소규모 상인들의 세계였다.

수 세대 후 서기 2세기, 험악한 날씨를 피해 거대한 로마 곡물 수송선이 피레우스 항으로 들어왔을 때 아테네인들은 배를 보러 모두 부두로 나왔다. 작가인 루키아노스도 군중에 합류했다. "배가 어찌나 크던지! 배의 목수는 길이가 55미터이고 선폭도 선체 길이의 4분의 1이 넘는다고 내게 말해 주었다."[15] 수송선은 1년 동안 아테네의 모든 사람을 먹일 수 있는 곡물을 싣고 있었다. 그리고 이 모든 것을 "고수머리에 반쯤 머리가 벗겨진 작은 노인" 한 명이 조종했다. 로마인들은 농부이자 군인이었지만 뱃사람이 되는 것은 내켜 하지 않았다. 그들은 좀처럼 대규모 함대를 보유하지 않았지만 바다에서 해적을 소탕하는 데 상당한 성공을 거두었다. 그러나 경제적, 정치적 현실, 특히 군대와 바글바글한 도시를 먹여 살리는 문제에 떠밀려 그들은 대규모 무역과 어마어마한 규모의 곡물과 사치품 운송업에 뛰어들었다. 마치 오늘날의 대서양 정기 여객선이 사우샘프턴에서 뉴욕으로 엄격하게 미리 정해진 시간표에 따라 대양을 횡단하듯이, 로마의 대형 화물선은 대형 항구에서 대형 항구로 정해진 뱃길로만 다녔다. 그러나 그렇게 북적이는 항구와 거리가 먼 곳에서는 고대의 순환 교역로가, 디젤 엔진이 노와 돛을 대체한 것만 제외하면, 오늘날과 변함없이 대형 화물선의 그늘에 가려진 채 여전히 지속되었다. 언젠가 나는 에게 해 미코노스 항에서 올리브기름 병과 포도주 통을 실은 낡고 작은 연안선 가까이에 정박한 적이 있다. 선원들은 올리브기름은 뭍으로 져 날랐지만 포도주는 작은 디젤 펌프로 통에서 퍼내 근처 작은 레스토랑으로 보냈다. 그러한 장치를 구할 수만 있었다면 그들의 까마득한 선조들도 분명히 그렇게 했으리라. 창의성과 임기응변은 어디서든 뱃사람을 나타내는 표식이니까.

몬순 세계

THE MONSOON WORLD

모든 해안과 상륙 장소, 진흙이나 풀, 동물이나 물고기, 바다뱀과 바람 같은 각종 안내자들에 대해 속속들이 파악하는 것이 (…) 좋다. 각 항로마다 조수와 해류, 섬에 대해서도 고려해야 한다. (…) [선장은] 관례 이상으로 [배에] 짐을 실어서는 안 되며, 배를 완전히 파악하기 전이나 준비가 안 된 배로 또는 항해 철이 아닐 때에는 출항해서는 안 된다.

—아마드 b. 마지드 알나즈디
『항해의 규칙과 원칙에 관한 지침서』, 서기 1460년경[1]

"강 사이에 있는 땅" 메소포타미아와 나일 강 유역은 문명의 두 요람이었다. 좀 더 나중에는 오늘날의 파키스탄에 있는 인더스 강 유역도 마찬가지였다. 세 문명권 모두 몬순 계절풍의 세계 안이나 그

가까이에 있었다. 다음 세 장은 예측 가능한 몬순 계절풍의 전환으로 범선들이 홍해에서 인도로 갔다가 열두 달 안에 귀환할 수 있는 이 거대한 영역을 그린다. 인도양을 해독하는 일은 수천 년 전에 시작되었다. 그것은 철따라 변하는 몬순 계절풍의 풍향에 좌우되었으며, 종종 근해 운항이나 부정기 화물선 운항이라고 불리는 연안 무역의 변치 않는 리듬과 함께 시작되었다. 지중해와 마찬가지로 인도양에서도 그러한 연안 항해는 전쟁 중인 지배자들과 국제 외교의 그늘에 가려 역사적 각광을 받지 않은 채 번성했다. 근해 운항은 수천은 아닐지라도 수백 킬로미터 떨어진 채 오로지 예측 가능한 바람의 리듬으로만 이어진 여러 민족과 국가들 간의 연결을 촉진했다. 긴밀하게 상호 연관된 몬순 세계는 그렇게 생겨나 동아프리카 해안과 홍해에서부터 인도와 스리랑카, 그리고 멀리 동남아시아와 중국까지 뻗어 갔다. 그리스도 시대 전 어느 땐가 더 야심찬 선장들이, 그 가운데 일부는 알렉산드리아에서 온 그리스인들인데, 아라비아와 홍해부터 인도의 말라바르 해안*까지 직항으로 항해하기 시작했고 나중에는 동아프리카에서 인도까지도 직항으로 항해했다. 놀라울 만큼 다양한 범위의 상품과 사치품이 몬순 무역 네트워크를 따라 이동했다―부드럽고 조각하기 쉬운 아프리카코끼리 상아, 소코트라에서 온 유향, 오늘날의 탄자니아에 있는 맹그로브 습지에서 아라비아와 메소포타미아로 실려 간 오두막용 장대, 인도산 유리구슬과 면직물, 아프리카에서 중국의 항

---

* 인도 서해안 남부 지역.

구로 간 열대의 이국풍 물건들. 이 무역에 이용된 배들은 많은 경우 인도에서 건조된 티크 목재 선박이었다. 예상대로 중국의 황제들은 몬순 계절풍으로 쉽게 접근 할 수 있는 "서쪽 대양"의 무역에 눈길을 보냈다. 1403년과 1433년 사이에 환관 정화가 수행한 일곱 차례의 인도양 항해는 조정에 신기한 이국 풍물을 제공했고 최초의 세계적 외교 기획 가운데 하나로서 적어도 명목상의 조공을 가져왔다. 이는 훨씬 오래전부터 몬순 계절풍 주기를 파악했기 때문에 가능한 일이었다.

| 7장 |

에리트라이 해

"신투스 강 너머 또 다른 만이 있다. (…) 물은 얕은데 시시각각 변하는 모래톱이 끊임없이 생겨나고 뭍에서 상당히 떨어져 있다. 따라서 뭍이 아직 눈에 들어오지 않을 때도 배가 자주 좌초하고, 항로를 계속 유지했다가는 난파하게 된다." 서기 1세기에 아마도 이집트계 그리스인으로 짐작되는 한 무명의 항해가는 『에리트라이 해 항해기』, 즉 68장章짜리 인도양 해안 안내서를 펴냈다.("에리트라이 해"는 "홍해"를 뜻하지만 그리스인들은 이 이름을 인도양과 페르시아 만 모두를 가리킬 때 썼다.) 『에리트라이 해 항해기』는 동아프리카 최남단부터 무수한 바다뱀 그리고 "아주 많은 강과 매우 거대한 조수 간만"[1]이 있는 인도양 해안까지 정박지, 포구, 대양의 위험을 직접 보고 겪은 경험 많은 여행가의 작품이다.

『에리트라이 해 항해기』 시대가 되자 광활한 인도양과 그 해

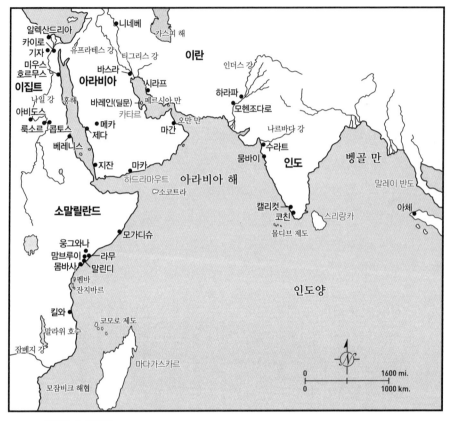

도판 7-1. 인도양.

안은 스리랑카와 인도부터 페르시아 만, 홍해, 동아프리카 해안까
지 여러 사회를 드나드는 관문이었다. 대양과 그곳의 예측 가능한
몬순 계절풍은 지중해 세계를 메소포타미아 및 인도와 연결했다.
지리도 이 해역의 뱃사람들에게 유리했다. 아라비아에서 동아프리
카 해안으로 건너가 코끼리 상아나 맹그로브 장대와 같은 열대 산

물을 얻을 수 있었고 아라비아에서 온 선원은 이란의 해안선을 따라 인도로 갈 수도 있었다. 무엇보다도 홍해와 페르시아 만은 나일 강, 유프라테스 강, 티그리스 강에서 온 각종 상품과 귀중품을 인도양의 교역로로 이끌었다.

역사가 펠리페 페르난데스 아르메스토는 대양의 비밀을 실제로 해독하는 작업은 바람의 체계를 이해하는 일이라고 설득력 있게 주장한다. 특히 몬순 계절풍이나 무역풍과 같은 현상을 이해하는 것이며, 이러한 바람의 예측 가능성은 연안을 따라 살아가거나 고기를 잡는 이라면 누구 눈에든 빤히 보인다고 말한다.[2] 아라비아 해로 종종 불리는 북부 인도양 일대에서 몬순 계절풍의 비밀은 역사 시대 훨씬 전부터 널리 알려진 사실이었다. 보통은 온화한 이 해역에서 몬순 계절풍은 11월부터 3월까지 북동부에서 불어오며, 그보다는 예측도가 떨어지지만 5월과 9월 사이에 남서부에서 불어온다. 여름의 열기는 인도양 북쪽에 있는 대륙의 넓은 땅덩어리를 데운다. 뜨거운 공기가 상승해 지표면에 저기압대를 생성하면서 바다에서 나오는 다습한 공기를 저기압 지역으로 이동시킨다. 이 공기가 상승하는 기류를 타고 올라가면서 비를 머금은 구름이 몬순 비를 내린다. 겨울에는 패턴이 반대로 바뀌는데 바다가 육지보다 더 느리게 차가워지기 때문이다. 바람은 이제 대양 쪽으로 불게 된다.[3]

몬순 계절풍이 계절에 따라 방향이 바뀌는 현상은 동아프리카와 아라비아, 인도 서부 사이에 있는 아라비아 해에서 가장 두드러지게 나타난다. 몬순 계절풍은 일반적으로 얌전한 이 대양을 장거

도판 7-2. 인도양을 항해하는 다우선의 모습.

리 항해를 위한 멋진 장소로 탈바꿈시켰는데 역전하는 몬순 계절 풍이 귀환 여정을 보장했기 때문이다. 예를 들어 남서 몬순 계절풍을 타고 동아프리카 연안을 떠나는 뱃사람은 바람에 대해 알기만 하면 자신이 일 년 내로 귀환할 수 있으리라는 점을 그럭저럭 확신할 수 있었다.

북동 몬순 계절풍은 주요한 행위자인데, 사실상 연중 내내 부는 기분 좋은 미풍으로서 결코 강풍 급으로 발전하는 법이 없으며 죽은 듯이 고요한 무풍 상태로 잦아드는 경우도 거의 없고 급작스레 풍향을 바꾸지도 않는다. 바람은 뱃사람들의 보물이다. 수천 년 동안 북동 몬순 계절풍은 홍해와 페르시아 만으로부터 인도와 동아프리카까지, 남부 아라비아의 향香 해안으로부터 멀리 몰디브까지, 돛을 단 배들을 가볍게 실어 날랐다. 과거 1930년대에 오스트

220

레일리아 항해 작가인 앨런 빌리어스는 큰 삼각돛 다우선을 타고 아라비아 해안선을 끼고 동쪽으로 항해했는데 북동풍에 정통으로 맞서 가는 경로였다. 배는 바람에 45도 각도(현대적인 경주용 요트로는 30도 각도까지 가능하다.)를 유지하며 해변에 가까이 붙어서 항해했고 선장은 큰 흰 파도가 배 몇 척 길이만큼 너무 가까울 때면 배를 돌려 먼바다 쪽으로 향하곤 했다. 몇 주 후에 일단 배가 서쪽으로 기수를 돌려 경로를 바꾸고 아프리카 해안을 따라 내려가자 선원들은 돛을 활짝 펼치고 아프리카를 오른쪽에, 인도양을 왼쪽에 둔 채 빠르게 곧장 내달렸다. "들리는 소리라고는 몬순 계절풍의 부드러운 한숨 소리와, 달리는 다우선이 잔잔한 물결이 이는 깊고 푸른 바다에 그림자를 드리우면서 부드럽게 물살을 가르는 소리뿐이었다."[4] 우리는 오늘날의 이란과 파키스탄에 해당하는 황량한 해안을 따라가는 유사한 여정을 상상할 수 있으리라―짐을 실은 배가 해안선에 바짝 붙어서, 이리저리 방향을 바꾸는 북동풍에 맞춰 돛을 조종하며, 부드러운 육풍을 최대한 활용해, 여기의 곶에서 다음 저기의 곶으로, 해도나 나침반도 없이, 그저 모든 뱃사람과 사막 여행자들에게 친숙한 머리 위의 별을 길잡이 삼아 조심스레 물길을 찾아가는 모습을 말이다. 그러한 항해는 고대의 연안 항로를 따라 해마다 펼쳐졌다. 역사의 레이더망에서 멀찍이 빗겨 나 눈에 띄지 않게 번성한 연안 항로의 존재는 원산지에서 멀리 벗어나 여기저기 흩어진 이국적인 고고학 유물의 분포로만 알 수 있다.

더 강력한 여름의 남서 몬순 계절풍은 때로 강풍 급 바람과 폭우를 동반한 폭풍을 몰고 왔다. 바람은 북동 몬순 계절풍에 비해

도판 7-3. 인도양 붐선 '정의의 승리'호가 항해 중인 모습. 앨런 빌리어스 사진. ⓒ런던 그리니치 국립해양박물관.

항해에 좋은 미풍이 아니었지만, 장비를 잘 갖춘 배는 동아프리카에서 아라비아나 인도로 비교적 짧은 기간 안에 빠르게 갈 수 있었다. 그러나 대부분의 연안 항해 다우선은 해안에 머물렀는데 다우선의 높은 삭구는 강하게 부는 스콜 앞에서 치명적일 수 있었다.

홍해와 페르시아 만은 더 만만치 않았다. 19세기 한 아랍 여행가는 페르시아 만의 항구 시라프에서 나오는 배들이 홍해를 꺼려한다며 이렇게 썼다. "이 바다는 물가에 암초가 가득하다. 해안 전체에 왕국이 전혀 없고, 사람이 사는 곳도 거의 없으며, 날씨가 좋을 때도 암초를 만날까 봐 밤마다 안전한 장소를 찾아 들어가야 하기 때문이다."[5] 모두가 밤에는 정박을 하고 낮에만 항해했다. 페르

시아 만은 메소포타미아로 통하는 관문이었는데 메소포타미아의
도시들은 유프라테스 강과 티그리스 강 상류, 태양이 이글거리는
평탄한 삼각주에 자리했다. 그곳은 제멋대로인 강한 북서풍과 모
래 폭풍으로 악명 높았다.

　이제는 바짝 말라 버린 사막 같은 풍광이지만 에리두와 우루
크 같은 세계 최초의 도시 발상지는 한때 유프라테스 강 가까이에
있었고 구불구불 흐르는 강의 지류와 운하로 유프라테스 강과 연
결되어 있었다. 원양선들이 우르의 부두에 정박했고 그 가운데 일
부는 페르시아 만을 따라 있는 정박지와 그보다 먼 곳으로 갈 배들
이었다. 페르시아 만은 홍해보다는 덜 위험했지만, 뱃사람들은 사
람이 살지 않고 해적만 득시글거리는 해안선을 따라가며 물을 구
하느라 어려움을 겪었다. 그 결과 메소포타미아 도시들과 만 입구
에 자리한 딜문(바레인), 마간(오만) 같은 곳과의 접촉은 불안정했
다. 그러나 육로를 통한 운송은 더 힘들고 비용이 많이 들었기 때
문에, 특히 곡물이나 대추야자, 목재 같은 부피가 큰 상품의 경우에
는 해상 접촉이 존재했다.

인도양 항해의 기원은 까마득한 과거에 유프라테스 강, 인더스 강,
나일 강, 티그리스 강 같은 커다란 강의 좁은 물길과 습지에서 물
고기를 잡은 소박한 어부들에게 있다. 빙하기가 끝난 후 해수면 높
이가 상승하자 주요 강들도 뒤로 물러나고 유속이 느려졌다. 범람
원과 습지는 물고기와 물새로 넘쳐 났다. 마을이 읍이 되고 읍이
최초의 도시가 되었을 때 강은 새롭게 출현한 이집트 문명과 메소

포타미아 문명에 천혜의 고속도로가 되었다. 나일 강과 유프라테스 강은 온갖 종류의 선박—통나무배, 갈대 카누, 상당한 뱃짐을 실은 더 큰 선박으로 활기를 띠었다. 이집트인들은 짧은 여행이나 사냥을 나갈 때 파피루스 다발로 짠 갈대 보트를 이용했다. 파피루스 배와 같은 방식으로 작은 삼나무 조각을 서로 단단히 묶어 목재 선체도 만들었다. 우세한 북풍은 짐을 가득 실은 배를 물살을 거슬러 나일 강 상류로 실어 갔다.(사각돛은 아마도 이런 목적으로 나일 강에서 처음 사용되었을 것이다.) 만약 바람이 전혀 없으면 선원들은 강둑에서 배를 끌어당겼다. 반대로 강물의 흐름은 지속적인 역풍에도 불구하고 배가 하류로 떠내려가도록 해 주었다.

가장 이른 시기에 기록된 이집트 돛단배는 대략 기원전 3200년 것으로 추정되는 항아리에 등장한다.[6] 상이집트 아비도스에서 발굴된 장례용 배는 총길이가 대략 25미터로 길고 좁았으며 대략 30명이 저었다. 초창기 선박의 또 다른 인상적인 사례는 카이로 인근 기자의 피라미드 곁에 나란히 놓여 있다. 목재 수요가 엄청났기 때문에 이집트인들은 삼나무 통나무를 레바논 해안에서 나일 강으로 대량으로 실어 날랐다.(6장을 보라.) 그러한 연안 항해는 하천 항행이 해안과 원양 항로 개척으로 확대되면서 아마도 기원전 3000년 이전에 시작되었을 것이다. 더 나중에 이집트 선장들은 홍해 연안의 섬들 사이를 솜씨 좋게 빠져나가 오늘날 소말리아 북부, 아프리카의 뿔에 자리한 것으로 알려져 있는 멀리 남쪽의 푼트 땅까지 갔다. 하트셉수트 여왕(기원전 1508~1458년)은 위풍당당한 원정대를 푼트로 파견했다. 하트셉수트의 신전 프리즈 장식은 귀중한 몰

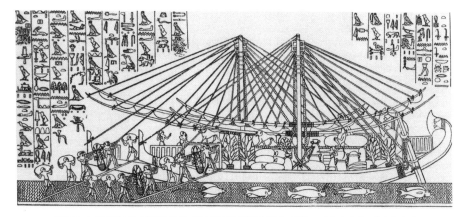

도판 7-4. 하트셉수트 여왕의 배 두 척이 푼트에 정박해 있다. 이집트 테베의 데이르엘바리에 있는 하트셉수트 신전 부조이다.

약 수지가 담긴 부대와 둥근 뿌리를 바구니로 보호한 미르라 나무*를 배에 싣는 모습을 보여 준다. 남자들은 흑단과 황금, 상아, 향나무, 표범 가죽을 실어 나른다. 유리구슬, 팔찌, 무기가 이 사치스러운 화물의 대가로 지불되었다.

　하트셉수트의 모험 사업에서 우리는 살기가 마땅치 않은 홍해의 해안을 따라 분명히 오래전에 자리 잡은 연안 무역의 한 단면을 엿볼 수 있다. 일단 바람과 해류의 패턴을 해독하자 선장들은 여름 몇 달 동안은 북풍이 우세하고 그것이 남쪽으로 흐르는 해류를 만들어 낸다는 사실을 알게 되었다. 겨울에는 홍해 남부에서 바람이

---

*아프리카, 아라비아에 자생하는 감람과 나무. 이 나무에서 흘러나오는 수액으로 몰약을 만든다.

불어오고 해류도 같은 방향으로 흐른다. 그러나 북쪽에서는 강한 북풍이 흔히 연중 우세했다. 파고가 가파른 바다와 사막 모래를 날려 보내는 지속적인 강풍으로, 북쪽 방면으로 항해하는 것은 연중 거의 대부분 동안 사실상 불가능했다. 나일 강 무역 대부분이 베레니스와 홍해 위쪽에서 멀리 떨어진 다른 항구들, 상上나일에 가장 가까운 홍해 서해안 지점들에서 끝나는 것은 우연이 아니다.

페르시아 만에서 언제 항해가 시작되었는지는 아무도 확실히 모르지만, 페르시아 만의 바닷물은 남부 메소포타미아 해안에서 철썩거리고 그곳의 삶은 강과 물길을 중심으로 돌아갔다. 영국인 윌프레드 세시저는 1930년대와 1940년대에 남쪽 습지대의 아랍 부족에 섞여 살았을 때 자신이 전적으로 물의 지배를 받는 고립된 세계에 살고 있음을 깨닫게 되었다.[7] 누구든 어디라도 가려면 자신의 오두막에서 나와 갈대 보트를 타야 했고 옆 마을은 고사하고 이웃을 방문할 때도 마찬가지였다. 갈대 보트는 인간이 정주하기 시작한 아주 초기부터 남부의 습지와 늪지대에서 널리 쓰였으며 어쩌면 농경인들이 남부 메소포타미아의 평원으로 이주한 9천 년 전으로 거슬러 갈 수도 있다. 많은 지역 사회에서 아스팔트 자연 광상을 이용해 보트에 방수 처리를 했는데 갈대에 끈적끈적한 타르를 바르면 방수 밀폐가 가능하다. 남부 메소포타미아의 습지대는 페르시아 만, 즉 원래 좁은 협곡에 불과했던 것이 빙하기 이후 해수면이 상승함에 따라 해안선이 끊임없이 변해 온 역동적인 해역으로 이어진다. 페르시아 만 해안 지대에 살았던 사람이라면, 육로에 그처럼 혹독한 사막이 버티고 있는 상태에서 다른 사람들과 접촉하는 유일한 수단이 배임을 감안할 때 누구든 그곳 연안의 바다에 익숙했을 것이다. 역청을 바른 갈대 보트를 타고 황량한 페르시아 만의 해안선을 따라서 또 해안 가까이에 자리한 섬들 안쪽으로 틀림없이 노를 저어 갈 수 있었을 것이다.

기원전 5300년과 기원전 4900년 사이의 것으로 추정되는 그러한 아스팔트 코팅 선박의 잔해가 쿠웨이트 아스사비야에서 발견되었다.[8] 타르가 말라붙어 있는 갈대에는 심지어 선체에 붙어사는 따개비의 흔적도 남아 있다. 아스팔트 물자는 적잖은 거리를 이동했다. 다만 타르로 코팅했다 하더라도 금방 물에 젖는 갈대의 특성을 고려할 때 장거리 여정에서 갈대 보트가 얼마나 효과적이었을지는 의문의 여지가 있다. 게다가 잔잔한 바다가 아닌 곳에서는 다루기가 힘들었을 것이다. 따라서 페르시아 만 연안 항해를 진지하게 고려하는 사람이라면 목재 선체 배가 필요했으리라는 것은 거의 확실하다.

메소포타미아인들은 야자나무를 제외하면 사실상 목재가 없었다. 야자나무 줄기는 부드럽고 속이 꽉 차 있기 때문에 그들은 다른 곳에서 널을 구해야 했다. 가장 가까운 풍부한 공급원은 오만 만 너머 인도양 연안, 아라비아 해의 건너편에 있었다. 이런 이유로 우리는 목재 조선술과 아라비아 해안을 따라 성행한 연안 항해가 온갖 종류의 조선용 목재가 풍부한 곳, 바로 인도 서해안에서 시작되었다고 미루어 짐작할 수 있다. 이 해안을 따라 고대 조선 전통은 매우 다양한 종류의 선박을 만들어 냈다. 그 가운데는 가볍고 바닥이 평평한, 하천과 바다 항행 둘 다 가능한 배도 있었는데 사나운 파도의 너울에 내려앉을 때 바다의 윤곽에 따라 휠 만큼 대단히 유연한 얇은 널을 섬유 조직으로 꿰매 만든 것이었다. 1810년에 마리아 그레이엄이라는 어느 영국군 장교의 부인은 그러한 배에 대해 "마치 가죽처럼 물에 몸을 맡기는데 그렇지 않으면 산산조각 나 버릴 것"이라고 썼다.[9]

인도 창조 설화에서 바다는 크게 부각되지 않는다. 대양은 칼라 파니kala pani, 즉 "검은 물"이었고, 그곳에서 고기잡이와 연안 무역은 계층제 사회에서 하층민이 담당하는 일이었다. 비슈누 신은 신들과 악마들의 대결에서 주도적인 역할을 한다. 신전 벽에 그려진 벽화에서 그는 세계의 주기적 멸망과 재생 사이의 휴지 기간 동안 광대무변한 우주와 같은 대양 위에서 잠에 빠진 채, 뱀 쉬샤의 똬리 위에 기대어 누운 모습으로 나타난다. 힘이 약해진 신들이 세계의 배꼽인 메루 산 꼭대기에 모였을 때 비슈누 신은 그들을 구슬려 바닷물을 휘젓게 해 암리타, 즉 영생불멸의 영약이 빠져나오게 한다. 해와 달이 떠오른 뒤 비슈누의 아내 락슈미와 마침내 신들의 의사인 단반타리가 손에 암리타를 들고 나타난다. 이로써 신들의 힘이 회복된다. 고대의 이야기를 들려주는 종교 문헌인 푸라나스Puranas에서 삶의 여정은 대양을 가로지르는 여정, 즉 시험과 시련으로 점철된 경험에 비유된다. 흥미롭게도 오스트레일리아 역사가 마이클 피어슨이 지적한 대로 인도는 수천 년 동안 인도양 무역과 항해의 초점이었을지도 모르나 대체로 자급자족적인 아대륙에 바다는 주변적인 요소였다.[10] 대양에서 무역을 하는 것은 피어슨이 "재량껏"이라고 부른 것과 같았다. 최초의 접촉은 기껏해야 간헐적이었다. 그러나 여러 세기를 거치면서 소수의 상인들과 항해자들이 페르시아 만 입구에 있는 오만 같은 곳의 사람들과 관계를 발전시켰고 그것은 다시 북쪽의 메소포타미아 도시들과의 연계를 유지했다.

하라파와 모헨조다로 그리고 다른 인더스 강 유역 도시의 이름 없는 시배자들은 바다에 관심이 없었다. 그러나 그들의 상인들은 황량한 해안을 따라 이동해 페르시아 만까지 가서 새로운 시장을 찾고 또 고향으로 돌아와 팔 이국의 물품을 구했다. 인도양 바다에서 대양의 비밀이 해독된 것은 억누르기 힘든 호기심 때문이 아니라, 다시 말해 수평선 너머에 무엇이 있을지 궁금해서가 아니라―무엇이 있는지 대체로 알려져 있었다―하천에 기반한 메소포타미아 문명에서 그리고 그보다는 덜하지만 이집트에서, 왕과 왕비들이 소중히 여기는 이국적인 물건들과는 꽤 거리가 먼 것들, 즉 다양한 범위의 기본 상품들을 필요로 했기 때문이었다.

『에리트라이 해 항해기』는 인도 서해안을 빠르게 흐르는 조류와 광범위한 모래톱이 포진한 바다로 다소 음울하게 그린다. 이곳은 배 뒤편에서 바람을 받으며 접근하는 해안선이 아니었고 강한 남서 몬순 계절풍이 부는 여름에는 특히 그랬다. 그럼에도 불구하고 기원전 2000년에 이르자, 커다란 도시들을 거느린 하라파 문명의 요람인 인더스 강 유역은 장거리 상업의 중심지가 되었다. 교역품의 상당 부분이 물길을 통해 장거리를 이동했는데 아무래도 티크 널판으로 건조된 배들에 실려 간 것 같다. 우리는 이 선박들이 어떻게 생겼는지 모르지만 그 가운데 일부는 널을 꿰맨 선체였을지도 모른다.

이 무역의 촉매는 인도가 아니라 메소포타미아에, 암석이나 광물이 없고 심지어 들보와 선박 건조에 쓸 목재도 충분하지 않은 모래투성이 삼각주 도시들의 통치자들에게 있었다. 5천 년 전 수메르 왕들은 황금과 구리, 이국적인 준보석과 진주, 장신구, 상아, 홍옥수, 심지어 원숭이처럼 특이한 동물을 몹시 탐냈다. 군주들과 그 부하들은 그러한 진귀한 물건을 열심히 구했지만 식량과 옷감, 목재 같은 상품에서 더 광범위한 교역이 이루어졌다.

따라서 비록 간접적이긴 하지만 인더스 강 유역과 인도 서해안을 오만과 바레인에 연결하기 시작한 것은 메소포타미아인들의 항해였다. 우리는 티그리스 강과 유프라테스 강 사이에 있는 우르와 다른 도시들에서 출토된 쐐기문자 점토판의 난해한 언급들과 페르시아 만과 메소포타미아 유적지에서 발굴된 하라파 유물의 분포로부터 이 무역을 짐작할 수 있다.[11] 그러한 인공 유물들은 예상대로 사치품과 귀중품 화물의 이동을 반영하지만 대부분의 무역은 정박지에서 정박지로, 포구에서 포구로 작은 배를 타고 연안을 따라 이동한 소규모 무역상들의 손에서 번창했다. 돌돌 말린 옷감, 싸구려 물건 그리고 도끼와 낫 같은 평범한 품목을 실은 그들의 배는 이동식 장터였다. 그들은 짧은 구간별로 이동했고 매년 동일한 항로를 따랐으며 남서풍이 강하게 불어올 때는 육지에 머무르고 부드러운 북동풍이 되돌아오면 연안에 바짝 붙어 동서로 왕래했다. 돛단배로 이루어지는 근해 운항은 20세기 들어서까지 계속되었고 몇몇 지역에서는 기술이나 원자재 분야에서 나타난 진보에 아랑곳하지 않고 초창기 항해에서 기본적으로 변한 것 없이 오늘날까지 이어진다.

우리는 이 연안 항해에 대해 이따금씩 지나가는 언급을 제외하고는 아는 것이 거의 없기에 그 정취와 때로는 그 드라마도 역사 속으로 사라지고 말았다. 그러나 멀리 서쪽에서, 1938년에 앨런 빌리어스는 "거칠고 배고프며 극도로 원시적인" 자루크호^{zarook}, 즉 15미터가 채 못 되는 짧은 돛대 두 개짜리 연안 다우선을 타고 아덴에서 지잔*까지 홍해 동해안을 따라 항해했다.[12] 예멘 사람 아흐메드의 자루크호는 목재와 오래된 철제 잡동사니로 조립한, 커다란 삼각돛이 달린 개방형 배였다. 배는 물에 낮게 떠 있었고 파랑에 대비한 유일한 보호 장비는 현장** 위로 매어 놓은 야자 잎사귀 매트가 전부였다. 빌리어스는 값싼 일본산 무명 돛을 단 이 닳고 닳은 배를 타고 낮에는 항해하고 밤에는 정박하며 965킬로미터를 여행했다. 이곳 바다는 무수한 암초와 물속에 잠긴 바위로 위험하기 때문에 밤에는 이동할 수 없었다. 선장은 해도나 현대식 나침반을 가지고 있지 않았다. 그는 모든 바위와 곶, 모든 해변과 아늑한 정박지를 속속들이 알았다. 음식은 형편없었다. 모두가 굶주렸지만 배는 잘 나아갔다. 선장과 선원들에게 며칠의 지연은 아무런 의미가 없었고 그들은 하루가 변함없이 다음 날로 넘어가는 식으로, 그

---

* 예멘과 국경을 마주한 사우디아라비아 남서부의 소도시.
** 갑판 위의 사람이나 짐이 밖으로 떨어지는 것을 막게 뱃전에 설치한 울타리.

날그날을 연명하는 삶을 살았다. 빌리어스는 당시 자신의 삶이 시계나 날짜, 도착 시간이 아니라 바람과 해류를 중심으로 돌아갔기 때문에 자신이 시간관념을 완전히 상실해 버렸다고 말했다.

이러한 항해들은 페르시아 만과 인더스 강 사이의 건조한 해안 지대를 파악하는 흥미로울 것 없는 여정이었고, 순조로운 미풍이나 잔잔한 해상 상태를 기다려 가며 다 마치려면 몇 달이 걸릴 수도 있는 항해였다. 사람들이 이곳 바다를 파악하기 시작한 이유는 다른 지역의 생산물과 상품에 대한 강교 문명의 의존성 때문이었다. 시간이 흐르면서 이곳 바다를 이용하던 배들은 국왕과 고위 관리, 파견 분대와 외교 사절을 실어 날랐지만 그 여정은 경제적 필요에서 시작되었다.

우리는 비바람에 낡고 닳은 상선이 우르와 에리두의 중심부에 있는 목재 부두에 떠 있는 모습을, 선원들이 대추야자가 담긴 자루를 좁은 판자 위로 져 나르고 '메에에' 하고 우는 염소들을 배로 몰아넣는 모습을 그려 볼 수 있다. 다음 날 아침, 짐을 실은 배는 새벽의 가벼운 북풍과 함께 부두를 조용히 빠져나가 페르시아 만으로 향한다.

여정의 첫 단계에서 배는 강렬한 열기에 물빛이 어른거리는 좁은 운하와 습지대를 통과한다. 그다음 배는 넓은 유프라테스 강에 모습을 드러내 꾸준히 하류로 내려가 마침내 미로 같은 하구의 갈대숲에 진입한 후, 바다로 나가기 전 물과 다른 화물을 더 싣기 위해 페르시아 만의 북단에 잠시 멈춘다. 선장은 남쪽으로 향하는 항해는 10월 이후, 바람이 대체로 북쪽에서 불어오는 더 쌀쌀한 달에 이루어져야 함을 알고 있다. 일단 남쪽의 목적지에 다다르면 다시 배를 북쪽으로 실어다 줄 남서 몬순 계절풍이 불기를 기다린다. 그는 끈기 있게 기다리는 법을 배웠다. 바람은 흔히 약하고 길게 이어지는 무풍 상태를 동반하며 그가 이용하는 물길인 해안 가까이에서는 특히 그렇다. 그는 아버지로부터 전수받은 지식을 이용해 지형지물에서 지형지물로, 해안을 따라 항해한다. 배는 여름 몇 달 동안 해안 가까이에 머무르는데 부연 흙먼지가 섞인 실안개가 특히 여름 몇 달 동안 심각한 문제이기 때문이다. 그러나 몇몇 배들에 귀중한 화물이 실려 있다는 사실을 아는 해적들이 섬들 사이에 도사리고 있기에 선원들은 결코 긴장을 늦출 수 없다.

우르의 보관소에서 나온 점토판들은 우르 시가 메소포타미아로 들어가는 구리의 통관항이었으며 구리는 페르시아 만의 바레인에서 왔다고 기록한다.[13] 진취적인 일단의 사업가들이 바레인 섬의 시장에서 모직물을 구리와 교환했는데 정작 바레인에는 구리 원광이 없었다. 바레인 왕국은 아라비아 북동부와 전설적인 두 지역, 즉 오늘날의 오만인 마간^{Magan}과 인더스 강 유역을 가리키는 멜루하^{Meluhha}에서 온 물품의 거래—몇 가지 예만 들어도 황금, 상아, 이국적 동물 거래 등—가 이루어지는 중립적인 수출입항 역할을 했다. 우르로 귀환하자마자 상인들은 황금이나 구리, 은을 갈대의 여신이자 달의 신의 아내인 니갈에게 바쳤다. 이 무역에서 상인들은 작은 집단을 형성했는데 그들의 사업에는 각별히 뛰어난 솜씨가 필요했기 때문이다. 무역은 점점 확대되었던 것 같다. 기원전 2300년경에 아카드의 사르곤 왕은 멜루하와 마간, 여타 항구에서 오거나 그리로 떠나는 배들이 자신의 도시 바깥 항구에 정박한다고 자랑스럽게 기록했다.

3천 년 전, 홍해를 따라가는 항해와 인도에서 페르시아 만으로 가는 항해는 흔했다. 이때가 되자 인도와 서쪽 지점들 사이 장거리 항해의 중심지는 메소포타미아가 아니라 남쪽의 인도양에 있었다. 메소포타미아에서는 두 강을 따라 왕국을 수립한 정복자들이 항해가들을 수입해 왔다. 아시리아 군주 센나케리브(기원전 705~681년 재위)는 북동부 아라비아에서 반란을 일으킨 왕을 붙잡으려고 했을 때 목재와 함께 페니키아인들을 아시리아의 수도 니네베로 데려와서 원양 항해용 배를 만들게 했다. 그리고 지중해 출신 선원들을 부려 노를 젓게 하고 운하나 수로로 연결되지 않은 곳에서는 육로에서 배를 끄는 방식으로 유프라테스 강을 따라 약 885킬로미터를 이동해 페르시아 만까지 갔다.[14] 그곳에서 군대가 하선하여 짤막한 육상 작전 끝에 반란군을 진압했다. 3세기 반 후에 알렉산드로스 대왕은 페르시아 만을 항해하도록 페니키아인들을 고용했고 심지어 자신의 부대를 태울 미리 건조된 배를 수입하기도 했다. 이 배들 가운데 일부는 바레인에 도달하였고 거기서 병사들은 진주 조개잡이를 목격했으나 아무도 더 이상 나아가려고 하지 않았다. 한편 아랍과 칼데아*의 뱃사람들은 아라비아 반도를 따라 또 페르시

---

*우르 근처의 바빌로니아 남쪽 지방. 유프라테스 강과 티그리스 강 하류의 넓은 평야 지대이다.

아 만에서 인도까지 연안 바다를 수시로 왕래했다. 그들은 배를 밀어다 주는 부드러운 북동 몬순 계절풍을 이용해 늘 해안 가까이에 붙어 인도까지 항해한 후 귀환했다.

　이슬람이 도래하기 오래전에 아랍인들은 우리가 아는 한 수세기 전 인도의 조선공들에게서 빌려온 기술인 널을 꿰맨 배를 타고 다니며 인도양 연안 항해의 적잖은 비중을 담당했다. 오늘날의 예멘과 사우디아라비아 해안 사이를 오가는 연안 항해는 몰약과 같은 향신료를 실어 날랐다. 그리스 작가 아가타르키데스는 다음과 같은 인상적인 언급을 남겼다. "형언할 수 없는 천상의 향기가 모든 이의 감각을 깨우고 흔드는 듯하다. 심지어 땅에서 멀리 떨어진 곳에서도 미르라 덤불과 여타 향나무에서 불어오는 감미로운 향기가 인근 바다까지 닿는다."[15] 향신료 무역의 상당 부분은 홍해의 입구에 위치한 소코트라 섬을 중심으로 이루어졌는데 그곳은 이집트와 인도에서 오는 교역로가 만나는 지점이었다.

　우리가 아는 한, 이것은 항해자들에 의해 수천 년 동안 거의 변하지 않은 채로 이어져 온 연안 무역이었다. 그러다 기원전 120~110년 사이, 키지쿠스의 에우독수스라는 선장이 이집트에서 홍해를 따라 내려온 다음, 대담하게 먼바다를 가로지르는 경로로 곧장 인도까지 항해했다. 어쩌면 이 원정이나 아니면 그 직후의 여정에서, 히팔루스라는 그리스 항해가가 여름의 남서 몬순 계절풍을 이용해 아라비아에서 인도까지 곧장 가는 법을 알게 되었다. 『에리트라이 해 항해기』는 우리에게 히팔루스가 직항으로 항해하면서 "각 항구의 위치와 바다의 상태를 관찰했다."고 알려 준다.[16]

사실상 불가피한 일이지만, 이 항해는 매우 거칠었다. 케냐 앞바다에서 작은 연안 범선에 타고 있었을 때 여름 몬순 계절풍의 끔찍한 뱃멀미에 시달렸던 기억이 난다. 배는 신들린 데르비시*처럼 상하좌우로 요동쳤다. 우리가 산호초 뒤에 안전한 정박지를 찾았을 때 나는 너무도 감사했다. 원래 선장들은 아라비아 해 북단 연안에서 인더스 삼각주까지 망망대해를 가로지르는 최단거리 구간을 이용했다. 그러나 경험이 쌓이면서 점점 대담해지자 마침내는 홍해에서 인도의 말라바르 해안까지 쉬지 않고 곧장 가게 되었다.

히팔루스는 물론 몬순 계절풍을 처음 발견하지 않았다. 그것은 그의 시대 오래전부터 다들 아는 상식이었다. 그가 해 낸 것은 외항 항해를 위해 남서 몬순 계절풍을 이용하는 법을 알아낸 것이다. 여름 바람을 경험한 사람이라면 누구든 기꺼이 입증해 주겠지만 그것은 잠시도 잠잠할 날 없는 모험이었다. 아랍인 선장 아래서 인도로 가는 전통적인 항해는 다우선을 타고 아덴을 떠나 아라비아의 하드라마우트 연안을 따라 간 다음, 북쪽과 동쪽으로 충분히 왔다 싶으면 침로에서 벗어나 부드러운 북동 몬순 계절풍을 옆바람으로 받으며 가는 것이었다. 이것은 훨씬 위험한 여름의 원해 항해와 비교할 때 간단한 항로였다.

먼바다로 가는 경로는 경쟁력이 있었는데, 배가 7월에 이집트를 떠난다고 하면 연안 항해보다 몇 주나 더 빨랐기 때문이다. 이럴 경우 배는 우세한 북풍을 이용해 7월에 이집트를 떠나 홍해를

---

*이슬람 탁발 수도승. 고행과 금욕 생활, 황홀 상태에서 추는 춤으로 유명하다.

벗어난 뒤 남서풍을 순풍으로 받는 쪽으로 방향을 꺾는 경로를 택했다. 남서 몬순 계절풍은 9월에 배를 말라바르 해안으로 데려갔고 9월이 되면 날씨가 다소 누그러져 항구에 안전하게 접근할 수 있었다. 이 직항 항해는 아무래도 그리스인의 발명인 듯한데 아랍 뱃사람들이 널을 꿰맨 그들의 배로 그런 항해를 했다는 증거가 없기 때문이다. 그들의 배의 선체는 격렬하게 출렁이는 여름 바다를 견디기에는 너무 유연하고 연약했다. 그리스인들은 거친 바다에 적합한, 딱딱한 프레임에 쇠못을 박아 짠 선체를 이용했다.

일단 직항로가 널리 알려지자 원해 항해에 본격적인 시동이 걸렸다. 서기 1세기 지리학자 스트라본의 시대에 이르자 적어도 120척의 배가 매년 홍해의 미우스호르무스에서 인도로 항해했다. 로마 동전은 이제 인도에서 흔했다. 향신료와 더불어 비단, 면직물 및 다른 고운 옷감 같은 화물이 그리스 배의 선창을 가득 채웠다. 홍해 무역은 알렉산드리아에서 시작되었는데 수출품은 나일 강을 거슬러 콥토스까지 간 후 육로를 거쳐 미우스호르무스나 베레니스로 운송되었다. 여기서 대형 선박들이 두 가지 경로 가운데 하나를 택해 인도로 출항했다. 만약 북서부의 인더스 강 유역으로 가는 배면 시아그루스 곶(라스무산담 곶)*까지 해안을 따라 간 다음 거기서 먼바다로 항해했다. 인도 남서부 말라바르 해안으로 가는 배는 홍해에서 곧장 먼바다로 출항했는데 배 뒤쪽에서 불어오는 몬순 계절풍을 받아 대략 40일이 걸렸다. 어떤 배들은 아프리카 쪽으로 내

---

* 페르시아 만에서 오만 만으로 가는 사이에 튀어나와 있는 곳. 오늘날 오만의 영토이다.

려가다가 방향을 틀어 소코트라 섬을 향해 배를 몰아 간 다음 대양을 가로질러 직항으로 항해했다. 그 시대 인도양 상인들은 멀리 벵골 만의 갠지스 강 어귀까지 가기 위해서도 몬순 계절풍을 이용했다. 스리랑카는 알려져 있었으나 정기적인 기항지는 아니었다.

『에라트라이 해 항해기』는 아랍 항해가들이 예멘 해안의 무자(오늘날의 무카 시 인근) 같은 곳에서 활동했으며, 이 무렵에 이르러 바다 너머 "건너편"(에리트레아와 소말릴란드*)과, 몰약을 구하기 위해 "아랍, 인도, 그리스 무역상"들이 사는 소코트라 섬 그리고 인도 북서부의 항구들까지 왕래했음을 분명히 보여 준다. 그들은 틀림없이 이미 수 세기 동안 멀리 남쪽의 말라바르 해안까지 왕래하고 있었을 것이다. 바로 그곳에서 그들의 배를 만들 목재가 나왔고 또 거기서 배가 건조되었기 때문이다. 동아프리카 해안은 아라비아 반도에 더 가까웠고 황금, 철광석, 가옥의 들보로 쓰는 맹그로브 장대, 가죽, 그리고 노예까지 각종 원자재를 구할 수 있는 믿음직한 공급원이었다. 거래의 상당 부분은 코끼리 엄니가 차지했는데 팔찌와 각종 장신구를 만드는 데 쓰여 모두가 찾는 품목이었다. 서기 150년에 이르자 그리스인들은 해안을 따라 오늘날의 탄자니아 땅 루피지 강 삼각주에 있는 멀리 남쪽의 라프타까지, 또 스리랑카까지 항해하고 있었고 벵골 만의 여러 항구에도 익숙했다. 일부 선장들은 말레이 반도까지 갔고 어쩌면 중국 변경 지대까지 갔을 수도 있다. 서기 4세기와 6세기 사이에 중국 배들은 인도와 교역했는

---

* 오늘날의 소말리아를 포함해 동아프리카의 해안 일대를 가리킨다.

데 거기서 상아와 거북 등껍질 같은 아프리카산 상품을 구했을지도 모른다. 6세기 스리랑카는 중국과 페르시아 배가 만나는 거점으로 주요 거래 상품은 비단이었다. 우리는 중국인의 관점에서 볼 때 "멀리 서쪽 대양"에서 진행된 이러한 상업 활동에 대해서는 거의 모른다. 한나라의 상인들은 이러한 서쪽 교역로들에서 "특별한 어려움", 즉 "먼바다 너머로 배를 몰아가는 바람의 힘"을 경험했다.[17]

이슬람의 부상과 더불어 상업의 거대한 팽창이 인도양을 감쌌다. 아랍 항해가들은 이전의 통상 활동을 물려받았다. 우마이야 왕조 시대와 아바스 왕조 시대 초기(서기 660~870년)에 이르자 그들의 배는 페르시아 만에서 중국의 광둥(광저우)까지 항해했다.[18] 강력한 제국이 교역로 양 끝에서 융성했고 따라서 안전한 항해도 보장받았다. 상업적 이해—원자재와 비단 같은 사치품에 대한 그칠 줄 모르는 수요—가 무역 전체를 이끌었고 무역은 험악한 날씨 속에서도 망망대해를 항해할 수 있는 거칠고 튼튼한 배를 요구했다. 안타깝게도 우리에게는 15세기 후반 포르투갈인의 도래 이전의 아랍 배에 관해 사실상 아무런 기록도 없으나 몇 세기에 걸쳐 선박 디자인이 파격적으로 변했다고 생각할 만한 근거는 없다.

아랍 배들은 양 끝이 똑같은 모양인데 이물과 고물이 둘 다 뾰족하다는 뜻이다.[19] 작은 연안 수송선과 고기잡이배부터 거대한 원양 항해 상선에 이르기까지 여러 형태가 있었다. 널은 티크나 코코야자로 만들었다. 티크의 경우 매우 오래가고 작업하기도 쉬우며 인도 남부에서 널리 자라 일찍이 바빌로니아 시대부터 인도에서 페르시아 만으로 수입되었다. 코코야자는 몰디브 섬과 라카디브 제도에 풍부해서 번창하는 이 지역 조선업계는 돛대와 밧줄, 돛까지 전적으로 이 나무로만 배를 만들어 냈다. 건조 방법은 매우 간단했다. 조선공은 해변에서 용골 형태를 만든 다음 거기에 가로 널을 꿰매어 붙였다. 짝을 지어 가지런하게 맞댄 널 끄트머리에 단순한 작은 송곳으로 힘겹게 구멍을 뚫은 후 코코넛 껍질을 꼬아 만든 거친 밧줄을 통과시키는 방식이었다. 1185년 아랍 작가 이븐 주바이르는 페르시아 만 가장 안쪽에 위치한 바스라를 방문해 조선공들이 코코넛 섬유질을 "질긴 실처럼 될 때까지" 두들긴 다음 "그것을 꼬아서 밧줄을 만들어 배를 꿰맸다"고 언급했다.[20] 그들은 또한 남은 널을 끼워 넣기 전에 강한 늑재로 선체를 강화해, 유연하지만 튼튼한 배를 만들었다. 그러나 이 같은 강화 작업에도 불구하고 꿰맨 선체는 쇠못으로 고정한 선체보다 약했고 끊임없이 물이 샜다. 쇠못도 알려져 있기는 했지만 아마도 너무 비쌌을 것이고 정교한 공정을 요구했다. 역청이나 송진을 고래 기름과 혼합한 뱃밥으로는 코이어(코코넛 섬유질)를 채운 이음매의 틈을 메웠다. 마지막으로 생선 기름으로 널에 방수 처리를 했다. 빌리어스는 이러한 처리법 탓에 다우선에서는 지독한 악취가 풍겼다고 말하는데 부분적으로 갑판을 씌운 경우 공기가 갑판 아래 갇혀서 냄새가 특히 지독했다.

초창기 모든 다우선은 잎사귀를 짠 돗자리나 면직물로 사각돛을 만들어 달았다. 나중에는 래틴, 다시 말해 뱃머리에서 배꼬리까지 펼치는 커다란 삼각돛을 달았는데 끝이 아주 높이 치솟아서 아랍 작가들은 삼각돛의 높은 모서리가 멀리서 꼭 고래의 지느러미처

대형 삼각돛(래틴 리그)

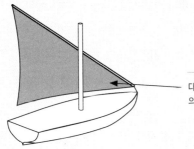

대형 삼각돛의 형태. '돛 앞쪽 가장자리'란 삼각돛의 빗면을 말한다.

'라틴^{Latin}'을 뜻하는 프랑스어 latine에서 온 래틴 리그^{lateen rig}는 커다란 삼각형 돛으로 일반적으로 짧은 돛대에 매달고 돛의 앞 끝자락을 이물에 고정시킨다. 돛 앞쪽 가장자리^{leading edge}는 긴 활대를 따라 쭉 펼쳐지고 돛과 삭구는 고물 끝에 있는 아딧줄로 조종된다. 대형 삼각돛은 적어도 기원전 1세기에 지중해에서 이미 출현한 것으로 보인다. 서기 첫 1000년의 중반이 되자 대형 삼각돛은 지중해 전역에서 사각돛을 대체했고 비잔티움 갤리선의 표준적인 돛이 된다. 역사가들은 오랫동안 아랍 다우선에서 사용된 삼각돛이 이슬람과 함께 인도양에 도래한 것으로 여겼지만 이는 사실이 아닌 것 같다. 사실 삼각돛은 카라벨선^{caravel}에 삼각돛을 달았던 포르투갈인들과 함께 도착했던 것 같다. 아랍 선장들은 곧 대형 삼각돛의 이점을 깨달았다. 1500년이 되자 대형 삼각돛은 몬순 세계에서 널리 이용되고 있었다.

앞쪽 가장자리가 긴 대형 삼각돛은 사각돛 선박에 비해 배가 바람에 훨씬 가깝게 붙어서 범주하는 것을 가능케 한다. 이것은 해안 가까이에서 약한 북동 몬순 계절풍을 받아 움직이는 연안 상선에는 뚜렷한 이점이었다. 대형 삼각돛은 뒤에서 바람을 받아 달릴 때는 그렇게 효율적이지 않았다. 포르투갈 카라벨선이 무역풍이 부는 대서양에서 삼각돛을 사각돛으로 대체한 것도 그 때문이었다. 그러나 대형 삼각돛을 갖춘 선박의 조종 용이성은 흔히 해안 가까이 얕은 물에서 활동하는 인도양 무역선들에게는 안성맞춤이었다.

그러나 대형 삼각돛은 단점도 있었다. 돛의 면적이 넓어서 맞바람을 받으며 침로를 바꿀 때 세심하게 다룰 필요가 있다. 선원들은 펄럭이는 돛과 부르르 떨리는 활대와 씨름하다 힘에 부칠 수도 있는데 이는 해안 가까이에서 침로를 바꿀 때 잠재적으로 치명적인 위험 요소이다. 다우선은 거의 언제나 맞바람을 받으며 침로를 전환하기보다 바람을 뒤에서 받으며 침로를 전환해 방향을 바꾸는데, 그 경우 돛을 뭉쳐 올리고 활대를 반대편으로 돌리는 수고가 필요하다. 또 다우선 같은 배에서는 돛을 줄이는 것도 어렵다. 많은 다우선은 활대를 두 개 갖추고 다른 돛을 더 달아서 험한 날씨에는 더 작은 돛을 이용했다.

럼 보인다고 말했을 정도이다. 무엇보다도 대형 삼각돛은 바람 가까이 붙어서 범주할 때, 특히 북동 몬순 계절풍처럼 가볍고 약한 바람에서 범주할 때 굉장히 효과적이었다. 아닌 게 아니라 황량한 해안을 따라 조용히 이동하는 효과적 수단으로서 대형 삼각돛의 사용이 확산된 이유도 그것 때문일 것이다. 대부분의 시기 동안 대형 삼각돛은 아랍과 초창기 항해자들이 연안 항로를 따라 항해하는 것을 가능케 했고 이 항로들을 따라 이루어지는 현지 거래들은 더 귀중한 상품을 실은 대형 선박에 의해 수행되는 거래만큼 중요했다.

아랍 상선을 타고 항해하는 것이 어떤 것인지를 가르쳐 줄 기록은 우리에게 거의 전해지지 않았고 디젤 엔진은 더 한가롭던 범선 무역 세계를 오래전에 대체해 버렸다. 영국인 고고학자 거트루드 벨과 매우 저명한 학자이자 군인인 T. E. 로렌스 같은 수 세대에 걸친

도판 7-5. 대형 삼각돛의 활대 꼭대기 모습. 앨런 빌리어스 사진. ©빌리어스 컬렉션. 런던 그리니치 국립해양박물관.

사막 여행자들은 무역 대상이나 사막 유목민과 함께 여행하면서 맞닥뜨리는 모험에 대해 열광적인 찬가를 쏟아 냈다. 그들은 배를 이용한 여행이 문명 자체만큼이나 오래된 인도양에는 눈길을 주지 않았다. 다행스럽게도 앨런 빌리어스는 2차 세계대전이 터지기 직전에 아덴에서 대형 다우선의 일종인 인도양 붐선*에 승선하여 1년을 보냈다. 빌리어스는 선미 갑판의 선장 벤치**에서 잠을 자고

---

*boom. 전통적으로 아라비아 원양 항해에 이용된 삼각돛 두 개짜리 범선의 일종.
**주로 선장이 앉아서 배를 지휘하는 자리.

도판 7-6. 짐을 잔뜩 실은 쿠웨이트 붐선. 앨런 빌리어스 사진. ⓒ빌리어스 컬렉션, 런던 그리니치 국립해양박물관.

선원들 틈에서 생활하며 수 세기 동안 변치 않은 리듬을 따르는 무역선 항해를 관찰했다.[21]

    그가 탄 붐선은 바다 위로 돛대가 27미터 높이까지 솟은 거대한 원양 항해선이었다. 최종 목적지는 중요하지 않아 보였다. 화물이나 승객에 따라 정박은 며칠씩 계속될 수도 있었다. 차라리 그게 다행이었을지도 모르는데 출항하기 위한 준비 작업이 엄청났기 때문이다. 고운 줄로 가볍게 고정한 돛을 활대에 매달아 끌어 올리는 작업에만 적어도 한 시간이 걸렸다. 그러나 일단 닻을 올리고 끈을 잡아당기면 거대한 돛이 펼쳐지고 다우선은 완벽한 조종 아래 정박지를· 빠져나갔다. 붐선은 가능하다면 다른 배들과 함께 다녔는데 이따금 대화를 나누기 위해서 아주 가깝게 배를 몰기도 했다. 배에 승선한 무에진*은 기도문으로 새벽의 침묵을 깨며 매일 기도 시간을 알렸다. 기도와 아침 식사, 세정을 하고 나면 선원들은 저마다 필요한 일에 착수하기 전에 우선 물을 퍼내는 작업을 했다. 대부분의 시간 동안 그들은 해변에서 돌을 던지면 닿을 거리만큼 바짝 붙어서 항해하다가 산들바람이 강해지거나 무풍 상태가 되어 잠시 닻을 내릴 때 이따금씩 앞바다 쪽으로 짧은 거리를 나가곤 했다.

모가디슈, 라무, 몸바사, 잔지바르. 붐선은 항구에서 항구로 승객을 싣고 화물을 팔고 때론 현명하게 밀수에 관여하기도 하면서 고대 동아프리카의 연안 항로를 따라 느릿느릿 이동했다. 잔지바르 남쪽에서 선장 네즈디는 탄자니아 남쪽 해안에 맹그로브가 빽빽하게 들어선 루피지 강으로 진입해 표준적인 크기의 곧은 장대를 실었는데 바레인이나 쿠웨이트에 내다 팔 이 물건들은 수 세기 동안 다우선의 화물이었다. 그다음은 남서 몬순 계절풍을 뒤에서 받으며 가는 귀환 여정이었으나 가는 길 내내 육지가 보이는 범위를 벗어나는 법이 없이 해안을 따라서 한참을 돌아갔다. 빌리어스는 네즈디가 왜 이런 전략을 선호했는지 이유를 찾지 못했지만 소말릴란드 앞바다에서 만난 심한 스콜은 배를 거대한 삼각돛 아래서 심하게 요동치게 만들었다. 선원들이 돛을 내리려 애쓰는 가운데 갈가리 찢긴 돛은 왜 많은 다우선 선장들이 연안 항해를 선호하

---

*이슬람교에서 기도 시간을 알리는 일을 맡은 사람.

는지를 짐작할 수 있게 하는 단서였다. 연안에서는 바람이 더 부드럽고 파도는 더 작았으며 조류와 해류는 더 약했다.

바로 여기, 뭍 가까이에서 아랍 선원만의 독특한 기술이 능력을 발휘했다. 항해의 마지막 구간에서 배는 상쾌한 바람을 받으며 바레인에서 쿠웨이트로 내달렸다. 네즈디는 연안 가까이 항해하는 것을 선택해서 경쟁자들을 따돌리고 먼저 항구에 도착할 수 있었다. 그는 페르시아 만의 서쪽 해안을 따라 결코 해도에 기록된 적 없는 산호초와 모래톱의 미로를 통과해 귀로를 내달렸다. 한 사람이 낙타 지방 덩어리를 바닥에 쑤셔 넣은 측심줄을 들고 이물에 서 있었다. 배가 암초와 모래톱을 피해 이리저리 방향을 틀 때마다 네즈디는 마치 지도를 따라가듯, 측심줄을 따라 올라온 작은 암석 입자와 모래, 조개껍데기를 유심히 살폈다. 바닷가 기슭은 너무 낮은 저지라 사실상 보이지 않았지만 선장은 이 바다에서 10년간 진주 조개잡이를 한 경험을 바탕으로 기슭 지형의 모든 생김새와 수심의 미세한 변화를 하나도 빠짐없이 알고 있었다. 그는 바다와 하늘을 살폈는데 어느 쪽에서든 아주 미묘한 차이도 수심의 미세한 변화를 암시할 수 있었다. 선장은 밀물과 썰물이 나고 드는 것, 조수가 움직이는 방향, 그것을 예측하는 법까지 이 모든 것을 해도나 조수 간만 표 없이 거의 본능적으로 알았다.

항구에 안전하게 머물 때 네즈디는 달이면 충분하다고 말했다—달과 별, 바다의 동태 그 자체면 충분했다. 아덴에서 잔지바르, 그리고 그 너머까지 간 다음 페르시아 만으로 돌아오는 내내 그는 해도 없이 항해했다. 그 자신이 표현한 대로 "길을 알았기" 때문이다. 그는 화물이 있는 곳으로 또 승객이 가는 곳으로 가면서 상업적 목적으로 확립된 뱃길로만 다녔다. 그는 이전 무역상들의 축적된 경험과 맞먹는 수천 년의 항해 경험에 의존했고 무역상들에게 『에리트라이 해 항해기』의 바다는 지형지물에서 지형지물로 그들을 인도하는 천체들만큼 친숙했다. 수 세기 전에 홍해 바다에서 이븐 주바이르는 그의 다우선 선장이 제다로 이어지는 좁은 물길을 쉽사리 빠져나가는 것을 지켜봤다. "마치 말 위에 올라탄 기수가 고삐의 민감한 움직임만으로 굴레를 씌운 말을 편안하게 다루듯이 그들이 좁은 수로를 따라 [배를] 몰고 가는 모습은 놀랍다. 이런 식으로 그들은 말로 설명하기 힘든 기막힌 솜씨를 보여 준다."[22] 문명의 가장 초창기 시절까지 거슬러 가며 현대에 들어서까지도 살아남은, 수 세대에 걸쳐 항해자들이 갈고닦은 다우선 조종술에는 예술적 기교가 담겨 있었다.

| 8장 |

"대규모 거래가 이루어지는 곳"

나는 남자의 목에 걸린 조가비 구슬에 묻어 있는 마지막 회색 재를 슬쩍 털어 냈다. 1100년 전 그를 장사 지낸 이름 모를 이들은 그의 이엉 집 옆 회색토에 야트막하게 무덤을 판 다음 턱을 무릎에 괸 앉은 자세로 그를 묻었다. 꽉 채워 넣은 구슬들은 다른 부장품과 마찬가지로 여전히 제자리에 있었다. 그러나 그 순간 다른 점이 눈에 띄었다. 붉은 유리구슬 한 알이 얇은 조가비 원반 사이에서 도드라져 보였다. 나는 작은 핀셋으로 구슬을 집어 올린 후 조심스레 비닐 봉투에 넣고 이리저리 돌려봤다. 한참 닳아서 칙칙한 붉은 빛을 띤 이 자그마한 구슬은 인도양 저편에서 온 것이었고 우리는 잠비아 남부에서 발굴 중이었다. 이곳은 동아프리카 해안으로부터 무려 1,100킬로미터 이상 들어온 곳이다.

이 외로운 구슬 한 알이 얼마나 놀라운 이야기를 들려줄 것인가! 마음속으로 나는 먼 해안 지방에서 시작되었을 그 구슬의 여정을 그려 보았다. 처음에는 울긋불긋한 다른 인도산 구슬과 함께 기다란 줄에 꿰여 어느 무역상에 의해 아프리카 내륙으로, 어쩌면 해안 배후지의 한 마을로 운반되었으리라. 구슬을 꿴 줄은 거기서 덤불 수풀을 가로질러 좁은 길을 따라 어쩌면 카누에 실려 옮겨졌을 것이다. 정착지에 한 번씩 멈출 때마다 식량이나 구리, 쇳조각, 심지어 상아 팔찌와 맞바꿔지고 여러 사람의 손을 거치면서 점점 작아졌을 것이다. 마침내 몇 달, 아니 어쩌면 몇 년이 지난 후 유리구슬 몇 알은 저지대 잠베지 강 유역으로부터 급경사면의 좁은 산길을 올라 멀리 내륙의 고원지대에 도달했고, 거기서 다시 한두 알 정도가 인도까지 뻗어 있는 교환 네트워크의 가장 끝에 자리한 작은 마을에 도착했으리라. 이 내륙의 오지에서 그것들은 진기한 품목이었고 아마도 가보로 대대로 전해지며 때로 망자와 함께 묻히는 굉장히 귀중한 보물이었다. 몬순 계절풍이 실어 나른 상업 활동의 열매는 여러 세기 동안 아프리카 깊숙한 곳까지 이동했다.

포르투갈 탐험가 바스쿠 다 가마가 1497년에 잠베지 강 어귀에 도착했을 때 몬순 무역은 원자재에 대한 그칠 줄 모르는 수요에 의해 추진되고 있었고, 동아프리카 해안을 따라 이미 상당한 규모에 달해 있었다. 아프리카는 원자재라면 내놓을 것이 아주 많았다. 철, 금속, 가죽은 다우선 상인들의 주력 화물이었지만 가장 값진 상품은 황금, 구리, 코끼리 상아, 노예였다. 이 이국적인 물건들은 카누나 더 흔하게는 노예의 등에 실려 해안에 도착했는데 이곳에는 무거운 짐을 나를 역축이 없었고 상인은 화물과 더불어 짐꾼도 같

도판 8-1. 대짐바브웨.

이 팔 수 있었기 때문이다. 내륙 무역이 어떻게 조직되어 있었고
교역량이 어느 정도였는지는 알려진 바가 없지만 엄격하게 경제적
의미에서는 언제나 일방적인 교환이었다. 원자재를 제공하는 사람
은 더 넓은 세계에서는 아주 흔한 물건들과 자신의 물건을 교환했
다. 값싼 인도산 면직물, 유리구슬, 크고 작은 조가비 같은 것들 말
이다. 조가비 가운데 원통형 청자고둥에서 원반같이 생긴 바닥 부
분과 자그마한 별보배고둥 껍데기는 머리 장식과 의복 장식에 널
리 이용되었다. 내륙 오지에서는 별보배고둥 껍데기 하나도 상당
한 값어치가 나갔다.

도판 8-2. 화려하게 치장된 잉곰베일레데 무덤. 잠비아, 잠베지 강 유역 중류. 이 사람은 청동 장식 고리와 네 개의 청자고동 — 하나는 황금 판을 댔다 —, 무수한 유리구슬 목걸이를 착용하고 있다. 기다란 구리철사와 철사를 만드는 도구는 머리 위쪽에 놓여 있다. 청자고동 혹은 최소한 고동의 바닥 부분 역할을 하는 나선형 원반은 족장의 역할과 위신을 상징했다. 스코틀랜드 선교사 데이비드 리빙스턴은 1855년에 중앙아프리카 오지의 한 족장을 방문했을 때 청자고동 한 개가 노예 두 명의 값어치가 나간다는 사실을 알게 되었다. 그러한 장신구는 매우 귀해서 20세기 초까지도 그것을 본뜬 도자기 복제품이 유통될 정도였다. 제임스 H. 채플린 사진.

이 무역의 중간 상인은 대개 강력한 족장들이었다. 그들의 권력은 잠베지 강 남쪽 멀리 대*짐바브웨에 웅장한 석조 울타리를 둘러친 방목 지대나, 오늘날의 남아프리카 북부 국경 지대에 있는 림포포 강 유역 언덕 꼭대기의 마을 마풍구브웨 같은 곳에 기반을 두고 가축 왕국들을 지배하던 통치자들에 못지않았다. 이 중간 상인들의 땅은 잠베지 강 하구 바로 남쪽에서 끝나는 다우선 항로의 남쪽 한계에서도 한참 떨어진 곳이다. 이들이 무역에서 획득한 부를 짐작케 하는 증거는 포르투갈인이 해안에 도착하기 직전 시기에 사람이 거주하게 된 북쪽에서 나왔다. 잠베지 강 유역 중류의 낮은 언덕 꼭대기 마을 잉곰베일레데에는 15세기의 무덤 아홉 기가 고스란히 보존되어 있다. 아홉 구의 유골은 언덕 꼭대기 무덤에 누워 있었다. 그중 이십 대 초반의 한 남자는 무려 아홉 개의 청자고둥 장신구를 목에 걸고 있었는데 청자고둥 가운데 하나는 18캐럿짜리 금으로 뒤판을 댔다. 그와 다른 유골들은 팔과 다리에 청동 고리를 길게 찼다. 수천 개의 유리구슬이 출토되었고 황금 목걸이가 유골을 감싸고 있는 경우도 있었다. 십자형 구리 주괴와 철사 제작용 도구 한 세트가 여러 유골과 나란히 놓여 있었다. 날이 긴 의례용 철제 괭이와 징도 마찬가지로 부장되었는데 징의 경우 아프리카 족장의 오래된 상징이었다.[1]

이들은 힘 있고 부유한 자들로서, 아프리카 농경 사회에서 매우 귀히 여기는 상품인 소금이 퇴적된 넓은 소금 광상 근처의 입지가 좋은 곳에 살고 있었다. 소금은 아마도 잠베지 강 남쪽에서 온 구리와 교환한 상품 가운데 하나였을 것이다. 마을 주변으로는 오

인도양 유리구슬 연구

유리구슬은 인도양 몬순 계절풍 무역의 주력 상품이었다. 빛깔이 선명하고 긴 줄에 꿰어 쉽게 옮길 수 있는 유리구슬은 19세기 유럽 탐험가들이 동아프리카를 관통해 여행하면서 가져간 기본 품목 가운데 하나가 되었다. 그때가 되자 유리구슬은 아주 흔해져서 지역이 달라지거나 해가 바뀌면 유행도 멋대로 바뀔 정도였다. 남아프리카의 유리구슬을 연구한 초창기 연구자 한 명은 "구슬 포화 지점"이란 것을 언급하는데 구슬의 가치가 너무 떨어져서 사람들이 구슬을 땅에 흘려도 거의 눈치 채지 못하는 순간을 말한다. 이전 시대에는 상황이 달랐는데 그러한 이국적 물건에 상당한 위신이 부여되었음이 틀림없다. 우리는 물론 수천 년 전에 그리고 이슬람 다우선 무역의 전성기에 그 구슬들로 "구입했던" 상품들의 측면에서 구슬의 값어치가 어느 정도였는지는 짐작하지 못한다. 잠베지 강 유역의 잉곰베일레데 매장지에 묻힌 사람들은 15세기 초반의 유행을 반영해, 수천 개의 붉은 구슬은 물론 푸른색 구슬과 밝은 청록색 구슬, 녹인 유리를 돌돌 말아서 만든 초록색 구슬도 차고 있었다.

그렇다면 이 구슬들은 어디서 만들어졌을까? 초기 연구자들은 원산지를 기준으로 분류를 시도했지만 훗날의 아주 특징적인 베네치아산 구슬과 여타 형태의 구슬을 제외하고는 별로 성공을 거두지 못했다. 최근에 구슬 전문가들은 구슬의 화학적 성질이 지역마다 달랐다는 주장에 근거해 분광 사진 분석법과 중성자 활성 분석법을 이용해 개별 구슬의 성분을 연구한다. 안타깝게도 유리 제작 기법은 장기간에 걸쳐 변화가 거의 없어서 원산지에 대한 상세한 연구는 여전히 불가능하다. 그러나 전반적으로 볼 때 동아프리카와 남아프리카에서 발견된 10세기 이전 것으로 추정되는 유리구슬은 메소포타미아나 이란에서 온 것 같다. 10세기 아바스 왕조의 쇠퇴와 함께 무역의 초점은 광물소다알루미늄 유리로 구슬을 만드는 인도 서부로 옮겨갔다. 이 이른바 무역풍 유리구슬 수백만 개가 몬순 세계 전역으로 이동했고 또 상당량이 스리랑카에서 건너왔다. 나의 붉은 구슬 한 알도—비록 분석된 적은 없지만—궁극적으로는 인도에서 왔을 가능성이 크다.

늘날까지도 코끼리가 많으니 이들의 부의 주요한 원천 가운데 또 하나가 가까이에 있는 셈이었다. 무역상들이 잉곰베일레데에 얼마나 자주 왔는지, 무역이 어떻게 작동했는지는 아마 앞으로도 알 수 없을 것이다. 그러나 여러 세기 전에 아프리카와 아시아의 접촉을 가져온 몬순 계절풍의 예측 가능한 주기가 없었다면 이러한 무역은 결코 발달하지 못했을 것이다.

동아프리카 해안은 연중 대부분의 기간 동안 북동 몬순 계절풍이 부드럽게 살랑살랑 불어오는 나른한 곳이다. 작은 연안선인 음테페mtepe가 여전히 고기를 낚으며 포구에서 포구로 느릿느릿 움직이는 산호초의 안쪽에서 삶은 느긋한 속도로 펼쳐진다. 최초의 이방인들이 동아프리카 해안으로 배를 타고 오기 오래전, 물고기를 잡고 사냥을 하며 살아가던 스와힐리 집단은 모가디슈 지역부터 멀리 남쪽의 잔지바르와 그 너머까지 인도양을 따라 여기저기 흩어져 살아가고 있었다. 그것은 연안 항해 선박과 지역 공동체 간 무역으로 연결된 해안 사회였다.

　더 큰 세계와 유리된 외딴 오지의 바닷가라고 짐작하기 쉽겠지만 그리스와 로마의 무역상들은 홍해 일대에 이슬람이 흥하기 오래전에 배를 타고 이곳으로 왔다. 우리는 이러한 항해들을 『에리트라이 해 항해기』로부터 알 수 있다. 『에리트라이 해 항해기』는 오늘날 소말리아 북부의 라스하푼 곶으로 알려진 기항지이자 2천 년 전 계피가 유명했던 오포네를 가리켜 "이집트로 점점 더 많은 숫자가 보내지는 질이 좋은 노예와, 다른 어디에서 볼 수 있는 것보다 좋은 거북 등껍질을 대량으로" 구할 수 있다고 묘사한다.[2] 이 고대의 기항지에는 이집트와 페니키아 배들이 들렀고 아라비아와 페르시아 만에서 온 배들도 정박했다. 그리스와 로마의 뱃사람들은 남쪽의 아자니아를 따라 항해했는데 남쪽 멀리까지 뻗어 있는 이 아프리카 해안은 일찍이 로마 시대에 그런 이름을 얻었다. 우리는 『에리트라이 해 항해기』로부터 섬과 암초에 둘러싸여 비바람을 피할 수 있는 정박지와 멀리 남쪽, 널을 꿰맨 배와 통나무 카누로 눈길을 끄는 메누티아스라는 섬에 대해서도 알 수 있는데 후자의 경우 오늘날의 잔지바르 섬을 가리킬 수도 있다. 배를 타고 이틀을 가면 라프타라는 "아자니아 [동아프리카] 대륙에서 장이 서는 가장 마지막 도시"가 나오는데 "그곳에는 상아가 풍부하고 거북 등껍질도 있기에" 아라비아 해안에서 온 커다란 무역선이 자주 들르는 곳이었다. 그 너머로 아직 아무도 탐험한 적 없는 대양이 서쪽으로 굽이쳐 흘러 궁극적으로는 "서쪽 바다"와 합류했다.[3]

　『에리트라이 해 항해기』만 보면 아자니아가 동쪽으로는 인도양이 둘러싸고 있는 인도양 세계의 일부이며 서쪽의 광대한 아프리카 내륙과는 고립된 그저 기다란 해안 지대라고 짐작하기 쉬울 것이다. 사실 해안 지대와 내륙 지대는 번창하는 교환 네트워크와 사회적 유대로 매끄럽게 이어진 문화적 일체였다. 아자니아 본토와 세계에서 네 번째로 큰 섬인 마다가스카르를 비롯한 앞바다 섬들은 커다란 환경적 다양성을 누렸다. 북쪽은 반^半건조 지형에 불규칙하게 비가 내렸고, 남쪽에는 사바나와 드넓은 맹그로브 습지대, 열대 우림이 자리했다. 물고기와 조개가 풍부하고 목재도 풍부했다. 산호는 건축에 이용될 수 있었다. 철광석도 몇몇 지역에 풍부하게 존재했다. 『에리트라이 해 항해기』는 해안 지대의 거주민들이 "매우 건장"하고 "해적 습성"이 있다고 말하는데 오늘날 소말리아 해적의 전신인 셈이다.

무엇이 이 길쭉한 해안 지대로 몬순 항해자들을 처음 끌어당겼는지는 수수께끼이지만 분명 우세풍이 남쪽으로 향하는 여정을 자극했을 것이다. 유인 동기는 철광석과 목재였을 수도 있는데 후자의 경우는 사실상 나무가 없는 사막 지대에서 귀중한 원자재였다. 이 품목들은 현대까지도 동아프리카 무역의 주력 상품으로 남았고 아자니아와 더 넓은 인도양 세계를 잇기에 충분했을 것이다. 구리나 황금, 코끼리 상아와 가죽처럼 더 진기하고 값진 상품들은 더 나중에 가서야 먼 곳의 수요에 힘입어 중요한 역할을 했다. 10세기 아랍 지리학자 알마수디는 동아프리카인은 장신구를 만드는 데 있어 철과 구리도 금과 은만큼 높이 친다고 말할 정도였다.[4] 코끼리 엄니는 곧 무역의 주력 품목이 되었는데 아프리카코끼리의 엄니는 인도코끼리의 엄니보다 더 크고 부드러우며 조각이 용이했다. 인도양을 가로지르는 혼례용 팔찌와 기타 장신구에 대한 그칠 줄 모르는 수요는 노예의 등에 실려 해안 지대까지 운반되는 코끼리 엄니의 몬순 계절풍 무역을 창출했다. 사람*은 아라비아와 페르시아 만으로 갔고 상아는 인도로 갔다.

홍해에서 온 연안선이 언제 처음으로 아자니아를 탐험했는지는 아무도 모르지만 페니키아 시대만큼 일찍 시작되었을 수도 있다. 가장 이른 시기로 알려진 고고학 유물은 서기 200년과 400년 사이 것인 로마 시대 유리구슬 네 알이다. 이 구슬들은 루피지 강 삼각주의 작은 정착지에서 출토되었다. 이곳은 탄자니아 남쪽으로 더 내려간 곳으로, 어쩌면 서기 800년보다 더 이른 시기의 해안 지대 무역 중심지 단 두 곳 가운데 하나로 기록에서 언급되는 라프타보다 더 먼 남쪽이다.[5] 라프타가 정확히 어디에 위치하고 또 어떤 곳이었는지는 수 세대의 학자들을 사로잡아 온 문제다. 어쩌면 마을이나 도시라기보다는 일시적인 장소, 잠시 동안 천막을 치던 장소 이상은 아니었을지도 모른다.

우리는 북동 몬순 계절풍이 해안을 따라 배를 데려오는 시기에 맞추어 배를 대기 편리한 정박지에 천막이 우후죽순처럼 들어선 야영지를 그려 볼 수 있다. 곧 이엉 집과 어쩌면 울짱을 두른 오두막이 삼삼오오 무리를 지어 들어서고 여러 언어가 뒤섞인 이 야영지에서 내륙 안쪽에서 온 사람들을 비롯해 여러 아프리카인들이 삶의 대부분을 물 위에서 보낸 상인들 및 선원들과 어울린다. 상아를 쌓아 올린 작은 무더기와 어쩌면 약간의 구리 주괴가 있고 고운

---

*노예를 뜻한다.

사금도 여러 세기 동안 이 귀한 상품의 용기로 쓰인 고슴도치 가시에 싸여 드물게 보인다. 배에는 근처 습지대에서 잘라 온 맹그로브 장대가 실린다. 감시를 받는 노예들은 자포자기 상태가 되어 울타리 안에 쭈그리고 앉아 있다. 상인들과 아프리카인들은 구슬을 꿴 줄과 옷감 뭉치, 조가비가 담긴 자루를 놓고 흥정한다. 야영지는 몇 주 동안 사람들로 북적이지만 모두가 떠나면 텅 빈 오두막과 썩어 가는 울타리만 남는다.

극소수의 고고학적 발견만이 기껏해야 간헐적이던 몬순 계절 풍 무역이 어떤 모습을 띠었을지 증언한다. 약간의 그리스-이집트 유리 조각이 루피지 강 삼각주 북쪽으로 20킬로미터 떨어진 지역에서 출토되었다. 이곳에는 일찍이 기원전 1세기에 인간이 거주했고 서기 3세기 중동의 도기도 발견되었다. 5~6세기 동안 지중해 지역에서 물레를 이용해 제작된 도기의 파편도 잔지바르 유적지에서 출토되었다. 접촉 활동에 대한 이러한 흔적만으로도 우리를 감질나게 하기에는 충분하다. 케냐 북부 라무 근처의 고고학 유적지로 판단하건대, 이슬람 세력이 서기 8세기 후반에 해안에 처음 도착했을 때 해안 지방과 내륙 사이에는 이미 장기간에 걸친 접촉이 존재했다.

처음에 내륙 부족들과의 이러한 교환은 물고기와 곡물, 철과 같은 일상적 상품을 중심으로 이루어졌다. 북부와 동부 간 접촉이 증가하자 내륙 무역이 확장되어 다른 더 귀한 원자재들도 포괄하게 되었다. 이어서 다양한 아프리카 농경 집단과 목축 집단이 이슬람 상인들 및 다른 지역에서 온 다우선 선장들과 접촉했다. 스와힐리 사회는 그들만의 특징적인 아프리카적 성격을 유지했지만 그 구성원들은 인도양 몬순 뱃길을 가로지르고 내륙 깊숙한 곳까지 침투한 장거리 무역에 관여함으로써 다양한 정체성을 획득하게 되었다. 아랍 선원들은 동아프리카 해안 그 자체를 잔즈^{Zanj}, 즉 "검은 사람들의 땅"으로 인식했다.

초창기 이슬람 무역의 대부분은 페르시아 만에서 유래하는데 아마도 아바스 왕조의 흥기 그리고 바그다드의 성장과 관련이 있을 것이다. 페르시아 만의 시라프와 소하르 같은 항구에서 온 배들은 목재 화물을 구했다. 아프리카 맹그로브 장대는 중동 여러 도시의 가옥의 지붕을 이었고 거기에는 바그다드의 지붕도 빠질 수 없었다. 그 배들은 아프리카 노예도 메소포타미아로 실어 날랐다. 노예들은 유프라테스 강 저지대 습지 일부에서 물을 빼내는 작업을 떠맡았다. 무역선들은 동아프리카에서 회항할 때 중국 당나라의 공방에서 나온 도자기 위탁 화물을 가져왔다. 중국 도자기가 왜 그렇게 일찍이 동아프리카에 도달했을까? 대답은 다시금 예측 가능한 몬순 계절풍 주기이다. 페르시아 만의 상선들은 아프리카산 상아와 인도네시아 사람들이 사냥한 향유고래에서 추출해 향수의 정착액으로 이용되는 용연향을 페르시아 만에서 인도와 스리랑카로, 거기서 다시 북쪽과 동쪽의 남중국해 항구들로 실어 날랐다.

당연한 일이지만 아마도 소수의 상인들로만 이루어진 소규모 이슬람 지역 사회가 동아프리카 해안 지방을 따라 생겨났다. 일찍이 서기 750년경에 한 줌의 외국인들이 케냐 북부 해안 지방 칸발루에 거주했다. 같은 지역에 위치한 샹가 마을은 일찍이 750~780

년에 작은 모스크를 자랑했다.[6] 모스크 기단부는 앞선 시기 유적지의 핵심적인 특징이었던 석재 담을 둘러친 구역의 중앙, 불에 탄 나무 그루터기 위에 놓여 있었다. 이것은 토착 종교와 이슬람 신앙 사이의 상징적 연속성을 나타낼 수도 있다. 비록 아프리카 토착 종교의 신은 중개자를 통해 신자들과 교통하지만 두 종교 모두 최고신에 대한 믿음을 드러냈다. 샹가에서는 중국, 페르시아, 아라비아, 인도에서 만들어진 도자기와 무수한 유리 파편, 구슬, 아랍어 비문이 새겨진 인장 반지가 나왔다. 샹가와 해안을 따라 더 아래쪽에 있는 킬와에서 주조된 동전은 다른 해안 지방 중심지와의 연계를 암시한다. 9세기에 만들어진 초창기 무슬림 매장지가 모잠비크 남부의 치부에네 같은 먼 남쪽 지역에서 발견되었는데 치부에네는 어쩌면 내륙 지방과 교역을 하는 상인들을 위한 정박지였는지도 모른다.

9세기와 10세기에 이르면 역시 해안에서 320킬로미터 정도 떨어진 코모로 제도가 이미 장거리 인도양 무역에 관여하고 있었다. 코모로 제도는 마다가스카르와 인도양 무역상 그리고 동아프리카 해안 사이에 환적 지점 역할을 했을지도 모른다. 윗가지를 넣은 흙벽 가옥들로 이루어진 코모로 정착지 몇 군데에서는 아프리카 본토 해안 지방의 더 큰 무역 중심지들보다 페르시아산 도자기가 더 많이 발견되었다. 이 마을들 가운데 일부는 인도 수출용 철의 주 산지였는데 이 철 무역은 아랍 지리학자 알이드리시가 보고한 바 있다. 고대 인도 상인들은 인도 철광석에 비해 우수한 아프리카산 철의 유연성을 좋아했다고 한다.[7] 잔즈의 제철공들, 다시 말해 코모로 제도와 대륙 본토의 제철공들은 인도양 무역의 주력 상품을 생산했던 것이다.

아라비아와 페르시아 만에서 아자니아로 가는 페르시아 만 무역은 9세기 후반 동안 쇠퇴했는데 부분적으로는 메소포타미아에서 일어난 아프리카 노예의 대대적인 반란 탓이었다. 중국의 당나라는 906년에 멸망했다. 정치적 불안정이 뒤따랐고 중국과 인도 간 교역도 쇠퇴했다. 이때가 되자 홍해와 아덴 만에서 온 상인들이 무대에 등장했는데 무슬림뿐만 아니라 게니자genizah라고 불리는 유대교 회당 문서고에 기록된 것처럼 카이로에 근거지를 둔 유대인 상인도 포함되어 있었다.[8]

예멘 해안에 위치한 아덴은 사람들로 떠들썩한 인도양 세계의 번창하는 교차로로서, 입지가 좋고 방어가 용이하며 홍해 항해철과 인도양 항해 철 어느 때든 접근이 가능했다. 이곳은 동쪽이나 서쪽으로 가는 배들이 흔히 몇 달씩 기다리며 화물을 싣고 선체를 수리하는 곳이었다. 우리는 항해 철이 끝나고 다우선이 도착하기를 기다리는 나날을 상상해 볼 수 있을 것이다. 한 무슬림 여행가는 "사람이 바다에서 돌아오는 것은 무덤에서 다시 일어나는 것과 같고 항구는 심판의 날에 신자들이 모이는 장소와 같다. 질문하고 정산하고 무게를 달고 셈하는 작업이 이어진다."고 언급했다.[9] 안절부절못하는 상인들은 잠재적 이득과 손실을 따지면서 경계의 끈을 풀지 않았다. 아덴은 통치자들과 상인들이 공정한 세금과 필수적인 상업 서비스로 안전하고 예측 가능한 환경을 조성하기 위해

협력한 곳이었다. 그들은 장인과 목재, 그 밖에 조선과 관련한 물자를 제공한 인도 상인들과 개인적 접촉을 활성화함으로써 조선업도 육성했다.

카이로의 게니자 문서고 덕분에 우리는 유대인 무역상들이 아덴의 상업 활동에서 중요한 역할을 담당했음을 알 수 있다. 어떤 이들은 세관과 같은 기관에서 중요한 직위를 차지하기도 했다. 카이로 문서고는 수천 킬로미터의 망망대해를 가로질러 진행된 송사와 오랫동안 유지된 관계들에 대해 알려 준다. 우리는 아덴의 상인 대표단이 외국 무역상과 아덴에 살고 있는 믿음직한 사업가 사이에 신뢰 어린 동업자 관계를 어떻게 만들어 냈는지 알게 되었다. 언제든 믿고 의존할 수 있는 이 개개인들은 자신들의 정직성을 무기로 카이로와 말라바르 해안처럼 멀리 떨어진 곳에 사는 무역 파트너에게 강력한 보증인 역할을 했다. 그들은 효율적인 서비스뿐만 아니라 변화무쌍한 시장 조건과 항해 여건에 관해 필요한 정보를 제공했다. 좀처럼 만난 적이 없었을 사람들 사이에 개인적 관계와 신뢰가 발전했다.

카이로 게니자는 경쟁과 간헐적인 갈등으로 이루어진 세계를 보여 주기도 하지만, 한편으로는 지리적, 종족적, 종교적 경계를 초월한 놀라운 협력도 우리 앞에 드러낸다. 게니자 문서에 등장하는 아덴의 유대인 상인은 진정한 코즈모폴리턴이었다. 물론 그들은 사업을 경영하기 위해 가족과 종교적 유대에 크게 의존하면서 이집트와 인도, 그 너머에서 자신들과 신앙을 공유한 개인들과 긴밀한 유대를 유지했다. 그러나 그들이 유지한 가장 중요한 관계는 자신들의 고향과 수평선 너머 먼 곳에 있는 무슬림 및 힌두교 사업 파트너와의 관계였다. 아덴과 같은 항구 도시는 인도와 아프리카, 아라비아, 지중해 세계 사이의 무역을 움직인 사회적 관계들을 단단히 결부하는 지주였다.

서기 첫 천 년대의 후반기는 지중해 세계에서 중대한 경제적, 정치적, 사회적 변화가 일어난 시기였다. 남부 독일에서는 신성로마제국이 수립되었다. 비잔티움 제국은 전성기를 구가했다. 북아프리카의 파티마 왕조 군주들은 지중해 세계에서 대규모 대상들의 합류 지점인 카이로까지 정치적 주종 관계를 확대했다. 예술과 수공업, 정교한 건축이 꽃피었고 사치품에 대한 수요가 급증해 진기하고 찾기 힘든 원자재에 대한 전례 없는 수요를 촉발했다. 그러한 원자재로는 황금, 상아, 수정이 있었고 그 모두는 영국의 고고학자 마크 호튼이 동아프리카 해안을 따라 있는 "스와힐리 회랑"이라고 부른 곳, 즉 아자니아에서 얻을 수 있었다.

　원자재 수요는 엄청났는데 전통적으로 북아프리카와 홍해 지역에서 구해 온 상아에 대한 수요가 특히 높았다. 서기 600년 무렵에 상아 공급은 바닥난 것 같았다. 장인들은 바다코끼리와 일각돌고래, 심지어 시베리아에서 나온 매머드 화석의 상아에까지 손을 뻗었다. 상아 부족 현상은 3백 년 동안 지속되다가 960년 무렵에 다시 아프리카산 코끼리 상아가 기독교권과 무슬림 유럽, 특히 에스파냐에 쏟아져 들어왔다. 호튼이 지적한 대로, 다수의 새로운 상아 조각품은 지름이 11센티미터 이상이었는데 동아프리카에서 잡히는 아프리카코끼리의 엄니로만 가능한 크기였다. 그와 거의 동시에 이집트 파티마 왕조의 공방은 수정으로 된 무수한 걸작을 내놓았다. 그러나 예술 매체임과 동시에 커다란 시장 가치가 있는 상품인 황금이야말로 궁극적 촉매제였다. 엄격하게 통제되는 파티마 왕조의 주조소는 순도 96퍼센트의 디나르 주화를 찍어 냈는데 순도가 아주 높아서 상업의 무게 중심이 지중해 남부의 무슬림들이 지배하는 항구로 이동할 정도였다. 그러나 주조소에서 주화를 찍어 내기 위해서는 새로운 금속이 지속적으로 공급되어야 했다. 이 금속 가운데 상당량은 서아프리카 사하라 남쪽 변두리의 광산에서 왔지만 적지 않은 양이 인도양에서도 공급되었다.[10]

연안 무역은 외국 상인들이 현지의 통치자 및 이름난 상인 가문과 지속적인 관계를 발전시키면서 급속히 팽창했다. 새로 건너온 사람들은 새로운 건축 양식과 미술 양식도 함께 가져왔고 그러한 양식들을 실제로 활용할 장인들도 데려왔다. 뒤따라 중동 무슬림 궁정의 생활 방식을 모방한 새로운 생활 방식도 도입되었다. 상가에는 목조 건물들이 있던 곳에 산호 반죽 벽돌로 지은 석조 모스크가 정중앙에 자리하고 오래된 산호 울타리 대신 석벽으로 구획된 중앙 구역이 자리를 잡았다. 표면상으로는 현지 주민들도 부를 과시했다. 그러나 새로운 관습과 더불어 적어도 피상적으로나마 외부에서 들어온 신앙을 채택했지만 농업과 목축은 여전히 일상생활의 주된 수단이었다. 라무 인근과 탄자니아 해안에 위치한 킬와 같은 좋은 정박지에 들어선 정착지에서도 동일한 변화가 나타났다.

400군데가 넘는 고고학 유적지들은 대부분 작은 마을들로 포르투갈인의 도래 이전 동아프리카 해안의 정착 인구를 말해 준다. 그러나 샹가, 만다, 웅그와나와 더불어, 멀리 남쪽의 킬와와 소팔라처럼 수백 채의 석조 가옥을 보유하고 일부 지역에서는 인구가 1만 명에 달했을 수도 있는 대규모 도시들도 소수 존재했다. 이 "석조 도시"들은 몬순 무역에 관여하는 다우선이 들르는 항구로 내륙 지방과의 교역로 가까이에 위치하여 입지가 유리했다. 여기서 다우선은 안전한 정박지와 비바람과 파도가 들이치지 않는 경선(배를 끌어올린 다음 한쪽으로 기울여서 청소하고 수리하는 작업) 장소를 구할 수 있었다. 인구가 고도로 밀집한 몇몇 지역은 라무와 몸바사 같은 자연적 항구 주변은 물론 비옥한 배후지가 식량을 풍성히 공급한 북쪽의 말린디와 남쪽의 킬와 근처에서도 번성했다.

스와힐리 회랑 지대에서 대부분의 무역은 주요 상인 가문 및 이방인들과 이슬람이라는 공동의 유대로 연결된 현지인들의 수중에서 이루어졌다. 그들은 신앙을 공유했고 어쩌면 그보다 더 중요할지도 모르는 도덕적 가치를 공유함으로써 의사소통이 흔히 극도로 더딘 세계에서 상업적 거래의 안전성을 높였다. 스와힐리인들은 무역에 그들 고유의 해양 기술을 보탰다. 그들의 수로 안내인은 오래전부터 좁은 길목의 암초와 얕은 여울을 통과해 배를 모는 어려운 기술에 통달해 있었다. 현지의 연안선 음테페는 몬순 계절풍이 더 불안정하고 해상 조건이 더 위험한 남쪽 바다까지 갔다. 선장들은 암초와 소소한 물길 하나하나를 알았고 어느 정박지에서 상품을 구할 수 있으며 또 어느 정박지의 수장과 군주들이 우호적인지도 속속들이 알았다. 그들은 이 까다로운 바다에서 항해 전문가, 화물 열차의 운전사였다. 북쪽에서 그들은 원양을 항해하는 아랍 다우선에 화물을 이송하는 일을 했고 그러면 다우선이 상품을 다시 홍해와 아라비아 연안으로 실어 갔다.

내륙 지방에서 원자재를 입수하는 일은 전혀 다른 정치적, 사회적 관계들을 요구했고 그러한 관계는 유지하기가 훨씬 힘들었다. 스와힐리인들은 내륙에서의 오랜 경험을 자랑하는 아프리카인이었기에 멀리 내륙 안쪽으로 거미줄처럼 뻗어 있는 장거리 교환 네트워크를 조심스레 보존했다. 이 네트워크가 곡물과 가죽, 조가비 같은 장신구 그리고 소금을 마을에서 마을로 실어 날랐다. 나의 빨간 구슬 한 알을 내륙으로 1,100킬로미터 이상 실어 나른 것은 궁극적으로 이 네트워크였다.

내륙에 무역 파트너를 얻음으로써, 스와힐리인은 별보배고둥이나 청자고둥과 같은 귀한 품목들의 공급을 지배할 수 있게 되었다. 나는 라무 인근의 해변을 걷다가 한때는 값을 따질 수 없는 화폐였지만 이제는 진기한 수집품으로서 말고는 가치가 없어 버려진 별보배고둥이 수북이 쌓여 있는 곳을 지나간 적이 있다. 해안 지방 사람들은 바닷물로 소금 덩어리도 제조했는데 내륙에서 자급해 살아가는 농부에게는 아주 소중한 것이었다. 해안 지방 제철공들은 무역용으로 완제품도 제조했고 면직물과 다른 싸구려 장신구들 역시 내륙으로 건너갔다. 스와힐리인 본인들이 내륙으로 들어가는 일은 드물었다. 그들은 옷감을 받고 코끼리 상아를 제공하는 사냥꾼들과 현지 집단에 의존했다. 황금은 산지가 남쪽 멀리에 있어서

도판 8-3. 탄자니아, 송고음나라의 석조 도시 건축물. 사진 왼쪽에 모스크의 아치형 문이 보인다. 음나라는 킬와키시와니의 바로 남쪽에 있는 섬에 자리한 도시로, 킬와키시와니에서 갈라져 나와 14세기부터 16세기까지 번성한 도시였다. 유적지를 통해 산호로 지은 건물이 매우 우수했다는 사실을 알 수 있으며, 이 기념비적인 건축 양식은 주택과 당시의 여러 웅장한 저택에 영향을 미쳤다. 스테파니 윈존스의 허락을 받아 실음.

구하기가 더 힘들었는데 림포포와 잠베지 강 사이 내륙에서 사금이나 덩어리 형태로 공급되었다. 그 가운데 상당량은 오늘날의 짐바브웨에 있는 사금 광산에서 나왔다. 이 분야의 권위자인 고고학자 로저 서머스는 567톤 정도의 금이 대략 800년에 걸쳐 남아프리카에서 수출되었다고 추산하는데 이는 연간 709킬로그램이 넘는 산출량이다.[11] 아프리카 황금은 당시 글로벌 경제의 주요 요소였다. 황금과 상아, 다른 사치품에 대한 그칠 줄 모르는 수요와 함께

도판 8-4. 킬와키시와니의 대大모스크. 14세기에 건설된 돔 확장 부분이 보인다. 북쪽 건물(사진의 오른쪽)에 통합된 원래의 건축물은 11세기 것이다. 스테파니 윈존스의 허락을 받아 실음.

유럽에서 중세 문화의 최초 중흥은 많은 부분 스와힐리 회랑의 뱃사람들에게 빚지고 있다.

해안 일대의 삶은 "석조 도시"를 중심으로 돌아갔다. 비록 공식적인 관행은 없었음에도 불구하고 번창하는 무슬림 신도들이 모이는 모스크는 거의 어김없이 바닷가에서 1킬로미터 이내에 들어설 만큼 해안 지향성이 강했다. 새로운 건축물은 진흙과 산호로 지어지다가 13세기에 이르자 전적으로 산호로만 지어졌다. 석조 가옥과 궁전 및 기타 건물들이 모여 흔히 안뜰을 포함한 조밀한 도시를 형성했다. 산호 벽돌로의 전환은 페르시아 만으로부터 산호 벽돌 건축이 일반화된 홍해로 무역의 초점이 이동한 현실을 반영하는 것일 수도 있다. 천장을 구성한 맹그로브 장대의 길이는 방의 크기를 제한해 작은 방이 산호 건축의 공통적인 특징이 되었다.

"석조 도시"는 단순한 건축학적 유행 이상이었다.[12] 석조 도시의 출현은 번영하는 도시 상인 계층의 성장과 일치했다. 그들은 대부분의 부를 지배했고 따라서 정치권력에 접근해 갔다. 석조 도시 건축은 가장 오래되고 명망 있는 도시 가문인 와웅그와나를 정점으로 스와힐리 사회 내에 서로 다른 집단들이 존재한 현실을 반영했다. 사회 내부의 구조는 단순한 초가집에서부터 다층 건물의 최저 층을 거쳐 높은 층에 자리한 사회의 정점에 이르기까지, 가옥의 유형과 그것이 들어선 장소에 집중되었다. 그러나 이 사회는 무엇보다도 몬순 계절풍에 의존하고 지구 상 면적의 족히 4분의 1을 아우른 광대한 글로벌 무역 네트워크의 거대한 교차로에 운 좋게 위치했던 아프리카 사회였다. 대양과 거기서 부는 바람의 예측 가능성은 해안 도시에 근본적인 안정성을 가져다주었다. 스와힐리 상인들은 몬순 계절풍의 풍향 변화를 내다보고 언제 다우선 선단이 도착했다 떠나는지 예측할 수 있었다. 그들은 미리미리 화물을 집적하고 융자를 관리하고 빚을 떠안을 수 있었으며, 안정적인 시장 안에서 부유하고 여유로웠다. 석조 도시는 훌륭한 가옥과 모스크, 도시 시설물로 이러한 안정성을 반영했다.

해안 사회가 번성하자 이슬람 신앙도 동일한 도덕적 가치를 통해 무역 파트너 사이에 신뢰의 요소를 제공하면서 더 확고하게 자리를 잡았다. 이슬람교는 신자를 노예로 삼는 것을 금했기 때문에 노예제에 맞서 보호를 제공하면서 한편으로 무역에서 취급되는 상품 다수를 생산한 배후지 사회들과 긴밀한 제휴 관계를 조성했다. 석조 도시는 갈수록 상업의 요충지가 되어 갔다. 포르투갈 작가 두아르테 바르보사에 따르면 몸바사는 "아주 아름다운 곳"이었다. "이곳은 많은 거래가 이루어지는 곳이며, 언제나 다양한 선박들이 정박하고 있는 좋은 항구를 갖고 있다."[13] 커다란 부에도 불구하고 석조 도시들은 서로 간에 독립적인 상태를 유지했다. 길쭉한 해안선과 제한된 수원은 단일 국가의 성립을 저해했다. 그 대신 엘리트 가문들은 서로 간에 또 본국과 해외의 무역 파트너와 접촉을 유지했다. 상업적, 정치적 제휴 관계와 선물 교환, 시의적절한 결혼이 존재했고 군사적 충돌은 아주 드물게만 일어났다.

1400년에 이르자 석조 도시는 수평선 너머 먼 곳을 서로 연결하는 광대한 몬순 교역로 네트워크의 가장자리에 있었다. 그곳의 통치자들과 상인들은 예측 가능한 몬순 계절풍에 의해 규정되고 파악된 더 넓은 세계의 적극적인 참여자였다. 바로 이 바람이 오래 전부터 줄곧 다언어 세계였던 이곳에 거대한 외국의 함대를 데려왔다.

| 9장 |

❀

"우리는 구름 같은 돛을 높이 펼쳤다"

1414년 공물로 바쳐진 이국적인 동물이 벵골에서 중국 황제의 조정에 도착했다. 바로 아프리카 기린이었다. 이 낯선 생물은 "사슴의 몸통에 황소의 꼬리가 달려 있고 뼈마디가 없는 부드러운 살집의 뿔이 나 있으며 몸에는 불그스레하거나 자줏빛에 가까운 은은하게 빛나는 반점이 박혀 있었다." 심도^{沈度}라는 화가가 이 동물의 살아 있는 모습을 그린 다음 그림 옆에 황제의 "덕은 하늘의 덕에 미친다. 하늘의 어진 복은 널리널리 퍼져서 그 조화로운 기운이 기린, 즉 나라에 만세의 무한한 복을 퍼트린다."라고 썼다. 기린이 매우 낯설었기에 중국인들은 그것을 보자마자 성스러운 기원을 타고난 동물, "아름다운 울음소리가 종소리나 피리 소리처럼 들린다."는, 유니콘 같은 신화 속 동물 기린이라고 짐작했다.[1]

기린은 어느 부유한 제후의 진기한 수집품 가운데 하나로, 다

도판 9-1. 조공으로 바쳐진 "기린", 심도, 1414년.

우선에 실려 동아프리카 해안에서 몬순 계절풍을 타고 벵골에 도착했다. 인도의 제후는 그것을 중국 황제에게 바치는 공물로 다름 아닌 태감 정화의 손에 들려 보냈다. 바로, 세계의 대양을 상대로 한 최초의 진정한 전 지구적 모험으로서 아시아 해상의 몬순 계절풍 지역과 인도양 일대를 일곱 차례 탐험한 원정대의 대장 말이다.[2]

정화는 포르투갈 카라벨선이 희망봉을 돌기 70여 년 전인 1405년과 1433년 사이에 중국인들이 서쪽 대양이라고 부르는 곳으로 떠나는 일곱 차례의 원정을 지휘했다. 그렇다고 그가 낯선 바다로 뛰어들었다는 뜻은 아니다. 이미 여러 세기 동안 아랍인과 인도인이 인도양을 넘어 멀리 동남아시아와 중국의 해상까지 진출하여 교역을 했기 때문이다. 동아프리카의 귀한 상품들에 대한 이야기는 일찍이 당나라 때인 10세기에 중국에 도달했다. 중국은 몬순 세계의 주요한 경제 강국 두 곳 가운데 하나였는데 다른 하나는 바그다드를 중심으로 하는 아바스 왕조였다. 백만 명 이상의 인구가 당의 수도 장안(오늘날의 시안)에 거주했다. 몽골을 가로질러 중국과 서양을 연결한 대*비단길에 대해서는 익히 들어 보았을 것이다. 비단길보다는 덜 알려져 있지만, 몬순 세계에서 그에 대응하는 교역로는 때로 바다의 비단길로 불리며 적어도 그리스도가 활동한 시대 이래로 중국과 인도양, 페르시아 만 일대를 연결했다. 각종 향나무와 이국적인 산호, 고운 직물, 진주가 동쪽으로 흘러갔다. 서쪽으로는 비단과 더불어 동남아시아부터 페르시아 만, 아라비아, 아프리카에 이르기까지 호화로운 식기로 이용된 도자기 접시와 그릇이 갔다. 아랍과 인도, 페르시아 배들이 동남아시아 섬들 사이를 어지럽게 누비는 바닷길을 따라 대부분의 화물을 실어 간 뒤 다시 서쪽을 향해 벵골 만과 망망대해로 빠졌다.

몬순 항해도 결코 쉬운 일이 아니었지만 암초와 물에 잠긴 바위가 수면 가까이에 도사리고 있는 인도네시아 일대를 통과하는 구간은 특히 만만치 않았다. 수천까지는 아닐지라도 수백 척의 화물선이 해적이 잠복해 있고 눈에 띄지 않는 좁은 물길이 교차하는 이곳 해역에서 수 세기에 걸쳐 불운을 맞이했다. 우리는 이 배들과 선창에 실려 있던 물건에 대해, 서기 9세기에 수마트라 남동부 앞바다의 작은 두 섬 사이 겔라사 해협에서 가라앉았다가 우연히 발견된 아랍 다우선을 제외하고는 거의 아무것도 모른다. 배에는 당나라 시대의 금은과 도자기가 6만 점 이상 실려 있었다. 1998년에 해삼을 채취하는 잠수부들이 우연히 난파선을 발견해 그 속에 있던 그릇 몇 점을 내다 팔았다. 이후에 고고학적 훈련을 전혀 받지 않은 잠수부들로 구성된 탐사 팀이 교대로 난파선에서 화물을 회수해 왔고 이 보물 회수 작전은 고고학계에 심각한 파장과 논쟁을 불러일으켰다. 한 싱가포르 사업체가 화물 전체를 3천만 달러에 사들였다.

벨리퉁 난파선 혹은 당나라 난파선이라고 불리는 이 배에서 나온 화물의 출처는 여러 곳이었다. 화물의 대부분은 중국 남부 후난의 창사 도자기 가마에서 만들어진 그릇들로, 페르시아처럼 멀리 떨어진 곳에서까지 값나가는 것이었다. 이 그릇들은 수백 개의 저장 항아리 안에 고이 담겨 있었다. 몇몇 도자기에 쓰인 비문은 대략 서기 826년 것으로 난파 시기도 그때와 가까웠으리라고 짐작할 수 있다. 중국 곳곳에서 온 벼루 763점과 향신료 단지 91점도 있었는데 어쩌면 특별 주문 제작품이었는지도 모른다. 어떤 것은 이슬람 비문이 새겨졌고 또 어떤 것은 불교 문양으로 장식된 화물로 거의 전부가 다방면에 걸친 시장을 겨냥한 교역 물품이었다. 고물 쪽에서는 호화로운 황금 술잔과 원앙으로 장식된 은제 술병 등을 비롯해 더 사치스러운 물품이 나왔는데 역시 특별 주문을 받은 것일 수도 있다.

사각돛을 단 배 자체는 단순한 형태의 아랍 다우선으로, 이물(선수)과 고물(선미)은 경사지고 길이는 대략 18미터이며 아프리카와 인도산 목재로 건조되었다. 널을 꿰맨 선체는 코코넛 껍질 섬유로 보이는 것으로 단단히 묶여 있었다. 지금도 오만 앞바다에서는 그와 다소 유사한 선박을 찾아볼 수 있다. 중국산 화물로 판단하건대 배는 당시 주로 아랍인과 페르시아인으로 구성된 외국인들이 1만 명 이상 거주하던 광둥과 같은 주요 항구 도시를 떠나 서쪽으로 가는 길이었던 것 같다. 최종 목적지는 알 수 없지만 페르시아 만 가장 안쪽에 자리하며 아바스 왕국의 심장부와 가까운 바스라였을 수도 있다.

서양과의 무역이 꾸준히 확대되는 가운데 중국은 거대한 글로벌 무역 네트워크의 동쪽 끝에 위치했다. 그럼에도 불구하고 조정에는 외부 세계를 깊이 불신하는 강력한 분파가 존재했다. 벨리퉁 화물선이 바다에 가라앉은 직후인 서기 878년, 황소라는 반란군 지도

자가 광둥에 불을 지르고 수천 명의 외국인을 학살했다. 이후 무역 활동이 크게 위축되었다가 1402년에 명나라의 영락제(1360~1424년)가 즉위하면서 모든 것이 바뀌었다.

영락제는 황위를 찬탈한 자로서 명성과 위신에 대한 열망에 사로잡혀 있었다. 그는 치세의 상당 기간을 중국 영토 북쪽의 몽골족과 싸우고 잠재적 경쟁자들을 억누르며 중국의 문화를 보존하는 데 쏟았다. 황제는 멀리 일본과 조선은 물론 네팔과 티베트 등 중앙아시아의 여러 나라에 무려 72차례 사신을 파견할 정도로 내정을 돌보는 것과는 거리가 먼 사람이었다. 그러나 그가 가장 공을 들인 외교 정책은 몬순 세계 전역에 위치한 최소 37개국을 방문한 일곱 차례의 대양 원정이었다. 이것은 단순히 상업과 탐험을 위한 항해가 아니었다. 황제는 동남아시아와 인도양 일대에 위치한 이웃 나라들에 중국의 부와 권력을 과시할 장대한 규모의 원정을 계획했다. 제국적 사고방식 속에서 이것은 단순한 탐험이나 무역이 아니라 이 지역의 통치자들과 조공 관계를 발전시키는 것이다. 그는 이 야심찬 사업을 믿음직한 환관 정화의 손에 맡겼다.

군 사령관이자 유능한 행정가이며 종교가 불확실한 정화는 중국 남서부에서 출생했는데 말년에 명목상으로 불교도이기는 했지만 원래 무슬림 부모 아래서 태어났던 것 같다. 아직 아이였을 때 명나라에 맞서는 반란에서 포로로 잡힌 그는 어린 나이에 거세되었다. 이후 그는 주체朱棣 황자의 믿음직한 수행원이 되었다. 두 사람은 몽골 변경 지대에서 벌어진 전투에서 함께 싸웠다. 정화는 그의 주인이 1402년 영락제라는 이름으로 권좌에 오르는 수단이 된

도판 9-2. 정화. 그의 실제 모습은 알려
진 바 없다.

오랜 내전에서도 큰 역할을 했고 그 덕분에 조정에서 상당한 영향
력을 누리게 되었다. 해상 경험이 전무했음에도 불구하고 이 충성
스럽고 믿음직한 자문관은 중국의 부와 힘을 과시할 장대한 원정
대의 대장으로서 타당한 선택이었다. 그의 임명은 복잡한 궁중 암
투 끝에 이루어졌다. 이 모험적 사업은 인도양에서 중국 무역을 뒷
받침하고 확장하길 원하는 상업적이고 제국주의적이며 종교적인
분파에게는 승리였던 반면, 상충하는 가치관을 지닌 유학자들은
이러한 기획에 반대했다. 다음 28년에 걸쳐 정화는 일곱 차례 함대
를 지휘했는데 외국 원정 함대를 뜻하는 하범관군*으로 알려진 이

함대는 아라비아 반도와 동아프리카 해안까지 갔다. 반쯤은 외교가이고 반쯤은 군인인 정화 본인은 베일에 싸인 인물로 남아 있으나 그의 항해의 어마어마한 규모는 입이 떡 벌어질 정도였다. 어느 모로 보나 그는 함대를 지휘하기에 더할 나위 없는 인물이었던 것 같다.

영락제는 그의 왕국의 "부와 힘을 드러내고자 낯선 땅에서 자신의 병사들을 과시하기를 원했다."[3] 식민지를 건설하거나 미지의 땅을 탐험하고 싶은 마음은 없었다. 천자이자 천하의 중원을 다스리는 자로서 황제는 자신의 원정을 인도양 일대에 중국의 조공 체제를 집행하는 수단으로 여겼다. 외국의 통치자들과 사신들이 중국으로 찾아와 지상에서 하나뿐인 황제의 독특한 지위를 인정한다는 의미로 황제에게 현지 산물을 조공으로 바칠 것이다. 그에 대한 보답으로 그들은 황제의 인정을 받고 중국 조정과의 연락을 위한 토대로서 중국 달력을 비롯하여 돈과 비단 등 후한 선물을 하사받으리라.

그러한 원정을 꾸리는 일은 만만치 않은 임무였지만 함대는 적어도 미지의 해역으로 항해하지는 않았다. 몬순 계절풍의 풍향이 바뀌는 이점을 활용해 보통은 순풍을 받으며 항해할 수 있었고, 위험천만한 해상 조건이나 태풍, 중국 동해안 너머 망망대해인 태평양의 역풍에 시달리는 일은 없었다. 항해는 전혀 문제될 것이 없었다. 정화는 단지 풍향이 역전되길 기다리기만 하면 귀환이 가능

---

* 下凡官軍. '하늘에서 내려온 무적의 군대'라는 뜻이다.

하다는 점을 언제나 알고 있었다. 그의 놀라운 여정은 광대한 몬순 지역을 벗어나지 않았는데 인도양을 빠져나가는 길이 쉽지 않았기 때문이다. 마다가스카르 섬 남쪽에서 중국인들은 동아프리카 무역을 여러 세기 동안 저해해 온 격렬한 폭풍을 만났을 것이다. 어쩌면 몇몇 정크선은 1488년 포르투갈인들 이전에 희망봉을 돌았을지도 모른다. 실제로 15세기 중반에 한 베네치아 지도 제작자가 아프리카 남서부 앞바다에서 정크선 한 척을 보았다고 보고한 바 있다.[4] 그러나 모잠비크 해협 남쪽에는 중국인들에게 쓸모 있는 것이 없었고, 그들이 상대하고 싶어 할 만한 사람들도 없었다.

영락제는 어마어마한 규모의 원정대를 조직했다. 1405년에 그는 역사상 건조된 목조선 가운데 가장 큰 것을 포함해 웅장한 함대의 건설을 명령했다. "보선寶船"으로 알려진 62척의 거대한 정크선과 225척의 보조 선박, 그리고 무려 27,780명이나 되는 승선 인원이 1차 원정대를 구성했다고 한다. 대형 원양선은 정화 시대 중국에서 새로운 것이 아니었다. 베네치아 여행가 마르코 폴로가 1292년에 쿼쿼전闊闊眞 공주를 이란으로 모셔 갔을 때 각각 돛대가 네 개인 대형 선박 14척이 함께 갔다. 이슬람 여행가 이븐 바투타는 1347년에 12장의 돛을 단 중국의 대형 선박을 묘사했는데 1천 명의 승선 인원 가운데 400명은 병사들이었다.

정화의 "보선"은 남중국해에서 펼쳐진 중국 항해 시대의 정점이었다. 그 배는 당시 유럽 바다의 어느 배보다 열 배나 컸다. 규모를 둘러싸고 논쟁이 있기는 하나 가장 큰 것은 선체 길이가 134미터이고 선폭도 55미터에 달한 것으로 추정된다. 이런 수치가 비현실적으로 들린다면 보선 조선소로 알려진 난징의 룽장 조선소에서 발굴된 목재 방향타 버팀대가 적어도 42제곱미터 넓이의 방향타를 지탱하여 심지어 그보다 더 큰 배도 조종할 수 있었음을 상기할 필요가 있다. 정화의 함대는 막대한 양의 조공은 물론 많은 수의 사람들을 안락한 상태로 수송할 수 있는 육중한 바지선이었지만 내항성도 뛰어났다. 중국학자 조지프 니덤은 중국에서 런던까지, 49미터 길이 돛대 세 개짜리 정크선 기영者英호의 1848년 항해를 묘사한 바 있다. 기영호는 주 돛만 해도 넓이가 560제곱미터였고 배의 무게는 8톤이 나갔다. 기영호의 이름 모를 영국인 선장은 배를 "좋은 외양선, 놀랄 만큼 물이 새지 않음"이라고 묘사했다. 이름이 밝혀지지 않은 한 영국인 탐험가는 마카오에서 보선보다 훨씬 작은 대형 상선을 타고 바다로 나갔다. 그는 "바다 위에 떠 있는 이 목조 선체는 어떤 험한 날씨에도 맞설 수 있으며 바람을 굉장히 잘 받고, 잘 움직이고, 다루기가 아주 쉬워서 유럽 선원들에게 놀라움을 자아낼 정도이다."라고 썼다.[5]

명나라는 엄청나게 부유했고 2만 8천 명까지 싣는 거대한 함대를 건설할 능력이 차고 넘쳤다. 영락제의 함대는 보는 사람을 위압함과 동시에 조공을 받아 내고 정화의 명령을 실행할 많은 수의 병사를 싣도록 설계된 해상의 거대 괴물이었다. 평균 2노트(시속 3.7 킬로미터)를 좀처럼 넘지 않는 침착하고 장중한 보조로 진행된 각 여정은 드넓은 바다 위에서 유유하게 펼쳐지는 국왕의 행차와 흡사했다. 나쁜 날씨나 강한 바람은 장애가 되지 않았다. 중국인들은

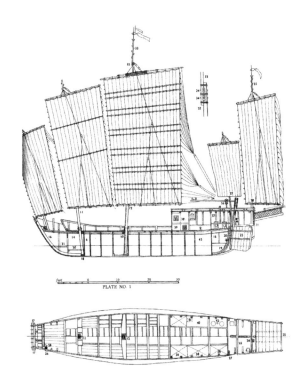

도판 9-3. 중국 정크선. 정화의 함대에 소속된 배보다 훨씬 작은 무역선이다. 중국 배에는 용골이 없었다. 그 대신 흘수선 근처 외부에 세로로 덧댄 목재와 무수한 내부 격벽에 의존했는데 후자의 경우 방수 구역의 역할을 했다. 이 도면은 다수의 가로 격벽과 각재를 댄 돛을 보여 준다. 뉴욕공립도서관 픽처컬렉션의 허락을 받아 실음.

자신들의 배와 항해 능력을 절대적으로 자신했는데 이런 자신감은 배튼(돛에 끼워 넣은 보강재)으로 정크선의 돛이 순식간에 줄어들 수 있었던 사실에 크게 힘입은 것 같다. 일곱 차례의 원정대는 확실히 수천 킬로미터를 항해했으며 인명 손실을 거의 겪지 않았던 것 같다. 1431년 정화와 그의 동료들은 양쯔 강에 자리한 항구 유가항流家港에 있는 천비궁天妃宮에 비석을 세우도록 했는데 그 비문에서 자신들이 30개국 이상을 방문했다고 자랑했다.

"[우리는] 수만 리의 드넓은 바다를 건너 하늘만큼 높이 치솟고 한없이 커지는 거대한 대양의 물결을 보았다. 짙은 안개나 부슬부슬 내리는 비 아니면 바람이 일으키는 집채만큼 큰 파도 속 그 어디에서든 또 바다의 상태가 갑자기 어떻게 변하든 우리는 구름 같은 돛을 높이 펼치고 별을 따라 밤낮으로 달렸다."

그렇다고 이것이 반드시 평화로운 원정이었다는 소리는 아니다. 선물이 준비되어 있고 감언이설이 흘러나왔을지 모르지만 배 안에는 언제든 병력이 대기하고 있었다. 유가항의 비문은 다음과 같이 자랑스럽게 덧붙인다.

"우리가 외국 땅에 도착했을 때 [중국 문명에] 교화되기를 거부한 야만족 왕들을 생포하였고 거리낌 없이 약탈하는 해적들은 전멸시켰다. 그 덕분에 바닷길은 깨끗하고 평화로워졌다."[6]

정화의 함대는 일곱 차례의 원정 동안 남중국해를 거치고 뱅골 만을 지나 인도양의 스리랑카까지 간 후, 다시 인도의 말라바르 해안과 페르시아 만, 홍해, 동아프리카 해안으로 갔다. 1405년과 1411년 사이에 처음 세 차례 원정은 당시 세계적으로 후추의 주요 공급원이었던 말라바르 해안까지만 갔다. 함대는 시암(타이) 해안과 말레이 반도에 위치한 여러 항구도 방문했다.

1412년 12월 8일에 영락제는 정화와 그의 동료들에게 "명주실과 깁*, 오색 비단, 기타 풍성한 선물을 각각의 공로에 따라 하사

---

* 명주실로 조금 거칠게 짠 얇은 비단.

하는 서신"을 가지고 네 번째 항해를 떠나라고 명령했다.[7] 다시금 커다란 배 63척과 대규모 병력으로 구성된 이 원정은 3년이 걸렸다. 정화는 믈라카와 말레이 반도의 다른 항구들을 방문한 후 수마트라 섬 북쪽 해안의 사무데라에 정박해 스리랑카와 인도로 건너갈 준비를 했다. 그다음 그는 인도의 남단을 돌아 그의 통역관 중 한 명인 마환이 "서쪽 대양의 대국"이라고 묘사한 캘리컷(코지코드)으로 갔다. 이전의 세 차례 원정에서는 캘리컷이 종착지였지만 이번에 그들은 북쪽과 서쪽으로, 아마도 몰디브와 라카디브 제도에 들렀다가 페르시아 만의 호르무즈로 갔다. 호르무즈는 아라비아와 인도 그리고 동쪽 요충지들의 교차점이었다. 마환은 호르무즈에 대해 "모여서 물건을 사고팔기 위해 각지의 외국 배들과 육로로 이동하는 외국 상인들이 이 지역으로 찾아온다."라고 썼다.[8] 중국 함대는 한 가지 목적밖에 없었다. 중국과 교역하는 나라들에 중국의 힘을 과시하는 것뿐이었다. 정화의 모든 항해는 서쪽 대양의 나라들을 위압하고 그들을 중국의 조공 체제 안으로 끌어들이는 것을 추구했다. 만약 거기에 저항하면 함대는 병사들을 토해 내 지상의 반란군을 제압했다. 태감 정화는 기대한 대로 수마트라 섬의 중국인 해적들을 섬멸하고 스리랑카의 반란군을 물리쳤다.

정화는 1415년에 19개국에서 온 사신들과 기린을 포함해 이국의 온갖 진기한 것들을 싣고서 난징으로 귀환했다. 황제는 신속히 그를 5차 원정에 파견했는데 이번 원정은 1417년부터 1419년까지 진행되었다. 이번에는 각국의 통치자들에게 보내는 서신과 풍성한 선물을 들려 사신들을 고국으로 데려다 줄 예정이었다. 매번 원정대를 맞이하고 정기적으로 조공을 바친 코친의 군주에게 황제가 내린 글과 더불어 양단,* 오색 비단, 갑사, 각종 값비싼 사치품이 배에 실려 갔다. 영락제는 코친 왕국의 언덕에 호국산護國山이라는 이름을 하사했다. 다시금 정화는 신중하게 안배된 원정에 착수했다. 정확히 그것뿐이었다. 말레이 반도와 수마트라 섬 북부의 여러 항구를 방문한 뒤 함대는 차례로 스리랑카와 코친, 캘리컷과 호르무즈로 갔고 다시 멀리 서쪽의 아덴까지 가서 아라비아 반도의 여러 항구에 정박했다. 아덴을 출발한 정화는 낯선 바다로 진입하여 소말리아 해안의 모가디슈와 바라웨에 간 다음 남쪽으로 뱃머리를 돌려 오늘날의 케냐 해안에 있는 말린디로 갔다. 그는 "기후가 항상 덥고 불모의 벌판에서 아무것도 나올 게 없는" 땅인 소말리아에서 저항자들을 만났을 수도 있다.[9] 여기서 그는 몰약과 용연향을 얻었는데 둘 다 몬순 무역에서 극히 탐내는 상품이었다. 모가디슈와 바라웨는 1416년과 1423년 사이에 황제에게 조공 사절단을 파견해 코끼리 상아와 낙타, 타조를 비롯한 여러 선물을 들려 보냈다.

출발하기에 앞서 정화는 중국 남부, 대규모 무슬림 인구가 살고 있고 외국 상선에 중요한 무역항인 광저우 항구에서 향을 피워 올렸다. 봉헌은 다음 항해에서 신의 보호를 구하는 것이었다. 항구에 있는 동안 그는 도자기와 다른 여러 화물을 배에 실었다. 흥미롭게도 동아프리카 해안 여러 도시를 발굴했을 때 명대 자기가

---

*금은색 명주실로 두껍게 짠 비단.

출토되었다. 함대는 명나라의 공식 역사서인 『명사明史』에서 "중국으로부터 멀리 떨어"졌다고 묘사된 말린디보다 아프리카 남쪽으로 더 내려간 것 같지는 않다. 정화는 1414년에 장안을 깜짝 놀라게 했던 첫 기린 선물의 출처인 말린디에서 기린 몇 마리를 더 받았다. 이때쯤 되자 기린은 중국에서 좀 더 흔한 풍경이 되어 가고 있었다. 정화의 더 훗날 원정 때 아덴과 메카에서 조공으로 기린을 보내왔는데 그것들의 원산지 역시 동아프리카였을 것이다. 정화의 비문은 기린의 현지 이름을 줄라파祖剌法라고 적고 있는데 기린giraffe을 부르는 아랍어 자라파zarafa에서 온 것이다. 어쩌면 황제의 관심이 이 이국적인 동물을 매우 경쟁적인 몬순 무역에서 모두가 탐내는 상품으로 만들었을지도 모른다.

　　중국 문헌을 제외하고 실제로 정화의 함대가 동아프리카 해안까지 갔다는 증거가 있는가? 현지의 구전 전통과 민간전승은 중국인 방문객, 1418년 정화의 방문에 대해 이야기한다. 그의 함대 가운데 한 척이 동아프리카 해안에서 폭풍을 만나 난파했을지도 모른다. 생존자 가운데 일부는 현지 여성들과 결혼했을 수도 있다. 오랫동안 고고학적 단서들이 존재해 왔다. 북쪽의 라무 앞바다 해저에서 고기잡이 그물에 건져 올린 15세기 중국 꽃병 같은 단서들 말이다. 그리고 맘브루이라는 특기할 만한 것이 없는 마을에는 공동 묘지의 둥근 비석에 400년 된 중국산 자기가 박혀 있다. 현지 주민들 가운데 일부는 희미하게 중국인의 특징을 보여 주기 때문에 최근에 중국 과학자들은 외국인 조상의 존재를 입증하고자 맘브루이 마을 사람들의 DNA 표본을 채취해 갔다. 베이징대학교의 고고학자들이 케냐 발굴자들과 팀을 이루어 맘브루이 공동묘지 둘레를 파헤쳤을 때 철 고로와 제련 과정에서 나온 광재, 명대 초기의 자기 파편 등이 나왔다. 명대 초기 자기의 경우 그 디자인으로 판단할 때 오늘날에도 여전히 도자기로 유명하고 한때 황실용만 납품했던 중국 동부의 유명한 룽취안 가마에서 제작된 것이었다. 훨씬 큰 그릇의 하단부에서 떨어져 나온 그 옥색 사금파리에는 작은 물고기 두 마리가 헤엄치는 모습이 유약 덧칠 아래 부조로 새겨져 있다. 그러나 가장 결정적인 단서는 가운데 네모난 구멍이 뚫려 있고 '영락통보永樂通寶'라는 글자가 새겨진 작은 청동 주화인데 1403년부터 1424년 사이의 것으로 알려져 있다. 중국 고고학자 친다수에 따르면 성조 황제*의 사절단만 그런 주화를 가지고 다녔다고 한다. 정화는 그런 사절이었다.[10] 이 자그마한 발견은 유럽의 배가 인도양에 도래하기 전에 몬순 무역의 전 지구적 범위를 보여 주는 놀라운 증거이다.

정화가 중국으로 귀환한 1419년이 되자 황제는 몽골 변경 지대의 군사 작전에 여념이 없었다. 그는 1421년에 제6차 항해를 재가했고 이번에는 16개국의 사절을 평소처럼 선물을 들려 본국으로 돌려보내는 임무였다. 그때쯤 북방과 베트남에 들어가는 무거운 전비와 베이징에 새 황궁을 짓는 비용이 조정에 큰 부담이 되었다. 사치스러운 원정은 얼마간의 조공을 가져왔지만 정화 함대의 막대한

---

* 영락제의 또 다른 묘호.

규모를 고려해 볼 때 대단한 이익을 낳았던 것 같지는 않다. 원정대가 출발하자 황제는 보선들이 "외국 땅"에 가는 것을 금지했는데 정화가 이미 길을 떠난 후였고 따라서 앞으로 더 이상의 항해는 없을 것이라는 의미를 겨냥한 칙령이었던 것 같다.[11] 캘리컷에 도착한 후 정화는 함대를 몇 개의 소함대로 나누어 본진은 호르무즈로 향하고 나머지는 각자 길을 떠나도록 하여서 보선들이 최대한 넓은 범위를 아우르도록 했다. 소함대들은 아라비아의 항구들과 모가디슈 지역으로 직행한 듯한데 이번에도 역시 익숙한 장소들뿐이었고 아마도 앞선 방문 때 남긴 인상을 강화하기 위해서 갔던 것 같다. 중국 항해 지침서에 따르면, 마치 정기적인 항해 경로인 것처럼 인도에서 소말리아 해안까지 20일에서 21일 정도가 걸린다고 기록되어 있는데 아랍 무역상들의 경우에는 확실히 그랬다.

소함대들은 각 사절들을 본국에 내려 준 뒤 인도에서 합류했고, 함대는 타이를 방문한 다음 1422년 9월에 귀환했다. 2년 뒤 정화는 수마트라 섬 팔렘방에 황실의 휘장을 전하러 훨씬 규모가 작고 이전 항해들과는 전적으로 무관한 항해를 떠났다. 그가 귀환했을 때 영락제는 이미 죽었고 그의 죽음과 더불어 장기적 비용을 고려하지 않고 대규모 사업에 착수하던 제국의 관행도 사라졌다. 조정 내의 변화에도 불구하고 정화는 여전히 자신의 배와 선원들을 지휘했고 1431년까지 난징에서 사령관으로 복무했다. 그의 주요 업적은 엄청난 비용을 들여 건립한 난징의 거대한 사찰 보은사報恩寺로, 1412년 영락제 치세 때 착수하여 1431년 그의 후계자 선덕제가 경계의 눈초리로 주시하는 가운데 완공되었다. 십만 명의 "병사와 숙련 장인, 잡역부들이" 9층 불탑 건립 작업에 동원되었다고 한다.[12] 막연한 추측에 불과하긴 하지만 어쩌면 이것은 원래 항해용이었던 자금의 일부가 사찰 건립에 전용된 것일 수도 있다. 공사가 마무리되고 북방과 골치 아픈 베트남에서 상황이 일시적으로 호전되자 선덕제(재위 1425~1435년)가 제7차 원정 명령을 내린 것은 우연이 아닐지도 모른다.

황제의 칙령은 간단명료했다. "만사가 형통하고 일신되었으나 바다 너머 멀리 있는 외국들은 여전히 이를 듣지 못했고 알지도 못한다. 그런 고로 이 나라를 받들고 복종하도록 지도하기 위해 정화와 왕경홍 및 여러 사람을 천자의 가르침과 함께 특별히 파견하였다."[13] 정화의 정기적 여정지에 있던 나라들로부터 조공이 도착하긴 했으나 1422년 이후에 외교 활동이 사실상 중단되었기 때문에 드문드문 왔을 뿐이었다. 압도적인 군사력의 과시만이 영락제가 꿈꾼 것과 같은 동남아시아와 인도양 나라들과의 조공 관계를 유지하는 유일한 길이었음은 분명했다. 중국과 그 나라들 사이의 거리를 고려할 때 그러한 관계는 오로지 바다에서만 배치가 가능한 대대적인 무력의 전시를 요구했다. 몬순 계절풍은 그러한 전시를 가능케 했다. 영락제와 선덕제가 그러한 대규모 사업을 고려했다는 사실 자체가 몬순 세계 무역 네트워크의 전 지구적 범위를 가늠케 한다.

떠나기 전에 정화는 유가항과 거기서 650킬로미터 떨어진 창러에 있는 절에 비석을 세웠고 거기에 새겨진 비문들은 오늘날 그의 항해에 관한 정보를 알려 주는 가장 중요한 출전이다. 두 비문 모두 붉은 옷을 입은 채 바다 위를 떠돌며 물에 빠진 뱃사람들을 구한다는 혼령인 천비天妃를 기린다. 아마도 창러에서 짐을 실은 후, 정화는 보르네오 섬 서쪽으로 항해한 다음 자바 해로 진입했는데 몬순 계절풍을 뒤에서 받으며 달리는 대신 맞바람에 가깝게 붙어 침로를 지그재그로 변경해야 하는 항로였다. 함대는 "서쪽 대양으로 [가는 배들에게] 가장 주요한 집결지"인 사무데라에 들른 뒤 스리랑카로 향했는데 벵골 만에서 발생하는 심각한 사이클론 때문에 잠재적으로 위험한 구간이었다.14 마침내 함대는 호르무즈에 도달했고 거기서 여러 소함대로 나뉘어 아마도 멀리 소말리아 해안까지 각자 길을 떠났다.

이번에 정화는 메카에도 눈길을 돌렸다. 캘리컷을 기지로 삼은 소함대에서 파견한 일곱 사람이 메카 근처의 항구로 가는 상선에 올라탔다. 역관 마환에 따르면 제다 항에 도착하기까지 석 달이 걸렸고 거기서 육로로 이동해 메카에 도착했다. 메카에서는 사람들이 아랍어로 말했고 대大모스크에는 카바라는 성소가 있었다. 마환은 무슬림 순례 행렬과 카바 주위를 도는 의식에 대해 묘사했다. "거기서 그들은 신기한 보석과 희귀한 보물은 물론 돌아갈 때 가져갈 기린과 타조도 구입했다." 사절단(아마도 상인들)이 조공과 함께 귀로에 동행했다. 황제는 "크게 기뻐하며 그들에게 더 값진 선물을 내렸다."15

함대는 캘리컷에서 재집결한 후 귀로에 올라, 평균 2.1노트(시속 3.8킬로미터)의 더 빠른 속력으로 귀환했는데 북동 몬순 계절풍보다 더 강한 남서 몬순 계절풍이 배를 추진해 주었음을 의미한다.

그러나 아랍이나 서양의 기준에 비할 때 이것 역시 지독하게 느린 항해였다. 1805년에 영국 제독 넬슨 경이 대형 전열함 10척을 이끌고 대서양을 횡단했을 때 평균 속력이 13.5노트(시속 25킬로미터)였고 그 전함들은 속력보다 화력에 주안점을 두어 설계된 것이었다. 19세기 클리퍼 범선*은 심지어 그보다 더 높은 속력을 기록했다. 다시 조정으로 돌아가 보면, 황제는 멀리 아덴에서까지 온 사절단을 맞아들였다. 그들은 "조정에 나와 공물로 기린과 코끼리, 말, 다른 물건들을 바쳤다." 황제는 "우리는 먼 곳에서 온 물건들을 조금도 바라지 않으나 이것들이 진심에서 우러나와 [바쳐진 선물임]을 알겠노라."고 답했다.[16] 그는 조정 신료들이 그 앞에 대령된 기린을 자신의 유덕한 통치의 증거로 연결하는 것을 완강히 거부했다. 황제의 이 선언과 함께 중국의 대항해 시대도 막을 내렸다. 정화는 제7차 항해 귀환 도중이나 그 직후에 사망했다.

1433년 7차 항해의 종결은 후임 황제들이 북방에서의 위협에 주의를 집중하면서 중국 정책에 중대한 변화가 일어난 시기와 일치했다. 명의 통치자들이 바다에서의 영향력보다 북방에서 높아진 위상을 더 중시하면서 수도는 여전히 북쪽 베이징에 머물렀다. 낭비가 심한 해상 원정에 반대한 고위 신료들이 권세를 잡았다. 더군다나 명의 지배 계층은 환관들이 주도하는 프로젝트에 지속적으로 반대해 왔다. 그들은 정화의 원정이 제국적 사치의 실례에 불과하다고 여겼다.

---

*1830년경부터 기선이 나오기까지 세계적으로 많이 이용한 쾌속 범선.

정화의 항해는 지속적인 중국 원양 항해의 전통으로 이어지지 못했다. 이후의 황제들은 일본 해적들로부터 자국의 해안을 방어할 강력한 함대조차 건설하지 않았다. 1436년에 황제는 원양선의 건조와 외국 무역을 금지했다. 중국은 자기 내부로만 눈길을 돌렸다. 심지어 이전 항해의 기록마저 파기되었다. 1475년경, 성화제는 병부의 서고를 뒤져 서쪽 대양으로의 원정과 관련한 문서를 찾아내라고 명령했다. 병부의 기록을 책임지고 있는 병부시랑 유대하는 병부상서에게 정화가 이국적이고 진귀한 물건들을 가지고 귀환하기는 했으나 나라에 아무런 득이 되지 않으며 따라서 나쁜 통치의 본보기라고 말했다. 기록들은 불태워졌다. "사람들의 눈과 귀의 증언과 동떨어진 기괴한 풍물에 대한 과장에 불과하며 비록 옛 기록들이 여전히 보존되어 있기는 하나 [이런 일들의 재발]을 근본부터 막기 위해서 파기되어야 한다."[17] 유대하는 결국 병부상서로 승진했다. 어떤 역사가들은 이 이야기가 출처가 불분명한 비사라고 생각하나 보선 설계도와 항해 관련 문서들이 사라진 것은 의문의 여지가 없다. 17세기가 되자 정화의 항해는 사실상 잊혀졌다.

정화의 결정적 항해들은 이전 몬순 세계의 어느 해상 모험도 하찮아 보이게 했고 야심찬 규모에서뿐 아니라 수천 킬로미터의 대해를 건너 도달한 범위의 측면에서도 대단했다. 정화는 지구적 사업이라고 부를 수밖에 없는 프로젝트를 관장했지만 그 사업은 오래가지 못했다. 중국인이 물러난 자리에 다른 이들이 들어왔다. 고도로 경쟁적인 몬순 무역의 오래된 리듬은 언제나 그랬듯이 이슬람 세계 전역에서 온 다언어 뱃사람들의 손에서 지속되었다.

말레이 반도 남쪽에 위치한 믈라카는 정화의 주요 기항지 가운데 하나였다. 1436년에 그곳의 술탄이 이슬람으로 개종하면서 남중국해와 인도양 무역은 믈라카 항구를 갈수록 더 많이 거쳐 갔다. 믈라카는 한때 중국 함대가 지배한 광대한 몬순 무역 네트워크의 동쪽 종착지가 되었고 그 네트워크는 수마트라 섬 북부(오늘날의 아체 지역)부터 스리랑카와 코친, 캘리컷, 말라바르 해안, 아라비아 반도의 호르무즈와 아덴, 그리고 동아프리카 해안의 석조 도시를 아울렀다. 동일한 패턴의 무역이 1497년 포르투갈인이 도래할 때까지, 또 그 후로도 번창했다. 심지어 오늘날에도 이국적 보물은 아니지만 시멘트와 목재 같은 평범한 상품을 실은 다우선이 북동 몬순 계절풍을 타고 라무와 몸바사에 도착한다. 짐을 실으면 배들은 조용히 항구를 빠져나가 유사 이래로 친숙한 해안들을 따라 부드럽게, 해안에 부서져 오는 파도 그늘 쪽에 아주 살짝 붙어 천천히 미끄러져 간다. 태곳적부터 아랍인과 그리스인, 페니키아인과 인도인들에게 알려진 지형지물을 길잡이 삼아.

북방의 사나운 바다
TURBULENT WATERS IN THE NORTH

서쪽에서 바람이 불어올 때

쉴 수 없는 모든 파도는

천둥처럼 동쪽으로 몰아칠 것이다,

태양의 밝은 나무가

대양의 가슴속에 뿌리박고 있는 곳에.

—루만, 〈바다 폭풍〉, 서기 700년경[1]

북대서양의 출렁이는 바다는 유럽 서쪽 해안 너머의 상징적 경계
지대, 무시무시한 괴물이 뱃사람들을 잡아먹고 커다란 폭풍이 배
를 타고 수평선 너머로 나갈 만큼 대담한 자들을 유린하는 곳이었
다. 영국과 아일랜드의 바다, 북해, 발트 해와 마찬가지로 북대서양

은 모든 바다 풍경 가운데 뱃사람들이 해독하기에 가장 난공불락인 곳이었다. 이곳에는 탐험가가 여행을 떠났다가 안전하게 귀향하는 것을 허락하는 예측 가능한 풍향 변화가 없었다. 거대한 폭풍이 연중 어느 때고 몰아칠 수 있었다. 무정한 바위와 강한 조수, 육지 쪽으로 부는 바람은 육지에 가깝게 붙어 가는 항로 안내를 고요한 여름 날씨에서조차 위험을 무릅쓰는 모험으로 만들었다. 여기는 북해와 그보다 더 멀리서 고기를 잡고 교역을 하던 사람들의 얼굴에 고스란히 드러난 대로 험하고 가차 없는 바다였다. 사람들이 이곳에서 언제 처음으로 먼바다로 나갔는지는―어쩌면 영국 해협을 건너거나 북해를 건너서―아무도 모르지만 그 시기는 적어도 6천 년 전이다. 기원전 2500년이 되자 탁 트인 바다를 건너는 항해는 비교적 흔해졌지만 아마도 강력한 제의적 이미지가 덧칠되었던 것 같고 때때로 이국적인 공예품의 교역을 수반하는 것이었다. 몇 세기 뒤에 수상 무역이 상당히 증가했는데 어쩌면 가죽 보트가 사용되던 시기부터일 수도 있다. 그러한 선박들은 비록 느렸을지라도 내항성이 대단히 뛰어났다. 마르세유 출신 그리스 상인 피테아스의 장대한 여정을 보라. 그는 기원전 320년경에 멀리 북쪽의 아이슬란드까지 갔을 수도 있다. 먼바다 항해의 리듬은 아일랜드 수도사들의 놀라운 항해와 북방의 보루로부터 노르드인들이 팽창함과 더불어 로마 시대 이후 빨라지기 시작했다. 이 장에서는 배의 무덤들과 잉글랜드 알프레드 대왕의 궁정을 방문한 노르드 영주 오테레의 연안 항해들, 노르드인들이 미지의 바다로 끝없이 탐험하도록 부추긴 아이빈티르를 설명한다. 그리고 우리는 노와 돛 아래서 이루어진 고대의 선박 조종술과 수로 안내의 전통이 어떻게 산업 혁명 시대 대서양 정기 여객선과 함께 20세기 들어서까지 살아남았는지 살펴볼 것이다.

| 10장 |

조상들의 바다 풍경

잉글랜드 북부 스타카, 10,500년 전 늦은 봄. 북해에서 얼마 떨어지지 않은 작은 빙하 호수 안쪽으로 낮게 쑥 튀어나온 곳에 갈대가 새롭게 자라고 있다. 울창한 자작나무 숲이 호숫가로 점점 확대되고 있지만, 새로운 식물의 생장을 촉진하고 아늑한 거주지를 만들기 위해 사냥꾼들이 나무를 쓰러뜨리고 초목을 불태운 곳만은 예외이다. 사냥꾼들은 수 세대에 걸쳐 봄마다 어김없이 같은 장소로 되돌아와 물가에서 먹이를 먹는 붉은사슴을 사냥하며 이곳에서 야영을 했다. 고요한 오늘 아침, 회색빛 호수는 거울 표면처럼 매끄럽다. 남녀 한 쌍이 자작나무 통나무를 섬유질 끈으로 묶어 만든 단순한 뗏목을 얕은 물 위에 띄우고는 근처 한 지점으로 소리 없이 노 저어 간다. 강꼬치고기가 먹이를 먹으려고 종종 물 위로 솟구치는 곳이다. 아내가 긴 삿대로 뗏목을 단단히 붙들고 있는 동안 어부는 언제든 찌를 수 있게 세 갈래 미늘창을 준비한 채 수면 바로 아래 희미하게 보이는 호수 바닥을 물끄러미 들여다본다. 그는 전문가다운 솜씨로 정확한 타이밍에 찌른다. 얼마 후 창에 꿰인 강꼬치고기가 자작나무 뗏목 위에서 힘없이 파닥거린다. 사냥꾼은 나무 몽둥이로 잽싸게 한 대 때리고 다시 물속을 주시한다. 몇 시간 후 부부는 강꼬치고기 대여섯 마리와 함께 물가로 돌아온다. 그들은 능숙한 손길로 배를 갈라 내장을 빼고 물에 씻은 다음 일부는 나비 날개 모양으로 납작하게 손질해 불가에 말리고 나머지는 저녁거리로 남겨 둔다. 근처 호숫가 가까이에서는 두 남자가 곧게 자란 자작나무를 베어 넘기고 있다. 그들은 돌 쐐기와 뗀석기 도끼를 이용해 물가로 이어지는 길에 깔 두꺼운 널판을 만든다. 특유의 나무 쪼개지는 소리가 이 조용한 봄날에 잔잔한 수면 위로 은은하게 울려 퍼진다.[1]

스타카 사람들은 급속하게 변하고 있던 북유럽 세계에서 사냥을 하고 고기를 잡았다. 7천 년 이상의 불규칙적인 지구 온난화가 그들과 빙하기를 갈라놓고 있었다. 그렇다 해도 영하의 온도와 탁 트인 스텝 지대에 익숙하던 그들의 까마득한 조상은 사방을 에워싼 울창한 자작나무 숲과 빙하 호수로 이루어진 이곳 풍경을 전혀 알아보지 못했을 것이다. 북유럽의 위성 사진 이미지는 심지어 천 년 전과 비교해도 극적인 변화를 드러낼 것이다. 거대한 빙상이 여전히 스칸디나비아 대부분을 덮고 있지만 불규칙한 형태를 그리며 북쪽으로 후퇴 중이었다. 해수면은 여전히 오늘날의 수위보다 한참 아래에 있었다. 발트 해는 짠 바닷물이지만 줄어든 빙하의 무게

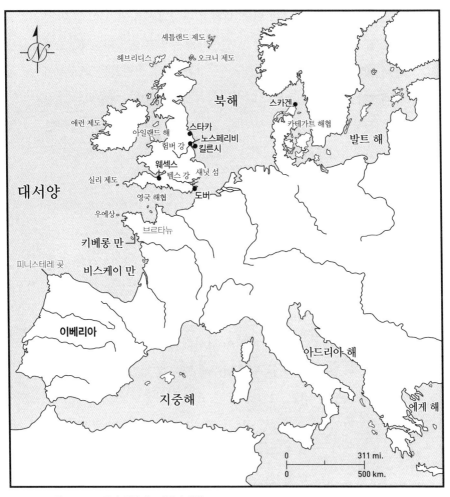

도판 10-1. 10장에 언급되는 지명과 위치.

에 지각이 적응해 가면서 담수 호수가 될 참이었다.* 북해 남부는
방대하게 펼쳐진 낮은 습지대이고 장차 엘베 강이 될 강은 북쪽으
로 흘러가 노르웨이 해협의 깊은 바다와 만났다. 라인 강과 센 강

그리고 템스 강은 지금의 영국 해협인 영국과 프랑스 사이 넓은 하구로 흘러갔다. 이 급속하게 바뀌는 세계는 얕은 계곡과 갯벌, 모래톱이 미로처럼 얽힌 채 엄청난 생물 다양성을 자랑하는 역동적인 세계였다. 얕은 연안 바다, 육지로 둘러싸인 유입구, 광범위한 습지대는 물고기와 연체동물^{mollusk}을 제공했다. 바로 여기, 이 춥지만 풍요로운 바다에서 북유럽인은 처음으로 대양과 긴밀한 관계를 발전시켰다.

기온이 올라가자 한참 이전의 후빙하기 수렵 집단의 후손들도 새로운 영역을 찾아서 더 온난한 지역에서 북쪽으로 이동했다. 많은 이들이 하구와 호수, 급속히 변하고 있던 발트 해와 북해의 해안 지대에 정착했다. 예를 들어 스타카에서 호수는 인류 정착을 유도하는 자석으로서 땅만큼 일상적인 풍경의 일부였다. 발트 해 연안 지대나, 그 지역의 수심을 탐사해 온 과학자들이 도거랜드 ^{Doggerland}라는 이름을 붙인 북해 남부의 방대한 저지 습지대와 하구 일대에서 사냥을 하고 고기를 잡던 집단의 경우도 틀림없이 마찬가지였을 것이다.[2] 발트 해와 도거랜드의 해안선은 해마다, 심지어 달마다 변했다. 그런 환경에서 살아가는 이들은 육지와 바다 둘 다를 자신들의 사냥 영역으로 취급했다. 그들은 여자들이 식용 식물

---

* 빙하기 동안 발트 해 일대는 빙상으로 덮여 있었다. 1만 3천여 년 전 지구 기온이 오르면서 발트 해와 스칸디나비아 일대를 덮고 있던 빙상이 후퇴하기 시작했다. 1만여 년 전이 되면 빙하호 상태였던 발트 호가 북해와 연결되어 내륙해인 욜디아 해(Yoldia Sea)를 형성했다. 이후 지각 평형설에 따라 스칸디나비아 일대 지각이 융기하여 다시 내륙호인 안킬루스 호(Ancylus Lake)로 변했고, 후빙기의 지속적인 기온 상승에 따른 해수면 상승이 그보다 커 오늘날의 발트 해가 되었다.

을 채취하거나 남자들이 숲에서 사슴을 쫓듯이 일상적으로 물가로 가서 고기를 잡았다. 그와 동시에 얕은 바다 곁에서 살아가는 사람들은 조상들의 정착지가 흔히 해수면 아래 잠겨 있다는 사실을 알았다. 따라서 바다 풍경은 편리한 식량 공급원일 뿐만 아니라 조상들의 영역, 죽음의 영역이었을 것이다. 바다는 변덕스럽게 바뀌는 분위기와 갑작스러운 돌풍을 동반했다. 바다는 산 자와 초자연적 영역 사이에 아무런 인위적인 장벽을 두지 않는 인간 생활의 중심적인 일부였고, 이러한 무경계는 부분적으로 가까운 앞바다에서 출렁이는 파도가 전형적으로 드러내는 것이었다.

안타깝게도, 유럽 북쪽 해안 지대의 고고학 유적지는 거의 모두가 오늘날의 해수면 아래 있기 때문에 우리는 이 사람들에 대해 거의 모른다. 북방 항해의 이 초기 단계에 모든 활동은 얕은 물을 중심으로, 좁은 피오르와 육지로 둘러싸인 물길 그리고 호수를 주무대로 했다. 바다 풍경의 비밀을 해독하는 작업은 탁 트인 바다나 깊은 바다의 횡단이 아니라 최고의 어장, 다시 말해 봄과 가을에 장어가 다니는 길목과 연체동물이 서식하는 더 깊은 물속을 중심으로 이루어졌다. 통나무배와 뗏목은 창과 그물로 강꼬치고기 같은 물고기를 잡을 때, 터널 모양 장어 통발을 치고 점검할 때, 활과 화살로 물새를 사냥할 때 발판 역할을 했다. 그러한 소박한 기구들이 출현한 때는 멀리 빙하기 말기로, 어쩌면 그보다 더 이전으로 거슬러 올라간다. 통나무배 유물이나 심지어 노조차도 실제 발견된 것은 극히 드물다. 가장 이른 시기의 것으로 알려진 카누는 네덜란드 드렌터 인근 페서[Pesse]에서 나온 기원전 7900년과 6500년 사이의 것이다. 덴마크 핀 섬에서는 기원전 4000년경의 유물이 몇 점 더 출토되었다. 시간이 흐르면서 그런 유물들이 더 흔해지는데 통나무배가 적어도 중세까지 죽 사용되었기 때문이다.[3]

짧은 통나무배는 풍부한 생물 다양성을 자랑하는 연안 습지대와 소택지에서 널리 이용되었다. 사냥꾼들은 이전에는 접근이 불가능했을 지형을 나무줄기의 속을 파낸 가장 단순한 형태의 통나무배로도 쉽사리 통과할 수 있었다. 이런 곳에서는 물고기가 풍부했고 창이나 활, 덫으로 물새를 잡을 수 있었으며 노나 장대를 이용한 가장 작은 배로만 이동할 수 있는 물길을 따라서 사냥감을 사냥할 수 있었다. 나는 그런 곳에서 카약을 탄 적이 있다. 갈대가 빽빽하게 자란 습지 안쪽에서 샛강은 미로 같았고 우중충한 흙탕물이 잔잔하고 느리게 흘렀으며, 단조로운 풍경 사이로 구불구불 흘러가면서 끝없이 갈라졌다. 나는 몇 번이고 갈라지는 물길 앞에서 어느 쪽으로 가야 할지, 어느 방향을 택해야 할지 결정해야 했다. 때로는 막다른 길에 다다르기도 하고 때로는 갈대밭 옆에서 거위들이 조용히 먹이를 먹고 있는 작은 호수가 불쑥 나오곤 했다. 그러면 거위들이 날개를 푸드덕거리며 호수 위로 날아올라 빙빙 돌다가 약간 떨어진 곳에 다시 내려앉았다. 그러한 좁은 유입구와 작은 호수는 수천 년 전 석기 시대 수렵인들이 물과 물고기, 발트 해와 북해의 변덕스러운 날씨, 그리고 그들이 사는 독특한 바다 풍경을 알아 가는 장소였다.

에게 해에서 그랬듯이 여기서도 생존하기 위해서는 이웃과 상호작용해야 했을 것이다. 기본 상품이 지속적으로 교환되었고 주술적 효과가 있다고 해서 귀하게 여겨진 발트 해 호박 같은 이국적인 사치품도 이따금 교환되었다.[4] 통나무배는 이 물의 세계에서 대부분의 형태의 무역과 통신에 이용된 수단이었을 것이다. 광택이 나는 경옥 도끼와 같은 희귀한 물건이 카누에 실려 이동한 거리는 어마어마했다. 이 도끼는 멀리 알프스 북쪽부터 독일, 벨기에, 네덜란드를 거쳐 잉글랜드까지 건너갔다. 일찍이 기원전 4000년에 라인 강의 끝과 끝에서 사용되었던 통나무 카누의 디자인이 굉장히 유사한 데는 다 그럴 만한 이유가 있는지도 모른다.

통나무배는 작은 선박이며 기껏해야 한 가족이나 실을 수 있을 정도이다. 사냥감과 다량의 물고기, 연체동물, 텐트, 여름 회합—아마도 대부분의 집단들이 연중 대부분을 비교적 고립 상태에서 살아가는 풍경에서 연례행사의 본질적 부분이었을—에 오는 사람들을 실어 나르는 일은 전혀 다른 배를 요구했다. 북극 지방과 알류샨 열도에서처럼(12장을 보라.) 가죽 보트는 빙하기 직후와 그 후 더 온난한 몇 세기 동안 자작나무 숲이 넓게 퍼지기 전 북유럽처럼 대체적으로 나무가 없는 환경에서 운송을 가능케 하는 유일한 선택지였다. 그러한 선박은 여러 이점이 있었다. 가벼운 무게, 간단한 구조, 본질적으로 풍랑이 짧고 가파른 바다에서 상대적으로 높은 건현을 제공하는 나무 프레임 위에 지을 수 있는 튼튼하고 유연한 선체 등이 그것이다. 참으로 애석한 일이지만 그러한 보트의 잔해가 발견될 수 있을 것 같지는 않다. 비록 가공된 순록 뼈가 일찍이 1만 2천 년 전에 호수를 건너 이동하는 순록 떼를 사냥하는 데 사용된

가죽 보트의 프레임으로 쓰였다는 주장이 있기는 하지만 말이다.[5]

이론적으로, 어쨌거나 가죽 보트의 건조를 위한 기술은 꿰맨 옷만큼이나 오래된 것이다. 둘 다 굵직하고 구멍이 있는 바늘과 솔기에 물이 새지 않는 맞춤옷을 지을 능력을 요구했다. 가죽 보트는 결국 규모가 훨씬 큰 일종의 재단이지만 고고학자들로서는 안타깝게도 유기적 인공물이라 버려지면 금방 썩어 없어지고 만다. 게다가 운용되는 모든 배들처럼 가죽 선박은 수명이 짧았을 것이고 흔히 해체되어 부분적으로 재활용되었으니 고고학 유적지에서 그 골조도 찾아보기 힘든 것은 당연하다. 영국 해협과 북해를 건너는 데 사용된 최초의 선박일 수도 있는 가죽 보트는 수천 년 동안 널리 쓰였다. 가죽 보트의 변형인 커라크는 20세기 들어서까지도 아일랜드에서 일상적으로 쓰였다.

브리튼 섬에 살고 있던 사람들이 바다 건너에 땅이 있음을 몰랐던 적은 없었다. 빙하기가 끝나고 오랜 후에 북해 남부 대부분은 저지 습지와 소택지의 미로였다. 사람들은 가죽 보트를 타고—어쩌면 바람 없는 여름 날씨에는 통나무배로도—도거랜드의 가장자리를 따라 유입구에서 유입구로 어려움 없이 다닐 수 있었다. 여느 곳에서처럼 해안, 변화하는 기상 조건과 중요한 지형지물, 물가를 따라 살고 있는 사람들에 대한 지식이 아버지에서 아들로, 한 세대에서 다음 세대로 전해졌을 것이다. 누군가가 지름길을 택해, 기상 여건이 안정적인 시기에 북해를 곧장 가로질러 가는 것은 오로지 시간 문제였을 것이다. 인생의 대부분을 물 위에서 보내는 데 익숙한 사람들에게 그러한 여정은 잠재적 위험 요소에 대한 신중한 평가 뒤에 뛰어드는 궁극적으로 복잡할 것 없는 모험이었으리라. 사냥꾼이라면 누구나 하늘의 별과 육지 새의 움직임에 익숙했다. 물 위에서 많은 시간을 보내는 사람들은 보이지 않는 해안이 수평선 바로 너머에 있음을 암시하는 미묘한 단서들을 잘 알았다. 또한 거의 필연적으로 그러한 항해에서 얻은 지식―해상 여건과 안전한 상륙 장소에 대한― 은 바다 건너편에 살고 있는 사람들과 맺은 개인적 관계와 마찬가지로 수백 년을 거쳐 전해졌을 것이다. 시간이 지나면서 일부 여행자들은 어쩌면 현지 집단과 결혼하고, 이국적 상품과 인공물을 얻기 위해 접촉을 발전시키면서 먼 곳의 해안에 정착했을 것이다. 새롭게 생겨난 친족 관계는 당연히 북해와 영국 해협 너머의 유대 관계를 강화했을 것이다.

이러한 접촉은 처음에는 드문드문했겠지만 기원전 4000년경 북유럽 전역에서 농경이 확대되면서 점점 더 중요해졌다. 그때까지는 가죽 보트가 아마도 짐과 사람을 실어 나르는 최상의 배였겠지만 가축의 등장은 항해 여건을 근본적으로 바꾸어 놓았을 것이다. 선체가 유연한 가죽 선박은 가축을 싣고 너른 물을 건너는 데 이상적이지 않았다. 이때가 바로 조선공들이 바느질 기술에서 목재 사용으로 넘어가고, 가죽에 사용되던 것과 동일한 가죽 끈과 직조법을 이용해 널판을 꿰매어 잇댄 보트를 건조하기 시작한 시점일지도 모른다.

건현을 높이기 위해 통나무배의 옆면에 널을 꿰매어 잇대는 작업은 돌 쐐기와 날을 간 도끼로 널을 쪼개는 데 익숙한 사람에게는 간단한 일이다. 나중에 청동기가 등장하자 더 얇고 모양이 잘 잡힌 널과 적재 능력이 향상된 더 큰 보트를 만들 수 있었다. 못이 없었기 때문에 배를 만드는 사람들은 주목 섬유로 널을 꿰맨 다음 이음매 틈새에 이끼를 채워 넣었다.

그렇게 널을 꿰매어 잇댄 보트 열 척의 잔해가 영국에서 발견되었다. 파편들을 모아 꿰맞추어 보면 클리트* 및 서로 교차한 목재로 단단하게 보강되고 측면을 경사지게 자른 참나무 널을 잇대어 만든 배의 그림이 그려진다.[6] 통나무배와 달리 이 배들은 대형 선박이었는데, 선체 길이가 18미터까지 나가고 최대 20명의 사람을 실을 수 있으며 통나무배보다 건현이 약간 더 높았다. 우리가 아는 널을 꿰맨 보트들은 모두 해안이나 하구에서 나왔는데 더 긴 여정, 즉 외해 항해에 쓰였다는 것을 암시한다. 초창기 통나무배와 가죽 보트처럼 이 배들도 거의 틀림없이 노로 움직였다. 남아 있는 파편들에서 돛이나 튼튼한 돛대 밑판의 증거는 없다.

가장 잘 알려진 꿰맨 보트들 가운데 일부는 잉글랜드 북동부 험버 강 유역에서 나왔다. 그 가운데 한 곳인 노스페리비에서는 물이 찼다가 빠지는 바닷가 갯벌―쪼개진 참나무 조각이 가공된 목재 사이에 놓여 있었다―에서 배가 건조되었던 같다. 우리가 아는 한 세계에서 가장 이른 조선소인 셈이다. 인근 해솜에서 발굴된 카누는 속을 파낸 참나무 선체와 가로로 가로질러 강화 들보를 댄 선미, 그리고 여러 부분으로 구성된 복합 선수로 이루어져 있었다. 조

---

* 버팀대, 보강 역할을 하는 나무 막대기.

선공들은 선체의 양 측면에 물막이판을 댄 다음 나무못으로 단단하게 고정시켰는데 아마도 적재 능력을 강화하고 약간 더 험한 바다에서 안전을 위해 선체 측면을 높이려는 목적이었을 것이다. 험버 강 지역 전체는 각종 교역 활동을 위한 교차로 역할을 한─어쩌면 북해를 횡단하는 외해 항해를 위해서도─일련의 자연적 항구와 조간대 습지로 이루어져 있었다.

꿰맨 보트 가운데 하나는 널이 많이 부식된 형태로 험버 강 입구, 스펀헤드 북쪽으로 대략 4킬로미터 떨어진 킬른시에서 나왔는데 기원전 1750~1620년의 것이다. 그 당시 킬른시는 험버 강의 항행 가능한 유입구 가운데 가장 바깥쪽에 위치한 하구 습지대로서 북해를 건너는 배의 출발 지점과 잉글랜드 동해안에 접근하는 배의 상륙 지점 둘 다로 안성맞춤이었다.[7] 또한 킬른시 유입구의 북쪽 기슭은 제의적 풍경으로 추정되는 곳을 떠받쳤다. 일찍이 기원전 3800년에 석기 시대 농경인들이 그곳에서 살고 있었다. 그들의 후손은 기원전 2600~2000년에 고고학자들 사이에 헨지henge로 알려진 작은 원형 기념물을 지었다. 개별 무덤들을 덮고 있는 두 기의 원형 고분이 대략 기원전 2000년에 쌓아 올려졌다. 다른 봉분들도 인근에 존재한다고 알려져 있지만 아직 조사가 실시되지는 않았다. 유적지에서 나온 꽃가루는 넓은 개간 빈터가 군데군데 자리한 숲이 풍경의 대부분을 뒤덮고 있었다고 가르쳐 주지만 어째서 그렇게 많은 제의적 기념물이 이 특정 장소에 자리하는지는 여전히 수수께끼이다.

대부분의 널을 꿰맨 보트들은 고기잡이와 하구를 건너는 이

도판 10-2. 잉글랜드 북동부에서 발굴된 페리비 보트를 복원한 모습.

동, 여타 국지적 운송에 이용되었다. 이론적으로는 모두 외해 항해가 가능했고 기상 상태만 유리하다면 심지어 북해 횡단도 가능했다. 그런 배로도 확실히 신속한 횡단이 가능했다. 페리비 보트 가운데 한 척을 현대에 복원한 실험으로 판단하건대 능숙한 선원이라면 바람이 없이 잔잔한 날, 험버 강 입구 스펀헤드에서 유럽 대륙 해안으로 노를 저어 가는 데 대략 24시간이 걸렸을 것이다―대략 평균 5노트(시속 9.25킬로미터)의 속도이다. 이것은 굉장히 짧은 시간이고 널을 꿰맨 보트의 효율성을 충분히 보여 준다. 실제 속도는 더 느렸을 텐데 물결이 치는 바다에서 짐을 잔뜩 실은 카누라면 특히 그랬을 것이다. 이런 선박 가운데 하나의 최대 적재량은 대략

도판 10-3. 도버 보트.

11톤이었다. 이 지역에서 그들은 곡물이나 소와 같은 평범한 상품과 사람을 운송했을 것이다.

또 다른 꿰맨 보트는 도버에서 나오는데 기원전 1575~1520년의 것이다.[8] 선체 가운데 9.4미터가 남아 있고 곁가지가 없이 적어도 11미터나 되는 곧은결의 참나무 몸통을 쪼개서 만든 널은 오늘날 유럽에서도 쉽게 찾아볼 수 없는 극히 희귀한 경우이다. 통나무 반쪽을 깎아 내 만든 널 두 장이 바닥을 구성하는데, 클리트와 가로대로 선체 측면의 널과 접합되었다. 튼튼하면서도 유연한 꼰 주목 줄기로 꿰맨 널은 곡선을 이루었다. 목재를 깎아 만든 선수는 오늘날의 펀트선*과 약간 닮았다. 밀랍과 동물 지방으로 꿰맨 구멍을 막았고 둘째 줄 널은 한때 첫째 줄 널 위에 있었다. 이끼 충전재와 가는 참나무 윗가지로 이음매 사이의 틈새를 메웠다. 선체 바닥에 원래 남아 있던 툴마크** 가운데 일부는 마치 배가 여러 차례 모래톱과 자갈 곳에 좌초하기라도 했던 듯 거의 마모되어 사라졌다.

도버 보트와 여타 꿰맨 보트에는 엄청난 노력이 투입되었다. 사실 들인 수고가 하도 커서, 가죽 보트와 비교하여 꿰맨 보트가 가진 제한적인 이점들을 고려할 때 어째서 그렇게 공을 들여 굳이 제작을 했는지 궁금해진다. 고고학자 스튜어트 니덤이 주장한 대로 그러한 선박은 먼 곳에서 건너온 이국적 물건의 입수와 같은 특별한 목적을 위해서 사용되었을지도 모른다. 꿰맨 보트를 건조하는 일은 많은 노동력과 커다란 널판, 숙련된 장인을 요구했기에 건조 행위 자체가 그 배의 소유주가 배타적인 해상 집단의 일원임을 나타내는 일종의 의식적이고 눈에 띄는 과시 행위였을 수도 있다.

우리는 그러한 관련성에 대해 짐작만 할 뿐이지만 도버 보트의 시대에 이르면 적지 않은 수의 이국적 물품이 대륙으로부터 정기적으로 잉글랜드에 도착하고 있었다. 스칸디나비아에서 온 의례용 석기 단검, 온갖 지역에서 온 다양한 종류의 청동 기물과 보석, 호박과 흑옥은 물론 유약 도자기도 건너왔다. 이 사치품 가운데 일

---

* 삿대로 움직이는 사각형 평저선.
** 세립질 퇴적물 위로 단단한 고체 물체가 이동하면서 생긴 흔적.

부는 잉글랜드와 아일랜드의 상류층 매장지에서 보이는, 통상적인 "도구 한 벌"의 형태로 왔다. 이 가운데 가장 유명한 것은 잉글랜드 남부의 스톤헨지 근처 매장지 아래 화려하게 치장된 무덤들에서 나왔다. 그러한 매장 방식은 부유한 상류층을 형성하는 이름난 친족 지도자의 등장과 더불어 사회가 심대하게 변모하기 시작했다는 뚜렷한 신호였다. 이국적인 물품 교역의 상당 부분은 종종 멀리 떨어진 동족 간의 세심하게 계획된 교환 활동 형태로 틀림없이 친족 지도자들의 손에서 이루어졌을 것이다. 풍성한 무덤 제물로부터 판단하건대, 그러한 인공물과 거기에 결부된 믿음들은 무덤의 주인을 따라 무덤 속과 저세상까지 함께 갔다. 무덤 주인들은 이제 흔히 정교한 제의적 풍경의 한복판에 묻히는 공경받는 조상이었기 때문이다. 이러한 제의적 풍경 가운데 하나는 동쪽 수평선까지 뻗어 있는 너른 바다의 언저리 킬른시에 자리한 복합 매장지인지도 모른다.[9]

북해는 아마도 조상들의 영역이었을 테지만 그곳의 해안 풍경은 계속해서 바뀌었다. 지각의 조절 과정과 추워졌다 풀리기를 반복하는 변화무쌍한 기후 순환에 따라 해수면이 오르락내리락했기 때문이다. 몇 센티미터도 적지 않은 차이를 만들어 낼 수 있었다. 오솔길은 차오르는 물속에 사라졌다. 낮은 섬들은 빠르게 흐르는 해류에 의해 망각 속으로 빠져들며 모습을 감추었다. 격렬한 폭풍으로 커진 해일이 아무런 경고 없이 순식간에 해안에 들이닥치기도 했다. 대대로 이용하던 얕은 카누가 다니던 물길이 하룻밤 사이에 흔적도 없이 사라졌다. 그 결과 팽창하는 기억의 저수지가 바다 풍경을 둘러쌌다. 고고학자 로버트 판더노르트는 북해가 급속한 환경 변화로 점철된 수천 년의 세월 동안 그 주변에서 살았던 사람들의 역사와 신화 속에서 하나의 행위자가 되었다고 생각한다.[10] 이것을 기념하는 한 가지 방법은 이전 시대에 그곳의 바다를 노 저어 다니던 조상들을 기리는 것이었다. 또 다른 방법은 귀중한 돌과 청동 기물을 잠식해 들어오는 습지대나 깊은 물속에 바치는 것이었는데 두 곳 모두 한번 바친 물건은 두 번 다시 건져 올 수 없었다. 도끼와 끌, 가느다란 양날 칼 및 검 같은 무기를 비롯해 적어도 50점 이상의 금속 도구와 황금 토크(팔에 차는 고리)가 험버 강과 연계된 습지대에서 나왔다. 더 깊은 물속에서 발견된 개별적인 유물들도 알려져 있다. 그중에는 도버 인근 해안에서 바다 쪽으로 150미터 떨어진 곳에서 발견된 182점의 검과 가느다란 양날 칼 및 여타 무기류도 있다. 어쩌면 이 인공 유물들은 난파선에서 나온 것일 수도 있지만 마찬가지로 신에게 의도적으로 바치는 심해 봉헌물일 수도 있다.

조상들의 매장지는 킬른시에서 북해를 굽어보고 있었다. 이 봉분 아래의 조상들은 한때 부와 위신을 누리던 사람들이었고 사회에서 그들의 위상은 친족 관계와 다른 이들의 충성을 차지할 수 있는 능력 둘 다로부터 나왔다. 그들의 개인적 연계는 까마득한 과거로 거슬러 간다. 그것은 여러 세기 동안 번창하고 종종 의례적 의미를 띤 채 중단 없이 이어진 교환 네트워크의 본질적 일부로서 북해 너머까지 뻗어 있었을 것이다. 북해 양안에서 비커 모양의 사실상 똑같은 점토 그릇이 발견된 덕분에 우리는 이러한 유대 관계를 알 수 있으며 점토 그릇들 자체는 많은 경우 매장지에서 발견된 이국적 물품 세트와 연결되어 있었다.

기원전 2250~1950년에 영국 해협과 북해를 가로지르는 접촉의 강도가 증대했는데 여기에는 대륙에서 온 호박과 같은 귀중품과 원자재의 증가가 반영되어 있다. 개인들 간에 위신을 높여 주는 사치품의 교환은 정치적, 사회적, 종교적 중요성을 띤 행위였다. 그러한 행위에 참여한다는 것은 외국에 관한 지식과 그것에 관련된 공예품에 대한 접근을 의미한다. 이것은 목재를 찾아 발트 해로, 청동 물품을 찾아 라인 강 상류로 가는 것과 같이 다른 땅으로 떠나는 것을 의미했을 수도 있다. 판더노르트는 고급 사치품과 진귀한 물품의 증가가 연중 오랜 기간 동안 대륙으로 노를 저어 갈 수 있는 꿰맨 보트의 발달과 일치한다고 본다. 이러한 여정은 또한 더 큰 추종자 집단을 만들어 내는 데 필요한 부와 사회적 지위의 획득에 따라 위신이 결정되는 사회들의 성장을 가능케 했다. 꿰맨 보트는 탁 트인 바다를 건너 멀리 떨어진 땅으로 항해하는 정치적, 경제적 도구가 되었고 먼 땅에서 접촉을 수립하는 것은 사회적, 경제적, 종교적 성공의 열쇠였다. 이러한 항구적인 관계들로부터 온갖 제의를 동반한 상호작용의 패턴이 나왔다. 영국 해협과 북해 양안의 지역 사회들이 제의로 서로 엮였고, 마찬가지로 인간 사회와 바다의 위험천만한 힘이 서로 얽혔다. 물론 순전히 추측이긴 하지만, 바다로 분리된 양안 모두에서 발견된 제의용 술잔은 어쩌면 헌주와 항해를 둘러싼 다른 제의들의 상징물로 기능했는지도 모른다.

북해와 영국 해협으로 빠져나가는 유럽의 커다란 강들 그리고 템스 강과 다른 작은 지류들은 해상 경로들을 내륙 안쪽까지 확장했다. 템스 강 하구 초입에 위치한 새닛 섬과 같은 해안가 섬들은 종종 독특한 제의적 연관성을 띠었다. 새닛 섬은 스코틀랜드 북부의 오크니 제도와 브르타뉴 북서부의 우에상 섬과 마찬가지로 각종 매장 기념물이 풍부하다. 브리튼 섬 서쪽의 실리 제도는 매장 기념물과 케언*이 풍부하다. 그리고 우에상 섬과 실리 제도 모두 너른 바다에 위치해 있다. 대서양과 아일랜드, 브리튼 섬 서부로 향하는 일종의 관문이었던 셈이다. 당시에는 또한 섬을 경유하는 횡단 경로들이 많았는데 유럽에서 잉글랜드 남부의 지리상 요충지인 웨섹스의 강들을 건너 브리튼 섬으로 들어올 때 편리한 디딤돌 역할을 한 채널 제도가 대표적인 예이다.[11] 템스 강 하구는 북해 남부를 가로지르고 영국 해협을 지나는 교역을 위한 자연 수로였다. 기원전 첫 천 년대(기원전 1000~1년)에 이르자 영국 해협과 북해 바다는 널을 꿰맨 보트와 가죽 보트에 의해 샅샅이 알려지고 정기적으로 횡단되었다. 이제 항해는 강력한 제의적 함의를 포함할 뿐만 아니라 더 평범한 교역 행위와 각종 경제 활동으로 구성되었다.

가죽 보트는 북유럽 항해자들의 주된 교통수단이었는데, 먼바다에서—영국 해협의 입구를 건너거나 연중 어느 때나 거칠고 예측할 수 없는 바다인 아일랜드 해를 건너는—장기 항해를 할 수 있었기 때문이다. 고전 작가들의 기록을 볼 때 이러한 보트들은 흔했다. 서

---

*기념비나 무덤, 이정표 역할을 하는 돌무더기.

기 4세기에 활동한 시인 루푸스 페스투스 아비에누스의 〈해안들*Ora Martima*〉에 인용된 기원전 6세기의 바다 안내서는 피니스테레 곶 근처 에스파냐 북서부나 브르타뉴에 살고 있는 것으로 짐작되는 억세고 자부심 강한 무역상들을 언급한다. 그들은 "괴물들이 가득한 대양의 너울과 대단히 험한 바다를 가죽으로 만든 소형 보트로" 왕래했다. "[그들은] 가죽을 잇대어 보트를 훌륭하게 갖추고 가죽배에 올라 종종 광대한 바다를 내달린다."[12]

기원전 3세기 동안, 플리니우스의 『박물지*Natural History*』에 인용된 역사가 티마이아우스는 "브리튼 섬에서 안쪽으로 6일 거리에 주석을 구할 수 있는 미크티스*Mictis*라는 섬이 있어서 브리튼족은 고리버들을 엮어 짠 것 위에 가죽을 씌운 배를 타고 간다."고 썼다.[13] 대체 미크티스가 어디였는지는 알 수 없지만 아마도 프랑스 해안이 아니었을까 싶다. 서기 1세기에 활동한 지리학자 스트라본에 따르면 이베리아(에스파냐) 북서부의 민족들은 "만조 때와 얕은 여울물에 무두질한 가죽 보트를 이용했다."[14] 그러한 선박들은 빠르게 흐르는 조류와 현지 바다의 모래톱에 안성맞춤이었다. 심지어 율리우스 카이사르도 로마 내전 당시에 에스파냐에서 강을 건너기 위해 "몇 년 전 브리튼에서 얻은 지식이 가르쳐 준 종류의" 가죽 선박을 건조하도록 명령했다.[15]

우리를 감질나게 하는 딱 한 가지 단서를 제외하고는 우리는 이러한 가죽 보트들이 어떻게 생겼는지 알 길이 없다. 1896년 브로이터의 한 아일랜드 농부가 데리 카운티의 포일 호숫가*Lough Foyle*에 파묻힌 대형 팔 고리 한 점, 금사 목걸이 두 점, 축소 모형 두 점을

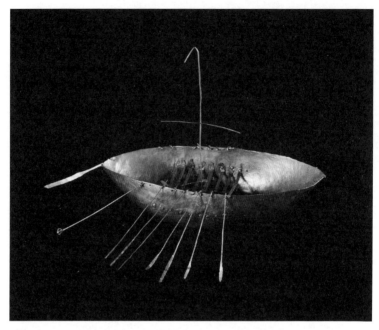

도판 10-4. 브로이터 보트. 기원전 1세기 것으로 바다의 신에게 바치는 봉헌물의 일부였을 것으로 추정된다. 길이는 19.6센티미터. 더블린, 아일랜드국립박물관의 허락을 받아 실음.

포함해 금속 공예품 일곱 점을 발견했다. 축소 모형 두 개 가운데 하나는 가마솥이었고 하나는 보트였다. 금세공인은 커다란 고물에 큰 조타 노가 달린 길쭉한 타원형 가죽 보트를 묘사하려 했음이 틀림없다. 노잡이들을 위한 벤치 아홉 개도 묘사되어 있었다. 18개의 노와 노걸이가 인력에 의한 추진력을 제공했다. 배 중앙의 돛대 밑판은 커다란 사각돛이 달린 돛대와 활대를 지탱했다. 모형은 20센티미터밖에 되지 않지만 비율대로 확대해 보면 15.5미터 길이의 튼튼한 가죽 배였을 것이다.[16] 브로이터 보트는 거친 대서양에 충분히 대처할 수 있는 튼튼한 외해 항해용 배를 묘사했다.

수천 척의 아일랜드 커라크선은 20세기 들어서까지도 이용되었고 그와 비슷한 복제품들이 오늘날까지 널리 이용된다. 1901년에 아일랜드 작가이자 시인인 J. M. 싱은 아일랜드 서해안의 애런 제도에서 커라크를 타고 머리칼이 곤두서는 항해를 경험했다. 아침부터 날씨가 험악했지만 두 시에 조수가 바뀌었고 사람들은 바다가 더 잔잔해질 거라고 생각했다. "그 가족의 장남이 나와 함께 갔는데 나는 나보다 바다를 더 잘 아는 늙은 아버지가 만약 위험이 크다고 느낀다면 설마 아들을 바다로 내보내랴 생각했다." 노인은 이렇게 말했다. "바다를 두려워하지 않는 사람은 곧 물에 빠져 죽게 된다. 바다에 나가지 말아야 할 날에 바다에 나갈 테니까. 그러나 우리는 바다를 두려워하니까 어쩌다가 한 번씩만 물에 빠진다." 선원들은 놋좆*과 아딧줄을 꼼꼼하게 점검한 다음 노가 네 개 달린 보트를 바다에 띄웠다. 손바닥만 한 돛이 배에 직각 방향으로 밀려오는 커다란 파도를 넘어 그들을 실어 갔다. 조타수는 조타 노를 이용해 배를 돌려서 가장 커다란 파도를 정면으로 향하도록 했다. 보트가 너울의 이랑에 떨어질 때 조타수는 조타 노를 놓고 두 손으로 배를 단단히 붙잡았다. 너울이 지나가면 노잡이들은 미친 듯이 노를 저었지만 똑같은 격렬한 조종술이 몇 번이고 반복될 뿐이었다. 때로 조타수는 "시우발, 시우발Siubhal, siubhal"("달려, 달려")이

---

*배 뒷전에 자그맣게 나와 있는 나무못. 노의 허리에 있는 구멍에 이것을 끼우고 노를 젓는다.

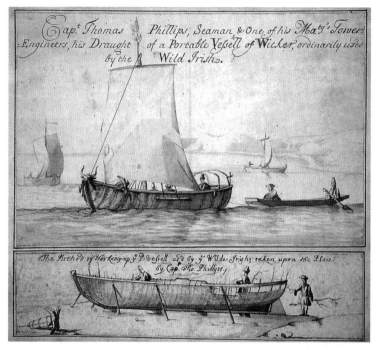

도판 10-5. 17세기 후반 토머스 필립스 선장이 그린 아일랜드 커라크. 케임브리지대학교 모들린 칼리지, 핍스 도서관.

라고 외쳤다. 노잡이들이 배 뒤쪽에서 쫓아오는 커다란 파도에 뒤 집히는 것을 피하려고 젖 먹던 힘까지 다해 노를 저으면 보트는 미 친 듯이 애쓰면서 앞으로 획 튕겨 나갔다. "말을 타는 사람이나 수 영하는 사람의 목숨이 종종 그 자신의 손에 달린 것처럼 우리의 목 숨은 그들의 실력과 용기에 달려 있었고 사투의 흥분이 너무 커서 두려움을 느낄 새도 없었다." 신기하게도 싱은 그 항해를 즐겼다. "사람들의 동작에 따라 구부려지고 떨리는 이 캔버스로 만든 얕은 여물통을 타고 가면서 나는 여태 증기선을 탔을 때보다 파도의 장엄함과 힘에 훨씬 더 큰 친밀감을 느꼈다."[17]

가죽 보트는 단순함과 가벼움, 내항성으로 주목할 만했다. 그러나 대서양 북서부에서는 조수가 강하게 흐르기 때문에 항해를 하려면 시기를 신중하게 골라야 했다. 배가 가는 방향과 같은 방향으로 흐르는 유리한 조류는 짐을 실은 배의 속도를 높여 줄 것이다. 반대로 역류에 맞서 출항했다가는 제자리에서 꼼짝 못하거나 간신히 앞으로 나아가거나 심지어는 떠밀려 되돌아올 수도 있었다. 또한 언제 이동하는지에 많은 것이 달려 있었다. 보름의 한사리에는 만조와 간조 사이에 간만 차가 가장 크고 조수의 흐름이 강했다. 조금 때는 흐름이 훨씬 약하고 간만 차도 작았다. 여기서는 열대 지방의 몬순 계절풍 미풍이나 무역풍처럼 예측 가능한 풍향 변화가 없었다. 강풍이 연중 어느 방향에서나 불어왔다. 바람은 몇 분 만에 일었다가 잦아들고 이물에서 고물로 풍향이 순식간에 바뀔 수도 있었다. 이런 해역에서 해안선을 따라 항해하는 것은 신속하게 바뀌는 해상 조건을 추적하는 능력을 요구했다. 특히 강한 해풍*이 항해하기에 좋은 해안선마저도 위험천만한 리 쇼어, 즉 바람이 불어가는 해안으로 탈바꿈시킬 때는 더더욱 그러했다. 이런 이유로 노련한 뱃사람들은 흔히 우에상 섬이나 콘월의 랜즈엔드와 같이 튀어나온 곳에서 멀찍이 벗어나 앞바다로 나가 항해했다.

---

* 바다에서 육지 쪽으로 부는 바람.

수 세기에 걸쳐 에스파냐와 남유럽에서 북쪽 해역으로 진입할 때는 상선과 전함 둘 다 주로 두 가지 경로를 이용했다. 두 경로 모두 우세한 서풍을 최대한 활용하고 육지에서 벗어난 탁 트인 바다의 항해 구간은 최소화했다. 서쪽 경로는 비스케이 만에서 아일랜드 해로 진입한 다음, 북쪽으로 향해 헤브리디스 제도와 스코틀랜드 서부의 풍랑이 거센 바다로 들어갔다. 브리튼 섬은 이 아일랜드 경로와, 영국 해협의 좁은 길목을 통과한 다음 흔히 거센 조수가 흐르는 북해로 진입하는 경로를 갈랐다. 영국 해협 경로에서는 조류를 조심스럽게 이용해야 하지만 배를 비교적 쉽게 동쪽으로 실어 가는 서풍이 주로 분다는 이점이 있었다.

다른 곳에서와 마찬가지로 이러한 통상적 항해 대부분은 역사의 레이더망 바깥에서 이루어졌다. 그러나 기원전 320년경에 그리스인 피테아스로 알려진 마살리아(마르세유) 상인이 북쪽 바다로 항해를 떠났다. 그는 자신의 경험을 『대양에 대하여On the Ocean』라는 제목의 책으로 썼다.[18] 참으로 애석하게도 그의 원작은 소실되었지만 후대 작가들이 그 책의 내용을 광범위하게 가져다 썼기 때문에 우리는 적어도 그의 탐험에 대한 전반적인 그림을 알고 있다. 그는 지중해 지역에서 비스케이 만의 지롱드 강 어귀까지 많은 사람들이 오고간 경로를 따라 육로로 이동함으로써 수백 킬로미터를 절약한 다음, 거기서 배를 타고 브르타뉴 해안을 따라갔다. 브르타뉴 해안 일대에 거주하는 사람들 가운데 오늘날의 모르비앙 지역에 사는 베네티족은 항해 전문가였다. 베네티족의 본거지는 전략적으로 유리한 위치에 있었다. 이곳에는 지롱드 강과 루아르 강 하구에서 북쪽으로 출항해 브르타뉴 북서단, 즉 우에상 섬 연안의 아르모리카 반도 주변으로 훨씬 더 위험한 여정에 나설 배들이 잠시 머무를 수 있는 편안한 정박지가 여럿 있었다. 지역 전체가 오늘날의 프랑스 해안을 따라 그리고 영국 해협의 입구를 건너 주석을 구할 수 있는 콘월까지 이어지는 장거리 교환의 중요한 접점이었다.

브르타뉴부터 콘월 해안까지 거리는 대략 175킬로미터이다. 북쪽으로 향하는 구간은 가죽 보트의 경우 영국 해협 입구에서 우세한 남서풍을 받아 가는 수월한 구간으로, 어쩌면 커다란 사각돛이 달린 내항성이 있는 범선이라면 24시간 정도가 걸리는 항해였을 것이다. 콘월 해안을 따라 상륙하는 것은 비교적 간단한 일인데, 눈에 확 들어오는 지형지물과 높은 절벽이 많고 연안 바다의 수심이 깊으며 팔 강이나 포이 강 하구처럼 육지로 둘러싸인 하구로 이어지기 때문이다. 브르타뉴 해안 근처에서는 가장 강한 조류가 흐르기 때문에 귀로에 심각한 항해상 어려움을 야기했다. 더구나 해안선은 지대가 낮았고 앞바다에 삐죽삐죽한 바위들이 솟아 있었다. 현명한 항해자는 먼바다에서 지형지물을 확인할 수 있고 역조에 미리미리 대비해 배를 조종할 수 있도록 맑은 날씨에 이 구간을 항해하려 했다.

피테아스는 주석 무역상들이 이용하는 경로를 따라 영국 해협을 건넜다. 주석 무역상들의 활동상을 보여 주는 유적은 몇 척의 난파선 잔해를 제외하고는 거의 남아 있지 않다. 청동기 시대의 난파선 잔해가 주석 주괴와 더불어 데번의 살콤 지역에서 나왔고 또 다른 잔해가 엄 강 입구 암초에서 발견되었다. 배 자체는 아무것도

도판 10-6. 오크니 제도의 매쇼위 봉분. 기원전 3000년경에 만들어진 것으로 그리스인 피테아스가 목격했을 가능성이 있다.

남아 있지 않고 한때 선창에 가지런히 쌓여 있었을 주석 주괴만 발견되었다. 북유럽 바다가 이미 가죽 보트로 붐비던 시절에 피테아스는 브리튼 섬을 출발해 아일랜드 해로 향했다. 그는 대양의 파도가 울퉁불퉁한 절벽에 부서지고 바다 가까이 산맥이 솟아 있는 해안선을 따라 북쪽으로, 어쩌면 멀리 오크니 제도까지 여행했다. 거기서 그는 분명히 스테네스 입석과 브로드가르 고리 같은 거대한 기념비들과 거대한 매쇼위 봉분을 봤을 것이다. 고분과 우뚝 솟은 환형 열석은 피테아스 시대에 이미 3천 년이 된 것으로 육지뿐만 아니라 바다에서도 보이도록 설계되었지만, 그 풍경의 제의적 의미는 이미 오래전에 사라졌다. 그 기념비들은 산 자들과 대양의 초자연적 영역에 거주하는 조상들 간의 긴밀한 연결을 기렸다. 피테아스는 이런 엄청나게 큰 기념비를 세운 사람들과 까마득히 먼 땅으로의 항해를 떠난 힘 있는 자들에 대한 전설을 들었을지도 모른다. 그리고 그는 망망대해를 건너 멀리 북쪽으로 항해한 사람들과 이야기를 나누었을지도 모른다. 그가 '응고된 바다'라고 부른 곳과 브리튼 섬 북쪽에서 배로 엿새 거리에 있는, 아이슬란드로 여겨지는 툴레Thule라는 땅에 대해서 말이다.

피테아스는 아이슬란드에 도달해 거기서 북쪽으로 배로 하루 거리에 있다는 유빙을 방문했을까? 다른 것들과 마찬가지로 증거는 모호하다. 확실히 그 시대의 가죽 보트는 선장이 기상 조건과 계절을 신중하게 고르기만 한다면 800킬로미터 이상의 항해를 수행할 수 있었을 것이다. 이제는 소실된 피테아스의 저작에 친숙했던 후대의 작가들은 우리에게 그가 밤이 없는 날들, 즉 백야에 대해 썼다고 알려 준다. 그가 아이슬란드를 방문했는지는 여전히 불확실하지만 아마도 셰틀랜드 제도에는 상륙했을 테고 거기서 멀리 북쪽에 위치한 커다란 섬에 대한 이야기를 들었을 가능성이 크다. 셰틀랜드 섬사람들은 거위나 큰고니 같은 새들의 봄철과 가을철 이동은 물론 그것들의 나팔 소리 같은 울음소리와 독특한 V자형 비행 형태도 잘 알고 있었을 것이다. 철새의 이동은 수평선 너머에 육지가 있다는 신호였다. 이 사람들은 농부이자 무엇보다도 깊은 바다에서 대구를 잡는 데 익숙한 어부였으며 북대서양에서 최고의 대구잡이 어장 가운데 한 곳이 아이슬란드 남부 해안이다. 이 춥고 바람 부는 제도에서는 나무가 드물기 때문에 그들은 분명히 거기까지 이동하는 데 가죽 보트를 이용했을 것이다. 피테아스를 맞이한 사람들은 아이슬란드까지 항해할 만한, 바다에 대한 지식과 해상 기술을 의심의 여지없이 보유하고 있었다.

피테아스 시대에 이르면 노르드인이 서기 10세기에 북쪽의 보루로부터 봇물처럼 쏟아져 나오기 오래전에, 이미 일단의 항해가들이 북해를 종횡무진하고 영국 해협을 건너 너른 대서양으로 진출하고 있었다. 그중에는 열락의 땅, 에덴 동산을 찾아서 커라크선을 타고 대서양으로 나간 것으로 유명하며 때로 '항해가the Navigator'로 불리기도 하는 위대한 성 브렌단(서기 ?484~577년)도 물론 포함된다. 성 브렌단의 전기는 브렌단과 동료들이 "그들 나라의 관습대로" 고리버들을 엮은 프레임을 가지고 커라크선을 건조한 일을 묘사한다.[19] 그들은 참나무 껍질로 황소 생가죽을 무두질했고 역청으로 뱃밥을 채웠으며 버터를 가죽에 발라 방수 처리했다. 브렌단의 강력한 커라크는 17명을 실을 만큼 널찍했고 배 중앙에는 사각돛이 펄럭였다. 브렌단과 동료들을 푸르른 초목이 우거진 축복받은 섬으로 데려간 여정은 7년이 걸렸다고 한다. 어느 정도는 사실이고 어느 정도는 전설일 그의 여정은 이후로 줄곧 여러 가지 추측을 불러일으켜 왔다. 한 가지 이론은 대략 그 시기에 수도사들이 정착한 셰틀랜드 제도를 브렌단이 식민화했다는 것이다. 브렌단은 자신이 낙원을 발견했다고 확신한 채 아일랜드로 돌아왔고 돌아오는 길에 바다 괴물과 맞닥뜨렸다. 그와 동시대인 성 콜룸바도 마찬가지이다. 성 콜룸바의 전기 작가인 이오나의 수도원장 '박식한the Learned' 아돔난(서기 627/8~704년)에 따르면 콜룸바는 중앙 돛대에 사각돛이 달리고 노가 딸린 항해용 커라크를 타고 여러 차례의 대해 항해를 완수했다.

그러나 피테아스의 시대에도 새로운 배 디자인은 바다에 대한 인간의 지식을 변형시키고 있었다. 앞서 본 대로 피테아스는 브르타뉴의 베네티족에게 들렀는데 거기서 그는 수백 년에 걸쳐 발달한 강력한 목조선을 구경하고 심지어 그것을 타고 이동했을지도 모른다. 3세기 후에 율리우스 카이사르는 키베롱 만의 잊지 못할 해전에서 베네티족의 선박과 맞닥뜨려 그들을 물리쳤다. 그는 현지 바다에 완벽하게 적응한 그들의 배 디자인을 크게 칭찬했다.

"(…) 배는 우리와는 다른 방식으로 건조되고 삭구도 다르다. 그들의 용골은 약간 납작해서 썰물이 빠져나갈 때 얕은 물과 여울에 더 쉽게 대처할 수 있다. 이물은 굉장히 높고 고물도 마찬가지인데 커다란 파도와 난폭한 폭풍에 맞설 수 있도록 설계되었다. 선체는 어떤 강한 충격이나 충돌에도 견딜 수 있게 전적으로 참나무로 만들어졌다."[20]

대형 교차 들보와 "남자 엄지손가락만큼 두꺼운" 쇠 볼트가 베네티족의 배를 단단히 결합시켰다. 닻줄은 쇠사슬이고 돛은 생가죽이나 무두질한 부드러운 가죽이었다. 카이사르는 배가 현지 조건에 굉장히 적합했다고 묘사하는데 먼바다 쪽으로 뱃머리를 돌려 세우기 쉬워서 심지어 격렬한 강풍도 비교적 편안하게 견뎌 낼 수 있었다. 연안 근처에서 오도 가도 못 하게 되더라도 평평한 바닥 덕분에 썰물 때 얕은 물에서나 심지어 바위투성이 연안에서도 좌초하지 않고 떠 있을 수 있었다. 베네티족의 배는 7~8미터의 조차

潮差는 보통이고 조수가 강하게 흐르는 브르타뉴 해안의 혹독한 기상 조건에 대응하여 여러 세기에 걸쳐 발전해 왔다. 그런 이유 때문에 뱃사람들은 닻에 쇠사슬을 달아서 다녔다. 바다 밑바닥의 뾰족한 바위들 탓에 일반적인 섬유 닻줄은 금방 닳아 버렸을 것이다. 이것들과 여타 솜씨 좋게 건조된 목조선으로부터 11장에서 묘사되는 훗날의 멋진 노르드 배가 진화했다.

| 11장 |

"폭풍은 얼음 깃털처럼
고물에 내려앉았네"

"그가 저 곳을 돌 수 있을까?" 유명한 덴마크 화가 미샤엘 앙셰르의 그림은 나를 사로잡았다. 노르웨이와 덴마크 북부를 가르는 카테가트 해와 북해가 만나는 고기잡이 항구 스카겐. 세찬 돌풍이 남서쪽에서 불어온다. 비는 그쳤지만 집채만 한 파도가 항구 바깥쪽으로 밀려온다. 앙셰르는 1879년 폭풍 당시 부서지는 파도 가장자리에 삼삼오오 무리 지어 서 있는 어부들을 그렸다. 그들의 눈길은 바다에 고정되어 있다. 그림 속에는 보이지 않지만 연안으로 속수무책으로 밀려가고 있는 배를 모두가 바라보는 가운데 한 남자가 손가락을 들어 가리킨다. 폭풍의 힘만큼 억세고 매서운 얼굴의 그들은 살을 에는 바람 속에서 말없이 꿋꿋하게 바다를 응시하고 있다. 이들은 바다에서 나고 자란, 다른 삶은 모르는 거친 남자들이었다. 머리 위로 북해의 삭풍이 휘몰아치는데도 이글거리는 난로 주

도판 11-1. 미샤엘 앙세르, 〈그가 저 곳을 돌 수 있을 것인가?*Vil Han Klare Pynten*〉.

위에 둘러앉아 카드놀이를 하는 것쯤은 예사인 어부들의 손에서 최근인 1950년대까지도 여전히 400척의 고기잡이배가 24시간마다 스카겐에서 출항했다.

　앙세르의 또 다른 그림은 두 명의 스카겐 어부가 보트에 기댄 채 바람에 아랑곳 않고 정면을 응시하는 모습을 보여 준다. 육지를 등 뒤로 한 채, 수염이 무성하고 풍파에 시달린 그들의 얼굴은 엄격하고 강단 있어 보인다. 이 그림들을 보고 있노라면 이들이 우리들과는 동떨어진 사람들, 얼굴에 바다의 의미 자체를 새기고 있는 사람들이라는 사실을 깨닫게 된다.[1]

　천 년 전 그들의 중세 조상들, 스카겐 어부와 대서양 연안의

도판 11-2. 미샤엘 앙세르, 〈보트 옆의 두 어부 *To Fiskere ved en Bad*〉.

그와 같은 뱃사람들의 조상들에게 유럽 서해안은 세상의 끝이었다. 태양은 미지의 심연으로, 흉포한 야수가 살고 변화무쌍한 물기둥이 솟아오르는 물속으로 졌다. 여기에 무시무시한 괴물 리바이어던이 언제든 인간의 영혼을 집어삼키고 지옥으로 끌고 가기 위해 심연 한가운데 꿈틀거리고 있었다. 리바이어던은 오로지 신앙으로만 물리칠 수 있는 대혼돈의 힘이었다. "당신의 힘으로 바다를 밀어내시고, 바다 괴물의 머리를 깨트리시는 것도 당신이었나이다. 리바이어던의 머리를 쳐부수고, 그것을 야생의 괴물의 먹이로 내버리신 것도 당신이었나이다."[2] 대서양 연안은 기독교도의 생존을 유지하는 생명수인 민물을 담고 있는 육지의 궁창과 소금기 많은 바다 사이의 상징적 경계였다. 심지어 대서양 연안 내해를 항해하는 사람도 배를 타고 갈 때마다 매번 목숨을 건 모험을 해야 했다.

대서양은 잉글랜드와 아일랜드 민간전승에서 강력한 위치를 차지했다. 엑시터 성당의 10세기 책에 담겨 있는 짤막한 앵글로색슨 시 〈항해자 *The Seafarer*〉는 물 위에 떠 있는 삶, 인간과의 접촉이 결여된 몹시 추운 곳의 외로움을 그린다.

> 엄혹한 바다와 얼음장처럼 차가운 물결 말고는
> 아무런 소리도 들리지 않았다 (…)
> 바닷새가 크게 우짖는 소리는 내게 웃음소리요
> 끼룩거리는 노랫소리는 나의 꿀술이었다.
> 파도가 때리는 바위 절벽 위 폭풍은 얼음 깃털처럼 고물에 내려
> 앉았네.[3]

학자들은 수 세대에 걸쳐 〈항해자〉를 두고 논쟁해 왔다. 이것은 인생의 여정 같은 상징적 여행에 관한 우화인가, 아니면 섬사람으로서 언젠가 영국인은 그들 가까이에서 일렁이는 저 깊은 바다를 생존 수단으로 삼게 될 수밖에 없으리라는 이른 깨달음을 보여주는 것인가? 어쩌면 〈항해자〉는 대양 항해의 기록을 나타내는지도 모른다. 우리로서는 영영 알 수 없으리라. 그러나 이 시는 바다에서의 삶의 고독과 심지어 무력함도 반영한다. 이 시행들은 우리가 시인의 의도를 해독하는 것을 허락하지 않는다.

대서양은 사람들이 두려워하는 망망대해였지만 결국 너른 바

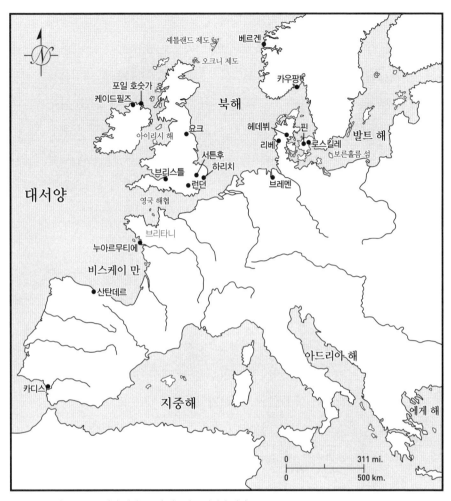

도판 11-3. 11장과 에필로그에 언급되는 지명과 위치.

다와 더 친숙해지면서 두려움과 미신은 점차 뒷전으로 밀려났다.
9세기와 10세기가 되자 아일랜드 수도사들이 앞장섰다. 그들은 스
코틀랜드 서부에서 북쪽의 오크니 제도와 셰틀랜드 제도로 항해했

고 그 후 페로 제도까지 갔다. 신에게 온전히 헌신할 수 있는 땅에서 은자와 같은 은둔 생활을 추구했던 외로운 소수는 심지어 아이슬란드에도 정착했다. 초창기 역사서들은 그들이 나무 프레임으로 지탱되는 튼튼한 가죽 보트를 타고 이동했다고 가르쳐 준다. 사후세계에 대한 믿음이 워낙 강했기 때문에 그들은 너른 대양의 위험에 대해 거의 신경 쓰지 않았다. 독실한 믿음은 미지의 것에 대한 공포를 극복하는 데 크게 일조했다. 얼마 지나지 않아 노르드인과 더 실용적인 목적을 띤 다른 뱃사람들이 그들의 뒤를 따랐다.

고대 노르드어 아이빈티르는 "모험"이란 뜻으로, 강한 위험의 요소와 함께 미지의 것과 예측 불허의 대상을 직면하는 두려움과 흥분을 내포한 단어였다. 너른 바다는 난파와 폭풍, 해적에 속수무책인 채로 북해와 비스케이 만을 벌벌 떨며 건너는 여행자를 위한 곳이 아니었다. 그러나 흥미진진한 모험심은 잘 만들어진 배를 타고 항해를 즐기는 사람들에게는 거부하기 힘든 것이었다. 그러한 항해는 권력과 명성, 그리고 이동성—그때까지 알려진 세계를 가로질러 세계의 경계까지 마치 신과 족장처럼 이동할 수 있는 능력—을 선사했다. 배는 흔히 격랑이 휘몰아치는 바다에서 선원들을 실어 나르는 일종의 이동식 교회가 되었다. 연안 바다를 항해하던 노르드인을 궁극적으로 먼바다의 탐험가로 탈바꿈시킨 것은 아이빈티르였다. 종종 난관에 부닥치는 험난한 인생 여정에 비교되거나 지옥의 살아 있는 상징처럼 여겨진 서쪽의 대양은, 그곳 바닷가에서 살아가며 꽁꽁 감추어진 바다의 비밀스러운 지식을 소유한 이들에게는 무미건조한 있는 그대로의 삶의 일부가 되었다.

　10세기 후반 노르드 뱃사람들을 아이슬란드와 그 너머로 데려
간 여정은 수백 년에 걸친 연안 무역의 절정이었다. 연안 항해 거
리는 흔히 바다에서 하루 남짓 보내는 북해 횡단 구간처럼 비교적
짧았다. 로마 시대가 되자 비스케이 만부터 발트 해까지 그리고 노
르웨이 해안을 따라가는 부정기 상선의 항해는 일상적이었다.[4] 해
안 지대 환경의 다양성을 반영하는 거의 알려지지 않은 다양한 종
류의 선박들이 아주 초기부터 노를 저어 이 해역들을 왕래했다. 흔
히 해변이 작고 대서양의 큰 너울에 노출된 아일랜드에서는 가볍
고 유연한 가죽 보트가 이상적이었는데 만조 수위선 위로 쉽게 끌
어 올릴 수 있었기 때문이다. 다른 곳에서는 페매어 잇댄 널로 건
현을 높인 초창기의 통나무배가 널판을 댄 더 정교한 선박에서 서서
히 자리를 내주었다. 궁극적으로는 그 널판을 댄 배들이 노르드 배
와 다른 선박 건조 전통의 선조가 되었다.

　율리우스 카이사르가 널판을 댄 베네티족의 배를 목격한 기원
전 56년에 널판을 댄 배는 위험한 조수가 드나드는 브르타뉴 해안
에서 이미 일반적이었다. 베네티족 조선 장인들은 쇠못을 이용해
널을 프레임에 고정시켰다. 그들은 프레임을 먼저 만든 다음 널을
부착했는데 선체를 먼저 만든 다음 프레임을 추가하는 북쪽의 관
행과는 날카로운 대조를 이루었다. 그러나 여전히 지배적인 기술
은 부드러운 곡선을 그리는 형태의 확장된 통나무배로—북동태평
양에서 유사한 카누들의 경우와 마찬가지로—더 잔잔한 바다에 적
합했다. 확장형 통나무배를 건조하며 수 세기 동안 축적된 경험은

훗날 노르드 배의 기본 형태와 내부 구조를 제공했다. 여러 가지 근본적인 변화가 일어났다. 조선 장인들은 부드러운 목재에서 참나무나 소나무처럼 단단하고 결이 곧은 나무로 옮겨 갔는데 그쪽이 쪼개기가 더 쉽고 더 견고했다. 대부분의 북방계 배는 결이 곧은 나무 몸통으로 시작해 거기에—무게를 줄이기 위해 얇고 세심하게 깎아 낸—쪼갠 널을 덧붙인 다음 클리트와 노끈으로 결합했다. 중첩된 널을 꿰매어 고정하는 방식은 쇠못을 박아 고정하는 방식으로 점차 바뀌었다. 어쩌면 무엇보다도 가장 중요한 것은 자유 노*가 고정 노**로 대체된 것이리라.(배 양측에 놋좆이나 노걸이로 고정된 노는 더 큰 지렛대 힘을 제공해 보트의 속력을 높여 주었고 무거운 배나 역풍에 맞서는 경우에 특히 유리했다. 고정 노가 언제 처음 사용되었는지는 알려진 바 없다.) 도나우 강과 라인 강의 로마 함대에서 복무한 용병들이 이런 아이디어를 북방에 소개했는지도 모른다.

언제나처럼 우리는 이러한 혁신들을 버려진 배나 난파선에서 나온 고고학적 단편을 통해서만 알 수 있다. 서기 7세기 초 선박의 극적인 발견은 당대 조선술뿐만 아니라 바다와 연관된 매장 풍습에 대한 매우 흥미로운 초상을 제공한다. 1939년에 고고학자로 변신한 농부 바실 브라운은 잉글랜드 동부 서튼후에서 옛 매장지를 가로지르는 넓은 구덩이를 발굴했다. 그것은 인근 데번 강을 내려다보는 벼랑 위에 있는 적어도 14기의 봉분으로 구성된 매장 단지

---

* paddle. 카누나 카약 등에서 양손으로 쥐고 좌우로 자유롭게 저을 수 있는 노.
** oar. 뱃전에 부착되어 보통 한자리에 앉아서 젓는 노.

도판 11-4. 서튼후 2호 봉분. 화가가 재구성한 매장 날의 풍경. 빅터 앰브러스 그림. 브리티시뮤지엄컴퍼니의 허락을 받아 실음.

의 일부였다.[5] 그는 곧 다섯 개의 배 쇠못을 발견했는데 모두 오래 전에 봉분에 묻혀 썩어 없어진 널판에서 썩지 않고 남은 것이었다. 브라운은 곧 자신이 장례선을 발견한 것이 아닌가 생각하게 되었다. 브라운과 작업자들이 모종삽과 붓을 이용해 땅을 파내자 앵글로색슨 배의 이물과 프레임 11개 그리고 막힌 격벽이 차례로 드러났다. 이쯤에서 그는 작업이 자신의 전문적 한계를 벗어났음을 깨닫고 현명하게 전문가의 도움을 요청했다. 고대 목재 구조물 전문가인 케임브리지대학교 고고학자 찰스 필립스가 나섰다. 그는 봉

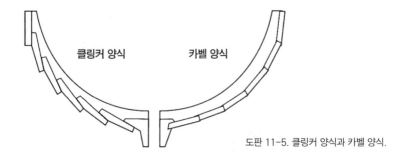

도판 11-5. 클링커 양식과 카벨 양식.

분의 토양에서 회색으로 변색된 부분을 추적해 배의 윤곽과 선체 중앙 아래 널을 댄 묘실을 파악했다. 필립스는 오래전에 썩어 없어진 귀족의 시신과 함께 묻혀 있던 보물도 회수했는데 여기에는 금속 솥, 그릇, 창, 도끼, 병과 더불어 서기 650년경 것으로 추정되는 동전 37개도 있었다. 오래전에 썩어 없어진 시신은 어쩌면 서기 599~624년에 이스트앵글리아 왕국을 다스린 앵글로색슨 왕 래드왈드일 수도 있는데 이러한 추정은 아직 조심스러운 가설에 불과하다. 최근에 마틴 카버와 그의 조사 팀이 수행한 뛰어난 연구와 발굴 작업은 매장과 관련 묘지에 대한 우리의 지식을 크게 가다듬어 주었다.

장례선은 길이가 27미터이고 38개의 노로 추진되었다. 선체는 극히 일부분만 남아 있을 뿐이지만 이물(선수)과 고물(선미)이 높고 앞뒤가 똑같은 형태였다는 사실을 밝히기에는 충분하다. 양 측면이 각각 아홉 장의 좁고 긴 널로 구성된 선체는 클링커 양식에 따라, 다시 말해 널을 서로 조금씩 포개는 방식으로 건조되었으며 접합을 위해서 클리트가 아니라 쇠못을 이용해 고정했다. 용골은 없었지만 고물에는 한때 조타 노를 올려놓았던 듯한 보강재가 있었다. 돛대 밑판이나 삭구, 돛의 흔적은 전혀 없으므로 서튼후 배는 아무래도 범주가 아니라 노 젓기를 위해 설계되었던 것 같다. 조문객들은 인근 데번 강에서 장례선 주인의 최후의 안식처가 될 언덕 꼭대기까지 배를 1.5킬로미터가량 힘겹게 끌고 갔다. 한 요트 건조자가 절반 크기로 제작한 복제 모형을 노와 돛으로 시험 운행해 본 결과 육지로 둘러싸인 만이나 호수에서 빠르게 움직이고 조종이 가능함이 입증되었다. 복제 모형은 사각돛을 달고 뒷바람을 받았을 때와 브로드리치*일 때는 빠르게 달렸으나 용골이 없기 때문에 바람에 붙어서 갈 때는 위험했다. 사각돛을 2단 축범한 상태에서는 강한 바람에도 안정적이고 안전했지만 방향 전환이 어렵고 바람이 불어오는 방향으로는 전혀 전진할 수 없었다. 실제 배에 돛이 달려 있었는지는 여전히 의문 거리이다.[6]

북방 민족들, 즉 앵글로색슨족과 노르드인 모두 왜 이런 시간이 많이 걸리는 선장을 했을까?

> 쉴드는 아직 한창일 때 죽음을 맞아
> 신의 품속으로 건너갔다.
> 그의 전사 무리는 (…)
> 그를 어깨에 짊어지고 일렁이는 바다로 갔다,

---

*3장 상자 글 '항행 각도' 참고.

오랫동안 그들을 다스려 왔고 그들이 받들어 온 족장 (…)

그들은 사랑하는 주군을 배 안에 눕혔다.

위대한 반지를 나누어 주는 자는 배 한가운데

돛대 옆에 누워 있었고 그 위로는

멀리서 가져온 보물들이 쌓였다. 또 귀중한 무구들도 (…)

그다음 그들은 그의 머리 위로 황금빛 깃발을

높이 세운 후 바람과 조수에 따라 흘러가도록

그를 내맡겼다, 주군을 잃어버린 것을

한탄하고 통곡하면서.[7]

9세기 서사시 〈베오울프〉의 앞 대목 시행은 장례선에 실려 수평선 너머로 떠나가는 신화적 족장 쉴드 쉐빙의 장례를 묘사한다. 쉴드의 매장 의식은 대부분의 경우보다 더 정교하지만 서기 첫 천년 동안 선장은 비교적 흔한 일이었다.[8] 선장의 이유는 지금 우리로서는 알 수 없는데 선장에 쓰인 관은 편리한 납골당 그 이상이었기 때문이다. 할리우드는 자신들이 즐겨 묘사하는 "바이킹 장례식"으로 모든 노르드 배가 편리한 땔감이라는 식의 잘못된 이미지를 각인시키고 말았다. 일부 배들은 불태워졌지만 모두가 그랬던 것은 절대 아니다. 어쩌면 그 배들은 망자를 내세로 데려가는 수단이거나, 권력 혹은 교역 활동에 대한 지배력의 상징이었을 것이다. 우리는 그러한 매장 풍습이 얼마나 오랫동안 유행했는지도 알지 못한다. 그러한 풍습이 선사 시대로까지 거슬러 간다는 것은 거의 확실하다. 노르웨이의 유명한 곡스타드와 오세베르그의 배 그리고 물론 서튼후의 배까지 더 후대의 화려하고 웅장한 몇몇 선장 사례들은 기독교 도래 이전 시대 후기에 유명한 인물의 장례에 부와 화려한 장관이 아낌없이 동원되었음을 증언한다. 그들 모두가 남자는 아니었다. 오세베르그 배는 다산과 죽음에 대한 숭배 신앙과 긴밀하게 연계된 지체 높은 여인을 훌륭한 목각 장식과 직물로 기렸다.

몇몇 장지의 호화롭기 그지없는 온갖 장식에도 불구하고 그 속에 묻힌 것이 꼭 부와 권력만을 기린 것은 아니며 지금은 사라져 버린 더 깊은 상징적 의미를 띠고 있었다. 화려한 장식이 없는 많은 배 무덤들은 발트 해 중앙의 보른홀름 섬의 남부 해안에 있는 슬루스가르 공동묘지의 발굴로 분명해진 것, 즉 사회에서 망자가 차지한 역할을 반영했을 수도 있다. 보른홀름 섬 바닷가의 모래 언덕 두 곳에서는 서기 1세기와 4세기 사이의 무덤 1,395기가 발견되었는데 무덤 대부분은 모래에 남아 있는 흔적으로 확인할 수 있었다. 여러 무덤 가운데 하나가 특히 눈에 띄었는데 6미터 길이의 구덩이 안에 5미터 길이 배가 놓여 있고 그 안에 무기를 갖춘 한 남자가 누워 있는 무덤이었다. 두 번째 배는 첫 번째 배 위에 둥근 천장 같은 덮개 역할을 하는 뒤집어진 배였다. 배의 크기는 분명히 망자의 중요성을 반영하지만, 기독교 이전 시대 창세 신화가 선장의 의미를 설명해 줄지도 모른다. 배는 스키트블라트니르Skidbladnir의 상징이었는데, 스키트블라트는 고대 노르드어로 "가는 나뭇조각 모음"을 뜻하며 신들이 만든 신화 속 배였다. 이 배는 아주 작은 부분들로 이루어져 있어서 가방처럼 접었다가 필요할 때면 언제든 펼쳐 신들을 실어 나를 수 있었다고―물론 언제나 순풍과 함께― 한

잉글랜드 서튼후에서의 유적 발굴

1983년부터 2001년에 걸쳐 9년간 최첨단 고고학 유적 발굴과 조사가 진행되었다. 능숙한 발굴가인 마틴 카버가 지휘한 이 조사로 서튼후 공동묘지에 대한 많은 것이 밝혀졌다. 프로젝트는 6년간의 발굴 작업과 뒤이은 3년간의 유물 감정 작업으로 이루어졌다. 조사는 공동묘지의 전체 범위를 확인하기 위한 지표면 조사와 지하 레이더를 이용한 원격 탐지로 시작했다. 장지의 면적은 1만 제곱미터인 것으로 드러났고 이에 따라 유적지의 특징들을 찾아내고 파악하기 위한 대규모 유적 발굴 작업이 결정되었다. 그 결과 카버는 4천여 년 전 청동기 시대 이전부터 그리고 로마 시대 동안 인간이 서튼후에 살았고 또 앵글로색슨족이 그곳에 거주했다는 사실도 밝혀낼 수 있었다.

발굴 프로젝트는 서기 6세기 후반부터 7세기 후반까지 지체 높은 사람들의 고급 공동묘지였던 곳을 조사했다. 초창기 매장은 청동 그릇에 재를 담아 봉분 아래 묻는 화장이었다. 후기의 매장은 땅에 시신을 묻는 일반적인 토장으로, 묻힌 사람들 가운데 한 명은 여자였다. 카버는 일반적인 형태의 봉분에서 추가로 발굴 작업을 했을 뿐만 아니라, 전체 묘지 중 손상되지 않은 단 두 기의 봉분 가운데 하나인 이른바 '17호 봉분'도 조사했다. 두 봉분은 지표면 위로는 거의 보이지 않는 상태였다. 17호 봉분 아래에는 두 기의 무덤이 남아 있었는데 하나에는 지체 높은 이십 대 남성이 검과 방패, 솥, 마구와 함께 묻혀 있었고 다른 하나에는 한 남성이 말과 함께 묻혀 있었다.

카버는 넓은 개활지를 조심스럽게 파내고 긁어내는 작업과 기둥 구멍 및 다른 미묘한 단서들을 이용해 이 공동묘지에 왕족이 매장되었고 10세기나 11세기까지 오랫동안 이용되었음을 밝혀냈다. 발굴자들은 신분이 낮은 사람들의 무덤이 공동묘지 동쪽 끝에 자리한 또 다른 봉분 주변에 무수히 모여 있는 것도 발견했다. 시신은 옅은 갈색의 미미한 윤곽만 남아 있어서 세심한 주의를 기울여야만 확인 가능했다. 이 윤곽들은 무덤에 묻힌 이들이 처형되기 위해 서튼후에 끌려왔으며 그들 중 많은 이들이 목이 잘렸고 어떤 이들은 목매달려 죽었다는 사실을 드러내 주었다. 교수대의 잔해가 공동묘지 동쪽 끝에서 드러났다. 여기서 발굴된 유해 가운데 상당수가 왕족의 매장 시기와 같은 때에 묻혔을 수도 있다.

인신 공양과 선장 풍습이 있던 서튼후는 당시 스칸디나비아 일대의 신앙과 관련이 있던 이교의 공동묘지였을지도 모른다. 서튼후 왕국은 또한 당시 잉글랜드 동남부를 복속하며 떠오르고 있던 메로빙거 왕조의 기독교 제국에 대한 대응으로 형성된 왕국이었을지도 모른다.

다. 뇨르드와 프레이르, 프레이야 이 세 신은 다산 숭배 신앙과 계절의 변화에 중심적인 역할을 맡았고 안전한 항해와 풍어도 관장했다. 이 할 일 많은 신들은 더 나아가 돌고 도는 인간의 생사도 관장했다.

서튼후나 오세베르그처럼 으리으리한 무덤들은 7~10세기, 기독교 신앙이 전통적 권력 구조 뒤에 자리한 고대의 숭배 신앙을 위협하던 시절에 유래했다. 배는 강력한 상징, 즉 낮과 밤, 여름과 겨울, 삶과 죽음의 순환을 영속시키는 신들을 위한 운송 수단이었다. 초창기 스칸디나비아 국왕들은 자신이 프레이르 및 여타 조상신의 후손이라고 주장했다. 덴마크 고고학자 올레 크루믈린 페데르센은 고다르godar(다산 숭배 의식에서 조력자 역할을 하는 사람)였던 이들은 자신의 이름을 배에 새겼거나 배 안에 매장되었다고 생각한다. 그들이 실제로 그 배를 이용해 다른 세계로 갈 것이라고는 아무도 믿지 않았지만 그러한 의식은 살아생전에 사회에서 그들의 역할을 상징했다.

서튼후의 배와 여타 그러한 배들은 수백 년 후 노르드 배의 먼 원형이었다. 후대 노르드 배 가운데 가장 유명한 것은 소위 장선長船이다. 그것은 빠르고 강력하며, 약탈할 기회를 찾아 이리저리 떠도는 침략자들을 위한 치명적인 공격 무기였다. 우리는 장선이 언제처음 이용되기 시작했는지 모르지만 어쩌면 서西색슨족의 기독교도 왕 알프레드에게 장선의 발명자라는 공로를 얼마간 돌릴 수도 있을 것 같다. 영국 역사에서 거의 신화에 가까운 인물인 그는 『앵글로색슨 연대기The Anglo-Saxon Chronicle』에 따르면 덴마크의 "바다 방랑자sea-rover"들과 적어도 두 차례 싸웠다. 『앵글로색슨 연대기』는 알프레드의 배들이 "다른 배들보다 거의 두 배 가까이 길고 어떤배들에는 노가 60자루, 또 어떤 배들에는 그 이상"이 달려 있었다고 말한다.[9] 알프레드의 배는 또한 적선보다 바다 위로 더 높이 솟아 있었는데 가늘고 선체 양 끝이 똑같이 생겼던 것으로 짐작되므로 다음 세기의 유명한 노르드 전선의 원형이라 할 만하다. 그러나 훗날의 노르웨이 배들은 그곳 앞바다의 더 험악한 해상 여건을 고려할 때 선체가 더 넓고 높았을지도 모른다.

북독일 도시 슐레스비히에 가까운 유틀란트 반도 슐레이 피오르에 있는 헤데뷔는 발트 해 지역의 중세 대항구 가운데 하나였다. 항구는 모두가 눈독을 들이는 곳이었고 적어도 세 차례나 공격받았다가 1051년 노르웨이 왕 하랄 하르드라다에 의해 약탈당했다. 헤데뷔에서 출토된 덴마크 장선의 잔해는 길이가 30미터인 길쭉한 배를 시사하며 목재로 쓰인 나무의 나이테에 따르면 서기 985년 무렵에 만들어진 것으로 보인다.[10] 이 배는 잔잔한 바다에서 분명 빨랐을 텐데 선체 길이가 선폭의 대략 11배에 달했기 때문이다. 발굴자들은 좌현의 상당 부분을 찾아냈고 10년에서 20년 된 선체의 전신숖身이 홀수선까지 불탔다는 사실도 알아냈다. 공격자들은 배에 땔나무를 가득 싣고 불을 붙인 다음 동풍을 받아 항구의 방어 시설로 떠내려가게 했다. 화선은 항구 안쪽으로 들어가 잔교 가운데 하나에 부딪혀 가라앉았다. 문헌 사료가 드물긴 하나 항구 공격은 999년이나 1000년에 일어났을 가능성이 크다. 당시 헤데뷔는 육지 쪽의 반원형 흙벽과 내항의 커다란 목조 방책으로 방어되었고 항구의 입구에는 말뚝 위에 세운 목조 망루가 솟아 있었다. 노르웨이인들이 망루에 불을 지르기 위해 비교적 새것인 덴마크 노획선을 가져온 것은 아마도 그래서였을 것이다. 덴마크 배는 노르웨이의 울퉁불퉁한 해안보다 육지로 둘러싸인 얕은 물에 더 적합했다.

우리는 노르드 배를 할리우드 바이킹 장례식 장면의 단골손님인 장선의 측면에서 생각하는 경향이 있지만 노르웨이인들은 온갖 종류의 크고 작은 선박을 이용했다. 그들의 배는 비스케이 만부터 노르카프 곶까지 이어지는 해안을 따라 북해 전역에 퍼져 있는, 또 아일랜드와 스코틀랜드 해안을 따라 멀리 발트 해까지 뻗어 있는 익숙한 해상 교역로를 따라 이동했는데 많은 해상 교역로들이 로마 시대와 심지어 그 이전으로까지 거슬러 올라간다. 그러한 모험

대부분이 그렇듯이 역사의 각광과는 거리가 먼 여정이었지만 수 세기에 걸쳐 셀 수 없이 많은 소박한 선박들이 이 여정에 함께했다. 때로 우리는 이 모험들로부터 무언가를 배운다. 서기 871년과 899년 사이 어느 때에 오늘날 노르웨이 북부인 헬겔란 출신의 부유한 외국인 오테레가 알프레드 왕의 궁정을 방문했다. 자산가인 오테레는 지주이자 순록과 소떼를 보유한 농장주였고 이따금 고래 사냥을 나가기도 했다. 그는 작은 고래나 어쩌면 바다코끼리를 이틀 동안 60마리나 잡았다고 한다. 방문객은 북쪽으로 노르카프 곶과 콜라 반도 그리고 발트 해 안쪽까지 널리 여행했는데 그가 상인이었는지 아니면 외교적 임무를 띠고 있었는지는 확실치 않다. 알프레드는 흥미로운 방문객들을 환영했으니 그러한 사실이 알프레드의 궁정에서 오테레의 존재를 설명할 수도 있을 것이며 어쩌면 오테레는 바이킹 요크*처럼 잉글랜드의 다른 지방으로 가는 도중에 궁정에 들렀을지도 모른다. 그는 자신의 여행에 대한 이야기로 국왕을 사로잡았고 그의 이야기는 딱딱한 질의응답의 형태로 우리에게 전해진다. 그럼에도 불구하고 이 이야기는 우리에게 당시 연안 항해에 대한 귀중한 정보를 어느 정도 제공한다.[11]

오테레의 배는 아마도 노와 돛 둘 다로 추진되는 커다란 배로, 장거리를 이동하고 해적들을 물리치기에 충분한 30~40명의 선원들로 구성되었을 것이다. 그의 여정은 분명 4월부터 9월까지의 항

---

*9세기 후반부터 10세기까지 잉글랜드 북부의 노섬브리아 왕국을 지배한 노르드인들을 지칭하는 용어이다. 특히 노르드인들에게 지배당한 도시 요크와 관련하여 언급되는 경우가 많다.

해 철 동안 이루어졌을 것이다. 잦은 강풍으로 대부분의 겨울 항해
는 불가능했다. 바람, 추위, 어둠은 이 몇 달 동안 이틀 이상의 여정
에 불리하게 작용했다. 여름에는 많게는 15시간까지 지속되는 일
광 시간이 여러 날 동안 중단 없는 여정을 허락했는데 이곳 해역은
한밤중에도 완전히 깜깜해지지는 않기 때문이다. 야간 항해에 최
악의 시기는 달이 뜨지 않는 시기였을 것이다. 이곳 바다는 종잡을
수 없는 날씨와 변화무쌍한 풍향에 시달리는 곳이기에 오테레와
당시 사람들은 순풍을 최대한 활용했을 것이다.

우리는 오테레가 정확히 어디에 살았는지 모르지만 그의 고
향은 트롬쇠 인근 크발뢰위아 섬 북쪽이나 그 근처 어딘가에 있었
다. 그는 알프레드의 궁정에서 세 차례의 여행에 관해 자세히 들려
주었는데 첫째는 북쪽 그의 집에서 노르카프 곶 주변의 미지의 수
역으로 들어가 동쪽 멀리 바르주가 강까지 가고 오늘날의 러시아
에 있는 콜라 반도 인근을 항해한 것이었다. 그는 자신에게 친숙한
수역도 묘사했는데 노르웨이 해안을 따라 노르웨이 남부에 있는
카우팡까지 내려가는 여정으로, 섬들 바깥쪽을 항해했다면 대략
1,815킬로미터 거리였다. 이 여정은 밤에는 뭍에 올라 야영을 하고
낮에는 매일 암뷔르네ambyrne, 즉 순풍을 만난다면 한 달 만에 마무
리할 수 있다고 오테레는 설명한다. 그의 세 번째 여행은 카우팡에
서 스웨덴 해안을 따라간 다음 슐레이 피오르를 통과해 덴마크 헤
데뷔까지 가는 여정으로, 항해에 순조롭다고 짐작되는 여건 아래
서 닷새가 걸렸다.

노르카프 곶 여행은 사정이 완전히 달랐다. 오테레와 그의 선

원들은 좌현에 바다를 둔 채 바람이 순조로울 때 "최대한 멀리까지" 돛을 이용해 나아갔다. 엿새 동안의 여정은 분명 긴장의 연속이었을 텐데 이곳 바다에는 시계가 나쁠 때 거의 보이지 않는 작은 섬들이 무수히 박혀 있기 때문이다. 노르카프 곶을 돌자 육지가 "동쪽으로 꺾이거나 아니면 바다가 육지로 들어왔다고 해야 할 텐데 그 가운데 어느 쪽인지 분간할 수 없었다." 몇 시간 만에 그들은 어릴 적부터 줄곧 왕래해 온 해안의 범위를 벗어나, 다행스럽게도 섬들이 멀리 떨어져 있지 않은 바다를 건너 이제는 남쪽에 놓인 본토를 향했다. 그는 "서쪽과 살짝 북쪽에서 불어오는 바람"을 기다렸다가 "해안을 따라 나흘 동안 동쪽으로 최대한 멀리까지 갔다." 그다음 해안선은 남쪽으로 꺾였고 그는 북풍을 기다려야 했다. 북풍이 불어오자 오테레는 "닷새 동안 남쪽 방면으로 최대한 멀리까지 갔다." 그들은 커다란 강으로 진입했는데 "적대 행위 때문에 (…) 감히 더 이상 지나갈 수 없었다." 그래서 그는 뱃머리를 돌려 다시 친숙한 바다로 향했다.[12] 만약 그의 설명이 믿을 만하다면 오테레는 극도로 조심스럽게 항해하고 또 순풍을 기다렸다고 할지라도 하루에 평균 78~154킬로미터를 간 셈이다.

유럽 해안을 따라가는 항해와 영국 해협과 북해 및 여타 수역을 횡단하는 항해는 물길을 따라가며 만나는 조수와 해류, 눈에 잘 띄거나 그렇지 않은 각종 지형지물에 대한 힘겹게 얻은 지식을 요구했다. 연안선과 어부들은 얕은 여울과 깊은 바다, 단조로운 파도가 치는 광막한 바다를 건너갔지만 그들에게 제2의 천성이 된 측심줄로 파악할 수 있는 수면 아래 지형도 언제나 그들과 함께했다.

1880년대 한 북해 어부가 이야기한 대로 "일단 경험을 터득하기만 하면 북해에서 물길을 찾아가는 것보다 쉬운 일도 세상에 없다. 물길 안내에는 수심과 바닥의 특성 말고는 아무것도 필요 없다." 북쪽 바다에 대한 15세기 독일 안내서 『해서*Seebuch*』는 측심줄로 끌어 올린 바다 밑바닥의 진흙과 조약돌의 색깔에 대해 거듭 언급한다. 그 이야기가 20세기 초까지도 유효했던 것처럼 오테레의 시절에도 마찬가지였을 것이다. 1540년에 독일의 인문주의자 게오르크 요아힘 폰 라우헨은 한 프로이센 선장에 대해 언급하며 "그들은 자신들의 머릿속에 항해술을 숙지하고 있다는 사실을 자랑스러워한다."고 썼다.[13] 무수한 작은 보트들과 무역상들은 오로지 현지에 대한 자신들의 지식과 측심줄의 도움에 의지해 잉글랜드 동부와 덴마크 제도, 스웨덴 앞바다의 좁은 물길을 누볐다. 항해 신호등이나 부표의 시대는 아직 한참 먼 미래였다.

동지중해 교역로처럼 부정기 화물선이 거쳐 가는 길들은 대대로 거의 변화가 없었다. 여러 세기 동안 북유럽 상인들은 노의 힘에 의지해 사업을 했다. 노는 전함도 추진했다. 약탈자들과 정착민들은 일찍이 5세기와 6세기에 대형 보트를 타고 노를 저어 북해를 건넜다. 2세기 정도 후에 스칸디나비아 뱃사람들이 더 긴 항해에 나설 수 있게 하는 돛단배를 개발했다. 이들의 항해 가운데 많은 경우는 오테레의 여정처럼 해안을 따라가는 것이었고 그들은 익숙한 물길을 따라 발트 해 동부 안쪽까지, 또 항행이 가능한 강을 거슬러 올라가 유럽 대륙 심장부까지 들어갔다. 그들의 대서양 무역은 멀리 북쪽의 백해부터 남쪽의 지중해까지 뻗어 있었다. 바다에서는 물론 종교상 축일에는 뭍에서도 각종 염장 생선에 대한 수요가 폭발적으로 증가한 것을 고려할 때 비스케이 만의 누아르무티에 지역에서 나온 소금 무역이 특히 수익이 컸다.

크루믈린 페데르센에 따르면 북유럽 용병들은 도나우 강과 라인 강에서 이용되던 돛을 주시했을 테지만 처음에는 돛을 이용한 항해에 즉각적인 이점이 별로 없었다. 돛에는 크든 작든 대량의 값비싼 가죽이나 범포가 필요할 뿐더러 다양한 크기의 긴 밧줄도 많이 필요했다. 더욱이 노르드 배는 해적과 약탈자에 맞서 화물을 보호하기 위해 선원을 많이 태웠다. 그 선원들은 해안과 하천 항행 시 노잡이가 되어 역류나 강한 역풍에 맞서 배가 나아갈 수 있도록 추진력을 제공했다. 교대로 노를 저음으로써 선원들은 중단 없이 낮 동안 내내 항해를 지속할 수 있었다.

노로만 추진되는 장선을 노와 돛이 결합한 배로 전환하려면 선체 디자인에서 적지 않은 변화가 필요했다. 길고 곧은 용골과 곡선을 그리며 가파르게 올라가는 이물과 고물로 구성된 선체를 개발하는 것은 물론 조선공들은 돛과 삭구가 야기하는 응력*을 수용할 수 있도록 선체도 강화해야 했다. 돛의 형태에서도 무수한 실험이 이루어져 마침내 내항성이 뛰어나고 효율적인 범선이 발전했다. 그 배들은 침략자들과 전사들이 사용한 쾌속 장선부터 다목적 선박(대략 서기 895년에 유래한 노르웨이의 곡스타드 배를 예로 들 수 있다.)

---

* 물체가 외부 힘의 작용에 저항하여 원형을 유지하려는 힘.

을 거쳐 주로 상선과 화물선으로 설계된 튼튼한 크나르선까지 다양한 형태를 띠었다.

외해 항해용 선박의 개량은 노르드 항해의 폭발적 성장으로 이어졌고 그 가운데 대부분은 북해를 횡단해 멀리 아일랜드까지 진출하는 침략의 형태를 띠었다.[14] 수도원이 첫 번째 목표물이었다. 수도원은 어지러운 시절에 흔히 주변 농촌에서 나온 각종 귀중품의 보고였기 때문이다. 일대를 휘젓고 다니는 노르드 약탈자들은 종교가 달랐기 때문에 아무런 양심의 가책 없이 종교 시설을 파괴하고 약탈했으며 수도사들을 살해했다. 그러나 사실 노르드 항해에서는 약탈보다 정기적 무역이 훨씬 더 큰 비중을 차지했다. 무수한 상선이 헤데뷔 같은 중심지에서 출항해 바다로 나갔다. 유틀란트 반도 서해안의 리베와 노르웨이 남부의 카우팡은 조직화된 무역의 중심지가 되었다. 예를 들어 일찍이 서기 710년에 건설된 리베에서 노르드인들은 클링커 양식의 외해 항해용 선박을 이용해 오늘날의 네덜란드 지역에서 흘수선이 낮은 배를 타고 도착한 프리지아인들과 교역했다. 리베 항구의 유적지에서 소떼가 남긴 거대한 분뇨 덩어리가 발견되었는데 살아 있는 가축이 노르웨이 선박으로 여기까지 실려 온 다음 내륙에서 나온 맷돌과 보석 같은 사치품과 교환되어 이곳에 내려졌기 때문이다. 리베에는 심지어 독자적인 화폐 주조소가 있었고 여러 세기 동안 덴마크와 잉글랜드 간 무역의 중심지이기도 했다.

이 무역 중심지들은 노르드인이 앵글로색슨족과 프랑크족, 프리지아인과 슬라브인, 심지어 어쩌면 중동에서 온 사람들과도 어깨를 부딪치는 코즈모폴리턴 지역 사회였다. 이 중심지들은 정치적 갈등과 고도로 유동적인 동맹, 폭력 같은 것들로 얼룩진 더 넓은 세계에서 안전한 피난처이자 중립적인 장소였다. 상업과 약탈은 공존했다. 한편 노르드 선단은 규모가 커지고 약탈이 조직화되면서 남쪽의 지중해까지 진출했다. 족장들이 이끄는 소규모 약탈 대신 군주들과 국왕들은 이제 대규모 원정을 조직해, 북해를 건너 특히 브리튼 제도와 노르망디에서 자신들의 정치적 통제 아래 정착민들을 심으려고 노력했다. 잉글랜드 북동부의 경우, 새로 온 사람들은 자신의 고향과 공통점이 많은 환경에서 농사를 짓고 고기를 잡을 수 있었을 것이다. 또 노르드인은 아일랜드에서 더블린 같은 곳을 여러 세기 동안 거점으로 유지해 왔다. 거기서 노르드인들은 자기들끼리 전쟁 중이던 아일랜드 왕들에게 용병을 제공했고, 브리튼족과 프랑크족에게 노예 등을 수출하는 무역을 발전시켰다.

9세기가 되자 노르드 조선 전통을 바탕으로 완연히 발달한 해상 문화가 발트 해부터 아일랜드까지, 스코틀랜드 서부를 따라, 그리고 멀리 북쪽의 셰틀랜드 제도와 오크니 제도까지 북유럽 전역에서 융성했다.[15] 11세기에 크누트 대왕은 자신의 잉글랜드 영토뿐만 아니라 덴마크와 노르웨이 또 스웨덴 중부 일부를 아우르는 "북해 제국"을 지배했다. 1051년 크누트가 죽은 후 덴마크의 스벤 에스트리드손 왕과 노르웨이의 하랄 하르드라다 왕 사이에 전쟁이 벌어졌다. 하르드라다는 헤데뷔를 싹 불태웠고 1066년 잉글랜드를 침공하려고 했으나 요크셔의 스탬퍼드 브리지 전투에서 패했다. 그 직후 노르망디 공작 윌리엄이 남쪽에서 잉글랜드를 침공하

도판 11-6. 노르드 크나르선 스쿨델레우 1호의 복제 선박. 덴마크 로스킬레 바이킹선박물관의 허락을 받아 실음.

여 역사를 바꾸었다.

　하르드라다의 배는 오늘날 코펜하겐 근처의 로스킬레 피오르를 통과하는 데 실패했다. 과학계에는 다행스럽게도 피오르의 방어자들은 상선과 전함으로 이루어진 폐색선*과 더불어 침입자들의 접근을 막는 목재 방책을 가라앉혔다. 여러 해에 걸친 조심스러운 발굴과 복원 작업 덕분에 우리는 로스킬레의 배들, 특히 노르드 무

---

* 적이 항구에서 빠져나오지 못하게 하거나 항구를 침입하지 못하도록 아군의 항구 입구에 가라앉히는 배.

역과 탐험의 주력선이었던 튼튼한 크나르선에 대해 많은 것을 알게 되었다. 이른바 스쿨델레우 1호선은 중간 급 노르웨이 크나르선으로, 길이는 16.5미터이고 1030년 무렵 노르웨이 서부에서 베어낸 소나무 널판으로 지어졌다. 아마도 동東발트 해 무역을 위해 설계되었을 이 부지런한 선박은 새 참나무 널판으로 세 차례 수리되었다. 이물과 고물에 반半갑판이 있고 건현이 높았으며, 뱃전 상부가 완벽한 형태로 안쪽으로 휘도록 널판을 대고 완전한 뱃머리를 갖추어 내항성이 증대되었다. 배는 필요에 따라 추가되는 바닥짐 돌과 더불어 18~23톤의 화물을 실어 나를 수 있어서 연안 무역에 안성맞춤인 적재 능력을 보유했다. 덴마크 연구자들은 이 크나르선의 내항성과 항해 능력을 연구하기 위해 전통 방식으로 실물 크기의 모형 배를 건조했다. 오테레의 이름을 따서 오타르라는 이름이 붙은 이 배는 헤데뷔부터 폴란드 그단스크까지 항해했고 북해를 건너 에든버러까지 갔다.

몇 년 전 나는 타히티에서 항해를 하다가, 노르웨이에서 오타르를 본떠서 건조한 배를 우연히 만났는데 이 복제 선박은 세계 일주 중이었다. 그 배는 며칠 안으로 피지로 갈 예정이었다. 나는 그 배의 선원들이 조금도 부럽지 않았다. 그들은 비바람에 고스란히 노출된 채 밥을 먹고 잠을 자며 생활하고 있었다. 약간의 현대적 편의 시설을 누렸다 하더라도 그들의 항해는 도저히 안락할 수 없었으리라. 또 다른 로스킬레 배로는, 장에 가는 농부가 이용했을 법한 14미터 길이의 작은 연안 무역선 스쿨델레우 3호선이 있다. 이 배를 복제한 선박의 시험 항해는 노르드 배가 60도 각도에서 맞바

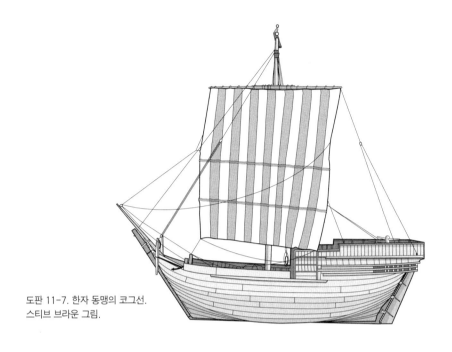

도판 11-7. 한자 동맹의 코그선.
스티브 브라운 그림.

람을 맞으며 대략 1~2노트(시속 1.8~3.7킬로미터)의 속력으로 지그재
그로 갈 수 있었다는 사실을 보여 준다. 대단히 유연한 선체 덕분
에 배는 해안에서 멀리 떨어진 거친 바다에서도 잘 견뎠다. 뒤에서
불어오는 바람을 받을 때는 8노트(시속 15킬로미터) 이상의 인상적
인 속력을 기록할 수 있었다.

　　대체로 로스킬레 유적의 발굴과 잘 보존된 선장 유적 덕분에
중세 후기의 조선 전통과 대조적으로 노르드 조선 전통에 관한 내
용이 고고학 문헌들을 뒤덮는 경향이 있다. 하지만 우리는 그림과
간간이 언급되는 내용들로부터 사실 당시에 여러 가지 형태의 선
박, 특히 다양한 상선이 존재했다는 것을 알 수 있다. 브레멘 근처
의 난파선을 통해 알려진 코그선은 북쪽 수역에서 한자 동맹 상인

들이 광범위하게 이용한 벌크 화물선*으로, 일자형 현측과 염장 생선이나 포도주와 같은 무거운 화물을 나를 수 있는 하나짜리 사각 돛으로 설계되었다.(한자 동맹은 13세기와 17세기 사이에 번창한 발트 해와 북해 지역 무역 도시들로 구성된 경제적 동맹체였다.)

바닥이 납작한 코그선은 12세기 후반기에 고물 방향타를 채택한 이후로 특히 저지대 지방** 앞바다를 누비고 다녔다. 코그선은 염장 대구를 구하러 멀리 북쪽의 베르겐까지 항해했고 결국에는 이따금 서쪽의 아이슬란드까지 갔다. 가죽 보트와 바닥이 납작한 바지선도 있었지만 코그선이 이 시기의 지배적인 상선이었고 제한적이나마 선원을 보호할 수 있는 능력으로 결국에는 노르드 양식 배를 밀어냈다. 코그선은 배 전체를 갑판으로 덮은 반면 노르드 배는 반갑판과 개방형 선창을 가지고 있었다. 그리고 크나르선과 여타 노르드 선박은 선체가 가벼워서 해변으로 상륙할 수 있었지만 유연한 선체 때문에 옆에 정박한 배들과 서로 부딪힐 수 있는 정식 항구나 부두에서는 오히려 불편했다. 코그선이 결국 우세하게 된 것은 적재 능력 때문이 아니라 경제적 현실에 따른 것이었다. 한자 상인들은 노르드 선장들보다 더 대규모 자본에 접근할 수 있었고 멀리 북쪽의 노르웨이에서까지 이루어지는 수익성 높은 소금 무역과 염장 대구 무역을 독점함으로써 혜택을 누렸다. 결국에는 헐크

---

* 곡물이나 양모처럼 단일 품목의 화물을 포장하지 않고 운송하는 화물선.
** Low Countries. 오늘날의 프랑스 북서부와 네덜란드, 벨기에 일대. 플랑드르 지방이라고도 한다.

선이라는 잘 알려지지 않은 또 다른 선박이 코그선을 대체하게 되는데 아무래도 목재 부족과 비용 절감 효과에 기인했던 것 같다. 헐크선은 더 빠르고 하구와 항구에서 더 잘 움직였으며 이전의 코그선보다 단위 면적당 더 많은 화물을 실을 수 있었다.

대양의 비밀을 해독하는 일은 여러 의미에서 필연적이었을 텐데, 육지에서의 사건에 의해 촉발되는 만큼이나 인간의 호기심도 계기가 된다. 탁 트인 대서양의 경우도 마찬가지였다. 9세기에 이르자 스코틀랜드 북쪽에 있는 오크니 제도와 셰틀랜드 제도는 땅에 굶주린 노르드 정착민들을 끌어들였다. 이 섬들은 남쪽의 스코틀랜드와 그 너머로 나아가는 약탈과 여타 항해를 위한 기지로 입지 조건이 좋았다. 북쪽으로는 서기 800년에 이르자 농사를 짓는 가족들을 실어 나르는 노르드 배들이 소수의 아일랜드 수도사들을 제외하고는 사람이 전혀 살지 않았을 페로 제도를 식민화했다. 우리가 파악하는 한 아이슬란드는 비록 그곳에 아무도 살지 않았을지라도 이전 세기 동안 알려져 있기는 했으나 존재가 막연했다. 서기 860년 무렵에 스칸디나비아인이 아이슬란드에 도착해 다시금 아일랜드 수도사들이 과거에 그곳에 정착했던 흔적을 발견했다. 이내 영구적인 정착민들이 뒤따랐는데 수가 많아서 930년이 되자 경작이 가능한 땅을 모조리 차지해 버렸다. 어쩌면 어느 아일랜드 수도사가 가죽 보트로 갔던 이전 항해에서 얻은 경험을 이용해, 페로 제도에서 북쪽으로 향하는 크나르선을 안내했을지도 모른다. 아이슬란드 정착에 대해 부분적으로는 정착민들의 고향인 노르웨이에서 벌어진 복잡한 정치적 상황으로 설명할 수도 있다. 당시 본국의 정치적 상황은 경지와 목초지 부족으로 악화되었다. 하지만 지칠 줄 모르는 호기심, 즉 아이빈티르의 정신도 그만큼 중요할 것이다.

너른 바다를 가로지르는 여정은 여러 세기에 걸쳐 해안을 따라 항해하고 북해와 더 먼 곳의 거친 바다를 횡단하며 갈고 닦은 실력에 의존했다. 셰틀랜드 제도나 오크니 제도 같은 섬들에서 북쪽으로 혹은 스칸디나비아 본토에서 서쪽으로 출발한 사람들은 초여름에 동풍이 우세하다는 사실을 알았다. 그들은 만약 땅을 찾지 못한다면 우세한 편서풍이 그들을 고향으로 되돌려 보내 주리라는 것도 알았다—태평양 섬사람들이 지구 반대편에서 미지의 해역을 탐사할 때 이용했던 것과 정확히 똑같은 전략이었다.

노르드 사가는 너른 북대서양에서의 항해 활동에 대한 귀중한 정보를 많이 담고 있다. 14세기 동안 수도사들은 400년에 걸친 여러 항해가들의 경험에 바탕을 둔 유구한 구전 전통을 기록으로 남겼다. 예를 들어 "현명한 이들이 말하길 노르웨이 스타드에서 배를 타고 이레를 가면 아이슬란드 동쪽 해안의 뿔에 닿는다."라고 적는 식이었다.[16] 이 조잡한 항해 지침은 출발지와 목적지, 한 곳에서 다른 곳으로 갈 때 택하는 경로, 예상되는 항해 기간을 언급한다. 돌아오려면 설명을 거꾸로 뒤집기만 하면 되었다.

노르드 항로 안내인들은 나침반이 없었다. 그 대신 그들은 "위도 항법"이라는 것을 이용해 동쪽에서 서쪽으로 갔다가 되돌아왔다. 항해자는 특정한 천체의 고도가 항해 기간 내내 자오선상에 위치하는 경로를 따랐다. 노르웨이에서 그린란드까지 2,400킬로미터가 넘는 구간을 곧장 가려면 노르드 선장은 먼저 언제나 섬이 보이는 거리를 유지하며 셰틀랜드 제도 북쪽을 돌아간 다음 페로 제도에서 남쪽으로 대략 64킬로미터 떨어진 지점을 지나갔을 것이다. 그 지점에서 섬의 절벽은 대부분 가려져 보이지 않았다. 그다음 경로는 "바닷새와 고래가 보이는" 지점에서 아이슬란드 남쪽을 지나갔다. 이곳은 뭍에서 100킬로미터 정도 떨어진, 크릴이 풍부한 대륙붕의 가장자리 지점이다. 거기서부터 배는 탁 트인 바다로 진입하고 덴마크 해협을 횡단하면 그린란드의 산들이 시야에 들어왔다. 빙하 조건에 따라 선원들은 이제 남쪽으로 배를 몰아 그린란드 남단의 페어웰 곶을 돌아서 그린란드 반대편의 정착지로 향했다. 위도 항법은 경도를 계산할 수 있는 크로노미터가 더 저렴해지고 구하기가 쉬워진 19세기까지 많은 해역에서 흔히 볼 수 있었다.

몇몇 형태의 위도 항법은 천체를 관측할 수 있다면 굉장히 효과적이었다. 북쪽 바다에서는 한여름에 별이 그다지 쓸모가 없기에 노르드인은 주로 태양에 의지했을 것이다. 가운데 그노몬(해시계 위에 세워져 그림자를 드리우는 막대기)이 있는 원판이 물그릇 위에 떠 있는 형태의 일종의 태양 나침반이 이용되었다고 한다. 출항하기 전 항로 안내인은 그림자의 길이를 잰 다음 항해하는 내내 정오에 그림자의 길이가 언제나 똑같은 길이를 유지하도록 배를 조종했을 것이다. 한여름에는 태양의 기울기가 가장 작기 때문에 항해자는 만약 그림자의 길이가 출항 당시보다 더 짧아진다면 자신이 남쪽으로 너무 많이 내려왔고 반대로 그림자의 길이가 더 길어진다면 자신이 북쪽으로 너무 올라왔다는 사실을 알아차렸을 것이다. 그런데 만약 이곳 폭풍우 치는 바다에서 흔히 그렇듯이 하늘에 구름이라도 낀다면? 노르드 사가는 "태양 돌"을 언급하는데 오늘날 이것은 편광을 없애 주는 방해석 수정으로 짐작된다. 항로 안내인은 방해석 수정으로 구름이 낀 흐린 날에도 태양 주위 편광의 동심 고리를 탐지할 수 있었을 것이다.[17] 아직 아무도 노르드 유적지에서 태양 돌을 발견하지는 못했지만, 프랑스 과학자들이 노르드인에게 친숙한 암석인 아이슬란드 방해석을 나무 장치에 장착한 모형을 만들어 실험해 본 결과 구멍을 통해 방해석 수정에 모아진 빛으로 흐린 날에도 태양을 찾아낼 수 있었다. 물론 우리는 노르드인이 실제로 그러한 장치를 사용했는지는 모르지만 그러한 가능성이 있는 돌이 영국 해협에 가라앉은 엘리자베스 시대 난파선에서 발견되었다.

노르드인에게는 물론 배도 있었다. 소와 양은 물론 가족과 농기구, 항해 중에 그리고 일단 육지에 상륙한 후에도 그들을 지탱해 줄 충분한 식량을 운송할 수 있는 튼튼한 상선 말이다. 일단 식민이 성공적으로 이루어지면 같은 배들이 현지에서 만들어진 교역품을 본토로 가져가고 그 대신 현지에서 필요한 철제 기구와 다른 상품을 실어 왔다. 이물과 고물에 반갑판이 딸린 잘 검증된 무역선인 크나르선 스쿨델레우 1호는 북쪽의 섬들과 노르웨이 본토에서 아이슬란드까지 깊은 바다를 횡단한 이름 없는 많은 배들과 같았을 것이다. 이것은 결코 쉬운 여행이 아니었는데 심지어 한여름에도 심한 강풍이 언제든 갑자기 불어닥칠 수 있었다. 그런 날씨에 직면하면 선원들은 돛을 접고 조종타를 바람 불어가는 쪽으로 둔 채 배 밑바닥에 납작 엎드려, 어쩌면 며칠씩 기다렸을 것이다. 이런 때가 바로 배가 흔적도 없이 사라지는 때, 목적지에 결코 도달하지 못하는 때였다. 높은 사망률은 어쩔 수 없는 현실이었다.

힘세고 종종 폭력적인 성격의 남자들이 주도하는 고립된 사회에서는 피할 수 없듯이, 분쟁으로 쉽게 비화하는 파벌 싸움은 새로운 아이슬란드 사회를 갈라놓았다. 걸핏하면 다투는 '붉은 머리' 에릭이 분쟁에 휘말려 든 10세기 후반도 마찬가지였다. 피가 뿌려졌다. 그는 3년 동안 추방되어 바깥으로 떠돌았다. 그는 대담하게 서쪽으로 배를 타고 나가 반세기 전 그의 친척이었던 어느 선장이 표류 중 우연히 목격한 미지의 섬들을 탐험했다. 그는 곧 높은 산들을 발견했고 육지 주변을 빙 돌아 그가 그린란드라고 부른 땅의 안전한 피오르 해안에 상륙했다. 말주변이 좋은 에릭에 설득되어 25척의 배가 새로 발견된 땅을 식민화하기 위해 떠났다. 그중 14척만이 목적지에 도달했다. 985년에서 시간이 조금 흐른 어느 날에 붉은 머리 에릭의 아들 레이프 에릭손이 숲이 울창한 땅에 대한 이야기를 듣고 더 알아보기 위해 서쪽으로 향했다. 노드르 항해자들은 곧 래브라도와 뉴펀들랜드, 그리고 그곳에 자라는 머루^{wild vine}를 따서 빈란드^{Vinland}라고 이름 붙인 곳에 도착했다.

이 항해들을 통해 북아메리카가 북유럽인들의 의식 세계 안에 들어오게 되었다. 1300년대 무렵에 작성된 것으로 추정되나 분명히 더 앞선 시기의 출전들에 근거한 것이 확실한『아이슬란드 연대기^{Icelandic Annals}』는 북쪽 지역에 관해 이렇게 썼다. "그린란드 남쪽에는 헬룰란드^{Helluland}[배핀 섬으로 추정된다]와 마르크란드^{Markland}[래브라도]가 있고 거기서부터, 어떤 이들은 아프리카까지 이어진다고

하는 빈란드까지는 그리 멀지 않다."[18] 크리스토퍼 콜럼버스가 그 자신이 인도라고 부른 땅으로 건너간 1492년 한참 이전에 노르드 인은 정교한 기술이나 발전된 항법 장치의 도움 없이 위험천만한 북대서양 바다를 해독했던 것이다. 그들은 자신들의 지식을 쉽게 누설하지 않는 과묵한 사람들이었고 우리로서는 상상도 할 수 없을 방식으로 바다와 가까운 사람들이었다. 바다는 그들의 동반자였고 아버지들은 아들들의 선배이자 스승이었다. 눈부시게 화창한 어느 날 아이슬란드와 그린란드 사이 바다 한가운데서 흔들리는 크나르선의 모습이 쉽게 그려진다. 선장은 돛대 옆에 서 있고 5월 초여름의 동풍이 그의 머리 위 커다란 사각돛을 팽팽히 부풀린다. 아버지는 옆에 있는 스무 살 먹은 아들에게 고대의 사가를 들려주며 멀리 고물 쪽에 보이는 빙하와 산꼭대기를, 얼음으로 뒤덮인 땅의 이정표를 가리킨다. 책도 글로 쓰인 항해 안내서도 없다. 오로지 조심스레 쌓아 온 아버지와 할아버지의 지식, 까마득히 먼 옛날로까지 대대로 거슬러 올라가는 지식만이 있을 뿐.

서쪽의 태평양
THE PACIFIC TO THE WEST

다음 날의 날씨를 예측할 수 있는 가장 믿음직한 징조는 일몰과 여명으로, 그것을 볼 줄 아는 사람들은 다음 날 하루가 어떨지 정확히 예견할 수 있었다. 그들은 하늘의 변화를 아주 유심히 관찰해서 그럴 때 그들의 얼굴에 나타나는 표정은 하늘과 태양과 대화를 나누는 것으로 알려질 정도였다.

—이반 베니아미노프, 1840년[1]

태평양은 아메리카 해안으로부터 한없이 펼쳐진 것처럼 보인다. 눈에 보이지 않는 육지가 가까운 거리 안에 있을 것 같은 기미는 조금도 없이 끝없는 바다가 수평선까지 펼쳐져 있다. 종종 안개가 기다란 해안선의 대부분을 가리면 알류샨 열도는 폭풍이 휘몰아치고 세찬 빗줄기가 때리는 바다 한가운데 떠 있는 듯하다. 수천 킬로미터 떨어진 먼바다에서 발생한 폭풍으로 거대한 파도가 예고도 없이 바닷가에서 부서진다. 북대서양처럼 이곳에도 예측 가능한 풍향의 전환은 없다. 우세한 북풍과 북서풍이 해안 대부분을 따라 불기 때문에 그쪽 방향으로는 노를 저어 가는 것은 사실상 무의미하다. 12장부터 14장까지는 가시거리 안에 있는 가까운 바다에 정통한 사회들을 그린다. 남아메리카 해안에서 중앙아메리카까지 발사 뗏목을 타고 북쪽으로 항해한 소수의 안데스인들의 눈에 띄는 예외를 제외하면 아무도 먼바다로 나가지 않았고 육지가 보이지 않는 바다까지 나간 경우는 극히 드물었다. 이것은 육지 풍경만큼 연안 바다 풍경도 자신들의 삶의 일부로 만든 해양 사회들에 관한 이야기이다. 아메리카 북서부 인디언인 알류트족과 캘리포니아 남부 추마시족은 뭍에서의 삶만큼 물 위에서의 삶도 제집처럼 편안하게 여겼다. 생계 수단의 전부는 아닐지라도 많은 부분이 바다에서 나왔기 때문이다. 이 사회들의 뿌리는 까마득한 과거로 거슬러 올라간다. 알류트족의 선조들은 적어도 기원전 7000년에 이르렀을 때 알류샨 열도에서 바깥으로 멀리 떨어진 섬들에 정착했다. 여기서는 폭이 넓은 보트와 카약이 우세했는데 항해에 아주 효과적이었기 때문에 러시아 모피 무역상들도 해달 사냥에서 카약과 넓은 보트를 이용했다. 섬들과 해협이 복잡하게 교차하는 아메리카 북서부 해안은 결이 곧은 목재가 풍부해 카누 건조 전통이 수천 년을 거슬러 올라간다. 북서부 부족들에게 연안 바다는 고기잡이뿐만 아니라 교역과 사회적 상호작용, 전쟁을 위한 장場이었는데 이곳 환경에서는 카누가 짐을 실어 나르고 쉽게 연락을 주고받는 유일한 수단이었기 때문이다. 널을 댄 독특한 카누를 타고 다니는 캘리포니아 남부의 추마시족처럼 북서부 해안 부족들은 수 세기 동안 각종 상품을 취급하며 장거리 무역을 해 왔고, 추마시족의 경우 주로 도토리와 조가비 목걸이였다. 멀리 남쪽에서는 고대 마야인의 기록을 해독한 덕분에 마야인과 다른 아메리카 원주민 사회가 바다와 맺은 복잡한 관계들을 가늠할 수 있게 되었다. 마야인에게 바다는 불타는 웅덩이이자 무시무시한 힘들이 작용하는 공간으로, 그들은 그 불타는 웅덩이의 가장자리를 따라 왕래가 잦은 교역로로 통나무 카누를 타고 다녔다. 이 교역의 상당 부분은 노랑가오리 뼈와 소라고둥 그리고 이매패류인 가시국화조개 껍데기 같은 신성한 물품들이 차지했다. 특히 가시국화조개 껍데기는 마야의 군주들뿐만 아니라 안데스인들도 귀하게 여겨 오늘날의 에콰도르 해안에서 온 사람들과 멀리 내륙에서도 거래되었다. 이러한 조가비에 대한 수요가 엄청났기 때문에 남아메리카 무역 상인들은 커다란 발사 뗏목을 타고 북쪽으로 갔다가 중앙아메리카의 마야 왕국에 구리 야금술을 전하기도 했다. 지금까지 알려진 마야인과 불타는 웅덩이 간의 관계로부터 판단하건대 이러한 항해의 밑바탕에는 중요한 종교적 함의가 깔려 있었다.

| 12장 |

알류샨 열도:
"바다가 매우 높아진다"

시속 48킬로미터 북서풍이 세찬 눈보라와 함께 우리의 얼굴을 휘갈겼다. 찬바람에 의한 체감 온도를 덧붙이지 않더라도 기온은 이미 영하 근처를 맴돌았다. 고고학 현장 조사를 하기에 이상적인 여건과는 거리가 멀다고 누구든 당연히 짐작하겠지만 그래도 우리는 먼 북태평양 알류샨 열도의 뿌리 부분에 있는 코디액 섬에서 작은 만을 굽어보는 고대 가옥 터와 분뇨 더미를 바라보고 있었다. 나는 해변에 상륙하려는 카약과 그보다 더 큰 가죽 보트들을 떠올렸다—하지만 이런 바람 속에서? "물론입니다. 해변에 부서지는 파도를 안전하게 헤쳐 나왔다면 말이죠."라고 나를 맞이한 아메리카 원주민이 말했다. 나는 눈앞의 강풍을 정면으로 응시하면서 동남아시아의 부드러운 산들바람과 에게 해의 따사로운 정박지를 떠올리다 몸을 부르르 떨었다.

코디액 섬은 앵커리지에서 비행기를 타고 가면 한 시간 정도 걸리는 쿡 해협의 입구에 자리한다. 셸리코프 해협의 사나운 바다가 섬과 인근의 알래스카 반도를 가르는데 현지 주민들은 넓은 강 정도로 여길 만큼 좁은 해협이다. 코디액 섬에서 알류샨 열도, 즉 세찬 바람이 몰아치는 화산섬들이 대양에 거대한 원호를 그리며 1,930킬로미터에 걸쳐 있는 호상弧狀 열도까지는 카약을 타고 2주일이 걸린다. 활화산을 포함해 화산섬들의 정상부 가운데 일부는 태평양 위로 하늘 높이 솟아 있다. 그러나 다른 섬들은 해수면 위로 고작 몇 미터 솟아 있을 뿐이다. 사나운 겨울 폭풍이 섬들을 때린다. 가차 없는 파도가 깎아지른 듯 들쭉날쭉한 해안선에 부딪혀 끊임없이 부서진다. 이곳의 바다는 맑은 날이 드문 인정사정없는 바다이다. 점점 차가워지는 북태평양 바다 위로 습기가 많고 비교적 따뜻한 남서풍이 북쪽을 향해 불어가면서 연중 최대 3분의 1 기간 동안 시계를 심각하게 제한한다. 이곳은 부유하는 어둠 속에서 섬들이 모습을 드러냈다 사라지는 잿빛 세계이다. 해양 관련 사항을 차분하게 기술하는 궁극의 전거인 영국 해군성의 『세계 대양 항해Ocean Passages for the World』는 "이 일대 대부분의 날씨는 매우 흐리고 안개가 자욱하다."라고 보고하는데 저자들이 결코 과장하고 있는 게 아니다.[1] 이곳을 항해하는 배들에게 알류샨 열도는 죽음의 덫이었다. 배로 곶*과 북극해를 향해 나선 19세기 북극 탐험가들은 알류샨 열도를 통과하는 위험을 무릅쓰기보다는 배를 타고 멀

---

* 알래스카 최북단의 곶. 북극해를 향해 튀어나온 부분이다.

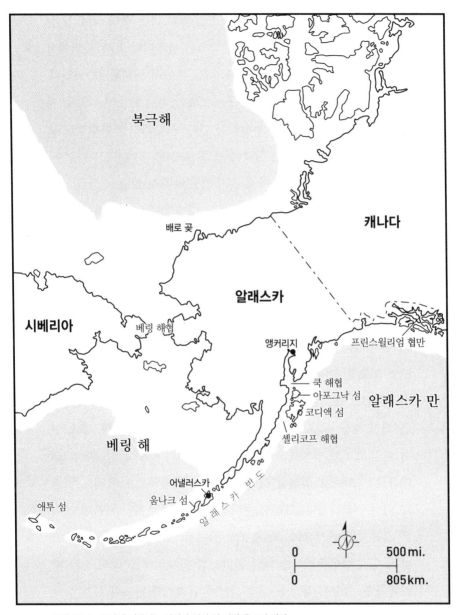

북극해

캐나다

알래스카

배로 곶

시베리아

베링 해협

앵커리지

프린스윌리엄 협만

쿡 해협

아포그낙 섬

코디액 섬

알래스카 만

셸리코프 해협

베링 해

어낼러스카

움나크 섬

알래스카 반도

애투 섬

0   500 mi.

0   805km.

도판 12-1. 12장에 언급되는 지명과 위치 및 베링 육교의 범위.

리 북서쪽으로 시베리아의 캄차카 반도까지 가곤 했다. 알류샨 열도 해역에서는 항해상 한 차례의 잘못된 판단이나 추측 항법에서 한 차례의 잘못된 움직임만으로도 어둠 속에서 난파할 수 있었다. 안전하게 가는 게 현명했다. 지난번에 배를 타고 알류샨 열도를 지나갔을 때 우리는 수면 가까이에 떠 있는 구름 말고는 아무것도 보지 못했다. 하지만 육지가 불쑥 모습을 드러내기 전까지 우리는 바위와 불과 몇 미터밖에 떨어져 있지 않았을 수도 있다.

알류샨 열도는 폭풍우 치는 잿빛 대양 한가운데 자리 잡은 험악한 지대이다. 그러나 이를 보상할 만한 것이 있다—아한대 기준에서는 대체적으로 비교적 온화한 기후와 대부분 고지대 호수에 담긴 풍부한 민물이다. 물이 무척 맑아서 19세기 조류학자 루시언 터너는 "세계 어느 곳의 물이 여기의 물보다 더 좋은 차를 만들까 싶다."고 말하기도 했다.[2] 육지로 둘러싸인 유입구와 날씨가 좋으면 파도를 헤치고 작은 배를 안전하게 상륙할 수 있는 해변도 많다. 무엇보다도 알래스카 반도 바깥쪽과 코디액 섬, 알류샨 열도에는 해양 생물이 넘쳐 난다—바다표범과 바다사자, 고래, 주요 어획 종인 대구와 넙치를 포함해 각종 물고기가 아주 풍성하다. 고대 알류트 사회들이 섭취한 식량 대부분은 태평양으로 흘러드는 강과 바다에서 나왔다. 그러한 천혜의 자원이 풍부했기 때문에 그들은 같은 장소에서 여러 세대 동안 살아갈 수 있었는데 육지에 기반을 둔 수렵인들로서는 거의 불가능한 일이었다. 코앞의 강과 바다에 있는 그토록 풍부한 식량 덕분에 알래스카 반도와 섬의 부족들은 지구 상에서 가장 이른 시기에 완전한 해양 사회를 발전시켰다. 이들이 능숙한 해양 포유류 사냥꾼이자 고기잡이였을 뿐만 아니라 남자들이─그리고 많은 여자들도─삶의 대부분을 물 위에서 살아가는 환경에서 물길을 찾아내 이동하는 기술에 정통했기 때문이다. 이와 같은 뛰어난 능력은 해양 환경에 대한 그들의 이해뿐만 아니라 그들의 뛰어난 선박 덕분이기도 했다.

독일 자연학자 게오르크 빌헬름 슈텔러는 알류트족 사회를 묘사한 최초의 유럽인 가운데 한 명이었다. 그는 1741년에 탐험가 비투스 베링과 함께 알류샨 열도 일대를 항해했다. 고집불통에 다투기를 좋아하며 독선적인 슈텔러는 그의 선장처럼 자신의 이름을 딴 해협이나 심지어 섬으로도 기억되지 않는다. 아무도 지형지물에 이름을 부여할 만큼 그를 좋아하지 않았다. 그러나 그는 그만큼 오래가는 기념비로 기려진다─살아 있는 생물들, 즉 슈텔러 바다사자, 슈텔러 바다소, 슈텔러 어치로 말이다. 그중 바다사자는 알류트족의 삶에서 중심적 역할을 했다. 그는 알류트족의 보트와 바이다르카 카약에 대한 최초의 묘사도 남겼다. "아메리카인의 보트는 (…) 앞쪽 코 부분으로 갈수록 뾰족해지지만 뒷부분은 끝이 부드럽게 잘린 형태이다. (…) 선체의 프레임은 나무 막대기를 양 끝에서 단단하게 묶은 다음 안에 가로대를 대어 폭을 넓혔다. 이 프레임 바깥으로 가죽이 씌워져 있는데 바다표범의 가죽인 듯 암갈색이다. 보트의 윗부분은 이 가죽으로 평평하게 덮여 있지만 용골 쪽으로 가면서 양 옆으로 살짝 경사를 이룬다. (…) 보트 뒤쪽에서 대략 2아르신[1.4미터] 떨어진 곳 위에 동그란 구멍이 나 있는데 그 구멍을 빙

둘러 고래 내장으로 단을 대고 그 단 안쪽에 가죽 끈을 꿰어 넣으면 그 끈으로 마치 지갑처럼 단을 조였다 풀었다 할 수 있다." 알류트족은 저마다 자기 배를 "양 끝에 손바닥만 한 넓이의 삽이 달린 1패덤[1.8미터] 길이의 막대기"로 저었다. 삽처럼 생긴 노의 양 날로 번갈아 저으면 카약은 "커다란 파도 속에서도 아주 재빠르게" 움직였다.[3] 슈텔러는 노를 젓는 알류트족 남자들이 무거운 스키프 보트*를 탄 러시아 노잡이들을 애먹이는 높은 파도 사이로 힘들이지 않고 배를 뭍으로 올린 다음 한 손으로는 자신들의 부츠를 든 채로 나머지 한 손으로 다시 배를 물에 띄우는 모습을 보고 감탄했다.

슈텔러가 이곳에 왔을 무렵 알류트족은 이미 오랜 세월 동안 섬들 사이로 배를 저어 돌아다니며 행복하게 살아왔다. 그들이 이 먼 북쪽 땅에 최초로 정착한 인간은 아니었다. 1만 5천 년 전에 소수의 시베리아 수렵인들이 북동아시아 끝에서 알래스카로 건너왔다. 당시 해수면 높이는 지금보다 90미터 정도 낮았기 때문에 그들은 발을 적시지 않은 채로 오늘날의 베링 해협을 건넜다. 베링 육교는 관목으로 덮인 땅 위로 북극의 찬바람이 훑고 가는 엄혹한 스텝 툰드라 지대였다. 짧막한 여름 동안에도 두꺼운 유빙이 서로 맞부딪으며 저지대 물가를 할퀴고 갔을 것이다. 거대한 부빙도 틀림없이 쌓여 있었을 것이다. 이곳은 강력한 육풍과 심각한 풍속 냉각 효과로 인해 혹독한 해상 조건이 더 가혹해지는 거친 바다이기도 했을 것이다. 우리는 물론 최초의 아메리카인 가운데 바다를 건너

---

*소형 보트의 일종.

아메리카 대륙에 도착한 사람이 있었는지 어쨌는지는 모르지만 바다로 건너왔을 가능성은 낮다. 만약 바다로 이동했다면 그들은 연안의 켈프* 서식지를 활용할 수는 있었을 것이다.[4] 누군가가 이 위험천만한 바다를 한여름에라도 노를 저어 건너기까지는 수천 년의 세월이 흘러야 했을 것이다. 그리고 이곳에는 통나무배를 건조할 만한 나무가 없기 때문에 그때는 가장 단순한 형태의 가죽 보트를 타고 줄곧 물가에 바짝 붙어서 바다를 건넜을 것이다.

대략 1만 년 전에 기온이 급격히 오르고 해수면이 상승하면서 베링 육교는 곧 바다 밑으로 가라앉았다. 해수 온도와 빙하 상태는 수렵인들이 바다로 나가기에 충분할 만큼 누그러졌을 것이다. 수위 상승과 정기적인 해상 이동 간에 어떤 관계가 있는지는 여전히 추측의 문제로 남아 있다. 우리에게 진상을 알려 줄지도 모를 해안 근처의 선사 시대 정착지가 모두 현재의 해수면보다 한참 아래에 있기 때문이다. 그러나 우리가 아는 한 완전한 틀을 갖춘 해양 사회는 훨씬 후인 기원전 3500~3000년 사이가 될 때까지 시베리아와 알래스카 해안에서 아직 발전하지 않았다. 항해 활동은 훨씬 이른 시기에서 남쪽에서 시작되었는데 적어도 기원전 7000년에 알래스카 반도의 들쭉날쭉한 해안 지대와 코디액 섬 그리고 멀리 바깥쪽의 알류샨 열도를 따라 이루어졌다.

고기잡이와 해양 포유류 사냥꾼들이 언제 처음으로 노를 저어

---

*다시맛과에 속하는 해초의 일종으로 해양 생태계의 기반을 이루기 때문에 켈프가 있는 바다는 식량 자원이 풍부하다.

섬에서 섬으로, 본토에서 알류샨 열도 깊숙이 진출했는지는 아무도 모른다. 이곳은 물론 혹독하고 힘든 환경이었겠지만 북극권의 기준에서 보면 낙원이었다. 섬이 줄지어 늘어선 이러한 환경에서는 빙하 상태가 덜 심각했고 날씨가 맑으면 기준 가시선 항법을 이용해 노를 저어 섬에서 섬으로 이동할 수 있었다. 어류와 해양 포유류가 쉽게 노를 저어 갈 수 있는 거리 안에 풍부했고 작살로 쉽게 잡을 수 있었다. 작살은 끝이 뾰족한 뼈나 상아로 만든 것으로 육지에서와 마찬가지로 해상에서도 잘 들었다. 적어도 9천 년에 걸쳐 알래스카 반도와 알류샨 열도의 부족은 예술과 문화, 제의에서 갈수록 정교해진 것을 제외하면 시간이 흘러도 거의 변하지 않은 채 항구적인 해양 문명을 발전시켰다.

대략 9천 년 전에 오늘날 알류트족의 먼 조상들은 알류샨 열도 중앙에서 먼 바깥쪽, 움나크 섬 서해안 앞바다에 위치한 2.4킬로미터 길이의 작은 섬 아낭굴라에 살았다.[5] 이 섬에서 소규모 집단이 부분적으로 땅을 파서 만들고 지붕을 통해 들어가는 가옥에 거주했다. 어부이자 해양 포유류 사냥꾼인 이들은 나무가 없는 환경에서 살았고 이곳에서 선박 건조를 위한 유일한 원자재는 유목, 즉 물에 떠 내려와 이따금씩 발견되는 나무와 해양 포유류의 뼈, 그리고 바다사자의 가죽이었다. 그들의 조상은 틀림없이 가족 전체를 실어 나를 수 있는 가죽 보트를 타고 군도를 따라서 섬에서 섬으로 이동했을 것이고 그들이 탄 배는 이후의 훨씬 더 정교한 선박의 원형이었다.

이곳 수역에서 가죽 선박을 타고 노를 저어 다니려면 뛰어난 선박 조종술뿐만 아니라 동남아시아의 온화한 바다에서는 상상도 할 수 없을 변화무쌍한 날씨, 바다와 빙하의 미묘한 상황들에 대한 이해도 필요했다. 무엇보다도 그곳에는 추위, 습하고 바람 부는 대기의 추위뿐 아니라 얼음장 같은 바닷물의 추위도 존재했다. 누구든 어는점보다 몇 도만 높을 뿐인 물에 빠지면 사실상 즉각적인 저체온증을 겪게 된다. 북극권 바다에서 수중 저체온증은 몇 분 만에 발생하는데 물이 공기보다 체열을 더 빠르게 앗아 가기 때문이다. 피부는 차갑고 창백해진다. 체온이 섭씨 32도 아래로 떨어질 때까지 몸이 심하게 떨린다. 체온이 더 떨어지면 말을 제대로 할 수 없고 근육이 굳으며 곧 정신을 잃게 된다. 북극권 바다에서 저체온증은 사실상 즉사의 원인으로, 고도로 성능이 뛰어난 방한복으로만 막을 수 있다.

정신이 멀쩡한 사냥꾼이라면 얕고 안전한 물가에서도 털옷을 겹겹이 껴입고 나가지 않았을 것이다. 순록이나 카리부* 가죽 파카는 육지에서는 통할지 몰라도 젖으면 무거운 짐이 되어 힘센 수영 선수라도 금방 물에 가라앉을 수 있다―그가 차가운 물에서 수영을 할 만큼 오래 버티기라도 하면 말이다. 이 바다에서 배를 타고 나가 노를 젓는 남자의 안전은 재봉사로서 부인의 솜씨에 달려 있었다. 알류트 여자들은 섬세한 뼈바늘을 이용해 바다사자나 바다표범의 내장으로 발목까지 내려오는 파카를 지었다. 이 파카는 머리와 손목 부위를 단단히 조여 매고 흔히 깃털로 때로는 인간의 머

---

*북미산 순록의 일종.

리카락으로 장식되었다. 여자들은 새의 가죽으로도 파카를 지었다. 30~40마리의 가마우지나 퍼핀*의 가죽으로 대략 2년을 가는 옷 한 벌을 지을 수 있었다. 솔기는 완전히 방수가 되었고 옷을 카약의 조종석에 단단히 묶으면 노를 젓는 사람과 카약이 일체가 되어 배에 물이 들어오지 않았다. 바다사자 가죽으로 만든 부츠의 코에는 비늘이 덮인 바다사자의 앞 지느러미 피부를 씌워서 바위 위에서 마찰을 얻을 수 있는 거친 표면을 제공했다. 머리에는 흔히 챙을 두른 천 모자나 눈부신 햇살을 차단하고 물보라와 비, 바람으로부터 얼굴을 가려 주는 긴 가리개가 달린 흰 목재로 만든 헬멧을 썼다. 알류트족은 이 모자를 뻣뻣한 바다사자 수염과 다른 사냥 기념품으로 꾸몄고 고래나 다른 사냥감의 이미지로 장식했다. 사냥꾼의 모자는 그에게 상징적 힘을 불어넣고 사냥감과의 특별한 관계를 부여했다.

효과적인 의복은 물론 좋지만 내항성이 뛰어난 배가 없다면 아무 소용이 없다. 안타깝게도 고고학 유적지에서는 가죽과 나무, 심지어 뼈도 남아 있는 경우가 드물기 때문에 우리는 나무가 없는 이 세계에서 알류트족의 조상들이 이용한 가장 초기의 배에 대해 관련 지식을 바탕으로 짐작만 할 수 있다. 더 근래로 오면 북극권의 선박은 뼈나 유목으로 프레임을 짜고 힘줄로 묶어서 유연한 선체 구조를 만든 다음 바다표범이나 되도록이면 바다사자 가죽으로 지은 덮개를 씌웠다. 가죽을 씌운 제법 큰 보트는 의심의 여지없이

---

*바다오리의 일종.

도판 12-2. 알래스카 캡틴스아일랜드에서 바이다르카를 타고 대구를 잡는 모습. 노를 젓는 사람은 방수 아노락을 입고 있다. 윌리엄 헨리 엘리엇, 1872년. 문서 7119, 품목 번호 08594900. 스미소니언 협회, 국립인류학문서고.

북극권에서 가장 초기 형태의 배로서, 언뜻 봐서는 쉽게 부서질 것처럼 생겼지만 흔히 생각하는 것보다 부빙의 강한 충격을 훨씬 잘 막아냈다. 이는 보트의 형태와 전통적인 가죽 선박 건조 방식 덕분이었다. 원래 과거에 조선 장인들은 흔히 생각하는 것과 달리 가죽을 프레임에 단단하게 부착하지 않았다. 그보다는 뱃전과 양 끝에는 꼭 맞게 씌우고 나머지 프레임에는 느슨하게 씌웠다. 그러면 강한 충격으로 가죽 덮개가 상당히 변형될 수 있었다. 하지만 그와 동시에 뼈나 나무로 된 프레임은 가로대가 비교적 느슨하게 묶여 있기 때문에 유연하게 휘었을 것이다. 이 같은 유연성은 대형 가죽 보트에 제법 거친 바다도 비교적 안전하게 헤쳐 갈 수 있는 능력을 부여했다. 널을 댄 선체의 노르드 배처럼 이 배들도 풍랑의 너울과 물결에 따라 수축했다. 아마도 더 초기의 더 단순한 가죽 보트도 동일한 특징을 누렸을 것이다.

가죽을 씌운 선체는 가벼워서 배에 탄 사람이 때에 따라 배를 물에서 건져 내 얼음 장애물 위로 져 나를 수 있었다. 그러한 배는 그리 힘들이지 않고 끌고 갈 수도 있었다. 시베리아와 알래스카 해안 일대에서는 유목이 부족했을 것이므로 나무의 사용을 최소한으로 유지했을 것이고 따라서 보트의 크기에 비하여 선체가 가볍고 유연해졌다. 그 덕분에 최소한의 원자재로 건조된 배에 무거운 짐을 싣는 것도 가능했다.

우리가 추정하는 초창기 원형들은 훨씬 나중에 등장한 에스키모 우미악(대형 가죽 보트)의 먼 조상이었음이 틀림없다. 견고한 선박인 우미악의 특징이 수천 년 전 알류샨과 아마도 베링 해에서 최초로 배를 타고 나간 사람들이 추구한 특징과 정확히 일치하기 때문이다. 우선 가장 본질적인 특징은 탁 트인 바다를 신속히 건널 수 있게 하고 때로는 임박한 기상 악화에 앞서 목적지에 도달할 수 있게 해 주는 속도였다. 우미악은 결코 카약만큼 빠른 속도를 내지는 못했지만 적은 인원으로도 효율적으로 노를 저어 갈 수 있었다. 내항성은 우미악에서 가장 주목할 만한 속성으로서 여름 폭풍이 잦고 예측하기 어려운 지역에서 이러한 내항성은 초창기에도 똑같이 중요했을 것이다. 지금의 우미악과 마찬가지로, 초창기 원형들

도판 12-3. 알래스카 배로 곶에서 봄에 고래를 사냥하러 바다로 나가는 에스키모 우미악 한 척. 알류샨 가죽 보트도 이와 무척 비슷하게 생겼을 것이다.

도 바닥이 평평하고 선체 측면이 밑으로 가면서 튀어나오게 설계되었을 것인데 그러면 흘수를 급격히 증가시키지 않고도 무거운 짐을 실을 수 있고 해변용 선박으로 이상적이었을 것이다.

역사 속의 우미악은 알류샨 카약 바이다르카와 마찬가지로, 훨씬 앞선 시기에 존재한 북극권 항해용 선박의 후신이었을 것이다. 둘 다 여러 형태가 있었는데 북극권 해안에서 항해를 하고 사냥을 하는 비결은 현지 조건에 맞게 보트 디자인을 적절히 변형하는 데 달려 있었다. 예를 들어 짐을 잔뜩 실은 가죽 보트는 높은 파도와 강한 역풍에 맞서 노를 저으면 거의 나아가지 못할 것이다.

그런 상황에 수시로 직면하자 배를 만드는 사람은 바람의 저항을 감소시키기 위해 당연히 뱃전의 높이와 아래로 가면서 튀어나오는 뱃전의 폭을 줄였다. 정해진 보트 디자인 같은 것은 없었고 심지어 몇 킬로미터 안에서도 대형 가죽 보트라는 공통 테마를 바탕으로 무한한 변주가 존재했다.

　대형 가죽 보트는 바이다르카의 원형이었다. 조류학자 루시언 터너는 알류샨 열도 서쪽 끝에 자리한 애투 섬의 구전 민담을 수집했는데 이 민담들은 대형 가죽 보트처럼 생겼지만 폭이 더 넓고 이물(선수)과 고물(선미)의 끝이 위로 굽은 더 옛날 카약 디자인에 대한 그럴듯한 이야기들을 담고 있다. 현대의 우미악처럼 이 보트에도 덮개는 없었다—식량을 찾아 해안을 따라 노를 저어 가는 가족 보트는 거의 떠 있는 집에 가까웠다. 같은 구전 민담에 따르면 그러한 배는 이웃하는 무리들 간에 다툼과 분쟁이 터져 나오기 전에 이용되었다. 그러다 분쟁이 일어나자 원로 족장은 작은 보트를 탄 남자들이 더 이상 여자와 아이들을 대동할 수 없다고 결정 내렸다. 이제 노를 젓는 사람이 중심으로 이동하고 갑판이 조종석까지 확장되면서 보트의 디자인이 바뀌었다. 선폭이 좁아지면서 더 쉽고 빠른 노 젓기가 가능해졌다. 현호*가 줄어들었다. 애투 섬의 구전 민담에 따르면 이 카약은 수렵과 공격 무기 둘 다로 이용되었다. 여자와 아이들이 타고 다니던 대형 가죽 보트는 화물선이 되었다.[6] 한편 지금까지 발달된 가장 효율적이고 세련된 수렵용 운송 수단

---

*배의 이물과 고물 사이 뱃전의 각도.

가운데 하나인 바이다르카는 수천 년에 걸쳐 현지 조건과의 힘든 경험을 통해 진화해 왔다.

6월의 어느 더운 날 나는 알류샨 바이다르카를 그것의 고향 환경과는 영판 다른 코네티컷 주 미스틱시포트에서 열린 나무 보트 쇼에서 처음 만났다. 이 카약은 진품이 아니었다. 얼마 남지 않은 진품들은 박물관 전시실에 고이 모셔져 있다. 내가 본 것은 나무 뼈대와 줄, 그리고 바다사자의 가죽 대신 합성 섬유 천으로 구성된 조립 세트로 진짜 바이다르카를 충실하게 복제한 모형이었다. 날렵하면서 딱 보면 잘 엎어지게 생긴 그 배는 언제든 잠깐 타고 나갈 수 있도록 해변 바로 앞에 떠 있었다. 나는 조심스레 배에 올라 조종석 안쪽으로 다리를 펴고 앉은 다음 모래밭에 노를 짚어 선체의 균형을 잡았다. 아주 미세한 근육의 떨림, 자세가 편안하도록 살짝 움직이는 것까지 나의 움직임 하나하나가 바이다르카에 전달되어 퍼져 나갔다. 나는 금방이라도 뒤집어질 것 같았다. 그러나 노를 젓기 시작하자 카약은 내 손 안에서 살아 움직이기 시작했다. 배는 한 번씩 노를 저을 때마다 지나가는 모터보트에서 생긴 너울에도 아랑곳하지 않고 빠르게 쭉쭉 나갔다. 바이다르카는 순혈종 경주마 같았다. 잠시도 가만히 있지 못한 채 전속력으로 달려 나가고 싶어 온몸이 근질거리는 경주마. 나는 부드럽게 노만 젓고 나머지는 배가 알아서 하게 내버려 두면 되었다. 크고 작은 어느 배 위에서도 이렇게 보살핌을 받는 느낌을 가져 본 적이 없었다. 나는 곧 바이다르카와 어린 시절부터 그 안에서 살아온 알류트족 노잡이들에게 건전한 존경심을 품게 되었다.

알류트족 남자들은 바이다르카 안에서 삶의 대부분을 보냈다. 아버지들은 예닐곱 살 먹은 사내아이들을 카약에 함께 태워서 노를 젓는 법을 가르친다. 그들은 곧 아이의 손에 작은 노를 쥐어 주고 바이다르카를 해안에 부서지는 커다란 파도에 띄운 다음 거친 바다에서 아이들이 배를 어떻게 다루는지 지켜본다. 처음에 아버지는 아이한테 줄을 묶어서 만약 보트가 뒤집어지면 끌어 올리지만 아이는 금방 홀로 서게 된다. 배 위에 있는 동안 아이들은 배에 싣고 온 작살을 정확하게 던지는 법도 배운다.

바이다르카는 만드는 데 몇 달이 걸렸다. 용골과 뼈대를 만드는 데 필요한 유목을 모으는 것만 해도 오래 걸리는 일이다. 용골을 만들기 위한 긴 막대기들은 특히 오래 걸리는데 이런 조각들이 모여서 이루어지는 용골의 길이는 6.4미터까지 나갔다. 러시아 수로학자 가브릴 사리체프는 1802년에 이렇게 썼다. "여기에 그들은 가늘게 쪼갠 고래수염으로 버드나무와 오리나무 가지 뼈대를 단단히 묶고 위쪽에 가로대 프레임을 얹는다. (…) 선체 전체에 바다사자 가죽을 덮어씌운다. (…) 노잡이가 앉는 위쪽의 작고 둥근 구멍만 남기고."[7] 쿡 선장의 마지막 항해에서 장교로 복무한 다음 러시아 예카테리나 여제 휘하에서 복무한 조지프 빌링스 함장은 "가장 엄격한 대칭을 이루도록 매끄럽게 지어진" 바이다르카에 감탄을 금치 못했다. 그는 배의 이물이 "입을 벌린 물고기 머리"처럼 생긴 것에 주목했다.[8] 거기에 가느다란 낚싯대 같은 것이 걸쳐져 있어서 해초가 이물에 감기는 것을 막았다. 턱처럼 생긴 이물은 물의 저항

386

을 줄여 주고 노를 젓는 사람이 내는 놀라운 속도에 기여했다.

고래수염으로 묶은 상부 프레임은 속도와 내항성에 기여했지만 무엇보다도 중요한 요소는 바다사자 가죽 덮개였다. 산전수전을 겪으며 질겨진 슈텔러 바다사자 목의 바깥쪽 가죽이 덮개를 제공했는데 방수 부츠를 만드는 데도 쓰는 원자재였다. 배 만드는 사람은 조심스레 손질하고 물에 적신 가죽을 프레임 주위에 놓은 다음 마치 스타킹을 신을 때처럼 이물에서 고물까지 가죽을 쭉 잡아당겼는데 여러 사람이 필요한 굉장히 힘든 일이었다. 그다음 여자들이 가죽을 팽팽하게 잡아당기면서 섬세한 힘줄을 가지고 이물부터 조종석까지 위쪽 솔기를 촘촘한 박음새로 꿰매어 배가 완전히 방수되도록 만들었다. 가죽이 마르면 수축해서 배 전체를 하나로 감싸주었다.[9]

이것이 바로 어떤 날씨 속에서든 알류트 사냥꾼들을 섬에서 섬으로, 때로는 먼바다로 실어 나른 배였다. 바이다르카의 내항성은 인상적이었다. 1869년에 코디액 요새에 파견된 미군 중위 엘리 L. 허긴스는 다부진 팔과 어깨의 알류트족 남자들이 젓는 바이다르카에서 많은 시간을 보냈다. 그는 물 위에서 아주 유연해서 결코 뱃멀미를 일으키지 않는 그 카약을 "매머드 시가"에 즐겨 비유했다.[10] 1869년에 허긴스가 일단의 바이다르카와 함께 여덟 시간 동안 항해하여 아포그낙 섬에 갔을 때 바이다르카는 대양의 큰 너울과 섬 주변에서 부서지는 파도를 무리 없이 타 넘었다. 노를 젓는 사람들은 큰 파도 사이에 위치한 좁은 물길에 접근해 바위와 몇 미터 거리 안에 잠시 멈춘 다음 신중하게 때를 맞춰 파도의 물마루를 타고 해변으로 재빠르게 돌진했다. 먼바다로 나갔을 때 해상 조건이 험악하면 알류트족은 선체가 서로 닿지 않도록 조심하면서 카약들을 일종의 뗏목처럼 묶은 다음 바람의 힘에 배를 맡긴 채 노를 가지고 조종하곤 했다.

바이다르카는 무엇보다도 수렵용 선박이었다. 알류트족은 특히 기원전 2500년 무렵부터 새와 물고기, 해양 포유류 식단에 거의 전적으로 의존해 왔는데 유적지의 증거들이 그 시기 이후부터 꾸준한 인구 증가를 보여 준다. 이때는 이전의 더 작은 수렵 인구 집단의 경험이 수천 년 동안 축적되면서 해안의 집중적인 개발이 본격화된 시기였다. 이때가 되자 돔처럼 생긴 반지하 가옥으로 이루어진 대부분의 정착지는 바다사자의 번식지나 물고기와 조개, 해양 포유류를 풍부하게 얻을 수 있는 장소 근처의 탁 트인 해안가에 자리하게 되었다. 뼈나 나무 낚싯바늘이 달린 주낙으로 대구와 넙치를 표면으로 끌어 올려서 무거운 몽둥이로 세게 때려 끝장냈다. 대부분의 공동체는 거의 전적으로 너른 바다에서 사냥을 할 수 있는 능력에 의존했다. 모든 수렵 장비는 갑판에서 손만 뻗으면 쉽게 집을 수 있는 범위 안에 실리도록 가벼워야 했다. 활과 화살은 배 위에서는 쓸모가 없었기에 사냥꾼들은 끝이 뾰족한 뼈와 돌로 되어 있고 갈고리 모양 막대기에 매달아 던지는 작살이나 창에 의존했는데 한 손으로는 노를 쥐고 바이다르카를 안정시키면서 다른 한 손으로 이것을 던졌다. 토글 작살은 회전하는 머리 부분이 사냥감의 살 안에 단단히 박혀서 빠지지 않았기 때문에 전문가의 손 안에서 해양 포유류에 특히 효과적인 무기였다. 사냥꾼들은 이제 날

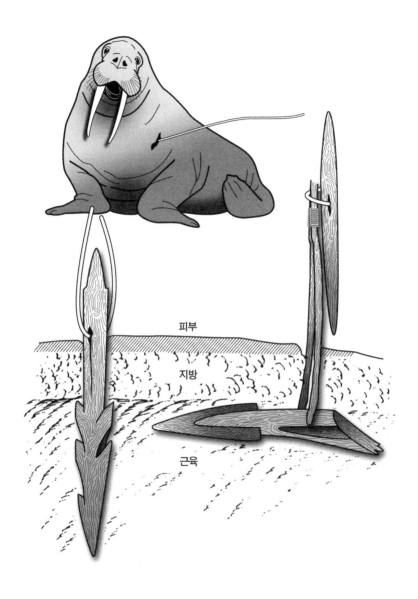

피부

지방

근육

도판 12-4. 토글 작살 작동법. 일단 바다사자의 가죽을 꿰뚫으면 작살의 머리 부분이 안에서 회전하여 빼내는 것이 사실상 불가능해진다.

카로운 점판암 촉을 단 긴 창을 사용해 고래처럼 큰 해양 포유류를 사냥했고 대형 보트와 카약을 타고 추적했다. 그런 사냥은 정교한 의식을 동반했다.

아마도 가장 중요한 사냥감은 슈텔러 바다사자였을 것이다. 학명이 큰바다사자*Eumetopias jubatus*인 슈텔러 바다사자는 기각류* 중 가장 큰 동물이다. 금발에 가까운 밝은 갈색 털을 자랑하는 슈텔러 바다사자는 엄청난 양의 물고기와 오징어, 새우를 먹어 치우면서 차가운 북태평양 연안 바다에서 번식한다. 6월과 7월에 바닷가로 올라와 짝을 짓고 집단 서식지에서 새끼를 낳는다. 이 대형 동물은 공격성이 강한 짐승으로 수컷은 680킬로그램까지 나간다. 대부분은 바닷가의 집단 서식지에 있는 동안 알류트족에게 잡히는데 바다에서는 그 녀석들한테 접근하는 것이 거의 불가능했기 때문이다. 그러나 이 동물은 가장 필수적인 사냥감이었다. 슈텔러 바다사자가 없었다면 섬사람들은 바이다르카를 짓거나 그들의 가장 중요한 식량을 얻지 못했을 것이다. 바다사자 개체 수는 여러 차례 갑작스레 붕괴했다. 수천 년에 걸친 관련 증거가 여전히 부족하기는 하나, 개체 수 붕괴의 결과는 치명적이었다. 약 1200년 전 마지막 붕괴는 알류트족의 생활에 급격한 변화를 초래했다.

고고학적 조사는 깊은 바다에서 고기를 잡는 부족이 흔히 그렇듯이 알류트족이 오래전부터 전통적으로 탁 트인 해안을 따라 정착해 왔다는 것을 보여 준다. 그러다 갑자기 서기 650년에서 750년

---

* '지느러미 발'이라는 뜻.

이후에 대규모 해안 마을들이 사라졌다.[11] 대부분의 공동체는 이제 연어, 특히 붉은 연어가 지나가는 주요 개울의 강둑에 자리했다. 다음 몇 세기는 격변과 간헐적인 전쟁의 시대였고 사람들은 혼란상을 피해 아마도 방어적 이유에서 크고 방이 많은 가옥에서 살았다. 결국에는 인구가 붕괴했다. 대규모 정착지는 몇몇 확대 가족으로 구성된 작은 공동체, 수십 명이 거주하는 마을로 대체되었다. 그다음 다시금 상황이 바뀌었다. 서기 1450년이 되자 인구가 빠르게 증가하고 있었고 사람들은 탁 트인 해안가로 돌아가 해양 포유류를 사냥하고 물고기를 잡는 옛 생활 방식을 재개했다. 1600년이 되자 11곳 이상의 대규모 마을 유적지가 알래스카 반도 서부를 따라 생겨났는데 아마도 지난 4천 년에 걸쳐 그 어느 때보다도 많은 사람이 살고 있었을 것이다. 사람들은 여전히 붉은 연어 개울가 근처에 거주했다―넬슨 강과 베어 강 같은 강에 흐르는 개울들 일부는 오늘날에도 연간 거의 백만 마리의 연어가 잡히기 때문에 그리 놀랄 일도 아니다.

원인은 어쩌면 해양 생산성의 변화를 촉발하는 해수 온도의 변화였을지도 모른다. 알류산 저기압대는 북동태평양 전역에 걸쳐 기후와 해양 생산성에 영향을 미친다. 저기압이 강하면 바닷속 양분을 아북극 환류로부터 해안 쪽으로 퍼 올리는 작용이 강해진다. 빙하기 이후 대부분의 기간 동안 저기압이 강했고 해양 생산성이 높았다. 그러나 서기 800년부터 1200년 사이 전 지구적인 중세 온난기 동안 대양 순환이 극적으로 바뀌어서 저기압이 약화되고 그 결과 더 따뜻해진 해수 온도가 해양 생산성의 저하를 초래했다. 해양 생산성은 뒤이은 더 서늘한 소빙하기 동안 다시금 높아졌다. 그러한 주요 변화는 최근인 1860년에 또 일어났고 그때 이후로 변동이 심한 해양 온난화가 이어지고 있다.

이것이 슈텔러 바다사자 및 바이다르카와 대체 무슨 상관이 있단 말인가? 아주 큰 상관이 있다는 것이 드러났다. 최근 몇십 년 사이에 슈텔러 바다사자의 개체 수는 대부분의 지역에서 크게 감소해 왔는데 대체로 대양 순환 패턴의 변화와 지구 온난화의 결과이다. 알래스카 고고학자 허버트 머시너와 동료들의 최근 연구는 지난 4500년에 걸쳐 유사한 사건들의 증거를 수집했는데 이것들은 언제나 대양의 온난화 시기와 일치했다. 슈텔러 바다사자는 바이다르카를 덮어씌우는 가죽의 주재료이다. 카약을 만드는 사람은 프레임 전체를 덮기 위해 4~6마리 바다사자 가죽을 썼고 게다가 덮개를 매년 갈아 주어야 했다. 이 수치는 공동체가 짐과 사람을 싣기 위해 이용한 대형 가죽 보트에 들어가는 바다사자 가죽의 통계에 비하면 약과이다. 대형 가죽 보트에 덮개를 씌우려면 선체마다 매년 15~20마리의 바다사자 가죽이 필요했다.

슈텔러 바다사자 개체 수와 기후 변화 사이의 연결 고리는 아주 강력하기에, 연안 및 앞바다의 자원을 활용하는 사냥꾼의 능력과 그들의 보트를 덮기 위한 바다사자 가죽의 입수 가능성 사이에 상관관계가 있었음이 틀림없다. 머시너와 동료들은 1860년대와 1870년대 동안 짧막한 온난기에 바다사자를 집중적으로 사냥한 시기가 있었다는 점에 주목한다. 수백 척의 바이다르카가 상업적인 해달 사냥에 나섰고 바다사자는 바이다르카에 덮개를 씌우기 위해 반드시 필요했다. 변화하는 대양 순환과 집중적인 사냥의 결합이 극심한 가죽 기근 상황을 초래하여 일부 마을들은 바다사자 개체 수의 붕괴로 인해 곤란을 겪게 되었다. 사실, 러시아 동방 정교 사제들과 알래스카상업회사의 대리인들이 캘리포니아에서 바다사자 가죽을 들여와서 서부 알류트족은 사냥을 나갈 수 있을 만큼 바이다르카를 충분히 만들 수 있었다.

기후 변화, 해양 생산성, 인간의 역사는 사냥꾼이 연안과 먼바다 환경과 밀접한 관계를 유지했던 이곳 섬들에서 긴밀하게 얽혀 있었다. 이 밀접한 관계와 대양에 대한 그들의 사고방식은 알류트족과 코디액 사회의 내부 깊숙이 스며들었다.

알류트족의 언어는 대양에 대한 미묘한 차이를 나타내는 단어들의 목록이다. 그들의 어휘에는 바람의 세기, 방향, 그리고 특성에 따라 바람에 관해서만 수십 가지 단어가 있다. 너른 바다의 횡단은 언제나 신중한 준비와 이튿날 날씨에 대한 명확한 예측을 요구했다. 종종 바이다르카를 타고 여행한 러시아 주교 이반 에프세예비치 베니아미노프는 이렇게 썼다. "다음 날의 날씨를 예측할 수 있는 가장 믿음직한 징조는 일몰과 여명으로, 그것을 볼 줄 아는 사람들은 일몰과 여명으로 다음 날 하루가 어떨지 정확히 예견할 수 있었다. 그들은 하늘의 변화를 아주 유심히 관찰해서 그럴 때 그들의 얼굴에 나타나는 표정은 하늘과 태양과 대화를 나누는 것으로 알려질 정도였다."[12]

너른 바다를 건너는 항해는 언제나 여럿이서 함께했기 때문에 만약 날씨가 나빠져 조종석의 덮개가 찢겨 나가고 카약이 반쯤 물에 잠기면 누군가 도와주러 올 수 있었다. 앞서 본 대로 나쁜 날씨를 만나면 사람들은 서로 카약을 묶어 간단한 뗏목을 만든 다음 물결에 일정한 각도를 유지하도록 조심스레 노를 저었다. 모든 것은 노를 젓는 이의 조종술과 능력에 달려 있었다. 예의 노 젓기 탓에 구부정한 걸음걸이로 걷는 그들은 뭍에서는 흉해 보일지 몰라도 물 위에서는 완전히 달랐다. 1827년 러시아 제독 표도르 리트케는 알류샨 열도 중앙의 어낼러스카 섬에 방문했을 때 다음과 같은 기록을 남겼다. "뒤뚱거리는 오리처럼 휜 다리로 구부정하게 걷는 한 알류트족 남자를 보았다. 그러나 그 남자는 홀로 자신의 바이다르카에 올라타자 (⋯) 거대한 파도 한가운데로 놀랍도록 민첩하고 능숙하게 배를 조종했다." 그는 그가 동일한 사람이라는 사실을 도저히 믿을 수 없었다.[13]

바이다르카는 내항성이 아주 뛰어나서 러시아인들은 배들을 다목적으로 이용했다. 1838년 여름에 천연두가 돌아 3천 명가량의 알류트족이 죽었을 때 에드워드 블라식 박사는 어낼러스카 섬의 22개 마을과 유목민 정주지에 살고 있는 환자 1400명에게 백신을 처방하는 임무를 맡았다. 그는 3인용 카약을 타고 이동했고 그를 동반한 다른 두 척의 카약 가운데 한 척에는 선물과 물물 교환용 담배, 차, 설탕, "럼주 여러 병"을 비롯한 보급품이 실려 있었다. 블라식 박사는 배 위에서 긴 시간을 보냈는데 때로 16시간씩 배를 타기도 했다. 우리는 그가 어림잡은 수치 덕분에 알류트족이 노 젓는 속도에 대해 짐작할 수 있는데 장거리 구간에서는 평균 4.5노트(시속 8.3킬로미터)였고 노를 젓는 사람이 힘을 아낄 필요가 없는 더 짧은 구간에서는 최대 6노트(시속 11킬로미터) 이상이었다. 1인용 바이다르카에 탄 사람이 안내인 역할을 했고 종종 험한 바다를 누비며 정주지에서 정주지로 그를 인도했다. 블라식은 안내인이 눈앞에서 사라졌다가 카약이 뒤집힐 수도 있을 쇄파를 조심스레 피해 다시 모습을 드러내는 것을 보며 그의 능숙한 보트 조종 솜씨에 감탄했다. 그는 노를 젓는 사람들이 전통적인 문양으로 얼굴에 물감을 칠한 것에 주목했는데 산화물 안료와 고래 지방 연고를 혼합한 물감은 바닷물로부터 피부를 보호해 주었다. 반면 블라식은 여행 도중 얼굴의 피부가 벗겨졌다.[14]

블라식을 안내한 알류트족 남자들은 결코 불필요한 위험을 무릅쓰지 않았다. 모든 이들이 간조와 만조 때를 알았는데 좁은 해협을 건널 때 조수의 흐름이 결정적으로 중요하다는 사실을 잘 알고 있었기 때문이다. 소형 보트 선원이라면 모두 잘 아는 대로 강한 물살이나 조류가 역풍과 만나면 심지어 중간 급 바람일지라도 고약한 단조*를 만들어 낼 수 있고 그러면 가파른 물결이 사방에서 들이친다. 설비를 잘 갖추고 갑판을 댄 어선이나 작은 배는 사방에서 물보라가 날아들며 이리저리 흔들리는 불편 정도만 겪을 뿐이다. 바이다르카는 요동치는 물결 속에서 흔히 뒤집히거나 부서진다. 해협을 횡단하는 일은 게조** 때나 바람과 해류가 같은 방향으

---

* 해류가 해저 장애물이나 반대 해류와 부딪쳐서 생기는 해면의 물보라 파도.
** 조수가 정지 상태에 있는 때.

로 흐를 때를 맞추어서 이루어졌다.

매일 아침 원로들은 일출을 관찰했다. 만약 그들이 기상 상태가 위험하다고 공언하면 아무도 바다로 나가지 않았다. 배를 타고 나온 알류트족 남자는 어떤 상황에서든 자급자족할 수 있어야 하고 예기치 못한 문제에 언제나 준비가 되어 있어야 했다. 한번은 블라식이 여러 사람과 함께 노를 저어 가고 있을 때 그의 하인의 바이다르카에 구멍이 났다. 물이 쏟아져 들어왔다. 하인이 3인용 카약에 엉거주춤하게 앉아 있는 동안 다른 사람들은 손상된 배를 거꾸로 뒤집어서 용골 근처에서 5센티미터 길이 구멍을 찾아낸 다음 그들이 언제나 챙겨 다니는 고래의 생¹˙지방으로 구멍을 재빨리 때웠다. 여정은 더 이상의 사고 없이 재개되었다.

프랑스 인류학자이자 언어학자, 모험가인 알퐁스 피나르는 또 다른 장거리 바이다르카 여행자로서 1871년 9~10월에 어닐러스카 섬에서 코디액 섬까지 노를 저어 갔다.[15] 남서쪽으로부터 강하게 불기 시작하는 바람에 노출된 채 움나크 섬의 남해안을 따라가는 항해였다. "파도가 매우 높아진다. 바람이 일으키는 깊은 물보라는 온 바다를 덮은 다음 다시금 일종의 비가 되어 떨어진다." 알류트족 남자들은 자신들의 바이다르카를 쌍쌍이 묶었다. 그들은 예정된 항로를 유지하려고 했으나 결국에는 뱃머리를 바람이 불어오는 쪽에 돌린 채 정선해야 했다. 11시간 후에 그들은 높은 파도를 헤치고 오터코브 북단에 가까스로 상륙할 수 있었다. 피나르는 그날 약 50킬로미터를 이동했다. 때는 항해 철 막판이었고 카약을 탄 사람들은 길을 가는 거의 내내 역풍과 싸워야 했다. 다행스럽게도 알류트족은 구전으로 대대로 전해지는 모든 상륙지를 꿰고 있었다. 이때가 되자 알류트족 대부분이 기독교도여서 십자가 표식으로 어려운 횡단 구간을 표시했다.

피나르로부터 우리는 고향 바다에 대한 알류트족 지식의 전체적인 규모를 파악할 수 있다. 그의 공책에는 각종 바람을 가리키는 알류트족의 단어 수십 개가 적혀 있는데 카약을 타는 사람들이 물 위에서 고된 시간을 보내며 얻은 지식이었다. 이 여행에서 피나르는 폭풍에 발이 묶여 여러 날을 뭍에서 보냈음에도 60일 동안 1,852킬로미터 넘게 이동했다. 알류트족 항해의 상당 부분은 기준 가시선 항법에 의한 항해로, 섬이나 바다 위에 솟아 있는 바위에서 다음 섬이나 바위로 이동하는 식이었다. 그러나 그들은 때로 육지가 보이지 않는 곳까지 더 장거리를 항해하거나 안개나 낮은 구름이 지형지물을 가려 며칠씩 바다 위에 떠 있기도 했다. 베니아미노프 주교는 카약을 타는 사람들이 너울의 미미한 변화나 눈에 보이지 않는 육지로 오가는 새들의 비행을 이용해 섬으로 가는 길을 찾아내는 것을 보았다. 이따금 그들은 끝에 돌을 매단 긴 줄이 부착된, 하얗게 변색시킨 바다사자 가죽 주머니들을 바다에 내려 서로 눈에 들어오는 거리만큼 한 줄로 띄우기도 했다. 아니면 같은 목적으로 하얀 켈프 구근을 이용하기도 했다.

러시아인이 도착하기 전에도 알류트족은 섬에서 섬으로 장거리 항해를 했고 때로는 육지가 보이는 곳을 벗어나기도 했지만 먼바다로 나가지는 않았던 것 같다. 그러다 모피 상인들이 왔고 모든 것이 변했다. 러시아인들은 곧 자신들의 느린 목재선에 비해 바이다르카가 훨씬 우수하다는 것을 발견하고 알류트 사냥꾼들을 강요해 모피를 얻어 냈다. 1799년 러시아-아메리카 회사의 설립으로 회사의 소유주들은 알류트족의 삶에 사실상 독점적 권한을 행사했다. 무자비한 상인 알렉산드르 바라노프는 알류트족에게 사냥을 하러 위험하고 광막한 알래스카 만을 가로질러 본토 해안의 야쿠타트로 건너가도록 강요하며 무려 700척의 카약으로 구성된 거대한 선단을 조직했다. 그는 "이곳 해안에는 적절한 피난처가 없기 때문에 그들은 가는 길에 굶주림을 견뎌야 하고 종종 폭풍우 치는 바다에서 죽기도 한다."고 태연하게 썼다.[16] 전통적으로 알류트족의 적인 틀링기트 전사들은 지속적으로 위협을 가했고 따라서 대규모 선단은 보호 수단이 되었다. 습기에 덮개가 썩으면서 돌아가는 길에 많은 카약이 부서졌다. 1805년 싯카에서 겨울을 나고 코디액 섬으로 돌아오던 카약 130척은 야쿠타트에 있는 러시아 요새를 파괴한 틀링기트 전사들이 앞길에 매복을 할 수도 있다는 것을 알게 되었다. 30척을 제외한 나머지는 모두 도중에 쉬지 않고 알래스카 만을 건너서 곧장 프린스윌리엄 협만의 카약 섬으로 가기로 했다. 다행스럽게도 매복은 현실화되지 않았다. 뒤에 남은 사람들은 방해받지 않고 휴식을 취한 다음 여정을 재개했다. 쉬지 않고 곧장 이동하기로 했던 사람들은 갑작스런 폭풍에 한 명도 남김없이 모두 죽었다.

어려운 환경 속에서 여러 세기에 걸친 지속적인 개선 끝에 가죽으로 덮인 바이다르카가 탄생했다. 바이다르카는 험난한 조건에서조차 섬에서 섬으로 비교적 짧은 거리를 노 저어 가며 사냥을 하는 데 이상적인 배였다. 알류트족은 자신들의 근해에 대해 속속들이 알고 있는 뛰어난 뱃사람들이었다. 물론 이런 힘든 바다에서 희생자는 항상 있었지만 러시아인들이 이들을 먼바다로 몰아냈을 때 기록된 것과 같은 사망률은 없었다. 심지어 그들의 경험과 선박이 결코 대비한 적이 없는 그런 항해들에서 그렇게 많은 사람들이 살아남았다는 것은 토착 선박 조종술과 현지 지식의 우수성을 입증한다. 바이다르카는 2차 세계대전 때까지 흔히 쓰이다가 디젤 엔진과의 경쟁에서 마침내 무릎을 꿇었다. 그러나 이 아주 오래된 해양 사회에서 축적된 교훈들은 오늘날의 알류트족 공동체에 여전히 남아 있다.

| 13장 |

"갈까마귀가 물고기를 놓아 준다"

브리티시컬럼비아, 프린세스루이자 유입구. 우리가 이곳을 항해하는 동안 나는 인간이 참으로 보잘것없는 존재라고 생각했다. 검은 절벽과 회색 절벽 아래서 우리 배는 한없이 작아 보였다. 깎아지른 절벽들은 피오르의 고요한 물속으로 뚝 떨어졌다. 지난 수천 년 동안 계곡을 깎아 낸 빙하는 오래전에 자취를 감춘 가운데 깊은 빙하 계곡이 우뚝 솟은 암벽 사이를 가로질렀다. 울창한 숲들이 모래톱과 빠르게 흐르는 강들로 이루어진 좁은 물길 주위에 모여 있었다. 곰들은 인적 없는 해변을 따라 먹이를 찾았다. 몇 킬로미터를 가도 해변이나 물 위에서 인적을 전혀 느낄 수 없었고 야생의 대자연만이 우리의 감각을 자극했다. 우리가 어느 고기잡이배를 만난 것은 대단한 사건이었다. 여기는 조수의 흐름이 강해서, 현명한 카누 선장이나 소형 보트 선장이 밀물과 썰물 사이 잠깐의 게조 때에만 지나가는 몇몇 좁은 유입구에서는 물의 흐름이 16노트(시속 30킬로미터)에 이르기도 한다. 조수는 좁은 물길에서 세게 흐른다. 한사리 때에는 인근 섬들이 흔들리는 것처럼 느껴진다. 우리는 유입구 입구에 있는 좁은 말리부래피즈에서 조류가 약해지고 가파른 단조가 가라앉을 때까지 두 시간 동안 기다렸다. 그러다 잽싸게 길목을 가로질러 몇백 미터 너머 깊은 물 위로 진입했다. 이곳 해안의 규모와 길이는 심지어 현대적인 유람선과 페리선도 작아 보이게 한다. 우리는 유리 표면 같이 잔잔한 만에 정박했다. 사방이 높은 절벽으로 둘러싸인 채 잉크처럼 검고 고요한 수면 위로 우리의 그림자가 비쳤다. 절벽이 눈 덮인 봉우리로 바뀌는 멀리 떨어진 곳에서 늑대 한 마리가 높이 뜬 보름달을 보며 울부짖었다. 그다음 완전한 고요, 황야의 적막이 내려앉았다. 우리는 더 큰 우주 안에서 보잘것없는 점 하나에 불과했다.

숲이 우거진 섬들, 잿빛 절벽, 몰려드는 구름에 가려진 절벽 끄트머리. 북아메리카 북서부 해안은 흔히 음울한 공간이다. 시내만큼 좁거나 넓은, 크고 작은 무수한 물길이 지금의 알래스카 지역부터 브리티시컬럼비아를 거쳐 남쪽의 워싱턴 주 올림픽 반도까지 이어진다.[1] 드물게 화창한 날이면 눈이 부시다. 맹렬한 폭풍은 보통은 육지로 보호되는 유입구와 피오르를 거센 파도로 어지러이 휘젓는다. 이 복잡하게 얽히고설킨 험난한 해안선을 따라, 높은 산맥과 거의 침투가 불가능한 야생의 대자연이 수천 년 동안 인디언 사회가 번창해 온 계곡과 섬들 주변에 자리하고 있다. 피오르는 육지 안쪽으로 깊숙이 들어가 있는데 일부는 주요 강의 발원지이다.

봄가을에 헤엄쳐 들어오는 연어로 꽉 차는 스티킨 강, 스키나 강, 프레이저 강, 컬럼비아 강, 클래머스 강은 육지와 태평양을 연결한다. 과거에 여기서 살았던 사람들에게는 대양의 세계와 내륙 사이에 거의 무언의 구분이 존재했다. 내륙은 위험한 포식자들과 빠르게 흐르는 강 그리고 좁은 숲길로 이루어진, 두렵고 때로는 사실상 접근이 불가능한 세계였다. 내륙은 고독을 위한 곳이었다. 해안은 사냥꾼과 고기잡이를 위한 낙원이자 놀라운 문화적, 언어학적 다양성―11가지 어족과 39가지 언어―을 간직한 지역이었다.

북서부 해안은 세찬 바람이 몰아치는 북쪽의 알류샨 열도와 극적인 대비를 이룬다. 해안선은 현대적인 도시 싯카와 주노가 자리한 알래스카의 알렉산더 제도에서 시작하여 대략 2,100~2,250킬로미터 길이의 선형적인 해양 세계를 이룬다. 큰 너울이 때리고 가는 바위투성이 해안은 빙하기 때 후퇴한 빙하로 생긴 낮은 섬들로 곳곳이 보호된 채 탁 트인 태평양을 바라본다. 울창한 숲은 본토를 뒤덮으며 유입구와 하구, 바위투성이 섬들의 풍경 속으로 사라진다. 이곳은 오늘날 유람선과 페리선이 쉽게 오가며 인랜드패시지*라는 이름으로 불린다. 먼 옛날에는 아메리카 원주민들이 해안선을 따라서, 강어귀에서, 또 육지로 둘러싸여 비교적 안전한 깊은 물에서 물고기를 잡고 사냥을 했다. 섬들 너머 해가 지는 곳에 있는 대양은 무시무시한 장소, 위험하고 초자연적 존재들이 살고 있는 공간이었다. 대부분의 지역에서 오로지 고래잡이만이 너른 태평양

---

*외양 항행선이 다닐 수 있는 미국과 캐나다 북서부 연안 물길.

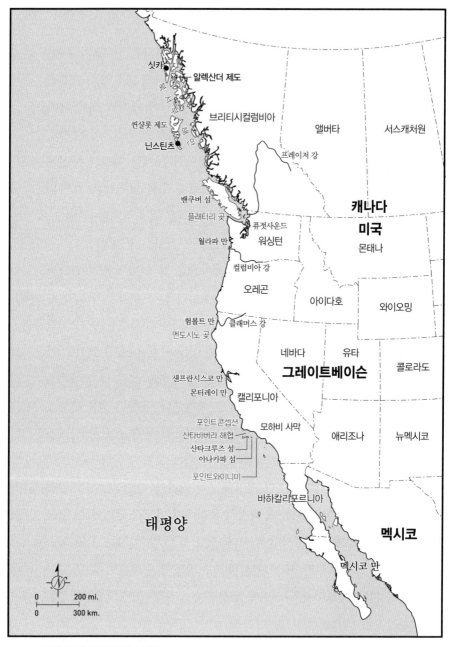

도판 13-1. 북아메리카 서해안.

으로 나갔다.

유럽인들이 도착하기 전에는 아무도 이곳에서 돛을 올리지 않았다. 인디언들은 주변에 풍부한 결이 곧은 목재를 깎아 만든 크고 작은 통나무 카누를 노 저어 다녔다. 빙하기가 끝나자마자 숲이 금방 들어섰다. 기원전 6000년이 되자 북서부 해안은 길쭉한 초록 지대, 코퍼 강 입구부터 남쪽으로 캘리포니아 북부의 클래머스 강까지 숲이 우거진 풍경이 되었다. 삼나무, 미송,* 미국솔송나무, 가문비나무가 바위투성이 해안가 풍경에 넓은 띠를 이루었다. 수 킬로미터를 따라 펼쳐진 조간대가 하구와 결합하여 풍성한 어장과 연체동물 서식지를 만들어 냈다. 원주민들에게는 북태평양의 망망대해를 탐험할 유인 동기나 거부할 수 없는 사회적 이유가 없었다. 이곳 물가를 노 저어 간 카누 선장들은 훌륭한 뱃사람들이었다. 그도 당연한 것이 조수와 해류, 안전한 해변과 자연 지형지물에 대한 백과사전적 지식이 필요했기 때문이다. 거대한 풍경 사이로 짐을 잔뜩 실은 카누를 타고 안전히 항해하기 위해 그들은 선박의 속도와 내항성 그리고 갑자기 임박한 기상 악화를 예견할 수 있는 능력에 의지했다. 여러 세기에 걸쳐 이 긴 해안선의 안전한 물길들은 크고 작은 공동체, 북적거리면서도 인적 없는 해양 사회의 근거지가 되었다. 이곳에서는 몇 킬로미터 동안 사람 한 명 구경하지 못한 채 노를 저어 가다가 하구로 들어서면 물과 그것의 산물이 삶 그 자체인 사람들로 북적거리는 마을을 줄줄이 발견하게 된다.

---

*미국 서부산 큰 소나무.

북서부 어디서나 물은 미묘하게 변하는 분위기로 마치 살아 있는 것 같다. 거울처럼 잔잔한 만과 유입구가 사람을 유혹하는 이곳은 오늘날 카약을 타는 이들에게 신나는 요술 세계이다. 검은 물 깊숙이 노를 담그고 팔을 세차게 저을 때마다 노를 따라 올라온 물이 빗방울처럼 수면으로 떨어진다. 뱃머리에 생기는 물결은 고요한 수면을 가로지르는 파문을 만들어 낸다. 주위를 둘러싼 절벽의 그림자는 유입구를 어둠으로 뒤덮고, 한바탕 부는 바람은 물 위로 타원형이나 지그재그형 같은 반짝이는 얼룩을 만든다. 나는 카약에 올라탄 채 바다 위에 어른거리는 빛이 잠시도 쉬지 않고 온갖 신기한 무늬와 변화무쌍한 이미지를 만들어 내는 것을 지켜보았다. 그리고 나서 첫 유람을 마치고 뭍으로 올라오자마자 브리티시컬럼비아대학교의 인류학 박물관을 방문해 그곳에 소장된 멋진 공예품을 감상했다. 여기에 대양의 끝없는 변화와 쉼 없는 움직임이 조각과 판화, 상자와 가면, 토템 막대기, 무엇보다도 카누의 채색 장식 무늬 속에서 생생하게 살아 있었다. 물과 그것의 산물은 북서부의 해양 세계를 깊이 형성하고 있었다.

일터이자 고속도로인 북서부 해안은 무엇보다도 통나무 카누가 지배하는 바다 풍경이었다. 여기서 바다는 시장, 서로 조심스럽게 경계하는 이웃 부족들이 다채로운 모자이크를 이루는 곳으로 사람들은 낯선 장소에 상륙하기 전에 사회적 의례를 준수하는 데 철저했다. 해안은 방문객을 반갑게 맞아들이는 현관이었다. 밴쿠버 섬 앞바다에서 누트카족이 카누에서 일어서서 깃털과 붉은 황토 안료를 바다 속에 던지고 환영 연설을 한 다음 노래와 함께 쿡 선장을 반갑게 맞이한 것은 그래서였다. "요란한 연설이 끝난 후 그들 가운데 한 명이 우리 가운데 누구도 예상 못 했을 제법 부드러운 목소리로 아주 듣기 좋은 곡조의 노래를 불렀다."[2]

　　이 지역에서 주요 수확기는 초봄과 가을 사이였는데, 각종 식량을 얻을 수 있는 장소가 띄엄띄엄 흩어져 있었고 보통 물길로만 접근할 수 있었다. 그렇게 널리 분산된 풍성한 자원은 연어잡이와 기타 계절적 활동을 극대화하기 위해 한 곳에서 다른 곳으로, 지속적이고 세심하게 일정이 짜인 이동의 세계를 창조했다. 예를 들어 연안 침샨 부족은 오늘날의 브리티시컬럼비아 프린스루퍼트 지역의 큰 마을에서 겨울을 보냈다. 2월 말이나 3월 초가 되면 율라칸*을 잡으러 북쪽으로 50킬로미터 떨어진 나스 강 입구로 이동했는데 그곳에서 율라칸이 강을 거슬러 올라오는 시내는 침샨족의 차지였다. 초여름이 되어 연어 떼가 스키나 강을 거슬러 올라오면 부족 전체는 하구의 여름 야영지에 자리를 잡았다. 초가을에는 다시 겨울 야영지로 돌아갔다. 이 계절적 이동은 여러 세대 동안 지속되었고 연간 16차례에 이를 정도로 자주 이동하는 다른 집단들에 비하면 비교적 단순했다. 다섯 차례나 여섯 차례 이동은 기본이었지만 연어가 다니는 강 근처 입지가 좋은 곳에 사는 운 좋은 일부 공동체는 전혀 이동하지 않았다.

　　집집마다, 때로는 개인들이 기본 생필품을 제공해 주는 연어가 다니는 시내를 비롯해 온갖 식량 공급원을 보유했다. 어느 사회

---

* 기름기가 많아 캔들피시라고도 불린다.

도 완전히 자급자족할 수는 없었기 때문에 연안 바다는 거대한 상점이 되었다. 기원전 5000년 후에 말 그대로 복잡한 교환 네트워크의 퍼즐이 마을과 마을을 연결했다. 까뀌와 도끼날을 만들 때 쓰이는 연옥軟玉, 나이프를 만들 때 이용되어 언제나 찾는 이가 많은 흑요석, 조가비, 말린 생선 등 이런 물품들은 잘 자리 잡은 교역로를 따라 이동한 상품 가운데 일부에 불과하다.[3] 수백 년 동안 연안 침산족은 율라칸과 율라칸 기름을 하이다족, 틀링기트족 및 내륙의 다른 부족 집단이 가져 온 사슴 가죽이나 작은 카누, 구리 등과 교환해 왔다. 완제품 역시 여러 사람의 손을 거쳐 갔고 그 가운데 많은 것은 동판, 펜던트, 가면 같은 의례용 물품이었다.

연안 수로는 단순한 시장 이상이었다. 그것은 세상의 이야기와 뜬소문을 주고받는 거리이자 친구들이 만나고 원수들은 서로 싸우며 결혼과 같은 각종 사회적 교류가 이루어지는 공공 장소였다. 여기서 사람들은 카누를 타고 이곳저곳을 기웃거리며 공공의 장을 즐기고 가벼운 잡담을 나누었다. 초창기 유럽 방문객들은 신속한 항행을 기대하며 현지인들의 카누를 타고 여행했지만 몇몇은 실망을 맛보기도 했다. 1852년 식민지 개척민 제임스 스완은 14미터 길이 통나무배를 오늘날의 워싱턴 주 남서부 윌라파 만에 살던 퀴노족 인디언들한테서 구입했다. 스완은 곧 그의 인디언 선원들이 내는 속도에 불만을 품게 되었다. "일단 카누에 오르면 선원들이 모두 열심히 노를 젓고 카누가 거의 날아가는 듯하니 여정이 신속하게 마무리될 것이라고 짐작할 것이다. 그러나 그런 속도로 100로드[1로드는 5미터]쯤 가다가 그들은 노 젓기를 멈추고 다들 잡담을 하기 시작한다." 누군가 뭔가를 본다. 그들이 앞서 방문한 마을에서 들은 소문이 떠오른다. 늙은 인디언들이 귀를 기울이는 젊은 이들에게 어느 바위나 나무에 얽힌 전설을 이야기하지 않고 지나칠 수는 없다. 그러다 조타수가 "서둘러"라고 외치면 다들 노 젓기를 재개하지만 얼마 못 가서 다시 멈추고 만다.[4]

물 위에 뜬 카누 위에서 사람들은 일상생활을 영위했고 그들의 배는 땅 위의 집만큼이나 삶의 일부였다. 수면 아래로는 문어처럼 생긴 코모그와 같은 신화 속 괴물들이 도사리고 있었다. 연어와 결부되는 색깔인 붉은 구릿빛을 띠고 툭 튀어나온 주둥이와 코, 모든 것을 꿰뚫어 보는 눈을 가진 이 무시무시한 짐승은 카누를 물속으로 끌고 갔다. 위협적인 힘들로 가득한 가차 없고 매정한 바다 풍경 속에서 범고래는 그놈의 친구였다. 알래스카 야쿠타트 지역에 사는 틀링기트족은 하늘이 수평선에서 대양과 맞닿아 있으며 이 세상의 끝은 그보다 더 멀리에 있다고 믿었다. 이상한 것들이 "세계의 끝 어쩌면 육지에서 보이지 않는 섬들이나 수평선의 장벽 너머 신비의 영역으로부터 도착할 수도 있다."[5] 여기에는 유목, 대나무, 일본 해류에 실려 온 각종 표류물이 있었다. 틀링기트족의 전설은 이 낯선 것들이 왔던 곳을 찾아가려고 한 싯카 출신 한 남자에 대한 이야기를 들려준다. 그는 육지가 보이는 곳에서 벗어나 표류하다 한 섬에 도착하여 해달들과 함께 살았다. 세계의 끄트머리에서 살았던 모양인 그는 일 년 후 되돌아왔다.

카누는 어디서나 매우 중요하게 여겨졌는데 운송 능력 때문만이 아니라 많은 개인적 관계가 물 위에서 펼쳐지는 환경에서 사회적 도구로서 중시되었다.[6] 북서부 지방의 카누는 예나 지금이나 다양한 크기로 존재한다. 연안의 작은 고기잡이 카누는 모든 가구가 가지고 있었던 반면 훨씬 큰 수송 선박과 수렵 선박은 전문적인 조선 장인의 손길이 필요했다. 작은 통나무배는 누구든 만들 수 있었다. 모든 남자들은 나무를 베고 쪼개는 법을 알았다―그는 집과 다른 구조물들을 수시로 지어야 했다. 대형 카누는 더 만만찮은 사안이었다. 대형 카누를 만들려면 300년에서 600년 수령의 오래 자란 미국삼나무가 안성맞춤인데 결이 곧은 것으로 세심하게 골랐다. 장인은 정화 의식을 거행하고 나무의 정령과 이야기를 주고받고 어쩌면 이미 나무둥치에서 작업하고 있는 초자연적인 조수가 나무를 베어 내는 소리를 듣기도 한다. 딱따구리는 흔히 카누 건조와 연관된 꿈속 정령이었다. 마침내 장인은 해변이나 강 또는 호숫가 가까이에서 자란 나무를 고른다. 만약 나무가 더 내륙 안쪽에 있으면 그는 나무를 쓰러트려서 대충 모양을 깎아 낸 다음 건조 처리 차원에서 나무 몸통을 얼마간 내버려 두었다가 가족과 친지의 도움을 빌려 물가로 끌고 왔다. 나는 숲에서 오래전에 버려진 대강 깎은 나무를 본 적이 있는데 이물(선수)과 고물(선미)이 대충 비슷한 형태로 깎여 있었다.

끌이나 조심스럽게 낸 불로 나무를 쓰러트리면 카누 장인은 선체 모양을 깎아 낸 다음 건조 공정에 가장 중요한 부분인 연기 쐬는 작업을 했다. 바닥 쪽에 박아 넣은 나무못은 바닥 두께를 일정하게 유지했는데 보통 손가락 두 개나 세 개 굵기였다. 장인은 근처 불구덩이에서 돌덩어리들을 뜨겁게 달군 다음 속을 깎아 낸 선체 안에 물을 붓고 달군 돌로 물을 데웠다. 가열이 계속되면서 장인과 그의 조수는 연화軟化 과정을 촉진하기 위해 뱃전으로 물을 끼얹었다. 뱃전에 걸쳐 놓은 거적은 뜨거운 증기가 목재를 부드럽게 만드는 과정을 돕는다. 장인은 부드러워진 뱃전 사이로 가름대를 대고 단단히 묶어서 최종 형태를 완성했다. 마지막으로 그는 돔발상어 기름을 데워 선체 안과 밖에 완전히 발랐다. 그러면 이물과 고물이 위로 솟아 있고 선체 측면이 둥글게 튀어나와 제법 거친 바다도 항해할 수 있는 우아하고 비교적 가벼운 카누가 완성되었다. 많은 카누에는 정교한 장식이 새겨져 있는데 흔히 물과 관련된 전설적 인물이나 정령을 묘사했다. 운송과 전투에 이용된 초대형 선박은 18~21미터까지 나갔다. 18세기 한 전투 선단은 40척의 카누로 구성되어 있었는데 카누마다 스무 명의 전사를 태웠다. 대부분의 카누는 그보다 훨씬 작아서 5.5~10.5미터 범위 안이었다. 카누는 흘수가 대략 1미터라 얕은 물에서도 활동할 수 있고 적당한 해변에 상륙하기도 쉬웠다. 해변에 상륙해서는 만조 수위 선보다 더 위쪽으로 끌어 올릴 수도 있었다. 북서부 지방 카누는 무수한 반복을 거쳐 바위투성이 해안선에 훌륭히 적응한 선박으로, 이곳 해안 대부분은 물이 비교적 잔잔했다. 노로 추진되는 카누의 빠른 속도는 나빠지는 날씨 속에서 아주 긴요했다.

통나무 카누는 무역과 교환, 전쟁 그리고 무엇보다도 고기잡이를 위한 수단이었다. 카누는 발판―엄청나게 큰 넙치를 끌어 올리고, 깊은 물속의 대구를 낚아 올리고, 수가 하도 많아서 수천 마

도판 13-2. 특유의 경사진 이물과 고물을 뽐내는 아메리카 북서부 지방의 통나무 카누.

리씩 잡을 수 있는 청어 떼를 그러모으는 발판이었다. 북서부 지방 카누 선장들은 멀리 북쪽의 알류트족 이웃만큼 능수능란했다. 그들의 선박은 디자인이 우수하여 유입구와 연안 수로가 많은 해양 세계에 안성맞춤이었다. 그러나 그들은 폴리네시아인과 같은 의미에서 항해가는 아니었다. 그들은 알류트족이 그렇게 쉽게 건넌 탁트인 험한 바다를 즐기지도 않았던 것 같다. 그들의 세계는 더 좁고 육지에 더 제한된 세계로, 그곳에서 고기잡이와 연안 무역의 고된 경험은 여러 세기를 거치면서 사실상 조금도 변하지 않은 채 대대로 전해졌다.[7]

퀸샬럿 제도 남부, 원주민 말로는 스강 그와이 라나가이("붉은 대구 섬 마을")라고 하는 닌스틴츠에는 버려진 하이다족 마을이 한때 카누들이 상륙하곤 했던 조수가 드나드는 아늑한 해변 뒤에 자리하고 있다. 과거에 만조선 둔덕 위로 집들이 들어섰던 자리에는 이제 몇몇 토템 조각 기둥만이 남아 있지만 한때는 토템 기둥이 말 그대로 숲을 이루었다. 몇몇은 오늘날에도 여전히 우뚝 서 있으나 어떤 것들은 비스듬히 기울어져 있고 삼나무 둥치에서는 초록빛 어린 가지가 싹을 틔워 나오고 있다. 토템 기둥들 상당수는 로열브리티시컬럼비아박물관으로 옮겨졌지만 다행스럽게도 전부는 아닌데 하이다족은 조상들을 기리는 기둥이 원래 왔던 숲으로 되돌아가야 한다고 믿기 때문이다. 닌스틴츠는 다른 어느 버려진 마을보다도 깊은 감명을 주는 장소로 다른 곳보다 토템 기둥이 더 많이 남아 있다. 멀리 떨어진 만 위로 비가 흩뿌리고 바람이 부는 날, 기둥

도판 13-3. 브리티시컬럼비아 퀸샬롯 제도 닌스틴츠에 있는 하이다 토템 기둥.

사이를 거닐다 보면 하이다족의 삶이 어떻게 육지와 바다, 산 자와
초자연적 존재의 영역 간의 긴밀한 관계에 의해 규정되었는지를
깨닫게 된다. 북서부 지방의 예술은 사람들이 사악한 힘이 충만한
풍경들 사이를 헤치고 다니던 이 어둡고 때로는 위협적인 세계를
반영했다.

  아메리카 북서부의 연안 바다는 모두가 이용하던 인근 지역
이었지만 그것을 해독하는 작업은 물의 색깔을 읽고 깊은 물 위로
이는 바람에 초조해하고 빠르게 흐르는 조수를 신중하게 판단하

는 일 이상을 의미했다. 적잖은 거리를 여행하는 사람이라면 누구든 동맹과 적대 관계의 부침 속에서 해안선을 단절시키는 복잡한 사회적·정치적 관계를 알아야 했다. 150년 전에 번창했던 대규모 마을들은 오늘날 대부분 버려진 채, 무너진 집의 토대와 때로는 비바람에 닳은 몇몇 토템 기둥으로만 그 흔적을 짐작할 수 있다. 그곳의 거주민에 대해 우리가 아는 대부분은 고고학 연구와 구전 전통, 프란츠 보아스 같은 초창기 인류학자들의 연구로부터 나온다. 그것들은 극도로 경쟁적이고 다툼으로 들끓는 난해한 인간 세계를 그린다. 동맹은 유동적이었고 분쟁의 가능성은 언제나 잠재해 있었다. 부족장과 일반 주민 모두 아주 미미한 도발도 보복 습격과 전쟁으로 비화할 수 있는 분위기 속에서 살아갔다.

18세기 후반에 유럽의 배가 처음 도착했을 때 이곳에는 2만 5천 명 이상의 인디언들이 해안을 따라 살고 있었다. 수천 년에 걸쳐 사회적 복잡성의 정도는 해안을 따라 크게 달랐는데, 부분적으로는 그 지역에서 얻을 수 있는 식량 자원의 풍부함에 달려 있었다. 대부분의 세월 동안 식량이 매우 풍부했기에 사람들은 대규모 비축 식량에 의지할 수 있었고 그중 상당 부분은 강에서 잡아 올린 연어에서 나왔다. 그러나 그 풍부함의 정도가 지역마다 달랐기 때문에 현지 집단들 사이에서 경쟁과 뿌리 깊은 의심의 분위기가 가득했다. 이러한 상황은 집단들이 서로 가까이 붙어살았기 때문에, 또 다수의 더 작은 공동체의 경우에는 반대로 연중 대부분의 기간 동안 고립되어 있었기 때문에 악화되었다.

친족 집단은 함께 살고 함께 일하면서 자신들을 땅과 어장의 배타적 소유자로 여겼다. 자율적인 지역 집단들은 저마다 지도자가 있었고, 지도자들은 개인 이름과 투구의 깃털 장식, 춤 의식과 노래를 비롯하여 일련의 특권을 누렸다. 이 집단들은 위신과 사회적 지위, 부에 높은 가치를 두는 사회였지만 식량과 귀한 상품들을 쌓아 놓음으로써가 아니라 다른 이들과 나눔으로써 존경과 지위를 얻는 사회였다.

만약 한 가구가 생산성이 높고 부유하다면 현지의 교환 활동과 더 큰 범위의 지역 간 교환 활동에 참여할 수 있었고, 연안에서 가장 유명한 관습인 포틀래치potlach, 즉 의례적 축제에도 참가할 수 있었다. 포틀래치는 족장과 그의 친족들이 다른 족장과 친족들을 접대하며 베푸는 위엄 있는 의례였다. 포틀래치는 보통 깃 장식이나 칭호에 대한 권리를 얻게 되는 때나 결혼과 같은 중요한 행사를 기념했다. 정교한 의전이 이 행사를 둘러쌌고 모두가 공식 예복을 갖추어 입었다. 주인장은 음식과 의복, 의례용 물품으로 자신의 부를 나누었는데 후한 인심이 개인과 집안의 위신을 높였기 때문이다. 사회적 관점에서 볼 때 포틀래치는 부를 사회 곳곳으로 분배하는 역할과 함께, 자기 혼자서 부를 차지하고 싶은 유혹이 충분한 사회적 환경 속에서 친족 내 강한 통합력을 제공하는 역할을 했다.

족장과 무용수, 여타 사람들이 착용한 가면과 예복은 까마귀와 고래, 넙치와 연어를 기렸다. 모두 각종 의미와 전조, 위험으로 가득한 유동적인 공간의 생물들이다. 이 모든 관습적 장식에 사용되는 모티프와 유려한 스타일은 깃털처럼 살랑대는 한 줄기 바람조차도 끝없이 움직이는 문양을 만들어 내는 고요한 유입구와 검

도판 13-4. 1778년 밴쿠버 섬, 쿡 선장이 방문했을 당시 누트카족의 널빤지 집 내부.

은 물 위에 비치는 이미지들—발톱, 잘린 눈, 범고래의 등지느러
미—을 환기했다. 빛이 물 위에 아른거리면 예술가는 물 위에 비
치는 변화무쌍한 이미지들을 이용해 사회 그 자체만큼이나 오래
된 전통적인 서사들을 창조해 냈다. 이 서사들은 알래스카 남동부
의 갈까마귀 전설처럼 대양의 비밀을 해독하는 데 결정적인 요소
였다. 하루는 갈까마귀가 연안 바다 위에 떠 있는 상자를 발견했다.
사람들을 해변으로 불러 모은 뒤, 갈까마귀는 사람들이 북을 두드
리고 노래를 부르는 가운데 상자를 뭍으로 끌어 올렸다. 그다음 갈
까마귀는 상자에 난 여러 개의 문을 열었다. 처음 문에서 작은 물
고기가 나왔고 다음 문에서는 율라칸과 청어가, 세 번째 문에서는

연어가 나왔다. 마지막으로 그는 대구와 가자미, 넙치를 꺼냈다. "그가 문을 여는 대로 물고기들이 매년 나왔다. (…) 그러자 갈까마귀는 만족하여 이 세상에 헤엄쳐 다니도록 모든 물고기를 놓아 주었다."[8]

해양 지리를 고려할 때, 북서부 해안은 내부 지향적인 세계였다. 천혜의 자원이 풍부하지만 어둡고 불안한 분위기가 감도는 곳, 마치 신화 속 존재들이 동물과 인간으로 변신하는 것처럼 삶이 끊임없이 달라지는 곳이었다. 그곳에는 수평선 너머로 배를 타고 나갈 만한 사회적 강제가 없었다. 각종 분쟁과 불신에도 불구하고 새로운 정착지를 위한 식량과 공간은 많았다. 아주 드물게 대형 카누가 너른 태평양으로 나갔지만 물고기를 잡거나 고래를 사냥할 때뿐이었다. 에스파냐 배가 밴쿠버 섬에서 64킬로미터 넘게 떨어진 앞바다에서 대형 통나무배를 목격한 적이 있지만 커다란 너울과 가파른 풍랑이 흔한 대양에서 그러한 출타는 드물었다. 카누를 너른 바다로 불러들이는 것은 주로 고래였고 카누는 오로지 사냥감을 죽여서 육지로 끌고 오기 위해서 바다로 나갔다.

올림픽 반도 플래터리 곶 남쪽은 해안선이 남쪽으로 꺾이면서 해안을 보호해 주는 섬이 없는 지역이다. 여기서 마카 부족은 대형 통나무배를 타고 정기적으로 고래를 사냥했다. 고래 사냥꾼들은 앞선 세대로부터 기술을 전수받아 부족 사회에서 이름난 일원들이었다.[9] 마을 사람들이 가까운 앞바다에서 작은 고래 무리를 발견하면 사냥꾼들은 여덟 명이 노를 젓는 통나무 카누를 타고 출항했다.

선원들이 고래 떼를 향해 노를 저어 가는 동안 고래 사냥꾼들은 고래—"귀부인들"—가 배로 다가와 잡히도록 유인했다. 카누는 위험을 알아차리지 못한 고래 위 약간 왼쪽으로 소리 없이 다가간다. 사냥감이 물을 뿜고 물속으로 잠수하려 할 때 뱃머리에 걸터앉은 사냥꾼은 홍합 껍데기 날을 단 아주 예리한 작살을 던진다. 노를 젓는 이들은 작살 줄에 달린 물개 가죽 부표를 추적하며 상처 입은 사냥감을 몇 시간씩 쫓아다닌다. 고래가 지쳐서 수면 위로 올라오면 사냥꾼은 조심스레 접근해 지느러미 뒤로 창을 깊숙이 찔러 넣어 단번에 고래를 죽인다. 마을 주민 전체가 고래를 해체하여 지위에 따라 고기와 내장을 분배한다.

고래 사냥꾼은 누구나 비바람에 고스란히 노출된 대양에서 자신의 카누의 한계를 잘 알고 있었다. 19세기 중반에 캘리포니아 북단 클래머스 강을 넘나들며 활동하던 대형 통나무배의 인디언 선장들도 마찬가지였다. 현지 우두머리들은 백인 정착민에게 클래머스 강과 북쪽으로 35킬로미터 떨어진 크레센트 시 사이를 왕래하는 운송 서비스를 제공했다. 그들은 심지어 이따금 남쪽으로 130킬로미터 떨어진 훔볼트 만까지 짐을 운반하기도 했다.[10] 선장들은 수시로 급류를 쏜살같이 통과하고 클래머스 강 어귀에서 파도를 타 넘었지만, 날씨를 살펴 신중하게 날을 잡았다. 카누의 건현이 낮기 때문에 신중할 수밖에 없었다. 그들은 밤과 고요한 아침 시간 동안 연안 가까이에 붙어서 노를 저어 가는 방법으로, 바람이 잦아들어 매일 몇 시간씩 정지해 있거나 강한 역풍과 악전고투를 벌이는 육중한 유럽 범선보다 더 믿음직한 서비스를 제공했다. 그러나 노를 젓는 사람들은 북서풍이 부는 시간대와 폭풍우가 몰아치는 시기를 신중하게 피해 가려 했다.

클래머스 강 남쪽으로는 2천 킬로미터가 넘는 태평양 해안선이 탁 트인 대양을 마주하고 있는데 그중 많은 부분은 해안 산맥과 바위 투성이 지형이 떠받치고 있다.[11] 이 지역에는 항행이 쉽지 않은 하천 사주, 광범위한 습지대와 더불어 주요 하구들이 자리하고 있으며 그중 가장 큰 하구는 각종 물고기와 연체동물, 물새가 풍부한 샌프란시스코 만과 그 안쪽의 삼각주 지역이다. 이 해안선은 겨울에 흔히 남서쪽에서 불어오는 맹렬한 강풍과, 특히 여름에 며칠씩 쉬지 않고 불어오는 강한 북서풍에 시달리는 곳이다. 수천 킬로미터 떨어진 바다에서 몰아치는 폭풍으로 발생한 거대한 너울이 해변에서 부서진다. 바람 없는 잔잔한 날이라 해도 깊은 만이나 노를 저어 들어갈 수 있는 하구가 없다면 상륙이 위험할 수 있는 곳이다.

수천 년 동안 수렵 채집인 집단은 사냥감과 식물, 그리고 종종 멀리 떨어진 바위 근처 제법 깊은 물에서 잡아 올린 물고기와 연체동물에 의지해 이 해안을 따라 살아왔다. 대부분의 사람들은 개울을 중심으로 한 영역 안이나 해안 근처 습지대 가까이에서 사냥을 하고 먹을거리를 찾으면서 작은 무리를 지어 살았다. 특히 습지대에 가까운 해안 지방에서 인구 밀도가 가장 높았다. 근거지에서 벗어나 멀리 이동하는 일원은 거의 없었다. 19세기 구전 전통은 일생을 캘리포니아 센트럴밸리에서 살면서 단 한 번도 자신이 태어난 곳에서 8킬로미터 바깥으로 벗어나 본 적이 없었던 한 모노족 여자에 관한 이야기를 들려준다. 샌프란시스코 만 지역에서 각종 물고기와 연체동물, 물새로 생계를 꾸려 가던 연안 거주 집단들은 큰 골풀로 짠 작은 카누와 통나무배를 이용했지만 조수가 빠르게 흐르는 골든게이트교 아래를 통과하지는 않았을 것이다.

클래머스 강 남쪽 앞바다는 빈약한 배나 통나무 속을 비워 만든 단순한 카누에는 적합하지 않은 곳이었다. 여기에는 짐을 가득 실은 카누들이 새로운 고향 땅을 찾아 한없이 남쪽으로 향하며 누비던 해상 고속도로가 없었다. 캘리포니아 중부 빅서 해안을 따라가다 포인트컨셉션—미국 서해안의 서단에 툭 튀어나온 곳으로, 바람이 아주 많이 분다—을 돌고 나서야 일상생활의 일부로서 연안 바다를 해독한 사람들을 찾을 수 있다.

아메리카 원주민이 언제 처음으로 캘리포니아 중부와 남부 해안에 정착했는지는 아무도 모른다. 하지만 1만 2천 년 전보다 이르지는 않더라도 적어도 그 무렵에는 초창기 정착자들이 각종 연체동물을 찾아서 어쩌면 해양 포유류도 사냥하기 위해 이곳 해안으로 왔던 것 같다. 포인트컨셉션 남쪽에서 연안 바다의 동학은 완전히 바뀐다. 산타바버라 해협은 포인트컨셉션에서 동과 서로 뻗어 있고 채널 제도의 네 개 섬을 방벽 삼아 가장 심각한 태평양 너울로부터 보호된다. 여기서 바다 밑바닥에서 차가운 용승류가 솟아올라 풍부한 양분을 표층으로 전달한다. 이 자연 용승류는 수백 만 마리의 멸치와 기타 어류를 끌어들인다. 해양 생물이 풍부한 켈프도 섬과 본토 연안을 따라 울창하게 자란다. 이곳은 세계에서 가장 풍성한 어장 가운데 하나로, 페루와 나미비아 연안 같은 다른 용승 지역만이 여기에 비견할 만하다. 여기서 인디언 인구는 보기 드문 초자연적 권력을 누리며 부를 지배한 우두머리들과 족장들이 수백 명의 주민을 다스린 대륙 본토의 오래된 마을과 더불어 보통 가장 높은 인구 밀도를 기록했다.

이들은 추마시 인디언들로, 연안에 기반을 두거나 내륙을 근거지로 한 수렵인, 채집인, 그리고 본토에서 40킬로미터 정도 떨어진 채널 제도와 본토 둘 다에 거주하는 어로인 등 다양한 집단으로 구성되어 있었다. 거의 전적으로 바다를 중심으로 살아가는 북서부 부족과 달리 연안 추마시족은 인근과 더 안쪽의 내륙과도 긴밀하고 지속적인 연계를 유지했다. 도토리와 터키석 같은 이국적 물품은 남서부의 주니 지방 같은 먼 내륙으로부터 해협까지 흘러들어 왔다. 해안 부족과 내륙 부족은 계절성 강우가 빈번하고 폭풍과 세찬 비를 몰고 오는 맹렬한 엘니뇨가 때로 발생하는 불확실한 세상에서 서로가 없이는 살아갈 수 없었다. 이곳에서 파악된 바다는 일상생활의 일부였고, 육지의 경제적, 정치적, 사회적 발전과도 직접적으로 연결되었다.

에스파냐 탐험가들은 추마시족 마을을 처음 방문했을 때 권위 있고 질서 잡힌 지배에 깊은 인상을 받았다. 후안 크레스피라는 한 여행가는 1769년에 "마을마다 서너 명의 대장이 있는데 그중 한 명이 우두머리 족장이다."라고 기록했다. 몇몇은 카누 소유주이자 선장임을 표시하는 곰 가죽 망토를 둘렀다. 재산이 많고 영향력이 있는 자들로서 놀라운 배, 즉 토몰tomol을 소유한 자들이었다.[12]

토몰은 널을 댄 카누로, 여러 달에 걸쳐 고생스레 모은 유목을

도판 13-5. 캘리포니아 남부, 산타바버라 해협의 추마시 인디언 카누 한 척. 산타바버라자연사박물관.

가지고 전문 조선 장인이 만들었다. 북서부 지방에서와 달리 여기서 배를 만드는 장인은 수백 킬로미터가 떨어진 곳에서 해안으로 큰 나무 몸통이 떠내려 오는 경우가 아니라면 결이 곧은 통나무를 구할 수 없었다. 일반 주민들은 현지에 자생하는 골풀 다발을 엮어 만든 갈대 카누나 나무의 속을 파낸 작은 카누를 타고 나가 켈프 서식지에서 고기를 잡았다. 이 배들은 잔잔한 연근해에서는 좋았지만 어느 바다에서든 편안하게 항해하기 위해서 반드시 필요한 건현이 없었다. 갈대 카누는 또한 현지 해변에서 구할 수 있는 타르로 방수 처리를 해도 며칠이면 물을 먹어 버린다. 추마시족이나 그들의 선조들이 유목 조각에서 나온 널을 서로 꿰매는 건조 방식으로 전환한 것은 그래서인데 기본적으로는 통나무 카누로, 용골에 널을 대는 방식이었다. 앞뒤가 똑같이 생긴 토몰은 이물과 고물이 높아 북서부 지방 통나무배처럼 물결을 헤치고 나아가기에 좋았다. 측면은 둥그렇게 살짝 튀어나와서 물이 선체 안쪽으로 들어오지 않게 막았다. 토몰은 길이가 평균 3.7~9미터, 선폭은 대략 1미터여서 사람을 세 명에서 여섯 명까지 태우고 적당히 짐을 싣기에 충분했다. 토몰 카누 한 척을 만드는 데는 여러 달이 걸렸다. 일단 완성되어 각종 섬유와 타르와 뱃밥을 채우고 나면 "그들은 배를 바다에 띄우고 노를 저어 다녀 보면서 아무런 이상이 없는지 살핀다. (…) 물이 새지는 않는지, 한쪽으로 기울거나 물속에 너무 깊이 잠기지는 않는지 꼼꼼히 점검한다."[13] 배를 만드는 장인 본인이 카누에 바닥짐을 실었는데 배가 안정감을 얻으려면 상당한 선체 내무게가 필요했기 때문이다.

이곳은 안개가 끼고 때로 거친 바다이기 때문에 안정감은 필수였다. 때때로 짙은 안개가 켈프 서식지 바깥 본토 근처 위를 맴돌기도 한다. 몇 킬로미터까지 내다볼 수 있다가도 한순간에 가시거리가 단 몇 미터로 줄어든다. 한번은 아나카파 섬을 출발해 밤새도록 항해하며 엔진 없이 돛만으로 산타바버라로 간 적이 있다. 밤새도록 약한 육풍이 불면서 날이 무척 맑았다. 우리는 항구로부터 고작 3킬로미터 떨어진 곳까지 조용히 미끄러져 갔다. 동틀 녘에 갑자기 바람이 잦아들면서 안개가 내려앉았다. 사위를 뒤덮은 적막 속에 코앞도 분간하기 어려웠고 우리는 무턱대고 떠내려갔다. 몇 시간이 흐른 후 큰 파도가 더 뚜렷해지고 가팔라졌다. 우리는 펄럭이는 돛과 함께 심하게 요동쳤고 바로 앞에 얕은 물이 있음을 경고하며 점점 더 격렬해지는 움직임을 제외하고는 방향 감각을 완전히 상실해 버렸다. 우리가 막 닻을 내릴 준비를 하자 안개가 걷히며 얼마 떨어지지 않은 거리에 부서지는 파도가 드러났다. 우리는 배를 안전한 곳으로 실어다 준 몇 줄기의 바람에 감사하며 오던 길을 되짚어 수심이 더 깊은 곳으로 돌아갔다.

토몰은 개방형 보트였지만 잔잔한 바다와 산타바버라 해협에 우세한 가벼운 바람 속에서 빠르고 내항성이 뛰어났다. 선원들은 해초로 만든 방석에 앉아 꼭 오늘날의 카약 선수처럼 어깨를 이용해 일정한 리듬에 맞춰 각자 노를 저었다. 노련한 선원은 끝없이 반복되는 카누 노래에 맞춰 하루 종일 일정한 보조를 유지할 수 있었다. 토몰을 그대로 복제한 모형 선박을 이용한 실험은 뒤파도와 8노트(시속 15킬로미터) 미풍을 받을 때 능숙한 노잡이가 6~8노트(시속 11~15킬로미터)를 유지할 수 있다는 사실을 보여 준다. 그러나 동일한 바람이 앞에서 불어오면 전진은 사실상 불가능했다.

서기 1700년 산타크루즈 섬, 프리즈너스 항구. 일몰과 함께 잔잔한 바다가 장밋빛으로 물들고 섬의 가파른 등성이가 커지는 땅거미 속에서 또렷하게 모습을 드러낸다. 짐을 잔뜩 실은 토몰 세 척이 물가에서 조용히 노를 저어 간다. 선장들이 깎아지른 절벽 아래 켈프 서식지를 에둘러 넓은 만으로 진입을 시도하는 동안 카누는 부드러운 너울에 가볍게 흔들거린다. 그들은 육지에서 가장 낮은 지점, 마을에서 때는 장작에서 나오는 하늘하늘한 연기가 맑은 하늘로 곧게 피어오르는 곳을 향해 배를 몬다. 카누가 뭍으로 접근하자 개 짖는 소리, 한가로이 작게 대화를 나누는 소리, 저녁 준비의 일환으로 슥슥 맷돌을 가는 소리가 들려온다.

이튿날 아침 사람들이 본토에서 가져 온 도토리와 교환한 조가비 구슬을 실으며 귀환할 준비를 하는 가운데 윙윙거리는 북서풍이 토몰의 발목을 붙잡는다. 선장은 고지대로 올라가 해협을 바라보며 생각에 잠긴다. 바람이 그리 많이 불지는 않으니 해 질 녘에는 잦아들 테지만 너울이 걱정이다. 그들은 사흘을 더 기다리기로 한다. 일단 바람이 잠잠해지고 나면 해상 조건은 위험하지 않겠으나—실제로 위험하지 않다—서풍이 일으키는 너울에 고스란히 노출되어 있는 목적지에 안전하게 상륙하지 못할 것 같아서이다. 해변 가까이에서 상륙할 때조차도 그들은 토몰을 모래밭 높이 실어다 주는 파도의 물마루에 바짝 붙어 해변을 향해 재빠르게 노를 저어서 소중한 짐을 조금도 손상시키지 않고 조심스럽게 상륙했다. 여느 뱃사람들과 마찬가지로 선장들은 구전과 반복적 암기, 힘들게 쌓은 경험으로부터 바다의 방식에 대해 배웠다.

토몰 선장들은 바다가 잔잔한 날—종종 겨울에 더 흔했다—과 아침 시간에 맞춰 일정을 잡았다. 섬으로 가는 대부분의 항해는 아나카파 섬까지 항해 구간이 19킬로미터에 불과해 쉽게 노를 저어 갈 수 있는 포인트와이니미 인근 지역에서 시작되었다. 거기서부터 카누는 섬에서 섬으로 이동하는 방식으로 산타크루즈 섬 인근의 작은 만들로 갈 수 있었고 산타크루즈 섬으로부터 다시 바람이 많이 불고 연체동물과 해양 포유류가 풍부한 서쪽의 산미겔 섬 연안까지 갈 수 있었다. 물론 시속 75킬로미터의 북서풍이 며칠씩 세차게 불기도 하는 곳으로 항해하려면 바다가 잔잔한 때를 골라야 했다.

바람이 언제든 예고 없이 일며 가파른 물결을 일으킬 수 있기 때문에 고요한 날에도 언제나 위험은 존재했다. 구전 전통은 산미겔 섬을 떠나 남쪽으로 향하던 일단의 카누를 비롯하여 파국으로 끝난 여러 항해에 관한 이야기를 들려준다. 남쪽으로 향하던 카누들은 바람이 일자 단 한 척도 집으로 돌아오지 못했다. 60명이 넘는 사람들이 물에 빠져 죽었다. 거친 바다는 개방형 카누에는 맞지 않았다. 어느 토몰도 아웃리거를 자랑하지 않았다. 모두가 물 위에서 비교적 낮게 떠 있었고 짐을 많이 실었을 때는 특히 그랬다. 해상 상태가 그리 나쁘지 않을 때조차도 토몰을 제대로 다루려면 경험과 뛰어난 판단이 요구되었다. 현대에 토몰을 그대로 복제한 모형 선박은 다른 배들의 호위를 받고 선원들은 구명조끼를 입은 채로 노를 저어 섬으로 간다. 다른 어디서나 마찬가지로 옛날에는 그러한 편의 시설을 바랄 수 없었다. 사람들은 위험을 삶의 일부로 받아들이고 물 위에서 최대한 신중하게 행동함으로써 또 초자연적 존재에 대한 믿음에 의지함으로써 그러한 위험을 어느 정도 상쇄했다.

여러 세기 동안 채널 제도로 드문드문 횡단이 이루어졌으나 섬의 인구는 계속 적은 상태로 남았다. 카누는 본토에서 도토리를 실어 온 다음, 섬에서 생산되어 내륙까지 광범위하게 교환되는 조가비 구슬을 가지고 되돌아갔다. 서기 650년 이후 언제부터인가 이러한 연결이 강화되기 시작했다. 사회에서 언제나 유력한 일원인 카누 소유주들이 이 번창하는 무역에 이제 중심적 역할을 하게 되었다. 그들은 섬과의 사회적 접촉을 관리하고 앞바다 어장에 대한 정보를 처리했으며 급성장하는 조가비 무역을 지배했다. 이 조가비들은 밤색띠고둥에 돌송곳으로 구멍을 뚫어 만들었다.[14] 카누 선장들은 부유했고, 의례상의 문제에서 사회의 중요한 일원이자 탁 트인 바다를 건너 이동하는 화물의 운송을 통제하는 자들이었다. 그들은 친족 관계와 다른 미묘한 사회적 관습들을 이용해 사실상 독점이라 할 만한 것을 발전시켰다. 이 고대 사회의 지도자들은 특화된 선박과 해협 횡단 무역, 해상 이동을 교묘히 엮어 냈다. 그들의 지도 방식과 주요 의례에 대한 강조, 그리고 개인적인 지위의 향상과 상호 의존성 둘 다를 촉진하는 데 그들이 구사한 정교한 수단들은 엄격한 사회적 위계, 즉 전사나 노예가 없는 사회를 주조해 냈다. 그것은 예측하기 힘들고 때로는 난폭한 극단적 기후의 세계에서 살아가는 데 기가 막힌 해법이었으며 추마시 인디언은 유럽인들이 외래 질병과 강제 선교로 인디언 사회를 말살할 때까지 크게 번성했다.

　북서부 인디언과 추마시 인디언은 연안 바다의 비밀을 해독한 비범한 이들이었지만 서쪽의 더 깊은 바다로, 해가 지는 곳으로 발을 내딛지는 않았다. 그들은 바다와 정교한 관계를 발전시켰지만 그것은 언제나 실용적 목적—식량, 마을 간 연락, 무역 그리고 각종 사회적 교환—을 띤 관계였다. 이 해상 연결 아래에는 마음속 깊은 곳에 자리 잡은 바다—가까운 연안 바다와 수평선이 보이는

탁 트인 바다 그리고 그 너머—의 초자연적 힘들과의 정신적 연결
이 깔려 있었지만 안타깝게도 그 의미들은 우리에게 상실되고 말
았다. 그러나 다음 장에서 보게 되듯이, 다행스럽게도 마야 문자의
해독은 우리에게 이러한 정신적 관계들이 육지 중심의 사회에서도
얼마나 복잡할 수 있는지에 대한 이해를 제공한다.

14장

불타는 웅덩이와 가시국화조개

"아직 사람은 아무도 없다. (…) 오로지 하늘만이 있다. 땅의 표면은 분명하지 않다. 하늘 아래 오로지 바다만이 고여 있다. (…) 바다는 조용하다. 무엇 하나 움직이는 기색이 없다." 그러다 위대한 창조신 '깃털 달린 뱀'이 검은 물속에서 청록색으로 반짝거리자 낮게 출렁거리는 소리와 잔물결이 퍼져 나간다. 그가 하늘 신과 상의한 후 둘은 결정은 내린다. "이렇게 하기로 하자. 땅의 판과 토대가 생기기 위해 이 물을 비워 내야 한다. 그다음 씨뿌리기, 즉 하늘-땅이 출현해야 한다." 그러자 "그 두 신 때문에 땅이 솟아올랐"고 정교한 창조 과정이 시작되었다.[1]

    이렇게 시작되는 포폴 부Popol Vuh, 즉 키체 마야인의 창세 신화는 선조들의 무한한 영역이었던 물의 공간에 대해 이야기한다. 깊고 불투명한 바다는 많은 고대 사회에서 선조들의 영역이었고 우리가 고대 사회와 바다 사이의 복잡하지만 손에 잡히지 않는 관계에 대해 알 수 있는 경우는 매우 드물다. 고대 사회와 바다 사이의 그러한 관계는 고대 마야인이 가까운 바다와 먼바다를 이해하고 해독하는 데 있어 본질적인 부분이었다. 우리는 종종 우리의 먼 선조들이 위험천만한 바다를 가로질러 어떻게 길을 찾아갔는지 그리고 때로는 왜 그렇게 했는지 알아낼 수 있지만 그러한 모험 뒤에 자리한 강력한 초자연적 믿음을 이해하는 경우는 거의 없다. 고대 마야인은 심지어 물가에서 멀리 떨어져 있음에도 바다가 인간의 삶에서 중심적인 역할을 한 사회를 들여다볼 수 있는 독특한 기회를 우리에게 제공한다.

포폴 부는 마야의 삶이 태양이 떠오르는 동쪽 바다만큼 탁한 지하 세계의 한없는 물길에서 시작했다고 이야기한다. 이것은 "불타는 웅덩이"란 뜻의 칸크 나브K'ankh' Nahb, 즉 태양이 카리브 해에서 떠서 멕시코 만에서 지는 일렁이는 영역이었다. 이따금 대앤틸리스 제도에서 카누가 해안으로 떠내려오기도 했지만 마야인은 수평선 너머 카리브 해의 섬들에 대해서는 거의 혹은 전혀 몰랐다. 1539년에 떠내려온 카누 한 척은 "사람을 먹는" 벌거벗은 이방인들을 데려왔다고 하지만 이 여행객들은 이름 없이 역사 속으로 사라지고 말았다.[2]

찬란하게 빛나는 불타는 웅덩이는 마야인들의 생각과 일상을 크게 지배했다. 그들은 자신들의 세계, 저지대 유카탄 반도가 무한한 대양의 바다 위에 거북처럼 떠 있다고 믿었다. 매일 아침 태양은 혼돈과 폭력으로 가득 찬 영역으로부터 동쪽 바다 너머에서 떠올랐다. 여기서 대양이 붉게 변하는 동안 신들과 바다뱀들 사이에 거대한 우주적 대결이 벌어졌다. 바닷물의 짠맛은 일출과 일몰 때 대양을 붉게 물들이는 피의 맛을 떠올리게 했고 그래서 대양은 "불타는 웅덩이"였다. 이 위협적인 영역에 둘러싸인 마야인은 거북의 등껍질에 찰싹 달라붙어 있었는데 이 등껍질은 지진이 일어나거나 홍수가 일어나 물이 쏟아지면 갈라지고 흔들렸다.

엄청난 양의 물이 땅을 지탱하며 거대한 지하 강 사이를 구불구불 흘렀고 동쪽의 카리브 해에서 서쪽으로 흐르는 고동치는 동맥을 이루었다. 대양으로 둘러싸인 다른 여러 고대 사회처럼 고대 마야인들은 바다, 강, 구름, 그리고 물의 온갖 원천들을 하나의 것으로 여겼고, 또한 인류와 그들의 식량인 동식물을 먹여 살리는 생명 유지 수단으로 여겼다. 불타는 웅덩이는 허리케인과 격렬한 폭풍우를 일으키는 무시무시한 힘들이 자리한 영역, 태양의 탄생지, 구름과 바람의 창조자였다. 여기에는 신화 속 거대한 악어가 살고 있었는데 악어의 다리들은 네모난 마야 세계의 경계를 정하는 네 개의 방위 점까지 뻗어 있었다. 악어의 네 다리에서 물이 콸콸 흘러나왔다. 우주적 홍수인 셈이다. 여기서 비의 신 차크가 빛과 풍요, 부의 원천인 영겁의 바다에서 살고 있었다.

마야인들 대부분은 바다에서 멀리 떨어져 살았지만 바다는 그들의 뇌리를 한시도 떠나지 않았다. 초자연적 힘은 불타는 웅덩이와 지하 세계로부터 나오기 때문에 위대한 군주들은 인간과 신의 권위를 과시하기 위한 배경으로서 건축물과 거대한 기념 조각의 건립을 지시했다. 여러 통치자들을 기리는 피라미드와 광장, 스텔

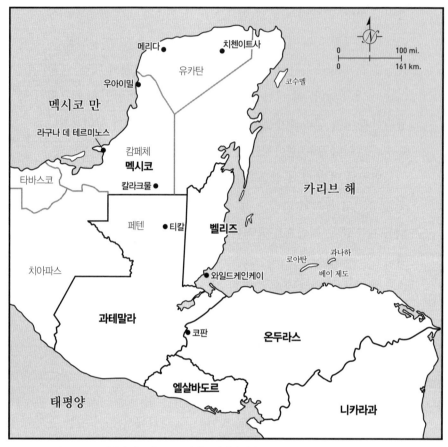

도판 14-1. 14장에서 언급되는 주요 마야 유적지와 위치.

레* 등이 그것이다. 그 모든 것은 마야 세계에 대한 상징적 묘사였
다. 오늘날 온두라스에 있는 코판에는 아마도 공공 의례를 위한 사

_____

*비문, 조각 등을 새긴 돌기둥이나 석판.

열대로 짐작되는 고대 마야인의 고가高架 무대가 있는데, 비의 신 차크가 마치 물가에 자리한 듯 거대한 두 소라고둥 껍데기 사이에서 모습을 드러내는 광경을 묘사한다. 유인원처럼 생긴 거대한 두 바람 신이 무대 양 옆의 뼈대를 이룬다. 아래 광장에는 노란 옥수수를 나타내는 상형 문자를 손에 든 옥수수 신 카월이 묘사되어 있는 세 장의 석판이 있다. 그는 거북 등껍질의 갈라진 틈을 통해 바다에서 나올 것이다.[3] 멕시코 칼라크물에 있는 203미터 길이의 벽 "칼라크물 웅덩이 벽"은 인근의 광장을 치크 나브라는 바다로 탈바꿈시킨다. 물새와 겹겹이 칠해진 푸른 물감은 물의 영역의 풍요로움을 기린다. 이것들과 여타 기념물들은 바다나 인근 호수 혹은 늪지가 배경인 종교적 서사를 위한 무대였다.

위협적인 기운을 뿜어내는 대양이 위험한 괴물과 함께 마야인의 삶의 경계에 머물고 있음을 망각하는 것은 어느 누구에게도 허용되지 않았다. 마야의 예술가들은 그 위협을 정식화하고 규정했다. 공공 의례에서 나팔로 사용하는 먼 바닷가에서 온 소라고둥 껍데기는 최대 규모의 도시들마저 바다를 포함한 더 넓은 우주의 중심에 위치하도록 만들었다. 소라고둥과 가시국화조개 둘 다 대양의 비밀을 해독하려는 마야와 안데스인의 노력 속에서 중심적인 역할을 했다.

소라고둥Strombus은 가시를 잘라 내고 표면을 연마하여 입에 대고 부는 부분을 쉽게 만들 수 있는 자연 나팔이다. 소라고둥 나팔은 인류 음악사의 한 부분을 차지한다.[4] 물고기 꼬리지느러미가 달린 그리스의 해신 트리톤은 소라고둥 나팔을 불어서 파도를 다스렸다. 고대 힌두 문헌 『바가바드기타*Bhagavad Gita*』(신의 노래)는 크리슈나 신과 아르주나 왕자가 백마가 끄는 거대한 전차에 앉아 전장을 달리면서 소라고둥 나팔을 부는 모습을 묘사한다. 심지어 미국해안경비대는 공식 항해 규정집에 소라고둥을 소리를 내는 적절한 도구로 명시한다.

마야인은 소라고둥을 성스러운 것으로 여겼다. 동쪽 바다와 접한 얕은 물에서 나온 여왕 고둥은 멀리 내륙의 티칼과 다른 마야 도시까지 이동했다. 장인들은 여왕 고둥을 깎아 나팔이나 잉크병, 때로 구름 속에서 이승을 내려다보는 선조들이 묘사된 펜던트를 만들었다. 소라고둥은 달의 여신, 밤, 어둠 그리고 달이 죽었다가 되살아나는 장소인 지하 세계와의 연계를 상징했다. 소라고둥 나팔 소리는 재생과 영원한 지혜를 상징했다. 소라고둥 파편 하나는 "보석-재규어"라는 이름의 사제가 사슴 모양 머리 장식을 쓴 채 앉아서 가늘고 긴 담배를 피우고 있는 모습을 보여 준다. 그는 소라고둥을 향해 손짓을 하는데 거기서 나오는 뱀의 머리는 그 소라의 소리를 상징하는 듯하다. 소라고둥 나팔은 대규모 공공 의례에서 울렸고 방문객이 오고 있음을 알렸으며, 사냥과 전쟁에서 중요한 역할을 했다. 이 다용도 악기는 여러 상징적 소리를 가지고 있었고 무수한 연상 이미지들로 가득 차 있었다. 노랑가오리, 산호, 진주, 가시국화조개 껍데기로 만든 물건과 더불어 소라고둥은 중요한 인물들의 무덤에서 물의 지하 세계를 환기했다.

소라고둥은 얕은 물에서 잘 번식하기 때문에 채집이 쉽다. 반

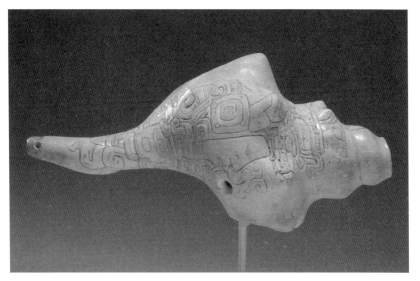

도판 14-2. 물 위에 떠 있는 조상들을 묘사한 전형적인 마야 소라고둥 나팔. 서기 250~600년 경. 가로 29센티미터, 세로 13센티미터 크기이다.

대로 또 다른 성스러운 연체동물인 가시국화조개는 멕시코 만과 태평양, 수심 6~18미터의 따뜻한 암초 해역에서만 자란다. 이 깊은 바다 연체동물을 채집하기 위해서는 전문적인 잠수 실력이 있어야 했다. 가시국화조개를 채취하는 사람은 청력을 상실하기 쉬웠다. 가시국화조개 껍데기는 비의 신 차크 그리고 동쪽과 대양, 비의 신이기도 한 바람 신 이크 쿠와 깊은 관련이 있었다. 소라고둥과 다른 조가비처럼 가시국화조개는 공놀이와 춤, 여타 공연에서 중심을 차지하는 음악과도 강하게 연결되어 있었다. 펜던트를 목에 건 사람이 움직이면 펜던트도 함께 딸랑거렸다. 달팽이 껍데기 종, 드럼, 달그락거리거나 삑삑거리는 조롱박, 점토 피리와 호루라기는

도판 14-3. 과테말라 티칼에 있는 116호 무덤에서 나온 조각된 뼈. 서기 734년. 카누에 탄 옥수수 신(중앙)이 일생을 거쳐 죽음의 순간을 향해 나아가는 여행을 하고 있다. 늙은 노잡이 신들은 이물과 고물 받침대에 앉아 노를 젓고 있다. 안네마리 조이페르트 그림. 필라델피아, 필라델피아 대학교 고고인류학박물관.

더 나중에 쓰이게 된 구리종과 마찬가지로 모두 음악을 만들어 냈다. 소라고둥과 귀에 대면 소라고둥에서 들리는 파도 소리 덕분에 동쪽 바다는 음악의 거처였을지도 모른다. 공연과 제의는 마야인의 삶에서 매우 중요한 역할을 했기 때문에 가시국화조개와 소라고둥에 대한 수요는 그칠 줄 몰랐다. 두 물건 모두 마야인과 대양의 복잡한 관계 그리고 카누에 실려 이동하는 커다란 정신적 중요성을 띤 물건들의 교역을 규정했다.

대양과의 복잡한 정신적 관계에도 불구하고 마야인은 결코 수평선 너머로 여행하지 않았다. 그들은 그러한 항해에 알맞은 선박이 없었고 깊은 물속에 도사리고 있는 초자연적 힘들에 대한 공포 속에서 살았다. 소라고둥과 가시국화조개를 비롯한 이국적 물건과 여타 더 평범한 상품들은 육상과 해상에 미로처럼 얽힌 길을 따라 멀리 내륙의 도시까지 전달되었다. 이 광범위한 교역의 상당 부분은 카누로 이루어졌는데 그럴 만한 이유가 있었다. 역사상 가장 대담한 군사 원정 가운데 하나로 아스텍 문명을 멸망시킨 에스파냐인 에르난 코르테스는 유카탄 반도를 두고 "이 고장을 통틀어 어디에서도 도로는 눈 씻고 보려야 볼 수가 없고 인간의 발이 밟고 지나간 흔적도 없다. 인디언들은 저 커다란 강과 습지를 고려해 카누로만 이동하기 때문이다."라고 썼다.[5]

한 세대 전에 다름 아닌 크리스토퍼 콜럼버스는 1502년 제4차 항해 때 온두라스 북부 베이 제도 앞바다에서 대형 카누 무역선 한 척과 우연히 만났다. 그의 아들 페르디난드는 "인디언들이 가득 탄 카누 한 척이 도착했는데 갤리선만큼 길고 폭은 8피트[2.4미터]였다. (…) 배 전체가 한 그루의 나무로 만들어졌다."라고 썼다. 남자 25명이 짐을 잔뜩 실은 카누를 젓고 있었다. 일단의 여자와 아이들은 소지품과 귀중한 교역품들이 놓인 배 중앙의 야자수 잎사귀 차양 아래에서 해를 피해 앉아 있었다. 놀랄 만큼 다양한 범위의 사치품이 실려 있었는데 그 가운데에는 타바스코에서 만들어진 구리 도끼와 종 그리고 다른 물건을 제작하기 위한 도가니도 있었다. 아마도 유카탄에서 왔을 다색 조각보와 수를 놓은 외투, 끝에 날카로운 흑요석 날이 달린 기다란 중앙 멕시코 목검, 카카오 콩 여러 포대도 있었다. 특히 카카오 콩은 매우 귀중해서 선원들은 콩을 바닥에 흘리면 "마치 눈알이 빠지기라도 한 듯" 황급히 주워 담았다.[6]

단 한 차례의 이 우연한 만남은 고대 중앙아메리카 세계에서 광범위하게 흩어져 있는 지역들을 연결하는 긴밀하게 통합된 해상 무역 네트워크에 대해 많은 것을 가르쳐 준다.[7] 이 특별한 카누에는 최고급 사치품과 귀중품이 실려 있었고 마야 영토를 종횡으로 가로지르는 기본 상품은 전혀 없었다. 면화, 벌꿀, 옥수수, 소금, 노예는 화려할 것 없는 해상 무역의 주력 상품이었고 그중 많은 양은 유카탄 반도 해안을 따라 둥그렇게 위치한 우아이밀 같은 정착지로 운반되었다. 오늘날의 벨리즈에 속하는 코수멜과 와일드케인케이 같은 앞바다 섬들은 비교적 인구가 적었지만 강을 거슬러 가거나 밀림의 오솔길을 따라 내륙까지 이동하는 사치품과 각종 상품의 꾸준한 흐름에서 중요한 물류 요충지였다.

　콜럼버스가 만난 배는 과나하 섬에서 탁 트인 바다를 건너 적어도 32킬로미터를 이동해 왔지만 섬에서 섬으로 이동하고 있었던 것이 틀림없다. 이 정도 거리의 횡단도 짐을 실은 통나무배에는 바람의 세기와 상관없이 위험했다. 그러한 횡단은 대양의 강력한 신들에게 바치는 제물과 더불어 세심한 준비와 몇 시간 동안의 잔잔한 바다, 무풍 상태를 요구했다. 일례로, 비교적 짧은 거리인 18.5킬로미터를 노를 저어 본토에서 코수멜 섬까지 가는 것도 위험한 항해로 악명 높았다. 때를 잘못 맞춰 출항했다가는 불타는 웅덩이에 있는 초자연적 존재들의 진노를 사기 십상이었다. 유카탄 반도 상당 지역을 평정하고 1542년 메리다 시를 세운 콘키스타도르* 프란시스코 데 몬테호가 병사 열 명을 데리고 바다를 건너려고 했을 때 그는 "바다가 화가 많이 났기 때문에" 항해를 하지 말라는 경고를 들었다. 그러나 그는 출항을 고집했다. 병사 아홉 명은 물에 빠져

---

*16세기 에스파냐의 아메리카 대륙 정복 사업을 주도했던 사람들.

죽었고 열 번째 병사는 본토로 귀환한 뒤에 죽임을 당했는데 어쩌면 신들의 진노를 달래기 위해서였을지도 모른다. 17세기 프란체스코회 출신 역사가 디에고 로페스 데 코구유도에 따르면 현지 주민들은 본토에서 코수멜 섬까지 항해를 하기 전에 의식을 거행했다고 한다. 코수멜 섬을 지나간 콘키스타도르들은 사원 꼭대기와 종종 해안가를 따라 멀리 떨어진 곳에서 피운 모닥불을 봤다고 전한다. 그곳들은 어쩌면 고기잡이들과 카누 선원들이 신과 바다에 제물을 바친 장소일지도 모른다.

앞선 시대에서 더 큰 카누가 있었을지도 모르지만 그렇다 하더라도 분명히 통나무 카누였을 것이고 통나무 카누는 거친 바다에서는 다루기 쉽지 않다. 대부분의 마야 선박은 훨씬 작았고, 대체로 강과 좁은 수로, 가까운 연안 바다에서 이용되었다. 그러나 더 장거리 여행에 나선 사람은 물속에 잠긴 산호와 다른 위험 요인에 직면했다. 노련한 뱃사람은 수중의 산호 돌출부와 크고 작은 지형지물을 꿰고 있었을 것이다. 나는 온두라스 북쪽 앞바다, 베이 제도 연안에서 소형 보트를 타고 좁은 물길을 통과한 적이 있는데 물길 양 옆으로 맹그로브가 도저히 헤치고 들어갈 수 없을 만큼 빽빽이 늘어서 있었고 머리 위로 울창한 가지들이 어두운 그림자를 드리우고 있었다. 물 위로 뛰어오르는 물고기와 물새만이 흐름이 없어 보이는 검은 물에 이따금 파문을 일으켰다. 어떤 파도도 우리의 작은 보트를 흔들지 않았기 때문에 나는 대양이 바로 가까이에 있다는 사실을 잊어버렸다. 우리는 샛강과, 습지에 아늑히 자리 잡은 작은 마을, 여울에서 고기를 잡고 있는 고기잡이배를 지나쳤다. 마치 마야 통나무배들이 노와 삿대를 저어 우리와 똑같은 습지 수로를 통과해 수평선 너머 웅장한 도시에 살고 있던 먼 땅의 군주들에게 이국적 상품을 실어 가던 시대로, 세월을 거슬러 노를 저어 가고 있는 듯했다.

여러 세기에 걸쳐 연안 교역 네트워크는 하천 교역 네트워크를 연결했다. 영국의 마야 연구자 J. E. S. 톰슨은 해상 교역로가 유카탄 반도 서쪽 끝자락 라구나 데 테르미노스 지역에 있는 아스텍 무역 중심지 시칼랑고에서 출발하여 유카탄 반도 해안을 둘러 간 다음 오늘날의 코스타리카와 파나마 운하 지역으로 이어졌다고 설명한다.[8] 흑요석, 금속 세공품, 고운 도기들이 이 무역의 주력 상품이었는데 아마도 콜럼버스가 조우한 것과 같은 대형 카누에 실려 운반되었을 것이다. 카누에 실려 엄청난 양이 운송된 흑요석은 과테말라 남부에서 벨리즈 해안을 따라 북쪽으로 간 다음, 유카탄 반도를 돌아 내륙 곳곳의 주요 중심지로 운반되었을 것이다. 마야 무역의 광범위한 촉수는 광택 거울과 큰 귀고리, 각종 장신구를 만들기 위해 북아메리카 남서부에서는 터키석을, 중앙아메리카 저지대에서는 금을, 중앙 멕시코에서는 흑요석을 가져왔다. 대부분의 상품은 바다로 이동하면서 마야 영토 전역과 훨씬 먼 곳까지 예술 양식과 각종 상징물을 통일시켰다. 그러나 가장 먼 거리를 이동한 것은 역시 가시국화조개일 것이다. 가시국화조개는 남아메리카에서 태평양을 가로질러 멕시코 서부까지 이동했다. 안데스인들은 틀림없이 마야인의 정신적 세계만큼 복잡한 정신적 세계 속에서 살았지만 불타는 웅덩이에 대한 두려움 속에서 살아가는 이들에게는 상상

도판 14-4. 옥수수가 담긴 자루를 어깨에 진 옥수수 신이 카누를 타고 이동하는 모습을 보여 주는 점토 꽃병. 카누 아래에 있는 물뱀이 옥수수 신을 막 집어 삼키려고 한다.

도 할 수 없는 방식으로 대담하게 태평양을 건너 이동했다. 그들은 신성한 조가비, 즉 안데스인과 마야인 사이에서 적어도 느슨하게나마 분명 존재했던 정신적 연관성을 띤 상징물을 가지고 갔다.

기원전 800년 페루, 안데스 산맥 기슭, 차빈데우안타르. 간단없이 내리는 비가 고대 신전 광장과 테라스에서 장작을 태운 연기와 향에 뒤섞인다. 고요한 아침 공기 속에 옛 신전 안쪽 비밀 통로가 우르릉거리며 빠르게 흘러가는 강물 소리로 진동한다. 구경하던 군중은 몸이 젖는 것도 잊은 채 말없이 서 있다. 갑자기 소라고둥 나팔 소리가 연달아 들려온다. 가면을 쓴 샤먼이 무아지경의 깊은 환각 상태에 빠져 춤을 추며 나타난다. 그는 주문을 중얼거리고 노래를 부르며 신성한 계시의 말씀을 알린 후 처음 나타났을 때처럼 갑작스레 연기구름 속으로, 신전 깊숙한 곳으로 사라진다.

1520년, 누에바에스파냐*의 수도에서 국왕 재무관인 로드리고 데 알보르노스는 국왕에게 멕시코 서부, 리오발사스 강 어귀 근처 사카툴라에서 남쪽으로 떠날 예정인 원정의 준비 상황을 전했다. 금과 진주가 풍부한 남쪽의 섬들에 대해 인디언들이 전해 온 이야기에 따라 두 척의 배가 건조 중이었다. 인디언들의 아버지와 할아버지들은 "현지 산물과 교환할 정교한 물건들을 싣고" 남쪽 섬에서 온 카누에 대해 기억하고 있었다. 악천후로 출발이 지연되자 "그들은 날씨가 풀리고 바다가 잔잔해질 때까지 대여섯 달을 기다리곤 했다."[9]

6년 후 프란시스코 피사로의 배 한 척이 수로 안내인 바르톨로메 루이스의 지휘 아래 적도 남쪽으로 항해하여 수평선에서 "대

---

*미국 남서부, 멕시코, 중앙아메리카와 카리브 해를 아우르는 북미 대륙의 에스파냐 식민지로 뉴스페인이라고도 한다. 수도는 오늘날의 멕시코시티였다.

형 삼각돛처럼 생긴 굉장히 큰" 배 한 척을 목격했다. 루이스는 커다란 뗏목과 맞닥뜨렸는데 "뗏목 하부의 장대 몇몇은 기둥만큼 두껍고, 장대와 가로대는 대마와 비슷한 에네켄[아가베 섬유]이라는 식물의 섬유로 된 끈으로 묶여 있었다. 뗏목 상부의 장대는 더 가는데 역시 끈으로 묶여 있고, 사람과 짐은 물에 젖지 않도록 그 위에 있었다. 뗏목의 하부에는 물이 들이치고 있었다." 뗏목에는 "선미 갑판과 작은 오두막, 방향타와 돛, 삭구"가 있었고 닻 역할을 하는 둥근 돌덩어리도 있었다. 또 다른 관찰자 미겔 데 에스테테는 뗏목을 이루는 발사 통나무가 "물 위에 뜬 코르크처럼 가볍고 부드럽다"고 언급했다. 그는 뗏목이 "물이 여기저기에 들이치지만 가라앉거나 뒤집어질 수 없기 때문에 매우 안전한 선박"이라고 덧붙였다.[10] 콘키스타도르들은 뗏목의 화물을 마음껏 챙겼다. "그들은 자신들이 패용할 장신구에 쓰고 또 다른 이들과 교환하기 위해 금과 은을 많이 가져왔다." 화물 목록에는 각종 장신구와 구리종, 면직 의류와 모직 의류, 에메랄드도 있었다. "그들은 이 모든 것을 어떤 조가비와 교환하기 위해 가져왔는데 그 조가비로 (붉은 기가 도는) 산호와 같은 붉은 구슬과 흰 구슬을 만들었다. 배에는 그런 조가비가 가득했다." 수백 개의 가시국화조개가 배에 실려 있었다.

학명이 오크로마 피라미달레*Ochroma pyramidale*인 발사 나무는 크고 금방 자라는 나무로 때로 30미터까지 자라기도 한다. 브라질 남부와 볼리비아부터 중앙아메리카 남부까지 자생하는 발사는 코르크보다 밀도가 낮은 가벼운 목재이다. 건조한 상태에서는 물에 뜨고

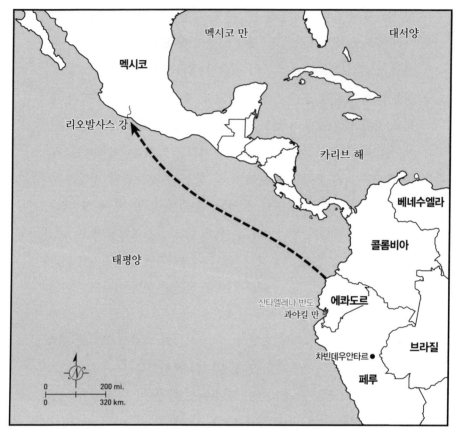

도판 14-5. 멕시코까지 간 에콰도르 카누의 추정 경로를 보여 주는 지도.

단단해 뗏목을 만들기에 안성맞춤이며 아스팔트로 방수 처리를 하
면 특히 좋다. 오늘날의 에콰도르 땅에서 살았던 연안 인디언들은
고기잡이에 그러한 뗏목을 이용했으며, 계절풍의 이점을 살린다
해도 여전히 위험한 멕시코 서부까지 가는 장거리 여행에도 사용

446

했다.

대략 4노트(시속 7킬로미터)의 속도와 하루 12시간 이동을 가정한다면 뗏목은 북쪽으로 가는 여행을 마치는 데 6주에서 8주가 걸렸을 것이고 그러면 바람과 해류가 유리한 12월 초에 떠나 1월 말에 도착했을 것이다.[11] 만약 뗏목이 3월 말에 남쪽으로 떠났다면 우기를 피했을 텐데 허리케인이 불어오는 시기가 끝나기를 기다리는 의미도 있었을 것이다. 오늘날의 공학적 분석은 이 발사 뗏목이 내항성이 뛰어나고 쉽게 조종 가능하며 이물과 고물에 있는 하수용골*로 조종되었음을 확인해 준다.

에콰도르의 연안 인디언들은 미지의 땅으로 왜 그런 길고 잠재적으로 위험한 항해에 기꺼이 나섰을까? 안데스 가시국화조개 교역의 중심은 에콰도르 남해안에 있는 산타엘레나 반도로, 가시국화조개 교역은 일찍이 기원전 3000년에 시작되어 2천 년 정도 후에 크게 확장되었다. 그리고 바로 이곳으로부터 북쪽으로 향하는 발사 뗏목이 꽃피웠다. 16세기 이탈리아인 여행가 지롤라모 벤초니에 따르면 이 길쭉한 해안 지대의 "인디언들은 뛰어난 어부이다. 그들이 고기를 잡고 일대를 항해하는 데 이용하는 선박은 모종의 뗏목인데 (…) 매우 가벼운 통나무로 만들어졌고 손바닥처럼 생겼다."[12] 무역상으로 변신한 이 고기잡이들 중의 일부가 아마도 어느 시점에 연안을 따라 항해하거나 훨씬 더 앞바다로 나가 항해하

---

*배의 용골을 관통하여 자유롭게 올리고 내릴 수 있는 직사각형 판. 배의 중심을 안정하고 흘수를 감소하는 역할을 한다.

다가 가시국화조개와 다른 이국적 물품을 북쪽의 멕시코까지 실어 갔던 것 같다.

육지가 보이는 곳을 벗어나 여러 날에 걸쳐 느리게 이동한 끝에 마침내 뗏목이 상륙하는 모습이 그려진다. 짐을 실은 뗏목의 선장은 연안 바다를 항해하면서 해안을 유심히 살폈다. 호기심에 찬 마을 주민 무리가 모래 해변에 서서, 상륙 장소를 고르는 선장과 뭍을 향해 열심히 노를 젓는 선원들을 말없이 지켜본다. 물을 잔뜩 먹은 뗏목이 낮게 부서지는 파도 속에서 육중하게 해변에 상륙한다. 노를 젓던 선원들은 조심스럽게 포장된 화물을 재빨리 내려 만조 수위선 위쪽으로 나른다. 그다음 그들은 묶어 놓은 섬유질 끈을 자른 후 햇볕에 말리기 위해 무거운 뗏목 통나무들을 뭍으로 끌고 온다. 바람이 북풍으로 바뀔 때까지 자신들이 여기에 몇 달간 머무르리라는 것을 알기 때문이다. 호의의 몸짓에도 불구하고 현지 주민들은 접근을 망설이지만 이내 선장이 소라고둥 나팔을 분다. 비록 공동의 언어가 없다고 할지라도 소라고둥은 공동의 기반을, 무언의 정신적 연결의 느낌을 제공한다.

소라고둥과 가시국화조개는 마야의 종교적 사고에서와 마찬가지로 안데스의 신앙에서도 중요했다. 차빈데우안타르에서는 낭랑한 소리를 내는 소라고둥 나팔이 적어도 20개가 출토되었다. 이곳의 지하 공간에서 오늘날 음향 실험을 시행한 결과 이 나팔들은 깊은 공명음을 냈다. 사제가 부는 나팔 소리는 초자연적 효과를 증폭하고 신전에 감춰진 좁은 통로를 통과해 세차게 흐르는 물의 힘을 나타냈을 것이다. 가시국화조개도 이후 세기에 고지대와 저지

도판 14-6. 1748년, 돛을 단 과야킬 뗏목을 그린 그림. 오른쪽 위 두루마리 꼴 장식 안의 설명은
(A)이물, (B)고물, (C)오두막, (D)돛대 역할을 하는 두 발 기중기, (E)보라인(돛을 뱃머리 쪽에 매는
밧줄), (F)과레스(하수 용골), (G)하수 용골과 방향타 노릇을 하는 노, (H)조리실, (I)물병, (K)백스
테이(돛대 끝에서 뒤쪽 양 뱃전으로 치는 밧줄) 혹은 스테이 밧줄, (L)디딤판 혹은 갑판. 캘리포니아대
학교 이사회의 허락을 받아 실음.

대를 포함해 여타 지역에서와 마찬가지로 차빈의 제의에서 두드러
진 중요성을 띠었다. 안데스인들은 가시국화조개 조가비를 귀금속
보석이나 여타 장신구의 상감 세공에 사용했다. 지배 계층의 무덤
에서 나타나는 가시국화조개 조가비는 신께 바쳐진 것이며, 신성
한 인물들이 손에 쥐고 있는 모습도 볼 수 있다.[13] 안데스인들이 왜
이 연체동물을 그렇게 귀하게 여겼는지는 아무도 모른다. 아마 가

시국화조개는 농업적 비옥함의 상징이었을 것이다. 더 후대의 군주들이 가뭄을 피하기 위해 신에게 가시국화조개 조가비 가루를 바쳤다는 사실은 알려져 있다. 가시국화조개의 붉은색은 피와 여성, 희생과 관련이 있었다. 가시국화조개가 영적 전환, 즉 산 자의 영역에서 선조들의 영역으로 이동하는 능력을 상징했을 수도 있는데 이는 안데스 산지의 샤머니즘에서 중요하고 오래된 관습이다.

가시국화조개의 살은 계절에 따라 독성을 띠기도 해서 고지대의 케추아 인디언들은 가시국화조개를 "신들의 음식"이라고 불렀다. 케추아 인디언의 신화에 따르면 오로지 신들만이 그것을 안심하고 먹을 수 있었기 때문이다. 독성을 띨 때는 조갯살에 환각 성분이 있어서 무아지경에 빠진 샤먼의 신들린 상태를 유도할 수 있었다. 귀중한 조갯살은 연기를 쐬거나 말린 다음 라마 대상에 실려 내륙으로 운송되었다. 따라서 가시국화조개는 인간 세계와 초자연적 세계를 잇는 통로 역할을 했다. "신들의 음식"은 수원水原과 인간의 미래를 다스리는 조상들의 식욕을 채워 주는 한 가지 방식이었다. 가시국화조개는 귀한 소유물에 그치지 않았다. 그것은 안데스 사회와 마야 사회에서 삶 그 자체에 대한 상징적 다리였다.

에콰도르 뗏목들은 왜 가시국화조개를 그토록 멀고 험한 길로 실어 갔을까? 에콰도르와 멕시코 서부 간 장거리 뗏목 항해는 현지의 가시국화조개 공급이 바닥나고 새로운 공급원이 필요해서 시작되었을까? 아니면 그보다는 가능성이 더 큰 설명으로, 가시국화조개 무역이 이익이 많이 남고 큰 위신을 가져다주기 때문에 대양 항해가 시작되었을까? 이에 대한 대답은 어쩌면 단순히 마음속 깊은 곳에 있는 교역에 대한 욕망, 발달된 내륙과 해안을 따라 수 세기 동안 교역 네트워크를 훨씬 더 넓은 장으로 확대시키려는 열망 때문인지도 모른다. 뗏목은 그 성스러운 연체동물 말고도 많은 것을 실어 갔기 때문이다. 우리는 뗏목이 북쪽의 중앙아메리카 세계에 주요한 혁신을 가져왔다는 사실에서 이를 확인할 수 있다. 그 혁신이란 바로 구리 야금술이다.

안데스 산지는 고대 세계에서 그러한 금속 가공 작업이 시작된 두 지역 가운데 한 곳이다.(나머지 한 곳은 중동이다.) 안데스의 금속 세공인은 상온에서 망치질하여 집게나 반지 같은 수공구와 장신구를 제작했다. 또 그들은 "로스트왁스lost wax" 공정을 이용했는데 밀랍으로 미리 거푸집을 제작한 다음 밀랍을 제거하고 녹인 구리나 청동을 붓는 이 정교한 기술은 나중에 멕시코에서 작은 종을 만들 때 이용되었다.[14] 원광을 녹여서 완제품을 만들어 내기까지 투입되는 이 모든 기술들은 장기간의 수련 과정을 요구했을 것이다. 에스파냐 문헌들이 남쪽에서 온 사람들의 장기 체류에 대해 언급한다는 사실이 중요한 것은 그래서이다. 안데스 산지의 금속 세공인은 그들을 맞이한 사람들에게 기술과, 기술만큼 중요한 금속과 완제품에 연관된 제의적 의미들을 가르쳐 주기 위해 할리스코와 콜리마처럼 금속이 풍부한 지역에서 상당한 기간을 살아야 했을 것이다.

안데스 산지와 불타는 웅덩이의 왕국 사이에 발전한 간헐적 접촉은 수백 년 동안 지속되었다. 남쪽에서 오는 발사 뗏목의 항해는 끝없이 펼쳐진 대양에 대한 탐색을 동반하지는 않았는데 의외로 날렵한 이 선박을 조종한 사람들은 동쪽 수평선 너머에 긴 해안선 이 자리 잡고 있다는 사실을 잘 알았기 때문이다. 선원들은 한 왕 국의 경계나 강력한 한 군주의 영역에 국한되지 않는 막대한 경제 적 가치와 상징적 가치를 띤 상품과 원자재를 운송했다. 그들은 비 의적인 기술과 더불어 불타는 웅덩이 가까이에 살고 있는 사람들 과—피상적으로나마—많은 특징을 공유하는 종교적 믿음도 가져 왔다. 무엇보다도 뗏목 항해는 짧은 세대를 초월하는 강력한 제의 적 기반을 갖추고 있었을 가능성이 크다.

이러한 상황은 무시무시한 초자연적 힘들이 들끓는 가마솥인 불타는 웅덩이를 통나무배로 가로지른 동쪽 바다의 마야인들의 상 황과 다소 유사했다. 그곳에서도 강력한 종교적 믿음은 대양에서 의 여정을 수 세기 동안 이어져 온 초자연적인 통로를 따라가는 탐 험으로 탈바꿈시켰을지도 모른다. 아메리카 대륙 서쪽 바다를 왕 래한 이들은 불타는 웅덩이처럼 무자비한 분위기 속에서 폭풍우가 몰아치는 인적미답의 광막한 공간을 횡단했다. 그들은 길이 전해 내려오는 고대의 정신적 전례를 길잡이 삼았고 그 정신적 전례는 그들이 배에 싣고 가는 바로 그 성스러운 물건들 속에 구현되어 있 었다. 그리고 그들은 건너편 끝에서 마야의 군주들과 사제들 그리 고 상인들이 기다리고 있다는 사실을 알았고 그 마야인들 역시 초 자연적 의미로 충만한 세계에서 살아가고 있었다. 마지막으로 그 들은 알았다. 자신들을 반기는 사람들 또한 가시국화조개와 여러 이국적 물품을 교환하는 것이 단지 위신을 추구하는 행위 이상임을 믿는다는 사실을 말이다. 영혼을 위험에 빠트리는 함정이 난무하는 세계에서 그러한 믿음은 인간 존재의 본령이었다.

물고기와 포르톨라노

바다가 인간에게 내려 준 가장 커다란 축복 가운데 하나는 끝없
는 영속성의 느낌이다. 바다도 변한다. 그러나 바다의 변화는 오
랜 시간이 걸리고 거기서는 천 년도 잠깐의 막간에 불과하다. 바
다에서 시간은 정지해 있는 듯하다―빛과 물의 유희, 소금기 머
금은 공기의 짠 내와 바다의 소리 그리고 그 속에서 살아가는 모
든 생명체는 기본적으로 오래전의 모습 그대로이다.

―어니스트 K. 건, 『사이렌의 노래』, 1968년[1]

미국인 선장 조슈아 슬로컴은 "바람을 지배하는 법칙을 알고, 또
자신이 그 법칙을 알고 있음을 의식한다면 마음이 한결 여유로워
진다. (…) 그렇지 않다면 매번 구름을 볼 때마다 불안에 떨게 될

것이다."라고 썼다.² 슬로컴은 대양 항해의 불후의 존재들 가운데
한 명이자, 육지보다는 물 위가 더 익숙한 사람이었다. 뉴잉글랜
드 상선의 선장이었던 그는 바다에서 보낸 오랜 시간 동안 열 사람
이 평생 겪을 모험을 합친 것만큼 많은 모험을 겪었다. 그는 혼 곳
과 남쪽 바다의 혹독한 훈련장과 높은 돛대 꼭대기에서 선박 조종
술을 배웠다. 그러한 경험은 바다에 대한 자신감과 존경심 둘 다를
키워 주었고 그와 동시에 못 말릴 방랑벽도 낳았다. 일자리를 잃
고 어찌할 바를 모르던 그는 버려진 슬루프선을 고쳐서 스프레이*
라 이름 지은 다음 그 배를 타고 1895년부터 1898년까지 3년을 조
금 넘게 세계를 일주했다. 그보다 앞서 세계를 일주한 이들이 물론
있었지만 슬로컴은 이제는 흔해진 이 위업을 혼자서 달성한 최초
의 사람이었다. 11미터 길이의 스프레이호*Spray*에는 엔진도 일손을
덜어 주는 문명의 이기도 없었다. 항구로 배를 몰 때 이용하는 무
거운 노와 손때 묻은 육분의, 낡은 자명종 그리고 바다에 대한 차
분하고 방대한 경험 말고는 "아무것도 없었다."고 슬로컴은 말한
다. 슬로컴은 뛰어난 자동 조타 능력을 지닌 스프레이호를 타고 몇
몇 구간에서 정말 놀라운 항해를 했다. 슬루프선은 남아메리카 앞
바다에 있는 로빈슨 크루소의 실제 섬으로 유명한 후안페르난데
스 제도에서 마르키즈 제도의 누쿠히바 섬까지 43일 동안 항해했
고 그다음 다시 쉬지 않고 29일을 달려 사모아 섬에 도달했다. "한
달 내내 배는 항로를 그대로 유지하며 갔다. (…) 나는 밤마다 배의

---

*물보라.

정 측면에서 남십자성이 떠오르는 것을 보았다. 태양은 매일 아침 고물(선미)에서 솟아 저녁이면 이물(선수)로 졌다. 나는 길잡이가 되어 줄 다른 나침반이 아쉽지 않았다. 해와 별이 진짜 길잡이였으니까. 바다에서 오랜 시간을 보낸 후 내 위치 추정에 의심이 들면 나는 우주의 위대한 설계자가 만든 높은 하늘의 시계를 읽어서 위치를 확인했고 나의 추측은 맞았다."[3] 슬로컴은 추측 항법과 천체에 크게 의존했다. 43일 동안 줄곧 바다를 항해한 후 그가 발견한 누쿠히바 섬의 위치는 그가 원래 계산한 지점에서 놀라울 만큼 가까운 거리인 8킬로미터 이내에 있었다.

43일을 바다에서 보낸 후 8킬로미터의 오차—슬로컴이 해상에서 목표 지점을 찾아내는 작업은 그가 이용한 도구들을 고려할 때 소름끼칠 정도로 정확하다. 나는 마데이라 섬에서 출항하여 24일을 바다에서 보낸 후 영국령 버진아일랜드에 위치한 11.5미터 높이의 바위를 발견한 적이 있지만 나는 배에 전산화된 천측 계산표를 가지고 있었고 전날 지나가던 유조선을 통해 우리의 위치를 확인할 수 있었다. 우리는 육지를 발견하고 기뻐했지만 낡아빠진 자명종만 보유한 거장의 솜씨에 비한다면 아무것도 아니었다. 나는 조슈아 슬로컴이 바다에서 오랜 세월을 보내면서 진정으로 대양을 해독했다는 사실을 이제 깨닫는다. 나로 말하면 그렇게 오랜 세월 배를 타고서도 바다를 이제 간신히 이해하기 시작한 기껏해야 초보 항해가일 뿐이다. 그리고 내가 그토록 힘겹게 쌓은 기술들은 오늘날 급속히 사라져 가고 있다. 취미로 배를 타는 우리는 육분의와 크로노미터에 의존하는 대신 버진아일랜드 앞바다에서 만난 유조선 선장처럼 각종 버튼 누르는 법을 배울 뿐이다.

나는 그런 장비들이 마음에 들지 않지만 하나는 가지고 다닌다. '히에로니무스'라는 별명이 붙은 이 작은 위성 항법 장치 수신기는 내가 세계 어디에 있든지 내 위치를 몇 미터 범위 내로 확인해 준다. 나는 몇 차례 그것의 편리함에 대해, 안개 낀 날이나 우리가 돛을 거의 접고 육지를 찾으려고 애쓸 때에 나를 안심시켜 준 것에 대해 크게 감사해 왔다. 버튼을 몇 번 누르면 깜빡이는 커서가 내가 어디에 있는지 정확히 가르쳐 준다. 나의 위치를 확인해 주는 위성은 지상의 기상 상태에 구애받지 않는다. 위성 신호는 허리케인 한복판에서도 정확하다. 단 몇 달 전에 우리는 북해에서 템스 강 하구의 위험천만한 모래톱과 좁은 수로를 향해 연안으로 발길을 재촉하고 있었다. 북동풍은 우리에게 갑작스러운 소나기를 뿌렸고 폭우를 동반한 구름이 너무 짙어서 90미터 앞도 내다보기 힘들었다. 비구름이 지나가자 어둠도 불쑥 걷혔다. 심지어 먼 곳의 지표들도 갑자기 비치는 햇살에 환하게 빛났다. 사방에서 배들이 우리 쪽으로 몰려오고 있었다. 바닥짐만 실은 배, 짐을 잔뜩 실은 배, 크고 작은 배 등등. 이런 상황은 어느 항해가한테든 어려운 상황이지만, 요동치는 갑판 위에서 작은 항해 지표들의 방위를 재빨리 나침반으로 확인하고 현지 조건에 대한 자신의 경험과 추측 항법에 기대는 것 말고는 다른 방도가 없었던 반세기 전 나의 스승들에게는 특히 쉽지 않은 상황이었다. 그러나 우리에게는 길잡이가 되어 줄 히에로니무스가 있었다. 나는 해도를 펴고 앉아 지표에서 지표로 우리의 항로를 손가락으로 따라가며 키잡이에게 몇 가지

사소한 변경을 주문하고, 갈수록 좁아지고 점점 더 혼잡해지는 수로에서 조수가 우리의 위치에 미칠 영향을 가늠했다. 저녁이 되자 우리는 강한 바람으로부터 보호되는 작은 물길에 자리한 모래톱 그늘에 정박했다. 우리가 조용히 술 한잔을 즐기는 동안 나는 해도에서 우리의 항로를 검토했다. 나는 히에로니무스가 배 안에 있다는 사실이 전혀 부끄럽지 않았고 오히려 감사했다. 히에로니무스는 복잡하고 언제든 위험할 수 있는 구간의 항해를 거의 고속도로를 달리는 것만큼 쉽게 해 주었다.

그러나 만약 히에로니무스가 빅토리아인들이 우울증이라고 부르는 발작을 일으켜 말썽을 부렸다면 어떻게 되었을까? 우리가 어디 있는지를 가르쳐 줄 위성 세 개를 찾지 못했다면 우리는 얼마나 잘 대처할 수 있었을까? 배에 탄 우리 가운데 나의 스승들이 이곳 바다에서 평생 배를 타며 축적한 경험만큼 바다에 대해 깊이 있는 경험을 쌓은 사람은 아무도 없었다. 나는 나의 스승들이 나침반이나 수심계도 쓰지 않고 날씨가 좋든 궂든 어김없이 배를 좁은 물길로 무사히 모는 모습을 거듭 지켜봐 왔다. 그들은 어디에 정박할지 또 얼마나 오래 정박할지를 판단하기 위해 진흙과 모래로 탁한 물의 색깔, 조수의 상태, 구름의 움직임을 이용했다. 한편으로 나의 스승들 역시 그들의 지식을 오래전에 세상을 뜬 전문가들로부터 얻었다. 대체로 어부였던 그 전문가들은 노와 돛에 의지해 일 년 내내 이곳 바다에서 일했다.

선박 조종술의 많은 부분, 즉 조수가 드나드는 바다와 번잡한 항구, 그리고 육지가 보이지 않는 곳에서 크고 작은 배를 조종하는 일은 우리 눈앞에서 사라지고 있다. 그 손실은 헤아릴 수 없다. 오래전, 1930년대에 모리스 그리피스라는 영국인 요트 항해가가 잉글랜드 동해안, 한때 하리치*의 오래된 포구였던 쇼틀리스핏 앞바다에 닻을 내렸다. 돌풍이 삭구 사이를 쌩쌩 불며 지나가는 어느 밤이었고, 근처에는 수십 척의 바지선들이 정박해 있었다. 새벽녘이 되자 바람이 잦아졌다. 그리피스는 닻을 올리는 권양기가 철컥거리는 소리에 잠에서 깨어 배가 하나둘 출항하는 광경을 바라보았다. "주 돛은 극장에서 무대의 커튼처럼 활짝 펼쳐지고 있었고 중간 돛은 돛대 꼭대기로 휙 올라가고 있었다. (…) 바지선들이 하나씩 바람 불어가는 쪽으로 뱃머리를 돌리는 동안 (…) 닻은 진흙을 뚝뚝 흘리며 이물로 올라왔다."4 족히 1.5킬로미터는 될 바지선의 행렬이 마지막 썰물을 타고 서둘러 바다로 나간 후 조수와 순풍을 이용해 남쪽의 템스 강 하구로 갔다. 엔진을 단 배는 하나도 없었다. 몇몇 바지선은 유리한 바람과 조수를 참을성 있게 기다리며 거기에 며칠째 머무르고 있었다. 그 시절에도 그리피스는 자신이 사라져 가는 역사를 목격하고 있다는 사실을 알았다.

우리는 심지어 한 세기 전에도 연안 사회들이 바다로 운송되는 화물에 얼마나 크게 의존했는지를 잊어버렸다. 그 화물들을 실어 나른 대부분의 선박은 작고 보잘 것 없는, 오래전에 잊힌 배들이다. 그 이름 없는 여정들로 이 소박한 배들을 실어 간 지식은 항해 그 자체만큼이나 오래된 것이었다. 선원들은 바다를 두려워하

---

* 영국 남동 해안의 항구로 템스 강 하구에서 약간 북쪽에 위치해 있다.

면서도 몇 시간 만에 엄청난 인명 손실과 함께 수백 척의 상선을 난파시킬 수 있는 혹독한 겨울 폭풍에 익숙했을 터이다. 그러나 그들은 다른 삶은 알지 못했다.

페르낭 브로델은 지중해를 "광대한 바다"라고 부른 적이 있다. 그는 그 16세기 바다에 대해, 로도스 섬에서 알렉산드리아로 갈 때처럼 탁 트인 바다에서 순조로운 바람을 받아 신속히 횡단할 수 있을 때를 제외한다면 "드넓게 펼쳐진 바다가 사하라 사막처럼 텅 비어 있었다."라고 언급했다.[5] 대부분의 뱃사람들은 수천 년 전의 선조들이 그랬던 것처럼 바위에서 바위로, 곶에서 섬으로, 포구에서 포구로, 해안선을 따라갔다. 그 시대 이탈리아인에게는 그러한 연안 항해를 가리키는 표현도 있었다. 초스테조레ciosteggiore, 해안을 끼고 가기 혹은 천천히 가기란 뜻이다. 터키 남부 앞바다에서 귀중한 화물을 실은 울루부룬 배를 난파시킨 것과 같은 바람 불어가는 쪽에 위치한 해안과 폭풍우의 온갖 위험에도 불구하고 해안선—중국이나 동남아시아, 지중해나 대서양 연안 어디든 간에—을 따라가는 항해 대부분은 강을 항행하는 것과 별로 다르지 않았고 마을의 오솔길만큼 친숙했다. 수평선 너머 먼바다로 나갈 때만 대양의 비밀을 해독하는 작업은 낯설고 전적으로 새로운 차원을 요구했다.

육지를 보지 못한 채 수평선 너머로 항해하는 것은 카누와 뗏목이 더 깊은 바다로 노를 저어 가자마자 시작되었다. 가장 이른 시기 탁 트인 바다의 횡단은 적어도 5만 년 전 동남아시아 바다에서 시작되었다. 그때 사람들은 유리한 기상 조건과 예측 가능한 몬순 계절풍의 역전 덕분에 먼바다에 위치한 육지를 탐험할 수 있었다. 그들은 계절에 대한 지식을 바탕으로 마음만 먹으면 되돌아올 수 있다는 확신 아래 바다로 나갔다. 아시아 대륙 본토에서 온 수렵인들은 노를 젓거나 돛단배를 타고 뉴기니와 오늘날 오스트레일리아의 건조 지대까지 진출했다. 그들은 결론적으로 볼 때 자신의 근거지에서 멀리 떨어진 수역과 친숙해지는 가장 논리적 방식인 기준 가시선 항법에 의존했다. 그들의 라피타인 선조들은 종종 며칠씩 육지를 보지 못한 채 그때까지 탐험된 적 없는 섬들로 갔고, 그런 식으로 섬에서 섬으로 이동하며 수천 년 동안 광대한 남서태평양을 항해했다. 방대한 태평양 먼바다를 해독하는 라피타인들의 작업은 모두 오랜 경험을 통해 얻은 다양한 기술에 의존했다. 아웃리거와 쌍동 카누는 없어서는 안 될 요소였다. 그러한 선박은 상당한 양의 짐을 싣고 바다를 무리 없이 빠르게 건넜다. 해상에서 며칠씩 머물 때 생존 유지를 위해 필요한 식량, 즉 저장이 쉬운 개량종 식물과 개와 돼지 같은 가축도 있었다. 마지막으로, 항로 안내인이 수평선 너머 수백 킬로미터 떨어진 자그마한 땅덩어리를 찾아갈 수 있게 해 주고 땅을 발견하든 못 하든 무사히 귀환할 수 있게 해 주는 항해 기술이 있었다.

미크로네시아인과 폴리네시아인이 오세아니아 원해를 파악한 방식에는 아무런 수수께끼도 없다. 우리는 잔존한 미크로네시아와 폴리네시아 항해가들로부터 항로 안내인이 오랜 수련 생활을 거친다는 사실을 알게 되었다. 항로 안내인은 카누를 지휘할 수 있게 되기 전까지 별의 운행 경로와 여타 비전^{秘傳}의 지식을 암기하는 일을 포함해 힘든 구술 수업과 무수한 역경을 통해 경험을 습득했다. 어쩌면 무엇보다도 중요한 것은 그들이 바다에 대해, 바다의 너울과 새, 변화하는 바람에 대해 정통한 지식을 발전시켰다는 것이리라. 항로 안내인은 이러한 정보를 태평양이 육지만큼이나 일상의 한 부분인 사회에서 거의 태어날 때부터 습득했다. 그들에게 태평양은 두려움과 외경심을 불러일으키는 우주였지만 동시에 필요한 지식만 있다면 길을 찾을 수 있는 곳이기도 했다. 지식 자체는 비밀로 단단히 감추어져 있었지만 항해가 이루어지고 마무리될 수 있도록, 사람들이 되돌아와 이야기를 들려주고 바다 건너 새로운 땅에 대해 알릴 수 있도록 존속되었다. 미크로네시아와 폴리네시아에서 항로 안내 수련생은 바다에서의 실제 경험과 지속적인 개인 지도를 통해 배웠다. 그들은 천체의 운행에 대한 암송 내용을 배웠고 먼바다로의 장기 항해를 가르쳐 주는 구전 전통을 습득했으며, 무엇보다도 그들 역시 같은 방식으로 훈련받았던 원로 항해가들로부터 특권적 지식을 물려받았다. 그들이 어엿한 항로 안내인이 되기까지는 오랜 세월이 걸렸다. 북해의 어부들은 반드시 먼바다로 나가지는 않았지만 선장으로 홀로 서기 전에 갑판 선원으로 보낸 오랜 세월 동안 어장과 날씨, 조수와 해저 상태에 관해 속속들이 알게 되었고, 온갖 날씨 속에서 평생을 배 위에서 보냈다.

그렇다면 인간은 왜 폴리네시아 깊숙이 자그마한 땅덩어리가 점점이 박힌 미크로네시아까지, 또 멀리 라파누이와 하와이, 어쩌면 심지어 아메리카까지 배를 타고 갔을까? 너른 대양을 탐험하려는 욕망이나 호기심은 무시해도 된다. 이러한 특징들은 바다가 사악한 정령의 힘이 지배하는 영역이거나 선조들의 영역이라고 믿는 사람들 사이에서는 좀처럼 발견하기 힘든 것이기 때문이다. 많은 경우 사람들이 배를 타고 먼바다로 나간 것은 토지 및 여타 재산과 지위를 손위 형제가 물려받는 사회에서처럼 거의 전적으로 사회적인 이유 때문이었을 것이다. 이러한 관습은 분쟁을 낳았고 아마도 손아래 형제들과 여타 친족들이 자신의 후손에게 물려줄 새로운 땅을 찾아 수평선 너머로 배를 타고 나가면서 항해가 이어졌을 것이다. 나는 태평양 탐험이 교역과 같은 다른 더 평범한 이유들처럼 사회적 필요와 개인적 야심에 의해 추진된 매우 사회적인 과정이라고 생각한다. 물론 흑요석 같은 귀중한 상품들이 엄청난 거리를 이동한 것은 사실이다.

대략 1,100년 전 노르드인이 대서양으로 나가기 이전, 태평양, 그리고 남중국해에서 동아프리카와 홍해 사이에 몬순 계절풍이 부는 드넓은 해역은 대양의 비밀을 해독하는 작업이 이루어지던 두 가지 주요 무대였다. 남아시아 몬순 계절풍은 예측 가능한 주기에 따라 풍향을 역전했기에 범선들은 열두 달 안에 인도나 페르시아 만에서 동아프리카와 홍해로 갔다가 되돌아올 수 있었다. 이 몬순 계절풍의 비밀은 대략 5천 년 전에 도시 문명이 시작되었을 때부터 인도 말라바르 해안과 페르시아 만 뱃사람들에게 친숙했다. 수백 척의 작고 낡은 배들이 기독교 시대 훨씬 전부터 아라비아와 이란, 인도 북서부의 메마른 해안을 따라 인더스 강과 그 너머까지 갔다.

아랍과 인도 선장들이 해안을 따라가지 않고 홍해나 페르시아 만에서 인도까지 직항으로 갔다가 돌아오는 법을 대체 언제부터 알게 되었는지는 알려져 있지 않다. 하지만 그들은 그리스인 선장 히팔루스가 기원전 2세기에 그에 관해 쓰기 훨씬 전에 이 항해 구간의 까다로운 비밀들을 해독했다. 1498년 바스쿠 다 가마가 동아프리카 몸바사 해안에 도달했을 때에 이르자 몬순 계절풍 뱃길들은 수 세기 동안 성쇠를 거듭한 거대한 글로벌 교역 네트워크 속에 중국, 인도, 페르시아 만, 지중해는 물론 아프리카까지 하나로 이었다. 그러나 『에리트라이 해 항해기』가 상기시키듯이 대부분의 몬순 계절풍 항해는 이따금 연안에 부서지는 파도를 피해 바다 쪽으로 몇백 미터쯤 나가면서, 일생의 대부분을 바다에서 보낸 선장들이 왕래한 익숙한 해안선을 따라갔다. 그것은 어떤 것들은 아름답게 관리되고 어떤 것들은 극도로 낡아 빠진, 크고 작은 배들이 수행한 이름 없는 무역이었다. 선원들 전원이 교역에 참여했고 때로는 밀수도 했다. 다우선 선장들은 들르는 포구마다 친구와 거래 파트너가 있었고 때로는 아내도 있었다. 이 무한히 다양한 화물이 오고가는 교역은 여러 세기 동안 거의 변하지 않은 해안선을 따라 역사적 사건들의 레이더망에서 멀찍이 떨어진 채 번창했다.

지중해 바다의 해독은 몬순 계절풍 해역과 마찬가지로 대체로 연안 항해의 문제였는데 다른 곳에서처럼 이곳에서도 부피가 나가는 화물은 물길로 가장 쉽게 이동했다. 근해 항행—아마도 더 정확하게 표현하면 떠돌이 화물선의 부정기적 운항—은 항해 역사의 가장 초창기로 거슬러 가며, 돛과 노에 의지한 소박한 상선에서 일하는 아버지로부터 아들에게 전해지는 구전 항해 지식에 기반했다. 기원전 2000년 레바논 연안, 고물 쪽에서 산들바람이 불어오는 가운데 조타 노 옆에 앉아 있는 소년의 모습이 그려진다. 배가 낮은 곳으로 접근하는 동안 아버지는 경계를 늦추지 않고 서 있다. 그는 갑작스러운 돌풍이 불 것에 대비해 끊임없이 배 뒤쪽으로 눈길을 돌린다. 그는 말이 별로 없지만 곶 가까이에 흐르는 물살을 감안해 항로를 살짝 더 바다 쪽으로 향하도록 소년에게 이따금 지시를 내린다. 그는 이 물길을 수십 번 지나갔다. 미래엔 그의 아들도 그렇게 할 것이다.

끊임없는 가르침, 온갖 종류의 날씨 속에서 힘겹게 쌓은 경험, 하루하루 힘들게 암기한 각종 항해 지침은 글로 쓰이지 않은 전문 지식을 대대로 전달하는 유일하게 효과적인 방법이었다. 대부분의 연안 항해는 짧았다. 이를테면, 항해는 발트 해 연안을 따라서 이루어지거나 불운한 울루부룬 난파선과 수천 척의 다른 배들이 거쳐 간 고전적인 시계 방향 경로를 따라 이루어졌다. 모든 여정은 가다 서다를 반복하는 여정, 순풍이 불기를 기다리거나 수지맞는 교역로 근처에 잠복해 있는 해적들을 피해 피난처에 몸을 숨기고 몇 주씩 기다리는 항해였다. 처음 출발했을 때의 화물은 끊임없이 사고 파는 과정을 거치며 여정의 끝에 가서 완전히 바뀌었다. 배는 이동식 상점이자 장터였다. 물건을 사는 사람은 흥정을 하고 선장들은 이번에 들른 포구와 다음 포구 사이의 가격 차이를 활용했다. 앞서 나는 이러한 연안 항해를 영구 운동 기관의 일부라고 불렀다. 브로델은 거의 행렬에 가까울 만큼 "느리게 돌아가는 운송"이라고 불렀다. 지중해 연안 전역의 마을들이 배로 하루 거리만큼 떨어져 있는 것은 우연이 아니다.

브로델이 한때 언급한 대로 이 부정기 화물선 운항은 "매우 다채로운 역사의 생생한 부차적인 단면 이상이었다." 그것은 "근저에 깔린 현실", 화석 연료와 디젤 엔진, 자동차와 기선의 시대 이전에 세계 대부분의 곳에서 삶이 전개되는 방식이었다.[6] 우리는 커다란 배들—바이킹 전선이나 대해를 왕래한 크나르선, 혹은 와이트 섬 앞바다 솔렌트 해협의 조수에서 인양된 메리로즈호$^{Mary Rose}$의 화려한 복원으로 잘 알려진 헨리 8세의 웅장한 전함들의 낭만에 현혹되는 경향이 있다.[7] 그러나 그 모든 대형 선박들, 병력 수송선, 국왕의 행차에 이용된 바지선, 대형 포도주 수송선에도 불구하고 포구에서 포구로 항해하거나 세계에서 가장 위험한 바다에서 고기를 잡으며 일생을 보낸 더 작고 소박한 배들이 훨씬 많았다. 그리스인 피테아스가 가죽 보트를 타고 한 항해, 아일랜드 수도사들 그리고 한자 코그선과 헐크선의 너른 바다 횡단—이 모두는 수백 킬로미터를 떨어져 살아가는 사람들을 잇는 연안 무역의 풍요로운 유산의 일부였다. 유럽에서 그러한 항해의 전통은 더 이르지는 않더라도 적어도 3, 4천 년 전 널을 댄 통나무배가 등장한 청동기 시대로, 너른 바다를 건너는 무역이 조상들의 영역을 가로지르는 여행이자 사회적 위신과 강력한 제의적 함의를 띤 사업이었던 시대로 거슬러 올라간다. 그러한 항해로부터 콘월의 주석을 브르타뉴에, 비스케이 만의 소금을 저지대 지방에, 베르겐의 염장 생선을 프랑스에 공급한 더 무미건조한 사업들이 생겨났다.

이것은 흔히 이전 배에서 건져 낸 목재를 재활용해 튼튼하지만 거칠게 지어진 배들이 활동한 세계였다. 키프로스 섬 앞바다 키레니아 난파선처럼 그러한 배는 힘들고 비교적 짧은, 어쩌면 10년 정도 버티는 인생을 살았다. 운용 중인 배는 다 허물어져 가는 집과 같았다—쓸모 있는 부분을 골라낸 다음 버려져 잊히는 인공물인 셈이다. 이것이 우리가 19세기 이전의 소박한 배에 대해 아는 게 별로 없는 이유이다. 그러나 그러한 배들은 역사적으로 결정적인 중요성을 띠었다. 그것들이 일상 업무의 일부로서 상업적이거나 종교적인 수요를 충족시키며 조용히 역사를 형성했기 때문이다. 한자 코그선은 그러한 배였다. 코그선은 사람과 가죽, 일반 상품을—발트 해에서 한자 동맹의 세력이 정점에 달한 15세기 동안에는 염장 청어만 매년 1만에서 2만 5천 톤을 실어 날랐다. 이러한 튼튼한 선박 뒤에는 비탈진 해변 뒤에 자리한 자그마한 마을들과 더 큰 포구들을 잇던 고대 부정기 화물선 운항의 전통이 있었다. 수천 척의 배들이 이러한 눈에 띄지 않는 무역에 참여했다. 그리고 그보다 더 많은 배들이 발트 해와 북해, 브리튼 제도 인근의 풍성한 어장을 개발했는데 종교적 이유로 생선 무역이 수익성이 큰 사업이었기 때문이다.

서기 530년 무렵에 베네딕트회의 창립자 이탈리아 누르시아의 베네딕트 성인은 수도원 생활을 위한 그의 유명한 계율을 공포했다. 그 가운데는 수도사들에게 "금식을 즐기고" 검소하게 먹을 것을 명하는 계율도 있었다. 그는 또한 기본적으로 고기 없는 식단을 신봉했다. 14세기가 되자 사순절 기간과 주마다, 특히 그리스도가 십자가 위에서 고통받은 날인 성聖금요일에 금식을 하는 관행이 일반화되었다. 금식과 속죄에 대한 이 같은 헌신은 일 년 중 거의 절반이 종교적 축일이고 따라서 그 기간을 고기 없이 지내야 하는 독실한 세계에서 거대한 국제적 수산업을 창출해 냈다.[8] 민물 생선은 대부분의 사람들에게 사치품이었기에 청어와 대구가 중세의 생선 섭취자들을 지탱해 주었다.

학명이 클루페아 하렌구스*Clupea harengus*인 대서양 청어는 여름에 엄청난 수가 북해를 거쳐 남쪽 해안 가까이로 이동했다. 수 세기 동안 잉글랜드와 네덜란드의 어부들은 개방형 보트에서 청어를 잡아 올렸고 연간 최대 1억 2천만 마리라는 어마어마한 어획량을 기록한 그 무역의 일부는 한자 동맹이 지배했다. 1600년이 되자 5천 척 가량의 네덜란드 어선이 북해에서 조업했다. 이와 별도로 잉글랜드 해안을 따라 조업하며 "측면이 얇아서 거친 바다가 [쉽게] 집어 삼키는" 더 작은 배들도 많이 있었다.[9]

청어는 살에 기름이 많고 저장이 어렵다. 반대로 학명이 가두스 모르후아*Gadus morhua*인 대서양 대구, 남방 대구 같은 대구과 어종은 지방이 적고 살이 부드러운 흰 살 생선이었다.[10] 납작하게 갈라 소금에 잘 절인 대구는 보존 처리만 제대로 하면 5년 넘게 저장할 수 있었다. 노르웨이 북부 앞바다 로포텐 섬 어장은 연간 수백만 마리의 염장 대구를 생산해 남쪽의 베르겐과 더불어 북유럽 전역에 거래했다. 노르드인은 염장 대구를 대양 항해에서 건빵, 즉 주식으로 이용했다. 대구는 바다와 육지 양쪽에서 군대의 주력 식량이 되었다. 건대구stockfish라는 이름으로 알려진 머리를 잘라 내고 잘 말린 대구는 수 세기 동안 유럽 전역에서 고정 식단이었다. 15

도판 15-1. 대구잡이에 이용된 북해 도거선의 추측 복원도. 스티브 브라운 그림.

세기가 되자 잉글랜드 어부들은 건대구와 청어 무역을 지배한 한자 동맹의 독점에 맞서 자신들의 전통적인 어장에서 멀리 떨어진 아이슬란드 남부 앞바다로 새로운 대구 어장을 찾아 나섰다. 그들은 도거dogger로 알려진 배로 고기를 실어 보냈는데 워낙 험하게 부려 먹는 배였기에 심지어 난파선으로도 남아 있는 실례가 없을 정도이다. 역사적 단서들을 그러모아 보면 이 어선은 돛대가 둘이고 전체 길이가 대략 18미터였으며 조타 노 대신 방향타를 달았다.

　대구잡이들은 선창이 널찍한 이 반半개방형 배를 타고 살을 에는 겨울 강풍을 맞으며 아이슬란드 앞바다에서 고기를 잡았고 그곳의 뭍에 오르는 법은 거의 없었다. 대구잡이는 낚싯바늘과 낚싯줄로 하는 극도로 지루한 작업이다. 19세기 프랑스 해군 장교이자 소설가인 피에르 로티는 그러한 고기잡이를 훌륭하게 묘사한 바 있다. "줄을 던지기가 무섭게 그들은 반짝반짝 빛나는 청회색 물고기가 달린 무거운 줄을 끌어 올린다."[11] 로티가 묘사한 이 어선의 선원들은 30시간 동안 천 마리가 넘는 대구를 잡아 올렸다. 로티는 어부들이 뱃전 난간에 기대 깜빡 잠이 든 동안에도 근육의 기억에 따라 몸으로는 여전히 고기를 잡아 올리는 모습을 묘사하기도 했다. 아이슬란드 어장은 매우 위험한 곳이어서 어떤 해에는 사망률이 60퍼센트에 달하기도 했는데 귀환하는 길에 육지로 접근하다가 죽음을 맞는 경우가 많았다. 그러나 이러한 항해들은 너른 북대서양에 대한 친밀감을 키웠다.

선장들은 대개 속내를 드러내지 않았고 아들과 믿을 만한 선원들에게 자기가 아는 정보를 조용히 전달해 주었다. 그들은 이미 자리 잡은 경로에서 좀처럼 벗어나는 법이 없는 신중한 사람들이었다. 그들의 신중함을 탓할 수는 없다. 서쪽에는 술집 대화와 전설의 소재인 광대하고 무서운 서쪽 대양이 끝없이 펼쳐져 있었다. 선장들은 술잔을 주고받으며 거의 알려지지 않은 먼바다와 바다 괴물, 인어, 물고기가 너무 많아서 바구니째로 퍼 담을 수 있다는 어장, 서쪽 수평선 너머에 숨어 있는 금이 넘쳐 나는 전설의 땅에 관해 이야기를 나누었다. 신비로운 땅 브라실 섬*은 폭풍우 치는 광

---

*아일랜드 신화와 전설에 등장하는 환상의 섬.

대한 서쪽 대양에 있다고들 했다.

이 브라실은 가공의 장소였다. 아니, 정말로 가공의 장소였을까? 고대의 전설은 쉼 없는 탐험의 시대, 아시아에 있는 전설의 금과 향신료를 찾아 대서양을 가로질러 서쪽으로 끈질기게 배를 보낸 시대에도 생명을 이어 갔다. 어마어마한 부의 유혹은 항법과 특히 배의 디자인이 급속히 변하고 있던 시대에 서쪽 대양에 관해 깊이 자리 잡고 있던 호기심을 계속 자극했다. 선박 디자인의 변화는 특히 원래 깊은 바다의 고기잡이배에서 유래한 포르투갈 카라벨선의 발전과 함께했다. 역사적 기록으로도 잘 남아 있는 이러한 발전상은 1492년 크리스토퍼 콜럼버스의 카리브 해 항해와 1497년 시배스천 캐벗의 뉴펀들랜드 항해에서 절정에 달했다. 하지만 어쩌면 브리스틀 어부들이나 다른 어부들이 캐벗이 그곳에서 고기를 잡기 전에 서쪽의 뉴펀들랜드까지 갔을지도 모른다. 아마 앞으로도 확실하게 알 수는 없을 것이다.

세계 대다수의 뱃사람들은 대양 탐험의 최전선에서 멀리 떨어진 채 언제나 해 왔던 대로—배에 타 고기를 잡고, 지형지물에서 지형지물로 익숙한 해안을 따라서 가다 서다를 반복하는 부정기 화물선을 운행하며 항해를 계속했다. 오랫동안 그들의 구전 지식은 입에서 입으로, 긴밀하게 엮인 선원과 어부들의 공동체 안에서 전달되었다. 결국 이 어렵게 얻어낸 지식의 일부가 루터rutter(경로 탐색자route finder를 뜻하는 프랑스어 루티에routier에서 왔다.)나 포톨런portolan(포구port나 항구와 관계된 것을 뜻하는 이탈리아어 포르톨라노portolano에서 왔다.)에 등장했다. 루터나 포톨런은 처음에는 지중해 수역을 다룬 일련의 항해 지침서들이었다. 그러한 저작들은 희귀했는데 대부분의 뱃사람이 글을 읽고 쓸 줄 몰랐으니 놀랄 일도 아니다. 책보다는 조수를 읽을 줄 아는 것이 언제나 더 중요했다.

1400년에 이르자 북유럽과 지중해 사이 항해는 비교적 흔해졌고, 베네치아 항로 안내인인 로도스의 미카엘이 1434년에 펴낸 포르톨라노에서 비스케이 만과 영국 해협 그리고 플랑드르 앞바다를 다룬 것은 그래서이다. 미카엘의 항해 지침서는 자신이 직접 얻은 지식에 바탕을 두기에 예외적인 관심을 끈다. 많은 내용들이 한 포구에서 다음 포구로 배를 몰아가는 항로 이상은 아니다. 정확한 언어와 두드러진 지형지물들, 즉 바다에서 이용하기 위해 선장에서 선장으로 전달된, 기억을 돕는 연상 기호처럼 읽히는 지침들 말이다. 그는 조수에 관한 정보도 내놓는데 기껏해야 개략적인 수준에 불과한 이 정보는 짐작컨대 부연해야 할 구두 설명을 상기시키는 역할을 했을 것이다. 이따금 미카엘은 에스파냐 북부 해안 산탄데르 같은 곳에서는 더 완전한 설명을 제공하기도 한다. "만약 배가 서쪽에서 접근한다면, 아스투리아스라고 불리는 높은 해안 산맥이 언제나 눈에 들어올 것이다. 그 산맥의 끝에 다다르면 몇몇 계곡과 산을 볼 수 있는데 이 산들은 낮고 땅은 절벽처럼 하얗게 보인다. 호수 너머로 탑이 세 개 솟아 있는 작은 수도원도 눈에 들어올 것이다. 그러면 산탄테르 포구까지 2.4킬로미터 떨어져 있는 것이다."[12] 오늘날 항로 안내서 저자들처럼 미카엘은 높은 산맥과 더 낮은 언덕들, 절벽 색깔, 눈에 잘 들어오는 건물을 이용했다.

대략 비슷한 시기의 것인 초창기 영국 루터에는 북동부부터 콘월의 랜즈엔드까지 잉글랜드 해안에 대한 항해 지침과 더불어 영국 해협 입구와 여러 횡단 구간, 그리고 브르타뉴와 아일랜드 해에 대한 항해 지침이 담겨 있다. 해저에 대한 대단히 상세한 설명은 특히 눈길을 끈다. "우에상 섬 앞바다 수심 50패덤이나 60패덤 [90미터나 108미터] 지점에는 붉은 모래와 검은 돌멩이, 흰 조가비가 있다. (…) 포틀랜드에는 깨끗한 흰 모래가 있고 수심 24패덤[43미터] 지점에는 붉은 조가비가 있다. 그리고 수심이 14패덤이나 16패덤[25미터나 28미터]인 곳은 바위가 많고 일부 지형은 깨끗한 점토로 덮여 있다." 조수는 어디서나 세심한 주의 대상이다. "스타트 [곶]부터 리저드 사이 모든 피난처는 서남서 방위에 달이 뜰 때 밀물이 완전히 찬다."(리저드는 콘월 남해안의 주요 곶이다.) 장거리 항해를 위한 방위와 거리 설명도 있다. "에스파냐에서 나와 피니스테레 곶에 도달하면 북북동으로 진로를 잡아 가라. 중간쯤 왔을 때 세번 [강]으로 진입하려면 수심을 잴 수 있는 수역에 도달할 때까지 북미동으로 가야 한다." 거기서 루터는 수심 100패덤[180미터] 지점에서 출발해 깨끗한 잿빛 모래가 나오는 수심 72패덤[130미터] 지점에 닿을 때까지 가라고 안내한다. 그러면 북쪽 진로를 따라 랜드엔즈의 서쪽, 해저에서 부드러운 진흙이 나오는 지점에 이르게 된다. 이 지점에서 배는 북동으로 진로를 돌려 스티플호드라는 지형지물이 눈에 들어올 때까지 가야 한다. "그것은 사방에서 볼 수 있게 마치 봉우리처럼 솟아 있다."[13]

포르톨라노 안내서는 유럽의 나라들이 새로운 영토를 놓고 서로 다투던 16세기와 18세기 사이에 굉장히 중요해졌다. 항로 안내인은 모두가 원하는 포로였고 붙잡히면 억지로 적국의 배에서 일해야 했다. 처음에 항해 지침서들은 1616년에 편찬된 존 스미스 선장의 『뉴잉글랜드 인상서*Description of New England*』처럼 얼마간의 방위 정보와 일반적인 인상을 적은 것에 불과했다. 그는 "곳에서 곳에서, 섬에서 섬으로, 항구에서 항구로 작은 배를 타고 해안을 가까이 지나가며 수심과 모래, 바위, 지형지물을 가지고 지도를 그렸다."라고 썼다.[14] 훨씬 정확한 묘사는 19세기에 등장한다. 스미스의 설명과 1835년에 편찬된 영국 해군성 『항해 지침서*Sailing Directions*』의 채널 제도 및 건지 섬 앞바다 정박지에 대한 설명을 비교해 보라.

"건지의 리틀로드 물길은 캐슬코넷의 북쪽 방면과, 블랑쉬와 사레트라고 하는 바위 사이에 있는데 두 바위의 양쪽에는 신호 횃불이 있다. 이 물길은 (…) 수심 2패덤에서 4패덤 사이 지점(해초가 섞인 고운 진흙투성이 모래)에서 거의 어느 방향에서 불어오는 바람에든 훌륭한 피난처를 제공한다." 선장은 "캐슬 근처에서 우현 닻을 내리고 나머지 하나는 블랑쉬 바위 근처에서 내려 열린 닻줄 구멍이 동쪽으로 향하게 해야 한다." 여기서 겉핥기식 항해 지침은 전혀 없다. 저자는 항로 안내인에게 "특별한 상황이 아니라면 (…) 나쁜 날씨에는 해안에 닻을 내리기보다 배가 기동할 수 있는 공간을 마련해야 한다."라고 권한다. 강한 조수는 이 바위투성이 바닷가에서 지속적인 걱정거리이지만 "능숙하게만 다룬다면 배가 중간 돛대를 최대한 접고도 항로를 유지할 수 있게 해 줄 것이다."[15]

『영국 해협 항해 지침서*Sailing Directions for the English Channel*』의 정

확한 안내는 작은 배들이 조수가 드나드는 크고 작은 해협을 통과할 때 닻과 돛, 물살의 흐름에 의지했던 무동력선 시대만큼이나 오늘날에도 유효하게 적용된다. 구불구불한 해안선과 눈에 띄지 않는 지형지물의 사소하고 미묘한 비밀을 해독하는 작업은 전자 항해 장비와 더불어 다소 쉬워졌을지도 모르지만 작은 배로 대양과 맞서 싸울 수는 없다. 영국 해협으로 튀어나온 쐐기꼴 모양의 포틀랜드빌 곶은 강력한 조수의 흐름으로 악명 높다. 험한 날씨에는 프리깃함의 철판도 뒤틀릴 만큼 강력한 물결의 소용돌이가 생긴다. 그러나 조수를 이용하고 해안에 가까이—아주 바짝—붙어서 가면 포틀랜드빌의 끄트머리와 사납게 날뛰는 바다 사이를 빠져나갈 수 있다. 처음 이 구간을 지나갔을 때 나는 몇 시간 동안 항해 지침서를 열심히 들여다봤다. 화창한 초여름 어느 날 우리는 적당한 남서풍을 받아 동쪽으로 가고 있었다. 안내서는 이 구간을 처음 항해하는 우리에게 만조 대략 두 시간 전, 물살이 가장 약해지는 조금 동안 이 구간을 통과해 동쪽으로 가라고 충고해 주었다. 우리는 포틀랜드빌 앞바다 중간에서 시간을 보내며 기다리다가 알맞은 타이밍이 오자 물가에 바짝 붙어 배를 몰아 머리 위로 우뚝 솟은 절벽을 지난 다음 등대가 높이 서 있는 곳의 끝부분을 돌았다. 잔잔한 바닷물의 폭은 작은 항구의 입구 정도밖에 되지 않았지만 우리는 우리 왼편의 바위에 있던 관광객들이 입을 떡 벌리고 지켜보는 가운데 어려움 없이 구간을 통과했다. 거리를 크게 절약해 주기 때문에 나는 이후로 이 바닷가 구간을 수십 차례 통과했지만 반드시 타이밍이 절묘해야 한다.

도판 15-2. 산업 시대와 전통 시대. 홀랜드아메리카정기여객선 회사의 유람선 라인댐호Ryndam
가 다른 시대에서 온 작은 무역선을 지나치고 있다. 독일계 미국인 화가 프레드 팬싱Fred Pansing
의 그림. 1900년경. 뉴욕, 그레인저 컬렉션.

　　오늘날 컨테이너선과 초대형 유조선의 세계에서 공식 항해
지침서는 훨씬 짧아졌고 레이더 목표물과 항만 규정에 대한 언급
으로 가득하다. 저자들은 이제 작은 정박지와 포구에는 거의 눈길
을 주지 않는데 유람선을 타고 다니는 선원들에게는 이제 그들만
의 안내서가 따로 있기 때문이다. 마치 바다가 다시 우리로부터 멀
어진 것만 같다. 그리고 이 느낌은 원양 여객선이나 유람선을 타고
대서양을 건널 때 가장 분명해진다. 점점 더 거대해지는 오늘날의
선박은 승객들이 사방을 둘러싸고 있는 물에서 관심을 돌리도록

설계된 것 같다.

우리는 새로운 리바이어던, 항해가 시작된 이래로 작은 배의 선장들을 두려움에 떨게 해 온 대양의 위험을 사실상 무시하는 대형선을 만들어 냈다. 그러나 옛것과 새것은 심지어 오늘날에도 공존한다. 한 세기 전 콘월 해안을 지나 뉴욕으로 향하는 여객선 모리타니아호*Mauretania*를 그려 보라. 여객선은 해안가 쪽으로 몇백 미터 떨어진 곳에 있는 정어리잡이 선단을 지나친다. 고기잡이배들은 그물을 끌어 올리느라 조수와 바람에 몸을 실은 채 가만히 물 위에 떠 있다. 선원들은 여전히 노와 돛에, 그리고 여러 세기에 걸쳐 갈고닦은 조업 방법과 배에 의존한다. 그들은 산업 혁명이 낳은 산물의 그늘 아래서 여전히 중세 선조들처럼 고기를 잡고 배를 탄다. 두 배―대형 정기 여객선과 자그마한 고기잡이배―는 모두 대양을 해독했지만 완전히 다른 방식으로 해 냈다. 바다에 대한 이 다양한 해독 작업은 산업 기술 앞에서 급속히 멀어지고 있는 바다와의 친밀함을 증언하면서, 지난 5만 년에 걸쳐 인간 역사의 크고 조용한 흐름 가운데 하나를 이루어 왔다. 이제 이름 없는 바다는 더 이상 선조들이나 신, 혹은 무서운 정령의 힘이 작용하는 공간이 아니다. 그러나 우리가 그 비밀을 모조리 파헤친 것처럼 보여도 바다의 위험을 무시하는 순간 우리는 위험에 다시 맞닥뜨리게 된다. 우리는 결코 바다의 수수께끼를 완전히 풀지는 못하리라.

| 감사의 말 |

『인류의 대항해』는 꽤 오래전, 아이디어가 넘치는 내 편집자 피터 지나의 착상에서 출발했다. 그사이 우리는 그 아이디어를 이따금 논의했지만 나는 지금에 와서야 책을 쓸 수 있겠다는 자신감을 얻었다. 피터는 여러 환경에서 배를 타고 항해한 나의 폭넓은 실제 경험을 활용해 이야기에 다채로움을 더하고 현장감을 가미하면 좋겠다고 제안했는데 그의 생각이 맞았다. 책의 내용 자체는 문화적 논점들보다는 대체로 배와 난파, 그리고 항해와 관련한 방대한 학술서와 대중서에 의존한다. 이 저작들 대부분은 청동기 시대 뱃사람들과 이집트인, 미노스인, 페니키아인에 대한 간단한 언급과 더불어 고전기와 그 이후 항해의 역사를 대개 아주 솜씨 좋게 다룬다. 가장 초기 항해 역사로 거슬러 가는 『인류의 대항해』는 거의 알려지지 않은 광대한 해상 활동 영역을 아우르며 종종 미지의 외딴 바다 풍경에도 뛰어든다. 무엇보다도 이 책은 인간 그리고 인간이 바다와 맺은 관계에 관해, 다시 말해 정신적이고 우주론적인 폭넓은 지평 안에서 발전해 온 관계에 관한 책이다. 이 책에서 나는 고고학과 역사, 항해를 아우르는 복잡한 퍼즐에 대해 나만의 논제를 제시하려고 했다. 물론 책의 결론과 내용의 정확성은 모두 나의 책임이며 크고 작은 오류들을 기꺼이 지적해 주는 친절한, 흔히 이름을 밝히지 않는 독자들의 질책이 틀림없이 곧 쏟아질 것이다. 그분들께 미리 감사의 인사를 드린다.

이 책을 실제 집필하는 데는 3년의 조사 기간이 소요되었고 또 나는 수년에 걸쳐 여러 동료들을 귀찮게 했는데 그 가운데 많은 이들이 해양사와 고대 항해에 관해 나보다 더 정통하다. 여러 해에 걸쳐 이 책이 서서히 모습을 갖추어 가는 동안 수십 명의 고고학자와 역사가들이 들인 노고에 깊이 감사드린다. 도움을 주신 분들이 하도 많아서 일일이 거론하기 힘들 정도이다. 이하에서 혹여 이름이 빠진 분들은 너그러이 용서해 주시길 바란다. 도움을 주신 모든 분들께 감사드리며, 고敌 네빌 치틱, 피터 클라크, 린 갬블, 조지 베이스, 나디아 더레이니, 마크 호튼, 스벤 하켄손, 제프리 어윈, 존 존슨, 고敌 제임스 커크먼, 허버트 머시너, 조지 마이클스, 프랜시스 프라이어, 패트릭 샐튼스톨, 로버트 판더노르트, 스테파니 윈존스에게 특히 감사드린다. 마지막으로 내게 조종술을 가르친 모든 분들과 오랜 세월 동안 나와 함께 여러 곳의 바다를 누빈 모든 분들에게 마음 깊이 감사드린다. 이 책은 그들을 위한 것이다.

나의 편집자인 피터 지나와 피트 비티에 진 빚은 어마어마하다. 이 책은 나의 책인 만큼 그들의 책이기도 하다. 그들의 예리하고도 때로는 통렬한 시각이 이 책을 헤아릴 수 없을 만큼 크게 개선시켰다. 보잘것없지만 감사의 표시로 그들에게 이 책을 바친다. 셸리 로웬코프는 항상 그렇듯이 열성적인 자극제가 되어 주었고 실의에 빠질 때마다 위안과 통찰을 제공해 주었다. 스티브 브라운은 평소처럼 뛰어난 실력으로 지도와 그림을 그려 주었다. 프랑셀 캐러페티언은 나의 모호한 각종 요구 사항들과 사진 조사에서 값진 도움을 주었다. 최고의 에이전트인 수전 라비너는 이 프로젝트 내내 든든한 버팀목이 되어 주었다.

마지막으로, 나의 연구를 위해 멋진 (그리고 이따금 평온한) 환경을 제공해 준 레슬리와 애너에게 언제나처럼 사랑과 감사를 전한다. 하지만 우리 집 동물들한테는 같은 인사말을 할 수 없을 것 같다. 여러분은 새끼 고양이 두 마리가(하나는 크고 하나는 비교적 작은) 작업 중인 컴퓨터 위에서 장난을 치는 일을 겪어 본 적이 있으신지? 어찌나 정신이 사납던지! 물론 녀석들이 더 자라면 그땐 컴퓨터 자판 위에서 곤히 잠들어 있게 될 것이다.

이하에서 언급되는 출전은 당연한 이유로 대체로 대중서와 일반서에 초점을 맞춘다. 이 책 너머에 더 어려운 문헌들을 파고들고 싶은 독자들은 이 저작들의 참고 문헌 목록을 참고하라.

해양사 관련 문헌은 방대하지만 일반 독자를 대상으로 인간과 바다 사이의 복잡한 관계를 탐구한 책은 별로 없다. 존 맥John Mack의 *The Sea: A Cultural History*(London: Reaktion Books, 2011)는 예외로 뛰어난 참고 문헌 목록도 실려 있다. 맥은 인간과 바다를 연구하는 데 중요한 요건인 지구적 시각을 갖춘 인류학자이자 미술사가이다.

1장 | "모래톱과 갯벌을 발견하다"

1. 알렉산데르 실란(1849~1906년)은 노르웨이의 문호 가운데 한 명으로, "사실주의적" 작가로 유명하다. 그는 자신의 소설에서 노르웨이 성직자 계층의 위선을 풍자했다. 실란은 30대 때 소설 창작을 그만두고 저널리스트가 되었으며 고향인 스타방에르의 시장이 되었다. William Archer가 영역한 그의 *Garman og Worse*에서 인용(Oslo: Gyldendal Norges Nasjonal Litteratur II, 1985), 3쪽.

2. Knut Kolsrud, "Fishermen and Boats" in Alexander Fenton and Hermann Pálsson, eds., *The Northern and Western Isles in the Viking World* (Edinburgh: John Donald Pulishers, 1984), 116~117쪽.

3. 안타깝게도 요즘에 나오는 『해군성 항해 교범*Admiralty Pilots*』은 예전 같지가 않은데 전통적인 내용의 대부분이 초대형 유조선과 컨테이너선을 제외하고는 아무에게도 쓸모가 없기 때문이다. 해군성 항해 교범의 풍성한 정보를

제대로 만끽하려면 반세기 전에 나온 판본을 찾아야 한다. *Baltic Pilot*, vol. 1(London: Hydrographic Office, 1898), 221쪽에서 인용.

4. Alan Villiers, *Sons of Sinbad* (London: Arabian Publishing, 2006), 294쪽.

5. Daniel Defoe, *The Storm* (London: Penguin Classics, 2005), 269쪽.

6. John R. Stilgoe, *Alongshore* (New Haven, CT: Yale University Press, 1994).

태평양을 건너

1. R. A. Skelton, ed. and trans., *Magellan's Voyage: A Narrative Account of the First Circumnavigation* (New York: Dover Publications, 1969), 56쪽.

2장 | 순다와 사훌

1. Till Hanebuth, Karl Stattegger, and Pieter M. Grootes, "Rapid Flooding of the Sunda Shelf: A Late Glacial Sea-Level Record", *Science* 288 (2000), 1033~1035쪽. Avijit Gupta, ed., *The Physical Geography of Southeast Asia* (Oxford: Oxford University Press, 2005)도 보라.

2. Peter White and James O'Connell, *A Prehistory of Sunda and Sahul* (Sydney: Academic Press, 1982)은 다소 오래되긴 했지만 전반적인 개요를 제공한다.

3. 이 논의는 Nonie Sharp, *Saltwater People: The Waves of Memory* (Toronto: University of Toronto Press, 2002), 4장과 5장을 바탕으로 한다.

4. J. B. Birdsell, "The Recalibration of a Paradigm of the First Peopling of Great Australia" in J. Allen, J. Golson, and Rhys Jones, eds., *Sunda and Sahul: Prehistoric Studies in Southeast Asia, Melanesia and Australia* (Canberra: Australian National University Press, 1977), 113~167쪽; 123쪽에서 인용.

5. Geoffrey Irwin, *The Prehistoric Exploration and Colonization of the Pacific* (Cambridge: Cambridge University Press, 1992), 2장의 논의를 바탕으로 한다.

6. Irwin, *Prehistoric Exploration*, 24쪽.

7. 태평양 카누에 관한 문헌은 어마어마하다. 이에 관한 훌륭한 개요는 Edwin

Doran Jr., *Wangka; Austronesian Canoe Origins*(College Station, TX: Texas A&M University Press, 1981)에서 볼 수 있다. 도란은 이 책을 2차 세계대전이 일어나기 전에 이 주제에 관하여 집중적인 연구를 수행한 제임스 호넬James Hornell에게 바쳤다. 호넬의 저작은 이 주제와 관련하여 지금도 최고의 자료이다. 참고 문헌은 도란의 간결하고도 권위 있는 저작에서 찾을 수 있다.

8. 자세한 논의는 Doran, *Wangka*, 5장을 보라.

9. 증거에 대한 요약은 Ian Glover and Peter Bellwood, eds., *Southeast Asia: From Prehistory to History*(London: Routledge Curzon, 2004)에 나와 있다. Peter Bellwood, *Prehistory of the Indo-Malaysian Archipelago*, rev. ed. (Honolulu: University of Hawaii Press, 1997)도 보라.

3장 | "바다에 흩어진 나비 날개들"

1. 오세아니아 근해와 오세아니아 원해 간의 임의적 경계는 솔로몬 제도의 동쪽 대양을 지나간다.

2. Patrick Vonton Kirch, *The Lapita Peoples: Ancestors of the Oceanic World* (Cambridge, MA: Blackwell, 1997), 2장, 34~42쪽.

3. Matthew Spriggs, *The Island Melanesians*(Oxford, UK: Blackwell, 1997), 29쪽.

4. E. W. Gifford and Dick Schutler Jr., *Archaeological Excavations in New Caledonia*, Anthropological Records, vol. 18, part. 2(Berkeley: University of California Press, 1951).

5. Kirch, *The Lapita Peoples*, 3장, 52~65쪽.

6. R. Alexander Bentley et al., "Lapita Migrants in the Pacific's Oldest Cemetery: Isotopic Analysis at Teouma, Vanuatu," *American Antiquity* 72(4) (2007); 645~656쪽은 이 중요한 유적지에 대한 개요를 제공한다.

7. Edwin Doran Jr., *Wangka: Austronesian Canoe Origins*(College station, TX: Texas A&M Press, 1981).

8. Bronislaw Malinowski, *Argonauts of the Western Pacific*(New York: E. P. Dutton, 1922), 107~110쪽에서 인용.(『서태평양의 항해자들』, 최협 옮김, 전남대학교출판부, 2013년).

9. Malinowski, *Argonauts*, 225쪽.

10. Malinowski, *Argonauts*, 256쪽.

11. Patrick Vinton Kirch, *On the Road of the Winds*(Berkeley: University of California Press, 2002), 98쪽.

12. 이 문단은 쿨라에 대한 고전적 묘사가 담긴 Malinowski, Argonauts, 3장에 근거한다. 이 논문 전체가 쿨라의 다양한 양상을 설명하고 있다. 이제는 쿨라에 대한 방대한 문헌이 축적되어 있다. J. P. Singh Uberoi, *Politics of the Kula Ring: An Analysis of the Findings of Bronislaw Malinowski* (Manchester, UK: Manchester University Press, 1962)를 보라. Annette B. Weiner, *Women of Value, Men of Renown: New Perspectives on Trobriand Exchange*(Austin: University of Texas Press, 1976).

13. Malinowski, *Argonauts*, 89쪽.

14. Kirch, *On the Road*, 219쪽 이하.

4장 | 섬들의 패턴

1. Geoffrey Irwin, *The Prehistoric Exploration and Colonization of the Pacific*(Cambridge: Cambridge University Press, 1992), 5장과 6장 그리고 같은 저자의 "Voyaging and Settlement" in K. R. Howe, ed., *Vaka Moana: The Discovery and Settlement of the Pacific*(Honolulu: University of the Hawaii Press, 2006), 54~100쪽을 보라. Patrick Vinton Kirch, *On the Road of the Winds*(Berkeley: University of California Press, 2002), 5~7장도 보라. 최근의 컴퓨터 시뮬레이션 연구에 대해서는 Anne Di Piazza et al., "Sailing Virtual Canoes Across Oceania: Revisiting Island Accessibility", *Journal of Archaeological Science* 34(4) (2007); 1219~1225쪽과 C. A. Avis et al., "The Discovery of Western Oceania: A New Perspective", *The Journal of Island and Coastal Archaeology* 2(1) (2007); 197~209쪽을 보라.

2. Irwin, *Prehistoric Exploration*, 4장은 이 전략들을 분석한다.

3. Matthew Spriggs and Atholl Anderson, "Late Colonization of East Polynesia", *Antiquity* 67(1) (1993); 200~217쪽.

4. 이 문단은 다음의 연구에 근거한다. Janet Wilmshurst et al., "High Precision Radiocarbon Dating Shows Recent and Rapid Initial Human Colo-

nization of East Polyneisa", *Proceedings of the National Academy of Sciences* 108(5) (2010): 1815~1820쪽.

5. David Lewis, *We, the Navigators: The Ancient Art of Landfind in the Pacific* (Honolulu: University of Hawaii Press, 1994). 복제한 배들의 횡단에 관해서는 Ben Finney and Mary Among, *Voyage of Rediscovery: A Cultural Odyssey Through Polynesia* (Berkeley: University Press, 1994)도 보라.

6. 이에 대한 뛰어난 설명은 Finney, *Voyage of Rediscovery*를 보라.

7. 에타크에 관한 문단은 Thomas Gladwin, *East Is a Big Bird: Navigation and Logic on Puluwat Atoll* (Cambridge, MA: Harvard University Press, 1970)를 바탕으로 한다. 인용은 82쪽. Paul Rainbird, *The Archaeology of Micronesia* (Cambridge: Cambridge University Press, 2004)도 보라.

8. 구전 전통은 Rawiri Taonui, "Polynesian Oral Traditions" in Howe, *Vaka Moana*, 22~53쪽에 요약되어 있다.

9. 1778년 2월 28일 쿡 선장의 일기는 C. Beaglehole, *The Journals of Captain James Cook on His Voyages of Discovery*, vol. 1: *The Voyage of the Endeavour, 1768-1771* (Cambridge, UK: Hakluyt Society, 1968), 81쪽.

10. Johann Forster, *Observations Made During a Voyage Round the World* (London: Robinson, 1778), 509쪽.

11. Ben Finney, "Traditional Navigation" in Howe, *Vaka Moana*, 162쪽.

12. Douglas Oliver, *Ancient Tahitian Society* (Honolulu: University of Hawaii Press, 1974)는 타히티 전통 문화에 대한 가장 신뢰할 만한 책이다.

13. Kirch, On the Road, 298~300쪽. 이에 대한 문헌은 방대하다. 이 책이 좋은 출발점이다.

14. 최초 정착을 둘러싼 논쟁을 훌륭하게 개괄한 글은 Kirch, *On the Road*, 275쪽 이하를 보라. Atholl Anderson, "The Chronology of Colonization in New Zealand", *Antiquity* 65(4) (1991); 765~795쪽도 보라.

15. Paul Bahn and John Flenley, *The Enigmas of Easter Island* (New York: Oxford University Press, 2003)은 일반적인 설명을 제공한다. 새롭고 자극적인 재검토는 Terry Hunt and Carl Lipo, *The Statues That Walked: Unraveling the Mystery of Easter Island* (New york; Free Press, 2011)를 보라.

16. Geoffrey Irwin, "Voyaging and Settlement" in Howe, *Vaka Moana*, 85쪽.
17. A. A. Storey et al., "Pre-Columbian Chickens, Dates, Isotopes and mtD-NA", *Proceedings of the National Academy of Sciences of the United States of America* 105(48), E99(2008), doi: 10.1073/pnas.0807625105.

포세이돈의 바다

1. 호메로스, 『오디세이아』, 2권, 468~471행. Robert Fagles가 영역한 *The Odyssey*(New York: Viking, 1996), 289쪽에서 인용. 이 책에서 호메로스의 인용은 모두 페이글스의 영역본을 따랐고 쪽수 표기 역시 페이글스의 영역본을 가리킨다.

5장 | 끊임없는 움직임의 세계

1. 호메로스, 『오디세이아』, 13권, 93~100행. Robert Fagles, trans., *The Odyssey*(New York: Viking, 1996), 289쪽.
2. 칼리마쿠스Callimachus(기원전 310/305~240년)는 리비아계 그리스인으로, 비평가이자 시인, 프톨레마이오스 왕조의 후원 아래 알렉산드리아 도서관과 관련이 있는 학자였다. 그는 찬가와 단시短詩, 경구로 알려져 있으며 인용은 찬가 4번 "델로스에게"에서 따왔다.
   http://www.theoi.com/Text/CallimachusHymns2.html, 300.
3. Cyprian Broodbank, *An Island Archaeology of the Early Cyclades* (Cambridge; Cambridge University Press, 2000)는 에게 해의 항해 역사와 고고학을 종합한 결정판이다. 43쪽에서 인용.
4. Broodbank, *Island Archaeology*, 41쪽.
5. 모넴바시아는 베네치아와 오스만튀르크를 비롯한 여러 세력의 지배 아래서 서기 10세기부터 중요한 해상 활동과 교역의 중심지였다. 웅장한 중세 요새는 작은 마을 위쪽 바위에 솟아 있다.
6. Broodbank, *Island Archaeology*, 3장에서 논의된다.
7. 같은 책, 102쪽.
8. 이 문단은 같은 책 76~80쪽을 바탕으로 한다.
9. 같은 책, 73~74쪽.

10. Sebastian Payne, "Faunal Change at Franchthi Cave from 20,000~3000 BC" in A. T. Clason, ed., *Archaeozoological Studies* (Amsterdam: North-Holland, 1975), 120~131쪽.

11. Broodbank, *Island Archaeology*, 5장에서 묘사된다.

12. 같은 책, 179쪽.

13. 같은 책, 131쪽.

14. 같은 책, 156쪽.

15. 호메로스, 『오디세이아』, 13권, 109~114행, 289쪽.

16. 같은 책, 5권, 297~300행, 160쪽.

6장 | 목재와 메쿠 돌

1. 호메로스, 『오디세이아』, 2권, 465~470행, 106쪽.

2. *Mediterranean Pilot* (London: Hydrographic Office, 1898), 131쪽.

3. Fernand Braudel, *The Mediterranean and the Mediterranean World in the Age of Philip II* (Berkeley: University of California Press, 1996).

4. 라이오넬 캐슨Lionel Casson의 일련의 저작은 이집트 문명 출현 직전과 이후 지중해 항해의 초창기 역사에 대한 훌륭한 종합적인 설명을 제공한다. *The Ancient Mariners: Seafarers and Sea Fighters of the Mediterranean in Ancient Times*, 2nd ed.(Princeton, NJ; Princeton University Press, 1991); *Travel in the Ancient World* (Baltimore: Johns Hopkins University Press, 1994); *Ships and Seamanship in the Ancient World* (Baltimore: Johns Hopkins University Press, 1995). 파라오 스네프루에 관해서는 Peter Clayton, *Chronicle of the Pharaohs* (London: Thames and Hudson, 1994), 42~44쪽.

5. Casson, *Ships*, 8쪽.

6. 헤로도토스, 『역사』, 2권, 5행. trans. Robin Waterfield (Oxford: Oxford University press, 1998), 97쪽.

7. 호메로스, 『오디세이아』, 19권, 202~206행, 396쪽.

8. Eti Bonn-Muller, "First Minoan Shipwreck", *Archaeology*, 63(1) (2010); 44~47; archaeology.org/1001/etc/minoan_shipwreck.html.

9. Manfred Bietak, Avaris; *The Capital of the Hyksos* (London: British Museum,

1996).

10. Shirley Wachsmann and George Bass, *Seagoing Ships and Seamanship in the Bronze Age Levant* (College Station, TX: Texas A7M Press, 2008). Cemal Pulak, "The Uluburun Shipwreck: An Overview", *International Journal of Nautical Archaeology* 27(3) (1998); 188~224도 보라.

11. William L. Moran, *The Amarna Letters* (Baltimore: Johns Hopkins University Press, 1992), 163쪽.

12. Richard Steffy, "The Kyrenia Ship: An Interim Report on Its Hull Construction", *American Journal of Archaeology* 38(1) (1985): 71~101.

13. 호메로스, 『오디세이아』, 2권, 472~477행, 106쪽.

14. Lionel Casson, *Ancient Mariners*, 100쪽.

15. 같은 책, 208~209쪽에서 인용.

몬순 세계

1. G. R. Tibbetts, *Arab Navigation in the Indian Ocean Before the Coming of the Portuguese* (London: Royal Asiatic Society, 1971), 77쪽. 아마드 b. 마지드 알나즈디(1432/7~1500년경)는 주로 홍해와 아라비아 해를 항해한 유서 깊은 항해가 집안 출신의 다우선 선장이었다. 유능한 수로 안내인인 그는 1498년 포르투갈인들이 인도양을 건너는 데 도움을 주었다고 한다. 이 책에서 인용한 그의 수로 안내서 『항해의 규칙과 원칙에 관한 지침서 *Kitab al-Fawa'id*』는 아마도 그가 중년일 때 썼을 것이다.

7장 | 에리트라이 해

1. W. C. Schoff, ed. and trans., *The Periplus of the Erythraean Sea: Trade and Travel in the Indian Ocean by a Merchant of the First Century* (London: Longmans, 1912); 40장과 45장에서 인용(여기서 각 장은 요즘 책의 한 문장 정도에 불과하다). 묘사된 지역은 구자라트의 쿠치 만으로, 간만의 차가 심하기로 악명 높다.

2. Felipe Fernández-Armesto, "The Indian Ocean in World History" in Anthony Disney and Emily Booth, eds, *Vasco da Gama and the Linking of*

Europe and Asia (New Delhi: Oxford University Press, 2000), 16쪽.

3. Michael Pearson, The Indian Ocean(London: Routledge, 2003), 19쪽 이하.

4. (페르시아어 dawh에서 왔을 것으로 추정되는) 다우dhow는 무수한 형태의 인도양 선박을 통칭하는 용어다. 간단하기 때문에 나도 여기서 이 용어를 사용했다. Alan Villiers, *Sons of Sinbad* (London: Arabian Publishing, 2006)는 그의 다우선 항해를 다룬다. 이 책은 원래 1940년 런던의 호더앤스토턴Hodder and Stoughton 출판사에서 출판되었다. 40쪽에서 인용.

5. Pearson, *Indian Ocean*, 17쪽.

6. 이집트 보트와 배에 관해서는 Seán McGrail, *Boats of the World from the Stone Age to Medieval Times* (New York: Oxford University Press, 2002) 2장의 묘사를 참고하라.

7. William Thesiger, *The Marsh Arabs* (London: Longmans, 1964)는 고전이다.

8. Jacques Connan et al., "A Comparative Geochemical Study of Bituminous Boat Remains from H3, As-Sabiyah(Kuwait) and RJ-2, Ra's al-Jinz(Oman)", *Arabian Archaeology and Epigraphy* 16(2005): 21~66.

9. Maria Graham, *Journal of a Residence in India* (Edinburgh: A. Constable, 1812), 124쪽.

10. Pearson, *Indian Ocean*, 3장.

11. Jonathan Mark Kenoyer, *Ancient Cities of the Indus Civilization* (Karachi: Oxford University Press, 1998), 96~98쪽.

12. Villiers, *Sons of Sinbad*, 13~17쪽.

13. A. L. Oppenheim, "The Seafaring Merchants of Ur", *Journal of the American Oriental Society* 74(1) (1954): 6~17.

14. S. Luckenbill, *Ancient Records of Assyria and Babylonia* (Chicago: Oriental Institute, 1927), vol. 2, 318~322절. George Fadio Hourani, *Arab Seafaring in the Indian ocean in Ancient and Early Medieval Times*, rev. ed.(Princeton, NJ: Princeton University Press, 1995), 10쪽에서 논의된다.

15. 아가타르키데스Agatharchides는 기원전 2세기에 활동한 그리스 지리학자이자 역사가였다. 그의 *On the Erythraean Sea*는 총 5권으로 이루어져 있으며 그중 홍해와 아프리카의 뿔 해안 일대를 다룬 제5권만 거의 온전하게

남아 있다. Hourani, *Arab Seafaring*, 22쪽에서 인용.

16. 『에리트라이 해 항해기』의 이름 없는 저자에 의해 이 항로를 발견했다고 전해지는 그리스 항해가이자 상인인 히팔루스에 대해서는 알려진 바가 거의 없다.

17. Paul Wheatley, *The Golden Khersonese*(Kuala Lumpur: University of Malaya Press, 1961), 38쪽과 Pearson, *Indian Ocean*, 57쪽 이하를 보라.

18. Hourani, *Arab Seafaring*, 2장.

19. 선박에 대한 묘사는 Hourani, *Arab Seafaring*, 3장과 Villiers, *Sons of Sinbad*, 오늘날 동아프리카 다우선에 대한 내 자신의 관찰에 근거한다.

20. 이븐 주바이르Ibn Jubayr(1127~1217년)는 넓은 지역을 여행하고 메카에 순례를 다녀온 알안달루스(이슬람 에스파냐) 출신 아랍 지리학자이다. Hourani, *Arab Seafaring*, 92쪽.

21. 이 문단은 Villiers, *Sons of Sinbad*, 6~17장을 근거로 한다.

22. Hourani, *Arab Seafaring*, 122쪽.

8장 | "대규모 거래가 이루어지는 곳"

1. 잉곰베일레데에 관해서는 Brian Fagan, David Phillipson, S. G. H. Daniels, *Iron Age Cultures in Zambia*, vol. 2: *Dambwa, Ingombe Ilede, and the Tonga*(London: Chatto and Windus, 1969), 4~9장.

2. W. C. Schoff, ed. and trans., *The Periplus of the Erythraean Sea*(London: Longmans, 1912), 13절.

3. Schoff, *Periplus*, 16~18절.

4. 알마수디Al-Masudi(896~956년)는 인도양과 그 밖의 지역을 널리 항해한 여행가이자 지리학자, 역사가이다. 943년에 편찬된 그의 *The Meadows of Gold and the Mines of Gems*는 이슬람 여행기의 고전이다. Pierre Verin, *Les Comoros*(Paris: Karthale, 1994), 86~87쪽도 보라.

5. A. La Violette and J. B. Fleisher, "The Urban History of a Rural Place: Swahili Archaeology on Pemba Island, Tanzania, 700-1500 AD", *International Journal of African historical Studies* 42(3) (2009): 433~455. Stephanie Wynne-Jones, "Remembering and Reworking the Swahili

Diwanate: The Role of Objects and Places at Vumba Kuu", *International Journal of African Historical Studies*, 43(3) (2010): 407~427과 J. B. Fleisher, "Rituals of Consumption and the Politics of Feasting on the Eastern African Ocast, AD 700-1500", *Journal of World Prehistory* 23(4) (2010): 195~217도 보라.

6. Mark Horton, "Early Muslim Trading Settlements on the East African Coast: New Evidence from Shanga", *Antiquaries Journal* 67(1987): 290~323.

7. G. S. P. Freeman-Grenville, *The East african Coast: Select Documents* (Oxford, UK: Clarendon Press, 1962), 20쪽.

8. 게니자(히브리어로 "저장고"라는 뜻이다.)는 시나고그 안에 마련된 특별실로, 신의 이름이 적혀 있기 때문에 마음대로 내다 버릴 수 없는 문서를 보관하는 곳이다. 게니자는 종교 서적만이 아니라 심지어 서두에 신을 부르는 기도문이 담긴 문서를 비롯해 신의 이름을 언급하는 모든 문서를 보관했다. 너덜너덜해진 책, 공적 서신과 사적인 편지, 법률 문서, 회계 장부, 중요 문서와 일상적인 문서가 게니자를 채웠다. 시나고그는 게니자에 보관된 문서를 꺼내 흔히 공동묘지에 묻는 방식으로 주기적으로 문서를 처분한다. 그런데 우연히도 카이로 구시가지의 푸스타트에 있는 벤에즈라 시나고그는 게니자를 비우지 않았다. 벤에즈라 시나고그의 75만 부가 넘는 문서는 인도양과 지중해에서 유대인 공동체와 무역에 대한 정보의 보고이다. S. D. Goitein, *A Mediterranean Society: The Jewish Communities of the Arab World as Portrayed in the Documents of the Cairo Geiza* (Berkeley: University of California Press, 1967~1993)는 가장 믿음직한 출전이다.

9. Roxani Eleni Margariti, *Aden and the Indian Ocean Trade: 150 Years in the Life of a Medieval Arabian Port* (Chapel Hill: University of North Carolina Press, 2007)는 게니자 문서를 이용해 초창기 아덴을 멋지게 그려 낸다. 이 책의 1쪽에서 인용.

10. 이 문단은 Mark Horton, "Swahili Corridor", *Scientific American* 257(9), 86~93쪽과 Timothy Insoll, *The Archaeology of Islam in Sub-Saharan Africa* (Cambridge: Cambridge University Press, 2003), 172~177쪽을 바탕으로 한다.

11. Roger Summers, *Ancient Mining in Rhodesia and Adjacent Areas* (Salisbury, UK: National Museums of Rhodesia, 1969), 218쪽.

12. Insoll, *Archaeology of Isalm*, 6장과 Chapurukha M. Kusimba, *The Rise and Fall of Swahili States*(Walnut Creek, CA: AltaMira Press, 1999), 8장을 바탕으로 한다.

13. Mansel Longworth Dames, ed., *The Book of Duarte Barbosa*(London: Hakluyt Society, 1918), vol. 1, 19~20쪽.

9장 | "우리는 구름 같은 돛을 높이 펼쳤다"

1. Felipe Fernández-Armesto, *Pathfinders*(New York: W. W. Norton, 2006)는 정화의 원정을 더 지구적인 차원의 조사의 일환으로 설명한다. J. J. Duyvendak, *China's Discovery of Africa*(London: A. Probsthain, 1949)도 보라. J. J. Duyvendak, "The True Dates of the Chinese Maritime Expeditions in the Early Fifteenth Century", *T'oung Pao* 34(1938), 399쪽에서 인용.

2. 이 장은 Edward L. Dreyer, *Zheng He: China and the Oceans in the Early Ming Dynasty, 1405-1433*(New York: Person/Longman, 2006)을 광범위하게 참고한다. 드레이어는 복잡하고 종종 혼란스러운 문헌들을 요약하며 정화의 원정에 대한 개괄적 설명으로 가장 믿을 만한 출전이다.

3. 같은 책, 3쪽.

4. Fernández-Armesto, *Pathfinders*, 116쪽.

5. Dreyer, *Zheng He*, 116쪽에서 인용. 같은 책에서 정화의 배에 대한 상세한 논의를 찾을 수 있다.

6. 유가항의 비문은 같은 책 192쪽에서 인용. 같은 책에서 비문의 전문 번역도 볼 수 있다.

7. 같은 책, 75쪽.

8. 같은 책, 78쪽.

9. 같은 책 85쪽에서 인용.

10. Peter Greste, "Could a Rusty Coin Rewrite Chinese-African History?", 2010년 10월 17일자 BBC 뉴스: www.bbc.co.uk/news/world-africa-11531398.

11. Dreyer, *Zheng He*, 173쪽.

12. 같은 책, 143쪽에서 인용.

13. 같은 책, 144쪽.

14. 같은 책, 77쪽에서 인용. 이 책은 본문의 묘사를 아랍어에 능통한 역관으로 정화의 항해에 세 차례 참가한 마환의 묘사로 여긴다.

15. 같은 책, 158쪽.

16. 같은 책, 163쪽.

17. 같은 책, 173쪽에서 인용.

북방의 사나운 바다

1. 서기 700년경에 콜만Colmán의 아들 루만Rumann이 쓴 8행 시 "Storm at Sea"의 일부. 이 시는 바다의 상징적 힘을 잘 포착한다. Simon Winchester, *Atlantic* (New York: Harper, 2010), 154쪽에서 인용.

10장 | 조상들의 바다 풍경

1. Paul Mellars and Petra Dark, *Star Carr in Context* (Cambridge, UK: McDonald Institute for Archaeological Research, 1999)에 근거한다.

2. Simon Fitch, Vincent Gaffney, David Smith, *Europe's Lost World: The Rediscovery of Doggerland* (London: Council for British Archaeology, 2009). '도거뱅크Dogger Bank'에서처럼 도거Dogge는 고기잡이배를 가리키는 네덜란드 고어이다.

3. Seán McGrail, *Ancient Boats, in North-West Europe: The Archaeology of Water Transport to AD 1500* (London: Longman, 1987)은 초창기 북유럽 선박에 관한 결정판으로, 나도 여기서 이 책에 크게 의존했다. 통나무 카누에 관해서는 85~96쪽을 보라.

4. Robert Van de Noort, *North Sea Archaeologies: A Maritime Biography* (New York: Oxford University Press, 2011), 7장.

5. 이러한 주장의 신빙성은 아무리 좋게 쳐 줘도 희박하다. D. Ellmers, "Earliest Evidence of Skin Boats in Late Palaeolithic Europe", in Seán McGrail, ed., *Aspects of Maritime Archaeology and Ethnography* (Greenwich, UK:

National Maritime museum, 1984), 41~55쪽을 보라.

6. Robert Van der Noort, "Exploring the Ritual of Travel in Prehistoric Europe: The Bronze Age Sewn-Plank Boats in Context" in Peter Clark, ed., *Bronze Age Connections: Cultural Contact in Prehistoric Europe* (Oxford, UK: Oxbow Books, 2004).

7. Robert Van de Noort et al., "The 'Kilnsea Boat' and Some Implications from the Discovery of England's Oldest Plank Boat Remains" *Antiquity* 73(1) (279), 131~135쪽. Van de Noort, "Exploring"도 보라.

8. 대중을 위한 뛰어난 설명서는 Peter Clark, eds, *The Dover Bronze Age Boat* (Swindon, UK: English Heritage, 2004)를 보라. 같은 저자의 *The Dover Bronze Age Boat in Conext: Society and Water Transport in Prehistoric Europe* (Oxford, UK: Oxbow Books, 2004)도 보라.

9. 이 문단은 Van de Noort, "Exploring"과 Stuart Needham, "Encompassing the Sea: 'Maritories' and Bronze Age Maritime Interactions" in Peter Clark, *Bronze Age Connections*, 12~37쪽.

10. Van de Noort, "Exploring"과 같은 저자의 *North Sea Archaeologies: A Maritime Biography* (10,000 B.C.-A.D. 1500) (Oxford: Oxford University Press, 2011).

11. Needham, "Encompassing", 22~23쪽.

12. Barry Cunliffe, *Facing the Ocean: The Atlantic and Its Peoples* (Oxford: Oxford University Press, 2001)는 중대한 연구서이다. 3장은 초창기 가죽 보트에 대한 증거들을 조사한다. 루푸스 페스투스 아비에누스Rufus Festus Avienus는 서기 4세기 에트루리아 출신 시인으로, 〈해안들*Ora Maritima*〉이라는 시로 유명한데 이 시는 *Massiliote Periplus*로 알려진 기원전 6세기 초기 항해기에 대략 바탕을 둔다. 101~106행에서 인용.

13. 플리니우스Pliny the Elder, 『박물지』, 4권. trans. H. Rackham(Cambridge, MA: Harvard University Press, 1907), 104쪽.

14. 스트라본Strabon(기원전 64/63년~서기 24년경)은 곳곳을 여행했고, 자신의 여행과 다른 이들의 저작을 바탕으로 서기 7년부터 18년 사이에 17권짜리 『지리*Geography*』를 썼다. 3권, 3장, 7행에서 인용.

15. 율리우스 카이사르, 『내전기』. trans. W. A. McDevitte and W. S. Bohn (Internet Classics Archive: classics.mit.edu/Caesar/civil.1.1.html), 54장, 3~4행.

16. Cunliffe, *Facing the Ocean*, 67쪽에서 이에 대한 묘사를 찾을 수 있다. 일부 전문가들은 선체가 나무였다고 생각한다.

17. 존 밀링턴 싱John Millington Synge(1871~1909년)은 아일랜드 극작劇作 운동에 기여한 주요 작가였다. 그는 작가로서의 목소리를 찾기 위한 시도로서 아일랜드 서해안 앞바다의 애런 제도에서 머물렀다. *The Aran Islands*(Dublin: Maunsel, 1907)는 그 체류의 산물이다. 97~99쪽에서 인용.

18. Barry Cunliffe, *The Extraordinary Voyage of Pytheas the Greek*(Harmondswroth, UK: Penguin Books, 2001)는 고고학과 고전 문헌, 기타 문헌을 이용하여 피테아스의 여행을 훌륭하게 재구성한다. 나도 여기서 그의 해석을 따른다.

19. the Venerable Bede, *Lives of the Saints: The Voyage of St. Brendan*, trans. J. F. Webb(Harmondsworth, UK: Pelican Books, 1965). Adomnán, *Life of Columba*, trans. Alan Orr Anderson and Margoire Ogilvie Anderson (London: Thomas Nelson, 1961).

20. Cunliffe, *The Extraordinary Voyage*, 69쪽.

11장 | "폭풍은 얼음 깃털처럼 고물에 내려앉았네"

1. 미샤엘 페터 앙셰르Michael Peter Ancher(1849~1927년)는 덴마크에서 가장 사랑받는 화가 중 한 명이다. 그는 어부들과 덴마크 북부 스카겐의 여러 정경을 묘사한 그림으로 가장 잘 알려져 있다. 당시 스카겐은 주요 어항이자 신생 화가들이 모여 활동하던 곳으로, 이들은 "스카겐 유파"를 형성하게 된다. 앙셰르와 그의 아내 안네의 그림은 스카겐 미술관의 정원에 자리한 앙셰르의 집에서 볼 수 있다.

2. 시편 74편 13~14절.

3. Ezra Pound, trans., "The Seafarer", 17~23행. http://www.americanpoems.com/poets/ezrapound/16182.

4. Seán McGrail, *Ancient Boats in North-West Europe: The archaeology of Water Transport to AD 1500*(New York: Longman, 1987)은 이 부분의 주요

참고 문헌이다.

5. Martin Carver, *Sutton Hoo: A Seventh-Century Princely Burial Ground and Its Context* (London: British Museum Press and the Society of Antiquaries, 2005)는 가장 권위 있는 논고이다. 같은 저자의 *Sutton Hoo: Burial Palce of Kings?* (London: British Museum Press, 2000)은 더 대중적인 설명서이다.

6. 서튼후선의 운항 능력을 둘러싼 논란은 아직 해소되지 않았다. 논란을 해소하려면 우선 실물 크기의 모형선이 건조되기를 기다려야 할 것 같다. 그러나 마틴 카버가 저자에게 보내 온 전자우편에서 지적한 대로, 용골이 없다는 것은 배가 뒤집어지기 쉽다는 것을 의미하며, 카버 자신이 오세베르그선을 복제한 모형선에서 그런 사고를 몸소 체험한 바 있다. 바다에서의 시험 운행에 관해서는 E. Gifford and J. Gifford, "The Sailing Performance of Anglo-Saxon Ships as Derived from the Building and Trials of Half-Scale Modes of the Sutton Hoo and Graveney Ship Finds", *Mariner's Mirror* 82(2) (1996), 131~153쪽을 보라.

7. Seamus Heaney, *Beowulf: A New Verse Translation* (New York: W. W. Norton, 2000), 5쪽.

8. 이 문단은 Ole Crumlin-Pedersen, *Archaeology and the Sea in Scandinavia and Britain* (Roskilde, Denmark: Viking Ship Museum, 2010), 6장에 의존했다.

9. 같은 책, 81쪽에서 인용.

10. 같은 책, 83~85쪽, 112쪽에서 인용.

11. Janet Bately and Anton Englkert, eds, *Ohthere's Voyages,* (Roskilde, denmark: Viking Ship Museum, 2007).

12. 같은 책 44~45쪽에서 인용.

13. Merja-Liisa Hinkkanen and David Kirby, *The Baltic and North Seas* (London: Routledge, 2000), 39쪽에서 인용.

14. Crumlin-Pederson, *Archaeology*, 4장은 이러한 발전상과 사건들을 묘사한다.

15. M. O. H. Carver, "Pre-Viking Traffic in the North Sea", Seán McGaril, *Maritime Celts, Frisians, and Saxons* (Bootham, UK: Council for British Ar-

chaeology, 1990), 117~125쪽.

16. 이 단락은 Leif K. Karlosn, *Secrets of Norse Navigators*(Seattle: One Earth Press, 2003)을 바탕으로 한다. 59쪽에서 인용.

17. Guy Ropars, et al., "A Depolarizer as a Possible Precise Sunstone for Viking Navigation by Polarized Light", *Proceedings of the Royal Society A.*, 2011년 11월 2일자 온라인판, 디지털문서 번호: 10.1098/rspa.2011. 0369.

18. Magnus Magnusson, ed., *The Vinland Sagas: Te Norse Discovery of America* (baltimore: Pelican books, 1965), 15쪽.

서쪽의 태평양

1. Ales Hrdlicka, *The Aleutian and Commander Islands and Their Inhabitants*(Philadelphia: Wistar Institute, 1945). 15쪽, 이반 베니아미노프의 언급에서 인용.

12장 | 알류샨 열도: "바다가 매우 높아진다"

1. Hydrographer of the Navy, *Ocean Passages for the World*, 3rd ed.(Taunton UK: Ministry of Defense, 1973). 96쪽에서 인용.

2. Lucien M. Turner, *An Aleutian Ethnography*, ed. Raymond L. Hudson (Anchorage: University of Alaska Press, 2008), 53쪽에서 인용. Waldemar Jochelson, *History, Ethnology and Anthropology of the Aleut*(Salt Lake City: University of Utah Press, 2002)도 보라.

3. George Dyson, Baidarka(Seattle: University of Washington Press, 1986)는 알류트족 카약에 관한 결정판이다. 슈텔러의 언급은 8~9쪽에서 인용했다. 아메리카 대륙에 인류가 언제 처음으로 정착했는지를 둘러싼 논란은 쉽게 가라앉지 않을 것이다. 최근의 평가에 관해서는 David Meltzer, *First Peoples in a New World*(Berkeley: University of California Press, 2008).

4. Jon Erlandson et al., "The Kelp Highway Hypothesis: Marine Ecology, the Coastal Migration Theory, and the Peopling of the Americas", *The Journal of Island and Coastal Archaeology* 2(2) (2007): 161~174.

5. Jean Aigner, "The Unifacial, Core, and Blade Site on Anangula Island, Aleutians", *Arctic Anthropology* 7(2) (1970), 59~88쪽.

6. Turner, *Ethnography*, 65~67쪽.

7. Dyson, *Baidarka*, 29~30쪽에서 인용.

8. Dyson, *Baidarka*, 30쪽에서 인용.

9. 알류트족은 조종석이 두 개짜리 카약과 세 개짜리 카약도 만들었다. 2인승 카약은 러시아인이 도래하기 전부터 쓰였던 것 같지만 3인승 카약은 러시아인과의 접촉 이후 발명된 것으로, 카약 가운데에 승객을 태울 수 있고 심지어 선체 안에서 쭉 펴고 누울 수도 있었다.

10. Eli L. Higgins, *Kodiak and Afognak Life, 1868-70*, ed. Richard A. Pierce(Kingston, ON: Limestone Press, 1981), 24쪽.

11. Herbert D. G. Marschner et al., "Did the Northern Pacific Ecosystem Collapse in AD 1250?" in Herbert Maschner et al., eds., *The Northern World AD 900-1400: The Dynamics of Climate, Economy, and Politics in Hemispheric Perspective*(Salt Lake City: University of Utah Press, 2008), 33~58쪽.

12. Dyson, *Baidarka*, 53~54쪽에서 인용.

13. 같은 책, 55~56쪽에서 인용.

14. 묘사와 인용은 같은 책, 64~65쪽.

15. 유감스럽게도 피나르의 글은 여전히 출판되지 않았다. 묘사와 인용은 같은 책, 72쪽.

16. 바라노프Baranov가 셸리코프G. I. Shelikhov에게 보낸 편지. 1795년, 5월 20일자. 같은 책 32쪽에서 인용.

13장 | "갈까마귀가 물고기를 놓아 준다"

1. Kenneth M. Ames and Herbert D. G. Maschner, *Peoples of the Northwest Coast: Their Archaeology ann Prehistory*(London and New York: Thames and Hudson, 1999)는 북서부 연안 전반에 대해 훌륭한 묘사를 제공한다.

2. J. C. Beaglehole, *The Journals of Captain James Cook on His Voyage of Discovery, vol. 2: The Voyage of the Resolution and Discovery, 1776-*

1780.(Cambridge: Cambridge University Press, 1968), 274쪽.

3. Ames and Maschner, *Peoples*, 3장과 4장.

4. Julian Raban, *Passage to Juneau: A Sea and Its Meanings* (New York: Pantheon, 1999).

5. Frederica de Laguna, *Under Mount Elias: The History and Culture of the Yukatat Tlingit* (Washington, DC: Smithsonian Institution Press, 1972), 794쪽.

6. 이 단락은 북서부 연안 항해에서 이용된 전통 카누와 현대에 되살린 카누들을 묘사한 David Neel, *The Great Canoes* (Seattle: University of Washingtion Press, 1995)를 바탕으로 한다.

7. De Laguna, *Mount Elias*, 455~456쪽.

8. Hilary Stewart, *Indian Fishing* (Seattle: University of Washington Press, 1977), 13쪽. 스튜어트는 북서부 연안의 조업 방법과 어획량을 풍부한 삽화와 함께 설명한다.

9. 마카족의 고래 사냥과 이곳 해안 일대의 고대 사회의 역사를 보여 주는 환상적인 오제트 고고학 유적지를 설명한 대중서는 Ruth Kirk, *Hunters of the Whale* (New York: William Morrow, 1974).

10. Richard Gould, "Seagoing Canoes Among the Indians of Morthwestern California", *Ethnohistory* 15(1) (1968): 11~42.

11. 이 단락은 Brian Fagan, *Before California* (Walnut Creek, CA: Altamira Press, 2003), 10~12장을 바탕으로 한다.

12. 스미소니언 협회 소속 인류학자 존 피바디 해링턴은 추마시족 토몰의 건조와 노 젓는 법에 대해 상세한 정보를 수집했고 Travis Hudson, Janice Timbrook, and Melissa Rempe, *Tomol: Chumash Watercraft as Described in the Ethnographic Notes of John P. Harrington* (Los Altos and Santa Barbara, CA: Ballena Press and Santa Barbara Museum of Natural History, 1978)로 출판되었다. 후안 크레스피 인용은 Herbert E. Bolton, ed., *Fray Juan Crespi: Missionary Explorer on the Pacific Coast, 1769-1774* (Berkeley: University of California Press, 1927), 38쪽.

13. Hudson et al., *Tomol*, 66쪽.

14. Jeanne Arnold, *Origins of a Pacific Chiefdom* (Salt Lake City: University of

Utah Press, 2001)은 이 복잡한 발전상을 묘사한다.

14장 | 불타는 웅덩이와 가시국화조개

1. Dennis Tedlock, *Popol Vuh: The Mayan Book of the Dawn of Life* (New York: Touchstone Books, 1996). 64~65쪽에서 인용.

2. Daniel Finamore and Stepen D. Houston, eds., *The Fiery Pool: The Maya and the Mythic Sea* (New Haven, CT: Yale University Press and the Peabody Essex Museum, 2010)는 불타는 웅덩이를 정의한다. "사람을 먹는" 인용은 Ralph L. Roys, trans., *Book of Chilam Balam of Chumayel* (Nrman: University of Oklahoma Press, 1967), 95쪽.

3. Mary E. Miller and Megan O'Neil, "The World of the Ancient Maya and the Worlds They Made" in Finamore and Houston, *The Fiery Pool*, 24~36쪽에 묘사됨.

4. Marc Zender, "The Music of Shells" in Finamore and Houston, *The Fiery Pool*, 83~85쪽.

5. Hernán Cortés, *Letters from Mexico*, trans. Anthony Pagden (New York: Grossman Publishers, 1971), 126쪽.

6. Samuel Eliot Morison, ed. and trans., *Journals and Other Documents of the Life and Voyages of Christopher Columbus* (New york: Heritage Press, 1963). 325쪽에서 인용.

7. 이 단락은 Daniel Finamore, "Navigating the Maya World" in Finamore and Houston, *The Fiery Pool*, 144~159쪽.

8. J. E. S. Thompson, "Canoes and Navigation of the Maya and Their Neighbours", *Journal of the Royal Anthropological Institute* 79(1/2) (1949), 69~78.

9. Robert C. West, "Aboriginal Sea Navigation Between Middle and South America", *American Anthropologist* 63(1) (1961), 133쪽.

10. 이 단락은 안데스 지역 선박에 대한 가장 권위 있는 책인 Clinton R. Edwards, *Aboriginal Watercraft on the Pacific Coast of South America* (Berkeley: University of California Press, 1965)를 바탕으로 한다. 안데스 뗏목

에 대한 뛰어난 분석을 담은 논문은 Lesley Dewan and Dorothy Hosler, "Ancient Maritime Trade on Balsa Rafts: An Engineering Analysis of Balsa Rraft Functionality and Design", *Journal of Anthropological Research* 64(2008), 19~140. 뗏목에 대한 나의 논의 역시 이 논문에 기댄다. 인용은 59, 70쪽.

11. 이러한 분석의 토대는 Dewan and Hosler, "Ancient Maritime Trade". 오늘날 모험가들의 (처참한) 시도를 다룬 책인 John Haslett, *Voyage of the Manteño* (New York: St. Martin's Press, 2006)에서는 아스팔트 코팅 처리를 비롯해 여러 논의를 찾아볼 수 있다.

12. Edwards, *Aboriginal Watercraft*, 71쪽에서 인용.

13. Allison C. Paulson, "The Thorny Oyster and the Voice of God: *Spondylus* and *Strombus* in Andean Prehsitory", *American Antiquity* 39(4) (1974), 587~607쪽. Mary Glowacki, "Food of the Gods or Mere Mortals? Hallucinogenic *Spondylus* and Its Interpretive Implication for Early Andean Society", *Antiquity* 79(1) (2005), 257~268쪽과 Marissa Cevallos, "3,000-year-old Conch Trumpets Play Again", *Wired Science* blog, 2010년 11월 19일자: www.wired.com/wiredscience/2010/11/cocnch-trumpets-peru도 보라.

14. Dorothy Hosler, *The Sounds and Colors of Power: The Metallurgical Technology of Ancient West Mexico* (Cambridge, MA: MIT Press, 1994). 같은 저자의 "The Metallurgy of West Mexico: Revisited and Revised", *Journal of World Prehistory* 122(1) (2008), 185~212쪽도 보라.

에필로그 | 물고기와 포르톨라노

1. Ernest K. Gann, *Song of the Sirens* (New York: Jove, 1968), 3쪽.

2. Joshua Slocum, *Sailing Alone around the World* (New York: The Century Company, 1900), 146쪽.

3. Slocum, *Sailing Alone*, 145쪽.

4. Maurice Griffiths, *The First of the Tide* (Greenwich, UK: Conway Maritime Press, 1979), 69쪽.

5. Fernand Braudel, *The Mediterranean and the Mediterranean World in the Age of Philip II* (Berkeley: University of California Press, 1996), 103쪽.

6. 같은 책.

7. David Childs and HRH the Prince of Wales, *The Warship Mary Rose: The Life and Times of King Henry VIII's Flagship* (London: Chatham Publishing, 2007).

8. Brian Fagan, *Fish on Friday: Feasting, Fasting and the Discovery of the New World* (New York: Basic books, 2006)은 이 문단에 개략적으로 서술된 사건들을 다룬다.

9. 같은 책, 163쪽.

10. Mark Kurlansky, *Cod: A Biography of the Fish That Changed the World* (New York: Penguin, 1998).(『대구』, 박중서 옮김, 알에이치코리아, 2014년).

11. Pierre Loti, *An Icelandic Fisherman* (Alhambra, CA: Braun, 1957), 8쪽.

12. Pamela O. Long, David McGee, and Alan M. Stahl, *The Book of Michael of Rhodes: A Fifteenth-Century Maritime Manuscript*, vol. 2: *Transcription and Translation* (Cambridge, MA: MIT Press, 2009), 279쪽.

13. E. G. R. Taylor, *The Haven-Finding Art: A History of Navigation form Odysseus to Captain Cook* (New York: American Elsevier, 1971). 131~136쪽 에서 인용.

14. John Smith, *A Description of New England* (Boston: W. Veazie, 1865), 3쪽.

15. *Sailing Directions for the English Channel* (London: Hydrographic Office, 1835), 122쪽.

역자가 바다에 나가 배를 타 본 횟수는 다섯 손가락으로 꼽을 수 있을 것 같다. 최근에는 인천 앞바다에 있는 섬 승봉도로 놀러 갈 때 연안 여객선을 탔다. 연안 여객선은 사람과 짐은 말할 것도 없고 자동차도 십수 대 실을 수 있을 만큼 크다. 신발을 벗고 들어가는 객실 안에서는 간단하게 도시락이나 컵라면을 먹을 수 있고 온돌 바닥에 드러누워 한잠 푹 잘 수도 있다. 뱃멀미를 유발하는 좌우 흔들림도 없으니 객실 안에만 있으면 바다에 나와 있다는 실감이 전혀 나지 않는다. 이런 것도 배를 탄 경험이라고 칠 수 있을까? 이 책의 저자가 말한 대로 문명의 이기에 둘러싸인 우리 현대인은 다시 바다로부터 멀어진 셈이다. 그러나 이제는 완전히 뭍사람이 되어 버린 우리가 거의 실감하지 못하더라도 바다는 예나 지금이나 여전히 거기에 있다. 또 작은 참치 통조림에서부터 초대형 유조선에 이르기까지 다양한 방식으로 여전히 우리의 삶과 맞닿아 있다.

우리의 선조들은 때로는 새로이 살 땅을 찾아, 때로는 물고기를 잡기 위해, 또 때로는 푸른 수평선 너머에 무엇이 있을까 순전히 호기심에서 바다로 나갔다. 지금으로부터 3만 5천 년 전 라피타인들은 나침반도 없이 밤하늘의 별자리를 지침 삼아 뗏목을 타고 태평양을 누볐고 그 망망대해에 점점이 박힌 섬들에 정착하여 새로운 생활의 터전을 마련했다. 이 책은 그 옛날 라피타인이 보여준 것과 같은 인류의 "창의력, 변화무쌍한 환경에 대한 눈부신 적응력, 그리고 인류 역사의 많은 부분을 추진해 온 억누를 수 없는 활동성"을 기리는 책이다. 독자 여러분도 이 책을 통해서 옛 인류의 위대한 항해를 함께 떠나며 바다와 더불어 살아온 그들의 숨결을 느낄 수 있기 바란다.

이번에도 지면을 빌어서 감사의 말을 전한다. 우선 원고를 꼼꼼하게 읽고 긴 문장을 읽기 좋게 다듬어 준 권순범 편집자에게 고맙다는 말을 전하고 싶다. 권순범 편집자와의 작업은 이번이 두 번째인데 앞으로도 좋은 인연을 죽 이어나가면 좋겠다. 평소 역사서만 번역하다가 이번에는 해양고고학이라는 다소 생소한 분야의 책을 만나 힘들다고 작업하는 내내 많이 툴툴거렸다. 역자의 그런 앓는 소리에도 싫은 내색 없이 격려와 지원을 아끼지 않은 출판사 이지열 대표에게 감사드린다. 또 2주마다 만나서 함께 책을 읽고 토론하며 서로 지적 자극이 되어 주는 독서 모임 친구들—재만 씨, 임동 씨, 은희 씨, 대수 씨에게도 감사의 말을 전한다.

2014년 4월 최파일

찾아보기

지은이 **브라이언 페이건** Brian Fagan

고고학과 인류학계에서 세계적인 명성을 지닌 학자이자 베스트셀러 작가로, 영국 케임브리지 대학교 펨브로크칼리지에서 고고학과 인류학을 전공했다. 1967년부터 2003년까지 캘리포니아 대학교 샌타바버라캠퍼스에서 인류학 교수로 있었고 현재 명예 교수로 있다. 학생과 일반인을 상대로 수많은 고고학 개론서와 교양서를 집필해 큰 반향을 불러일으켰다. 중세 온난기를 다룬 『뜨거운 지구, 역사를 뒤흔들다』(2008년)는 『뉴욕 타임즈』 논픽션 부문 베스트셀러에 올랐고 『크로마뇽』(2009년), *The Attacking Ocean*(2013년) 등의 책을 썼다.

옮긴이 **최파일**

서울대학교에서 언론정보학과 서양사학을 전공했다. '바른번역'에서 번역을 공부했고, 역사 분야를 중심으로 해외의 좋은 책들을 소개하려는 뜻을 품고 있다. 축구와 셜록 홈스의 열렬한 팬이며, 제1차 세계대전 문학에도 관심이 많다. 옮긴 책으로는 『시계와 문명』, 『대포, 범선, 제국』, 『아마존』, 『근대 전쟁의 탄생』, 『십자가 초승달 동맹』, 『왜 서양이 지배하는가』 등이 있다.

인류의 대항해
뗏목과 카누로 바다를 정복한 최초의 항해자들

발행일   2014년 5월 10일(초판 1쇄)
         2020년 10월 30일(초판 3쇄)

지은이   브라이언 페이건
옮긴이   최파일
펴낸이   이지열
펴낸곳   미지북스
         서울시 마포구 성암로 15길 46 (상암동 2-120번지) 201호
         우편 번호 121-830
         전화 070-7533-1848   팩스 02-713-1848
         mizibooks@naver.com
         출판 등록 2008년 2월 13일 제313-2008-000029호
책임 편집 권순범
출력   상지출력센터
인쇄   한영문화사

ISBN   978-89-94142-33-3 03900
값 24,000원

· 블로그 http://mizibooks.tistory.com
· 트위터 @mizibooks
· 페이스북 http://facebook.com/pub.mizibooks